U0678681

权威·前沿·原创

皮书系列为
"十二五""十三五""十四五"时期国家重点出版物出版专项规划项目

B

BLUE BOOK

智 库 成 果 出 版 与 传 播 平 台

太湖发展蓝皮书

BLUE BOOK OF TAIHU LAKE DEVELOPMENT

环太湖人文经济发展报告
（2025）

THE REPORT ON THE DEVELOPMENT OF HUMANISTIC AND
ECONOMY AROUND THE TAIHU LAKE (2025)

主　编／黄涧秋
副主编／陈　璇

社会科学文献出版社
SOCIAL SCIENCES ACADEMIC PRESS（CHINA）

图书在版编目（CIP）数据

环太湖人文经济发展报告 . 2025 ／ 黄涧秋主编；陈
璇副主编 . --北京：社会科学文献出版社，2025.1.
（太湖发展蓝皮书）. --ISBN 978-7-5228-4811-2

Ⅰ. F127.5

中国国家版本馆 CIP 数据核字第 2024KN0371 号

太湖发展蓝皮书
环太湖人文经济发展报告（2025）

主　　编／黄涧秋
副 主 编／陈　璇

出 版 人／冀祥德
责任编辑／侯曦轩　王　展
责任印制／王京美

出　　版／社会科学文献出版社·皮书分社 （010）59367127
　　　　　地址：北京市北三环中路甲 29 号院华龙大厦　邮编：100029
　　　　　网址：www.ssap.com.cn
发　　行／社会科学文献出版社 （010）59367028
印　　装／天津千鹤文化传播有限公司

规　　格／开本：787mm×1092mm　1/16
　　　　　印张：23.5　字数：351 千字
版　　次／2025 年 1 月第 1 版　2025 年 1 月第 1 次印刷
书　　号／ISBN 978-7-5228-4811-2
定　　价／158.00 元

读者服务电话：4008918866

▲ 版权所有　翻印必究

编　委　会

主　　编　黄涧秋

副 主 编　陈　璇

委　　员（以文序排列）

李程骅	任　航	陈玉洁	梁翠华	李晓天
刘士林	王晓静	郭嘉泰	潘文琦	沈明星
沈　园	刘晓朦	苏澄菲	丁彩霞	赵晶晶
虞　萍	陈　倩	芮国强	刘正涛	陈晓清
孙　娜	庞　尧	郭柳言	胡小武	张　文
王　斌	黄涧秋	陈　璇	刘召禄	高宏赋
李宏刚	王雨晴	高　爽	周欣玫	陈玉萍
李　勇	顾　伟	谭　飞	彭萌萌	

执行编辑　潘文琦　刘召禄

主要编撰者简介

黄涧秋　研究员，法学博士。苏州城市学院党委常委、副校长，兼任苏州市社科联副主席、苏州市委法律顾问、苏州市法学会学术委员会主任等。曾任苏州市人民政府法制办公室主任、苏州市委研究室主任、市委副秘书长、市委政法委副书记等。主要研究方向为国际法学、行政法学。在《欧洲研究》《现代国际关系》《法学评论》《当代法学》《行政法学研究》《法治现代化研究》《苏州大学学报（法学版）》等刊物上发表论文60余篇，其中有5篇为中国人民大学复印报刊资料转载。科研成果先后获得苏州市哲学社会科学优秀成果奖二等奖、苏州市社科应用研究优秀成果奖二等奖等奖项。主持江苏省法学会法学研究课题、苏州市社会科学基金重大项目、江苏省司法厅法治科研项目等。围绕苏州市经济社会发展情况，先后发表决策咨询报告10余篇，其中多篇被省、市领导作出肯定性批示。

摘　要

　　党的十八大以来，习近平总书记十分关心重视太湖流域保护治理，多次对太湖治理作出重要指示批示，为太湖治理指明了实际路径，提出了更高要求，提供了根本遵循。2023 年全国"两会"期间，习近平总书记对"人文经济学"作出了重要论述，深刻揭示了高质量发展过程中文化与经济、科技与人文、传承与创新的对应性与互相促进关系，为推进中国式现代化新实践提供了价值导向。以"人文经济学"为重要理论基础的环太湖生态、文化、城市发展路径、产业布局、教育、人才培养等研究是环太湖发展的重要一环。

　　《环太湖人文经济发展报告（2025）》是苏州城市学院太湖研究院（筹）建院以来的一项重要工作和努力打造的一项标志性成果。在长三角一体化背景下，本报告既对环太湖流域诸省市的发展情况加以总结概括，提炼人文经济学背景下环太湖流域城市发展的经验，也对在发展过程中存在的不足和未来可能会面临的风险与挑战加以分析梳理，从而为环太湖流域人文经济高质量发展提供决策咨询参考。全书共分七个部分，总报告分别从"人文经济学"如何赋能环太湖创新圈建设以及环太湖城市群人文经济发展两个视角探讨了人文经济在环太湖城市建设、科创圈打造方面的作用、遇到的问题以及未来的发展展望；生态治理篇较为系统地从"双碳"、水环境综合治理与生态产品价值实现、太湖治理演进与现代化保护、数字技术赋能以及生态保护立法等多个角度探讨环太湖流域的生态治理现状、问题及未来发展路径；文化保护传承利用篇从历史文化资源和工业文化特征角度分析环太湖

太湖发展蓝皮书

流域文化保护传承和利用面临的挑战与实现路径；科创、产业篇从苏州环太湖 U 形湾产业集群与创新集群的融合发展研究、苏州环太湖地区文化和旅游产业发展现状及未来展望，以及教育科技人才协同推进环太湖地区乡村振兴的角度，思考环太湖流域尤其是苏州环太湖流域科创、文化产业发展的布局以及中国式现代化发展道路上教育科技人才协同赋能乡村振兴的方法与对策；文旅发展篇选取红色文旅资源和体育旅游一体化发展两个角度分析环太湖流域城市文旅融合发展的资源禀赋以及路径选择；教育篇以近年来国家重视的职业教育发展为切入点，探讨人文经济赋能环太湖职业教育高质量发展的现状及对策；区域一体化发展篇则以长三角一体化发展为背景，对环太湖流域城市协同创新发展的未来进行展望。

环太湖人文经济发展研究呈现出跨学科、多角度的特点。本报告作为太湖流域首部蓝皮书，以"人文经济学"为切入口，以翔实的史料与数据、具有战略性的眼光与问题分析的思维方式，将经济学、生态学、历史学、社会学、文学、法学、教育学等多学科交叉融合，对人文经济赋能环太湖地区高质量发展进行综合分析，探索如何在经济发展的同时保护和弘扬地方文化特色，构建人文与经济交相辉映的发展模式。

关键词： 环太湖　人文经济学　生态治理　文旅融合　协同发展

目 录

Ⅰ 总报告

Ⅱ 生态治理篇

Ⅲ　文化保护传承利用篇

Ⅳ　科创、产业篇

Ⅴ　文旅发展篇

Ⅵ　教育篇

Ⅶ 区域一体化发展篇

皮书数据库阅读**使用指南**

总 报 告

B.1
"人文经济学"赋能环太湖创新圈建设研究

李程骅 任航 陈玉洁 梁翠华 李晓天[*]

摘 要: 位于长三角世界级城市群核心腹地的环太湖创新圈,是基于太湖流域地理空间的连绵型创新高地,也是上海大都市圈的"绿心"地带,苏锡常都市圈、南京都市圈与杭州都市圈环绕周围,产业创新与科技创新区位优越。作为江南文化空间的核心区域,环太湖地区文化底蕴丰厚,经济生产力发达,创新活力强劲,具有"人文经济学"的鲜明表征。推进中国式现代化新实践,在更高层面上解放和发展社会生产力,激发全社会的活力,强化创新驱动发展战略引领,必须以"人文经济学"的价值理念来引领驱动环太湖创新圈的高质量发展、高水平创新与高效能治理,即通过积极谋划教

---

* 李程骅,南京邮电大学特聘教授,江苏省发展研究中心首席研究员,主要研究方向为社会发展与区域创新;任航,博士,南京邮电大学讲师,主要研究方向为空间集聚与人口流动;陈玉洁,博士,南京邮电大学讲师,主要研究方向为空间集聚与人口流动;梁翠华,南京大学博士研究生,主要研究方向为人口高质量发展;李晓天,南京航空航天大学博士研究生,主要研究方向为企业创新与科技金融。

育科技人才体制机制一体改革试验区与环太湖绿色低碳发展合作区，全力打造发展新质生产力的重要阵地和前沿高地，构筑起支持区域全面创新的体制机制，从而进一步提升长三角地区的产业创新、科技创新与整体创新水平，激扬创新型文化的澎湃动能，不断绘出环太湖创新圈"美美与共"现代化生动场景，持续发挥系统性示范引领作用。

关键词： 人文经济学　环太湖创新圈　创新驱动　新质生产力

　　2023 年 3 月，习近平总书记在参加十四届全国人大一次会议江苏代表团审议时指出："上有天堂下有苏杭，苏杭都是在经济发展上走在前列的城市。文化很发达的地方，经济照样走在前面。可以研究一下这里面的人文经济学。"数月之后，习近平总书记在江苏苏州考察时进一步指出："苏州在传统与现代的结合上做得很好，这里不仅有历史文化的传承，而且有高科技创新和高质量发展，代表未来的发展方向。"①"人文经济学"这一时代命题的核心，即如何以高度的人文情怀观照下的高科技创新和高质量发展成果，来实现文化和经济的共同繁荣。推动进一步全面深化改革，以"人文经济学"的理念激活中国式现代化的实践动能，对打造包括苏杭在内的长三角世界级城市群在更高层面上解放和发展社会生产力、激发全社会的活力、强化创新驱动发展战略引领、在构筑支持全面创新的体制机制上当好示范引领，具有重要的现实意义。

　　从经济地理的空间格局与长三角区域一体化发展的国家战略来看，以太湖为中心的环太湖创新圈，地域包括上海的嘉定区、青浦区，江苏的苏州市、无锡市、常州市，浙江的湖州市、嘉兴市，以及安徽的宣城市。这里也是传统江南文化空间的核心地区，文化底蕴丰厚，经济生产力发达，创新活力强劲，具有"人文经济学"的鲜明表征。改革开放以来，环太湖地区的

---

　　① 《新时代人文经济学研究报告》，《瞭望》2023 年第 50 期。

经济社会发展取得了长足的进步，持续树立起经济发达、社会文明与创新驱动发展的区域性标杆。以苏州为代表的苏锡常环太湖地区，在高科技创新和高质量发展上发挥了"走在前、做示范"和"窗口"引领性作用。推进中国式现代化新实践，以"人文经济学"的价值理念引领驱动环太湖创新圈的高质量发展、高水平创新与高效能治理，通过打造发展新质生产力的重要阵地和前沿高地，加快构筑支持全面创新的体制机制，对全面提升长三角地区的产业创新、科技创新与整体创新水平，勾勒中国式现代化全面创新的新图景，发挥积极的示范引领作用。

一 区域一体化进程中环太湖创新圈的功能定位

环太湖地区作为长三角世界级城市群的核心区域，其创新引领功能在区域一体化进程中愈发彰显。该地区作为江南文化的核心空间，从早期的农业文明到隋唐后的经济中心，再到近现代的工业发展，文化底蕴深厚，经济生产力持续增强。进入新时代，环太湖创新圈在国家创新驱动发展战略的引领下，积极谋求转型升级，打造全球性科技创新策源地、国际化高端产业引领地，加快建设具有世界影响力的生态湖区和创新湖区。

（一）高起点规划建设环太湖"世界级创新湖区"

太湖水域面积2338.1平方千米，是我国第三大淡水湖，横跨江苏、浙江两省。其中太湖水域分属江苏无锡、苏州和常州三地。太湖水域广阔，周边分布着众多的河流、湖泊和湿地，形成了丰富的水系网络，不仅为区域内的农业、工业和生活提供了充足的水资源，更为生态环境保护与经济发展提供了重要基础。环太湖流域一直是国家经济重要的组成区域，优越的地理位置使这一地域在改革开放以来的快速城镇化与工业化进程中，充分利用周边大城市的资源和市场，逐步形成涵盖多个城市的科技创新集群，多园区联动的科创"骨架"日益清晰。

2019年12月发布的《长江三角洲区域一体化发展规划纲要》明确指

出，长三角三省一市应各扬所长，探索共建合作园区等合作模式，有序推动产业跨区域转移和生产要素双向流动。2020 年 8 月 20 日，习近平总书记在扎实推进长三角一体化发展座谈会上要求长三角三省一市集合科技力量，加大科技攻关力度，提供高水平科技供给，支撑全国高质量发展。长三角区域一体化发展上升为国家战略。为切实落实国家战略，江苏在谋划苏锡常都市圈、苏南自主创新示范区建设的过程中，逐步明晰了建设环太湖创新湖区的规划。2020 年，江苏省委十三届九次全会公报与江苏省"十四五"规划明确提出，"沿太湖地区深化全流域系统治理，强化科技创新策源功能，建设世界级生态湖区、创新湖区"。与此同步，苏州、无锡两市围绕建设"环太湖世界级创新湖区"的规划目标，在"十四五"规划中细化空间规划与近滨湖科创园区的功能定位。截至 2020 年 9 月，无锡的太湖湾地区拥有该市90%的省部级科研院所、90%以上的生态旅游资源、70%的高层次人才、60%的科技公共服务平台和 34.3%的高新技术产业产值。[①] 为此，无锡的"十四五"及相关专项规划中，将建设太湖湾科技创新带设为"头号工程"，打造一个"科产城人融合"的世界级创新湖区、产业湖区、生态湖区和宜居湖区，高起点规划建设"一核十园多点"空间布局。未来将全面建成"拥湖生态标杆区、科产城人融合示范区、新兴产业策源地、科教智力集聚地、创业创新首选地"，并强调要加强与苏州、常州、湖州、嘉兴等环太湖城市联动，构建科技体制机制贯通、创新资源要素流通、科技基础设施联通、创新链与产业链融通的区域协同创新创业生态体系，共同打造环太湖科技创新圈。苏州的"十四五"规划就打造"环太湖世界级湖区"提出一揽子目标与任务。推进以吴江为重要支点的长三角生态绿色一体化发展示范区建设，积极融入淀山湖世界级湖区。以太湖科学城、苏州（太湖）软件产业园等为重要载体，加快自主创新产业整体规模不断发展壮大，共同打造环太湖生态创新带。统筹推进东太湖沿吴淞江生态创新发展带、环太湖文旅休闲度假区，共建环太湖国际旅游目的地。协同推进环太

---

① 《高起点打造太湖湾科创带的滨湖实践》，《群众》2023 年第 5 期。

湖地区城乡有机废弃物处理利用。尽管常州的西太湖"两湖生态创新区"规划提出稍晚，但在聚焦产业科技创新上似乎更为具体：重点推进西太湖科技产业园、西太湖国际健康城和文化体育等方面的建设，协同推进太湖湾科创带建设；聚焦智能装备、新材料、生物医药等领域，优化区域产业链布局，加快产业配套合作，共建国家新型工业化产业示范基地、环太湖科技创新圈；共同研究推出产业集群和科技创新支持政策，开展环太湖生态经济圈政策合作。

2021年5月举行的年度长三角地区主要领导座谈会上，上海嘉定、青浦两区，江苏苏州、无锡、常州，浙江嘉兴、湖州和安徽宣城等环太湖"两区六市"，共同签订《共建环太湖科技创新圈战略合作框架协议》，协力将环太湖创新圈作为一个整体纳入推进长三角区域一体化战略行动。截至2023年12月，环太湖区域"两区六市"GDP共计6.7万亿元。① 更为重要的是，环太湖区域内一体化示范区、上海大都市圈、长三角G60科创走廊、苏锡常都市圈、苏皖合作示范区等国家和区域重大战略在此交汇叠加，其创新枢纽的战略功能不言自明。瞄准世界级创新湖区的建设目标，完整准确全面践行新发展理念，创新驱动跨行政区的区域高质量发展，环太湖地区的创新资源整合与众多科创园区功能联动，是响应国家战略空间布局的重要举措，正在迎来高质量发展与全面创新的新阶段。

（二）协同优化"环太湖创新圈"产业空间布局

长三角区域一体化发展，带来生产能力与创新资源的要素在地区间单向交叉流动趋势。其中生产能力从中心大城市向周边的中小城市扩散，而高端科技创新资源，包括大型科学设施和顶尖学者，却呈现向中心城市汇聚的趋势。创新资源向中心城市的集聚为作为区域经济"领头羊"的中心城市可持续发展带来巨大动能，生产能力由中心向外扩散的趋势不仅有助于缩小区域内城市经济发展差异，更为承接中心城市创新成果向新质生产力的转化提

---

① 资料来源：环太湖"两区六市"统计局汇总计算。

供了空间承载依托。这样,适配的空间位移趋势成为产业空间优势效应的放大器。在长三角区域一体化发展的背景下深化创新驱动发展战略,将具有区位、产业、生态与文化等集成优势的环太湖地区打造成"世界级创新湖区",使环太湖地区城市经济社会一体发展与人文底蕴的现实基础形成良好照应。该地区以长期历史积淀下来区域融通的人文底蕴为基础,有助于跨越行政隔离推动实现产业和科技创新的深度融合,拉长科技成果转化的产业链与价值链,从而为整个长三角地区的全面高质量发展注入新动力。

从经济地理特征来看,环太湖地区产业园区连片布局,产业体系日趋完善,产业集聚效应越发明显,是中国重要的制造业基地和高新技术产业集聚区。区域内拥有众多的高新技术开发区和产业基地,且正在形成分工完善的产业体系,外向程度高,产业韧性较强,是江苏和长三角地区重要的实体经济载体空间。苏州围绕环太湖岸线地区,以"一核一带双轴,一湖两带一区"的空间发展总体布局为基础,重点发展数字经济、生物医药、纳米技术、人工智能等四大先导产业,以及装备制造、电子信息等传统优势产业。苏州工业园区、苏州国家高新技术产业开发区等国家级开发园区,集聚了众多高新技术企业和研发机构,在长三角和环太湖地区具有科技创新与产业创新的带动作用。无锡依托太湖湾科创带进行产业及研发中心布局,重点发展高端医疗器械、汽车电子、非标智能装备、智能传感器等产业。无锡拥有多个具有国内影响力的高质量产业载体和特色园区,如中国物联网园区、国际生命科学园、光子芯谷等。常州深耕十年新能源领域,聚"链"成"群",以完整的新能源产业体系,从传统的"世界变压器之都"晋升为"新能源之都",成为国内新能源整车制造、动力电池产业发展的标杆,其"两湖"创新区重点布局氢能与新型储能、石墨烯、合成生物、细胞与基因技术等未来产业,将成为长三角和环太湖产业创新的重要一极。浙江嘉兴依托 G60 科创走廊进行产业布局,重点发展智能制造、数字经济、新材料等产业。湖州在环太湖创新圈依托其生态优势和产业基础进行产业布局,重点发展绿色制造、生物医药、数字经济等产业。上海的青浦、嘉定两区在环太湖创新圈中主要依托其科技创新和产业优势进行布局，前者重点发展集成电路、人工智能、新能源汽车等产业，拥有多个国家级和上海市级产业园区，建有华为全球最大的研发中心——练秋湖研发中心，奠定了其未来在长三角和环太湖地区的产业创新策源地地位；后者重点发展智能制造、汽车产业等，拥有上海汽车城等产业园区，并且和苏州昆山等协同打造吴淞江创新带，形成与昆山、吴江以及太湖新城产业园区与产业集群的高度联动。目前，环太湖创新圈形成了以先进制造业和高新技术产业为主，涵盖数字经济、生物医药、汽车电子、新能源、人工智能、高端制造、生物医药、新材料等多个领域的产业结构体系，为产业创新与科技创新深度融合提供了系统性支撑。

与此对应，环太湖创新圈拥有便捷高效的交通网络、物流体系，为区域内产业链、产业集群的发展运行提供了便利化的支撑。围绕太湖的高铁和城际交通，北有沪宁城际、京沪高铁，西有盐泰锡常宜、宁杭高铁，东通苏嘉，南连沪苏湖高速铁路，共同组成环太湖 1.5 小时轨道交通圈。此外，环太湖地区还拥有多个机场，如上海虹桥机场、上海浦东机场、苏南硕放机场等，为区域内的人员和物资流动提供了便利。随着交通基础设施的不断完善，包括人工智能技术的广泛应用、低空运输体系的加快建设，环太湖创新圈的交通网络将更加便捷高效，进一步促进了区域内的产业升级和创新资源整合。

（三）加快整合"环太湖创新圈"科创平台载体

第四次工业革命给全球经济格局带来深刻变革，数智化生产生活方式，使科技、数据和网络关系等增量型要素逐渐取代了传统的劳动、资本和土地等消耗型要素，成为推动区域和城市经济发展的核心动力。高起点构建高效创新平台是各创新要素耦合增效的重要途径。近年来，环太湖"六市两区"把握长三角区域一体化战略机遇，在共建环太湖科技创新圈的战略合作框架协议中提出了构建基于科创、产业、生态和人文的"四圈一标杆"战略目标，即全球性科技创新策源圈、国际化高端产业引领圈、世界级生态湖区和创新湖区先行圈、高品质未来城市群协同发展示范圈，并努力成为长三角科技创新共同体的标杆。在此基础上开展"八大工作行动":高起点共研共编环太湖科创圈发展规划,联合提升科技创新策源能力,联合推进科技与产业深度融合发展,加快推动创新要素自由流动,加快推动区域创新成果转移转化,全力建设新时代的"环太湖数字城市圈",不断提升国际化、便利化的环太湖科创圈综合交通和公共服务水平,努力建设人与自然和谐共生的"美丽环太湖明珠"。这一战略目标和具体工作行动,直接促进了环太湖地区科创平台、产业园区等创新空间载体的整合与分工,助力环太湖科创圈的整体能级提升。

环太湖地区的交通、产业、生态、文化以及营商环境的综合优势,使其创新资源富集,特别是在上海和江苏的苏锡常已经成为长三角高新技术企业和新型研发机构集中的地区。这些创新平台与载体种类繁多,涵盖了科研机构、创新中心、实验室、科技企业孵化器等多种类型,为推动科技创新、成果转化和产业升级发挥着重要作用。比如,在科研机构与创新中心建设上,正在建设的国家实验室苏州实验室是国家战略科技力量与创新平台。苏州的国家新一代人工智能创新发展试验区致力于推动人工智能技术的创新与应用,国家技术创新中心专注于生物药和第三代半导体技术的研发与创新。此外,还有国家先进功能纤维创新中心、长三角先进成果转化中心,致力于推动科技成果的转化与应用。在尖端技术实验室布局上,设在无锡的太湖实验室在国际深海技术科学领域具有重要地位,常州的龙城实验室则专注于智能制造技术的研发,湖州纺织太湖实验室专注于纺织技术的创新与发展,嘉兴南湖实验室则在多个科技领域进行前沿研究。依托这些战略科技平台,"产业+科技""人才+科技""文旅+科技"等不同类型的科创园区与载体,形成联动创新发展格局,集聚了大量的科技企业和创新平台、产业孵化器,以及由企业、高校、科研院所等组成的创新联合体,在推动科技创新和成果转化方面成效突出。

作为环太湖地区经济与人口规模最大的城市,苏州拥有国家科技型中小企业超 2.5 万家,位居全国第 1;科创板上市企业 55 家,居全国第 3;国家高新技术企业超 1.57 万家,居全国第 4;《国家创新型城市创新能力评价报告 2023》中苏州位列全国第 9。① 2023 年，无锡市人均 GDP 为 20.63 万元，连续四年居于全国大中城市首位。截至 2023 年，无锡国家科技型中小企业、高新技术企业分别为 12453 家、6310 家，占江苏省比重分别为 13.3%、12.2%，2021~2023 年均净增 800 家，无锡在迁入科技型中小企业 Top10 城市榜单中位列第八，科技企业"主力军"作用凸显。② 常州作为"全国创新驱动示范市"，在《国家创新型城市创新能力评价报告 2023》中位列全国第 17，2023 年全社会研发经费占地区生产总值比重超过 3.5%，拥有高新技术企业 4720 家，高新技术产业研发投入 330.3 亿元，研发投入强度为 3.39%，高新技术产业产值占规模以上工业总产值比重为 56.2%，科技进步贡献率达 68%。截至 2023 年 12 月，上海嘉定区拥有的高新技术企业总数超过 2500 家，科技型中小企业总数 2030 家，上海市科技小巨人（培育）企业总数达 293 家。③ 截至 2023 年底，上海青浦区的有效高企数达 1100 家，且主要集中在大数字、大健康领域，西岑科创中心、市西软件信息园、西虹桥商务区等快速成势以及"长三角数字干线"首发地的加持，使该区的科研经费占比在 2023 年已经达到 4.41%；2023 年经认定登记的技术合同成交额 165.97 亿元。④ 相比较而言，地处太湖南部的浙江嘉兴、湖州的高新技术企业数量，要低于太湖北岸的苏锡常三市，分别为 4213 家、1836 家，研发经费占比也不及苏锡常和上海两区，在《国家创新型城市创新能力评价报告 2023》中分别位列全国第 25 名和第 43 名。但是，湖州可持续发展指数位列全国 11 个创新示范区第 1，可见嘉兴、湖州的科技创新正进入爆发期。2023 年，安徽宣城市的高新技术企业数量只有 700 家，全市已入库科技型

---

① 中国科学技术信息研究所：《国家创新型城市创新能力评价报告 2023》，科学技术文献出版社，2023。

② 《创新型中小企业发展报告》，投中网，https://www.chinaventure.com.cn/news/78-20240430-380935.html，2024 年 4 月。

③ 《关于上海市嘉定区 2023 年国民经济和社会发展计划执行情况与 2024 年国民经济和社会发展计划的报告》，上海市嘉定区人民政府，https://www.jiading.gov.cn/publicity/jggk/gmjjhsh fzjhzhqk__publicity/fdzdgknr/jdqgmjj/173941，2024 年 2 月。

④ 《青浦区科委 2023 年工作总结和 2024 年工作要点》，上海市青浦区人民政府，http://www.shqp.gov.cn/shqp/zwgk/zxgk/20240402/1165283.html，2024 年 3 月。

中小企业 1016 家,[①] 虽然增速居安徽省第 1 位,但相比环太湖区域其他城市,其科技创新仍存在一定差距。这种科技创新资源空间分布的相对不均衡,一方面说明了要加大环太湖地区在区域创新的协调力度,促进长三角核心区的产业创新与科技创新水平的整体提升;另一方面从区域发展的规律上看,这种阶段性的非均衡性,也有利于产业分工体系的构建和创新资源要素的市场化配置,发挥上海两区及江苏苏锡常三市在产业与创新上的区域性带动作用。毕竟,在长三角区域一体化的进程中,环太湖地区具有的交通优势、生态共建、文化认同,使其整体的创新驱动效应更强、效益更高,在协作分工上具有一定的成本优势。

(四)焕发支撑环太湖地区全面创新的人文精神

太湖地区是吴文化、越文化以及江南文化的重要发源地。江南文化是长三角地区文明所共有的基因、精神纽带,为环太湖地区的文化创新提供了深厚的文化土壤,创造了交汇融通的空间文化语境。环太湖创新圈的历史积淀着丰富的文化遗产,孕育着浓厚的创新基因,蕴含着饱满的发展动力,所形成的与时俱进、奋力争先的深厚人文精神为区域的发展提供了关键的文化支撑。环太湖地区自古以来就是商贾云集、人口集中的江南经济、文化发展重地,拥有众多历史人文景观。环太湖地区拥有以马家浜文化—崧泽文化—良渚文化为代表的较为完整的新石器时代考古学文化谱系,是中国史前文化发展脉络最为清晰的地区之一。其中,马家浜文化代表着江南地区人类历史的正式启幕,是"江南文化之源"。崧泽文化带来了制陶技术的飞跃,良渚文化则呈现人类发展历程中礼制文化发展的里程碑。湖州文化底蕴深厚,是中国丝绸文化、原始瓷文化、溇港水利农耕文化、湖笔文化、茶文化的起源发祥地,素有"丝绸之府、鱼米之乡、文化之邦"的美誉。

环太湖创新圈具有优越的地理位置、丰富的自然资源、明显的产业集聚

---

① 《宣城:国家科技型中小企业增速全省第 1》,宣城市人民政府,https://www.xuancheng.gov.cn/News/show/1580462.html,2024 年 9 月。

效应、便捷高效的交通网络、深厚的历史文化底蕴和丰富的人才资源等地理空间特征。这些特征为区域的发展提供了重要的基础和支撑，使环太湖创新圈成为中国东部地区最具活力和竞争力的创新区域之一。地处长三角的腹地，经济发达、文化昌盛、生态宜居，社会文明程度高，环太湖地区一直是新型城镇化进程中人口流入地、人才创新创造的重要首选地，文化与经济的同步繁荣形成了宜居、宜业、宜学、宜创的人文环境。2016～2023 年，无锡、常州、苏州、嘉兴和湖州的常住人口均呈现出稳定的增长趋势。其中苏州的常住人口增长最为显著，从 1065 万人增长到 1296 万人，增长率达到21.69%。同时，环太湖创新圈已成为中国重要的教育和科研基地，拥有众多的高等院校、科研机构和创新企业。区域内的复旦大学、上海交通大学、南京大学、东南大学、苏州大学、江南大学等高等院校，在环太湖地区布局各类研发机构与科创平台，在提升产学研成效的同时，也为区域的发展培养了大量的高素质人才。特别是 C9 高校齐集苏州，大学园区遍布苏锡常的各个产业园区，快速增强了环太湖地区的创新潜力。创新驱动的关键是人才的作用得到充分发挥。为了强化人才对科技创新的支撑作用，推动创新链、产业链、资金链、人才链深度融合，苏锡常三市在争抢前沿性科技人才的同时，也在营造服务各类人才成长的环境，打造助力人才事业发展的平台。截至 2023 年底，苏州人才总量达 390 万人，其中高层次人才总量达 42 万人。[1] 无锡全市人才总量达 221.5 万人，其中高层次人才18.4 万名、留学归国人才 2.58 万名、高技能人才 57.1 万名。[2] 常州 2021～2023 年引进人才数量连续增长，分别为 10.55 万人、11.07 万人、12.01 万人，呈高位增长态势，其中 35 岁以下青年人才占比达 90.01%。[3]

---

[1] 《苏州锚定"人才友好型城市"打造一流创新生态 让人才成为决胜未来的最大优势》，中共江苏省委新闻网，http://www.zgjssw.gov.cn/shixianchuanzhen/suzhou/202407/t20240707_8354318.shtml，2024 年 7 月。

[2] 《无锡高质量人才队伍集群正在形成》，无锡市人民政府，https://www.wuxi.gov.cn/doc/2024/08/14/4375124.shtml，2024 年 8 月。

[3] 《2023 年常州引进人才突破 12 万》，江苏省人民政府，http://www.jiangsu.gov.cn/art/2024/1/23/art_84324_11137621.html，2024 年 1 月。

（五）环太湖"好风景"催生长三角绿色低碳创新高地

太湖的生态资源是环太湖各城市最大的财富。在"好风景"的地方诞生新经济，是全球主要城市群、都市圈的空间内集聚与活化创新资源的基本路径。2019 年 11 月，伴随着长三角生态绿色一体化发展示范区的揭牌成立，由上海青浦、江苏吴江和浙江嘉善三地构成的 2300 多平方公里的示范区，成为令国内外瞩目的绿色低碳发展的样板标杆。在这块长三角一体化发展的试验田里，"生态共治，发展共享"成为推进高质量发展的自觉行为。沿湖各市对标示范区的各项制度，在严格保护生态环境的前提下，积极探索将生态优势转化为经济社会发展优势、从项目协同走向区域一体化制度创新，打破行政边界，激活创新资源，建立健全生态文化体系、生态经济体系、目标责任体系、制度体系和生态安全体系。示范区在推动绿色创新和产业升级，构建资源节约型、环境友好型的产业布局、产业结构和能源结构，以及通过绿色 GDP 核算、CDM 机制、碳足迹评估机制等方面，为环湖地区的绿色循环低碳发展提供了示范引领，促进其绿色创新与产业升级。大力推动包括新能源、节能环保、智能制造等具有"绿色属性"的未来产业，在减少污染排放的同时，还促进了经济的可持续发展。环太湖四市自然资源规划部门共同编制《环太湖科创圈空间协同规划》，推动区域产业协作、研发平台共享、政策打通和一体化互认。

太湖流域在绿色技术创新方面发挥了重要创新引领作用。2021 年长三角绿色专利发展报告数据显示，长三角环保产业规模在全国占比约为 30%，而长三角的绿色技术专利数量则占全国的 1/3。从绿色低碳技术专利分析看，长三角三省一市的绿色专利数量，占整个长江经济带的比重，超过了60%，并且在专利申请量排名前 20 位的长江经济带城市中，有 15 个城市来自长三角。[①] 太湖流域的科技创新活动紧密围绕生态环境保护和绿色发展展开，推动了绿色低碳技术的创新和产业的绿色转型。绿色技术创新与产业创

---

① 张晔：《绿色技术专利：长三角大幅领先国内其他地区》，《科技日报》2021 年 12 月 7 日。

新的有机结合，进一步提升地区经济增长的潜力。

依托独特魅力的生态旅游资源，环太湖城市积极推进文化旅游融合与绿色发展的生态融合，推动旅游资源的整合与一体化发展，共建环太湖生态文化旅游圈。江苏拥有99%太湖水域面积和占全线4/5的太湖岸线，在省级层面推动建设涵盖苏锡常三市的沿太湖世界级生态文化旅游区，全力打造江南文化特色鲜明的世界级旅游景区、度假区，形成开放性国际化的生态旅游产品，构筑现代化国际化旅游休闲城市群。环太湖城市通过加强生态环境保护、建立生态保护补偿机制、推动清洁能源利用、构建绿色低碳产业体系等措施，促进经济与环境的协调发展。例如，苏州积极探索生态产品价值实现机制，探索构建绿色低碳循环发展体系，先行先试环太湖区域碳排放交易市场建设；无锡作为江苏省唯一减污降碳协同创新试点城市，积极推进产业、能源等重点领域、环太湖重点区域减污降碳协同任务，探索建立环太湖区域固废协同处置利用产业链和产业基地，为太湖生态保护提供持续动力。环湖各市（区）秉持"生态共治，发展共享"，推动了区域的协同创新，打破了行政区划的限制，实现了资源的优化配置和共享，成为生态治理中政府引导与市场机制相结合的典范。

二 "人文经济学"命题下环太湖创新圈动能提升

进入现代化的城市群与都市圈发展阶段，城市与区域发展动力进一步耦合，更注重人文引领的价值取向，以创造创新、宜居生活环境吸引创新人才，达到以培育新经济驱动城市高品质发展的良性循环。奋进现代化新征程，在长三角世界级城市群和上海大都市圈的空间结构里加快构建具有国际影响力的环太湖创新湖区，进一步深化创新驱动高科技创新和高质量发展，实现"人文经济学"倡导的文化与经济共同繁荣的目标，对推进中国式现代化新实践、促进区域全面创新具有重要的现实意义。在"人文经济学"命题下观照环太湖创新圈建设，就是要以"人文"的活力来激发区域创新的动能，持续书写协力推动全面创新发展的新篇章。

（一）放大环太湖地区"人文经济学"实践带动效应

"人文经济学"将人文因素纳入经济分析和决策，强调经济活动不仅仅是追求物质财富的增长，还应关注人的全面发展、社会公平正义、文化传承与创新、生态环境保护等人文价值。这一理念对于实现经济的可持续发展、提高经济发展的质量和效益、促进社会文明建设具有价值引领和实践指导作用。激发"人文经济学"在进一步全面深化改革、推进中国式现代化中持续释放出强大的动能，从人文和经济互促互动的规律和特征来看，物质变精神、精神变物质，首先要把解放和发展社会生产力作为重要着力点。中国式现代化的关键是高质量发展，"发展新质生产力是推动高质量发展的内在要求和重要着力点"。①

以"人文经济学"的理念激发新质生产力发展的动能，有助于完整准确全面践行新发展理念，进一步解放和发展社会生产力，整体提升高质量发展的热情和效能。"人文经济学"的苏州命题，探索出文化赋能经济、经济"活化"文化的良性循环，其鲜明表征是"高科技创新和高质量发展"，代表未来的发展方向。以"人文经济学"来整体激活高质量发展的动能，着力点也必须落在培育和壮大新质生产力上。新质生产力的原创性、颠覆性创新，主要源自科学家精神、企业家精神主导的科技创新与产业创新，以及由此激发的企业活力、社会活力，而这正是"人文经济学"强调的以人为本创造创新的源泉与动能。只有坚持以文兴业、以文聚智、以文化经，才能持续集聚高端发展要素、优化资源配置效率，为培育和壮大新质生产力提供丰沃的土壤和发展的动能。

同样，作为"人文经济学"的另一典范城市杭州，在文化与经济的协调发展上的探索实践同样可圈可点、可资借鉴。近二十年来，杭州把握新一轮科技革命蓬勃兴起、数字产业模式变革以及浙江建设文化大省等重要机

---

① 习近平：《发展新质生产力是推动高质量发展的内在要求和重要着力点》，《求是》2024年第11期。

遇，走出文化与经济交融共兴的特色路径，在推进以文兴业、科技赋能和大力发展数字文化产业等方面走在了全国的前列。① 杭州在人文经济发展、人文城市建设等方面所取得的成就，与其基于人的创造性所展现的适应市场经济的思想观念与行为方式直接相关，是代代相传的"文化基因""观念因素""人文优势"与时代精神的有机结合，② 由此构成支撑文化与经济高质量发展的"人文动力"，驱动杭州城市品质与城市能级不断提升，和苏州一样成为体现"人文经济学"特质的"新天堂"。尽管杭州与苏州所体现的江南文化空间形态与资源发掘方式有所不同，但在充分尊重人的主体性和创造能力，以"人文动力"来支撑高质量发展、高科技创新，建设高品位城市，营造高品质生活等方面，以创新创造让人文传统、人文精神在日常生活中持续激发出磅礴的动能，则具有异曲同工之妙，代表着先发地区城市与区域现代化的"未来方向"。因此，进一步放大苏杭"人文经济学"的实践效应，对于激发环太湖地区创新驱动高质量发展的信心与动能，具有直接的示范带动效应。

（二）城乡融合发展擦亮环太湖创新圈人文经济底色

中国式现代化是基于城乡融合发展的全方位、多层次的现代化。环太湖地区地处长三角腹地，大中小城市、城镇与乡村的协同发展，为新型城镇化树立了样板区域。以"人文经济学"进一步激发新型城镇化战略下的城乡一体的高质量发展动能，让"人文城市"与"人文乡村"共绘现代化美景，是环太湖地区推进中国式现代化实践的应有担当。党的二十届三中全会《决定》对健全推进新型城镇化体制机制，统筹新型工业化、新型城镇化和乡村全面振兴，全面提高城乡规划、建设、治理融合水平，促进城乡要素平等交换、双向流动，缩小城乡差别，促进城乡共同繁荣发展作了具体部署，特别强调要构建产业升级、人口集聚、城镇发展良性互动机制，在现代化的轨道上实现更高层次的城乡融合发展，这是实施以人民为中心、以人为核心

---

① 应雪林：《不断实现文化与经济交融互动》，《人民日报》2023年10月20日。
② 陈立旭：《人文经济多重维度与人文经济学研究对象》，《浙江社会科学》2024年第6期。

的新型城镇化战略的新目标新任务。坚持"五位一体"统筹新型工业化、新型城镇化和乡村全面振兴，是推进城乡共同富裕、协调发展的中国式现代化的本质要求。长三角地区城乡融合与区域一体化，不仅是经济发展的重要目标，更是"人文经济学"深度介入、厚植人文底色的重要表现。写好"人文经济学"的时代答卷，必须更加关注广袤的乡村大地，让"人文乡村"和"乡土中国"成为中国式现代化的又一张名片，承载起传承人文精神、激发社会创造活力的新使命。

环太湖地区自古以来就是人文荟萃之地，拥有丰富的历史文化遗产和深厚的文化底蕴。在环太湖创新圈的建设中，深入挖掘和传承这一地区的人文底蕴，不仅是保护文化遗产的需要，更是为创新圈注入持久生命力的关键。要进一步优化资源布局与区域协同，通过提升城乡基础设施、促进城乡产业协同发展等措施，进一步缩小城乡差距，实现城乡共同繁荣，不断满足城乡居民的生活质量、文化需求和精神追求，更有效地推进乡村全面振兴，培育出更多彰显历史底蕴、引领乡风文明、充满现代化气息的"人文乡村"，让环太湖地区的乡村与城镇一样有魅力和吸引力，让更多的"人文经济学"创新实践在城乡空间绽放出绚烂之花、结出厚实之果。

（三）"人文经济学"价值共识促进环太湖区域全面创新

以人文引领社会发展、促进文化和经济共同繁荣，是新时代"人文经济学"的重要命题。文化在与经济的交融互动中，会赋予经济发展以深厚的人文价值、极高的组织效能、更强的竞争力。文化与经济共同繁荣是"人文经济学"的核心价值理念。

苏州等江南地区自然基础条件好、自身发展能力强，充溢着"敢为天下先"的开放创新精神，且具有抗风险能力与韧性，这和该地域的人文与经济有机互动、相互涵养直接相关，而起决定性作用的是商品经济与江南文化耦合而成的自主创造与开放包容精神。从现实来看，以苏州为代表的苏南及沿江地区，在改革开放的进程中能洞察先机、站在潮头、开拓创新，不断创造发展的奇迹，从乡镇企业的"四千四万"精神，到对外开放与创新转型的"张家港精神"、"昆山之路"、"园区经验"以及吴江的民营经济领军现象，无不与这一地域的人文精神，特别是企业家精神高度相关，而这种精神在一定程度上是对江南文化中家国情怀、创造创新精神的传承弘扬。可见，在新阶段把握"人文经济学"命题的核心要义，就是要从历史与现实的相互映照中，进一步打破城乡界限、行政区域分割带来的交往交流隐形阻隔，以"人文经济"的价值共识来强化区域协同，集聚创新活力，促进环太湖地区的全面创新。唯有坚持人民至上、尊重人民主体地位、鼓励人民自己创造，突出以文聚力，激活现代化发展更深层、更持久、更稳健的文化力量，方能清晰展现苏州与苏南环太湖及沿江地区秉持崇文重教、自主发展、开放包容、共同富裕、美美与共的理念与追求，为中国式现代化区域新实践注入深厚的人文精神动能。推进环太湖区域的科技创新、全面创新，必须牢牢抓住人文精神浇灌下的"高质量发展"和"高科技创新"两大引擎，面向长三角地区形成更加高效、协同的产业分工与合作体系，提升整体竞争力。创新驱动是高质量发展的动力源泉，高科技创新是推动经济高质量发展的重要支撑，是实现全面创新的核心动力。高科技创新不仅体现在新技术的研发和应用上，更体现在创新体系的构建和创新生态的优化上。

（四）以高品质人文环境建设聚集高水平创新人才队伍

人才是创新的第一资源。在推进中国式现代化新实践上探路先行，环太湖地区必须以"人文经济学"的价值理念，引领教育、科技与人才的一体改革，以高品质的人文环境来聚集更大规模的创造创新人才队伍，围绕人才集聚、人才培育、产才融合和人才生态等方面，为人才全生命周期成长发展提供支持，加快促进从产业高地、科创高原向科技与产业高峰的转变，为长三角地区的高科技创新和高质量发展提供重要支撑。一是要在长三角区域一体化发展的进程中，加大开放合作的力度，积极推进国家实验室、战略科学家工作室和大科学装置建设，以国际化和国家级创新平台来吸引掌握关键核心技术的战略科学家、科技领军人才和创新团队。二是要注重将环太湖创新圈招才引智的制度设计和地方智慧结合起来，促进环太湖科创圈建设与

"G60科创走廊""沿沪宁产业创新带"等科创载体的人才流动形成共振与互动，加快构建龙头企业牵头、高校院所支撑、各创新主体相互协同的创新联合体，形成人才驱动区域创新发展的合力。三是把握人工智能时代环太湖地区高端科创平台、大科学装置以及重点实验室建设的新机遇，促进基础研究人才与应用研究人才以及高技能人才队伍的融合互动。例如，地处长三角生态绿色一体化发展示范区内的华为练秋湖研发基地，汇聚了企业办公、研发中试、技术孵化、生产服务和配套居住等多元化功能，其数万名科技研发人员来自全球各地，具备丰富的科研经验和创新能力。让这些充溢着创新激情的研发人员，周边地区产业链的延伸和完善，形成更加紧密的产业协作网络，促进对环太湖地区的"智力溢出"。让大批科研人员、工程师、技术工人等高素质创新人才，通过人才培训、技术转移等方式，促进创新资源的共享和优化配置。四是要利用长三角核心区高效便捷的轨道交通网络、高速公路网以及正在崛起的低空交通运输体系，为环太湖地区的人才跨区域工作交流提供高效精细化的服务。伴随着沪苏湖高铁的建成通车，太湖南岸地区与上海、苏州等大城市之间的人才流动更加频繁，吸引了更多人才来到太湖南岸地区工作和生活，浙江、安徽环湖区域与长三角核心城市之间的经济联系更加紧密，有助于提升太湖南岸地区的整体人才素质和企业的创新能力。

三 "人文经济学"赋能环太湖创新圈高质量发展的策略及路径

"人文经济学"以人为本的理念，充分尊重人的创造性，激发人的创新能力，对实施科教兴国战略、人才强国战略、创新驱动发展战略与构建全面支持创新体制机制，具有明显的方向引领作用。无论是发达国家走过的现代化道路，还是国内苏州、杭州等城市在文化和经济共同繁荣方面的探索实践，无不证明了高科技创新特别是原始创新，是推动高质量发展、提升国家竞争力的核心力量。深化创新驱动发展战略，教育为基、科技为核，人才是决定性的要素，只有聚焦原始创新、集成创新、开放创新，全方位深化科技体制改革，深化人才发展体制机制，营造出良好的创新生态，方能形成人尽其才、才尽其用的社会风尚，培育出具有全球号召力、吸引力的创新文化，不断提升区域创新能力和核心竞争力。按照进一步深化改革、推进中国式现代化创新驱动发展战略，以"人文经济学"全面赋能环太湖创新圈的高质量发展，要彻底打破现有行政区划体制下"一市三省"产业空间布局和创新资源统筹、社会治理协同以及区域统一大市场建设上存在的有形与隐形障碍，消除科技创新、全面创新中的"孤岛现象"，彰显科技是第一生产力、人才是第一资源、创新是第一动力的系统集成效应，为构建全面创新体制机制塑造新优势、激发新动能。

（一）进一步全面深化改革，强化"人文经济学"对环太湖创新圈全面创新的实践引领

扛起推进长三角区域一体化发展战略的重要使命，环太湖地区要争当推进全面创新的先行区域，在体制机制创新上实现重要突破。文化是由经济决定的。任何经济又离不开文化的支撑。发挥人文经济学对环太湖创新圈建设的实践引领，不是"人文经济"和"创新"的简单拼接，而是从高科技创新与高质量发展的底层逻辑出发，形成文化与经济互促融合的"化学反应"。将人文经济内嵌于创新和经济社会发展进程，实现人文经济促进世界级湖区创新发展的新范式。人文经济学强调经济发展的根本目的是服务于人民，以人民为中心的发展思想是其核心。创新的根本目的在于推动社会进步和提高人类的福祉，满足人类日益增长的物质和精神需求，提高生活质量。始终坚持以人为中心的创新发展模式，能够更好地满足人民对美好生活的需求，促进人的全面发展，从而激发全社会的创新活力。

一是要协力推进全面深化科技体制改革，打造具有国际影响力的创新策源地和产业高地。环太湖地区聚集了大批具有行业引领力的科技企业、研发机构和高科技园区，但如何将这些产业与科技创新资源更好地统筹，以避免行政体制制约下的"创新孤岛"现象，是深化科技体制改革的核心问题。

通过借鉴粤港澳大湾区和上海临港新区的成功经验，环太湖创新圈可以进一步加强创新平台的建设，鼓励新型研发机构的健康发展，优化科技创新资源的整合与应用。改革的关键在于发挥企业在科技创新中的主导作用，要强化企业与科研院所、高校之间的合作，推动更多的原创性、颠覆性科技成果落地生根。

二是要深化人才体制机制改革，确保创新驱动战略有坚实的人才基础。环太湖地区要打造长三角区域内的高端人才高地，实施更加积极开放的人才政策，建设符合国际标准的高层次人才集聚平台。在这一过程中，深化人才发展的体制机制改革尤为重要。建立灵活的跨区域人才流动机制，打通高校、科研院所与企业之间的人才交流通道，促进人才资源的高效流动。此外，改革还应聚焦人才的培养和激励机制，构建以市场需求为导向的人才发展模式，鼓励多样化、国际化的人才培训与发展计划，确保区域内能够吸引、留住并培养一流的科技领军人才和创新团队，为环太湖创新圈的高质量发展注入不竭的活力。

三是进一步优化区域教育资源配置，建立同人口变化相协调的基本公共教育服务供给机制。整合区域内现有的高等院校和职业教育资源，推动高水平的教育、科研与创新机构入驻，吸引国外高水平理工类大学来环太湖城市合作办学。建设一批具备国际竞争力的职业技术大学和研究机构，加快构建职普融通、产教融合的现代职业教育体系建设新模式，通过高质量教育培养出具备全球视野和创造力的未来人才，为环太湖创新圈持续发展提供动力。

四是从更广泛的制度创新入手，提升区域协同创新能力。环太湖地区在长三角区域一体化的战略框架下，应当突破现有行政区划的限制，加强区域协作和资源共享。通过建立跨区域的科技创新联盟和产业合作机制，环太湖创新圈将打破创新资源在行政区划上的割裂现象，实现创新要素的自由流动。进一步深化体制机制改革，消除科技创新中的政策壁垒，使环太湖地区的创新生态更加开放、包容。在长三角区域一体化发展的战略空间中，环太湖地区是构建物质文明和精神文明相协调的中国式现代化"窗口"，既要通过经济体制改革，解放和发展社会生产力，实现物质富裕，也要通过文化体制改革，激发文化生命力、创造力，实现精神富足。^① 强化"人文经济学"对环太湖区域现代化实践的价值引领，更加尊重人的创造性，激发全社会的社会活力，让文化凝聚价值共识，形成创新创造牵引开放包容的社会风尚。从以苏州为代表的苏南与江苏沿江地区来看，建设"强富美高"现代化新江苏的引领区、示范区，要在传承江南地区人文精神的基础上，进一步弘扬激发扎根本土的企业家文化，以文化和经济的良性互动，营造以高科技创新支撑高质量发展、壮大新质生产力的导向和氛围，加快构建数字化场景中经济和文化双向转化形成高质量发展的动力机制。要在城乡一体的空间格局中，围绕新质生产力布局产业链，让文化为经济活动与智造产品赋能增值，持续提升城市与区域软实力，成为展示中国式现代化新实践成果的重要窗口。

（二）把握区域现代化重点任务，高起点打造发展新质生产力的创新空间与重要阵地

江苏与环太湖地区的创新驱动发展战略，与打造具有全球产业科技创新中心的目标高度耦合。以"人文经济学"激活空间创新动能，提升载体创新能级，全力构筑发展新质生产力的重要阵地，通过深化重点领域和关键环节的集成改革，进一步强化文化引领、人文聚力、创新带动、绿色转型。大力发展新型数字文化产业、现代服务业，可以协同打造长三角地区和国内最令人向往的创业创新与品质生活之地，让教育、科技、人才资源充分奔涌，人文与经济有机互动互促，大幅提高全要素生产率，整体提升社会治理水平，全力促进社会共同富裕。^②

首先，系统开展环太湖地区的新质生产力的创新空间载体建设。立足长三角区域一体化发展战略的整体布局，着眼于产业链的纵深发展和技术创新的高度融合。在长三角区域一体化发展的新要求下，主动顺应城市群、都市圈的产业、科技、文化一体化发展的趋势与规律，将未来的环太湖地区打造

---

① 李书磊：《深化文化体制机制改革》，《人民日报》2024年8月7日。
② 苏群：《领悟"人文经济学"要义 推进新质生产力发展》，《群众》2024年第5期。

为长三角一体化发展、上海大都市圈的教育、科技、人才一体化推进的新高地。环太湖地区通过苏州、无锡、常州等城市的联动发展，已经初步形成了一批具有全球影响力的科技产业集群，如无锡的物联网产业、苏州的纳米技术产业、常州的新能源产业等。这些产业集群为新质生产力的培育提供了坚实的基础。在此基础上，通过进一步深化区域内的产业合作和科技创新，打通产业链上下游企业之间的创新要素流通，形成产业链、创新链、人才链的深度融合。通过建立产业创新联盟，制定产业发展规划，整合区域内的科研资源，推动技术创新向产业应用的高效转化，实现产业的高端化、绿色化和智能化转型，进一步提升区域在全球产业链中的竞争力。

其次，高格局规划集群化+分层次的立体创新空间梯度。立足全湖区协同创新与产业分工的构架视角，结合创新资源与生产要素的流动趋势，积极引导高效配置优质资源。如将对于中心城市的创新要素吸引作用进行放大，因地制宜依据湖区主核心城市、第二梯队中心城市的产业特点，引导创新资源在中心城市聚集，并围绕中心城市配套创新成果转化所需配置产能。避免重复建设与重复投入，优化城乡和区域文化资源配置，推进一体化谋划、联动式合作、协同性发展，形成均衡协调的创新空间格局。要立足科技与产业前沿提升创新孵化平台建设能级。环太湖地区拥有众多国家级和省级高新技术开发区和产业园区，这些园区已经成为创新型企业的孵化器和科技成果转化的重要平台。为了适应新质生产力发展的需求，必须进一步提升这些园区的创新能级，打造一批国际化、专业化的科技企业孵化器集群，通过吸引国际化的风险投资和科技资源，为企业提供更广阔的市场和技术合作机会，推动区域内企业参与全球产业链竞争。

最后，织密公共服务网络，通过多类型政策互通、多点位交通互联等基础公共服务构建，突破行政区域的限制，发展新质生产力的创新空间载体，实现产业链与产业集群主导的市场要素高效配置。针对江苏完善跨行政区合作发展机制，围绕深入推进"1+3"重点功能区建设展开的创新空间规划布局，探索以苏州全域为核心样本区，将江南文化、长江文化、大运河文化共同哺育的无锡、常州、南通、镇江、南京、扬州、泰州等城市的沿江地区一体整合，打造特色鲜明的"扬子江人文城市群"，实现"人文经济学"与新质生产力发展的空间融合、双向奔赴与共同赋能。

（三）依托环太湖区域创新体系，高水平构筑教育、科技、人才体制机制一体改革试验区

环太湖地区作为中国经济最具活力和创新能力的区域之一，肩负着推进长三角区域一体化和中国式现代化的双重使命。高水平构筑环太湖推进教育、科技、人才体制机制一体改革试验区，是实现环太湖创新圈全面创新、推动区域高质量发展的战略支撑。

首先，以人才培养和创新驱动为导向，推动教育体制机制改革。环太湖地区拥有丰富的高等教育资源，但现有教育资源的整合与优化还有很大提升空间。为构筑教育体制改革的高起点，必须以创新驱动发展为导向，推动长三角地区及上海大都市圈的优质教育资源整合，优化教育布局，提高教育服务供给的质量和水平。环太湖创新圈要引进更多具备全球影响力的研究型大学，同时提升本地高等院校的科研水平，鼓励其在前沿科学领域开展原创性研究。加快建立跨区域教育联盟，推动高校间的合作与资源共享，探索跨学科、跨领域的协同教育模式，培养具备跨学科视野和创新能力的复合型人才。

其次，以促进区域经济转型升级为牵引，在推动科技创新体制机制改革上大胆探路。环太湖地区聚集了大量的科研机构和科技企业，但科技成果的转化和应用还有很大提升空间。要实现科技体制的改革，必须以科技创新为突破口，推动科技资源的高效整合与优化配置，形成一个开放、协同的创新生态系统。依托长三角区域一体化的战略平台，推动跨区域的科技合作与协同创新，搭建科技成果转化平台，加快科研成果从实验室到产业化的转化速度，提升区域的科技竞争力。在科技体制改革的过程中，环太湖创新圈应重点发展前沿科技领域，特别是在人工智能、物联网、生物医药、新能源等战略性新兴产业领域，加快建设一批具有国际竞争力的创新型产业集群。通过引入国内外领先的科技企业和科研机构，推动区域内科技创新能力的提升。

最后，以保障创新驱动型经济发展为目标，推动人才体制机制改革，探

索多形式"引才",创新"引财"与"引智"机制。要在打破传统的行政区划限制的基础上,建立环太湖城市间的人才柔性流动机制,实现人才资源的优化配置。推出人才共享平台,探索科创"飞地"合作模式,设立科技协同创新基金,鼓励环太湖各城市在上海设立人才飞地或"飞地型"载体,吸引上海的高端人才和先进技术流入,建立区域共认的科技成果转化奖励机制。建立跨区域人才服务平台,协力提供人才政策咨询、职业发展规划、住房保障等服务,吸引和留住高端、国际化的产业人才。

(四)拓展绿色生产力发展赛道,积极谋划沪苏浙皖环太湖绿色低碳发展合作区

积极谋划沪苏浙皖共建国家级环太湖绿色低碳发展合作区,拓展绿色生产力发展路径,是在新形势下推动区域可持续发展的重要战略。随着全球对生态保护和绿色发展的重视日益增强,环太湖地区作为长三角经济带的重要组成部分,具备了良好的自然环境和丰富的文化底蕴,为建设绿色低碳发展合作区提供了坚实的基础。结合长三角生态绿色一体化发展示范区的政策优势,通过构建绿色生产力发展体系,环太湖地区将更有效整合区域内的资源,实现经济增长与生态保护的协调可持续发展。

第一,环太湖绿色低碳发展合作区的建设,必须依托高科技创新的引领作用,推动绿色产业的发展。在长三角核心区,集聚了大量的科研机构和创新型企业,这些机构在新技术研发和应用方面处于领先地位。作为全球最大的研发中心之一,华为练秋湖基地的技术积累和管理经验,将对环太湖地区的技术创新和产业发展产生积极的溢出效应,为推动区域内的绿色科技创新奠定坚实基础。通过持续的技术创新,环太湖地区将能够不断推出具有自主知识产权的新技术和新产品,提升区域的整体创新能力和市场竞争力。

第二,构建区域协同创新机制,推动高质量发展与高科技创新相辅相成、相互促进。高质量发展为高科技创新提供了坚实的经济基础和市场空间,而高科技创新则为高质量发展注入了源源不断的动力。企业间的协同发展,有效提升产业链的整体竞争力,为绿色生产力发展创造良好的环境。长

三角一体化发展的政策环境为环太湖合作区的建设提供了良好的基础，通过建立跨区域的绿色发展合作机制，可以实现资源共享、优势互补。环太湖地区的各城市可以共同设立绿色产业发展基金，吸引耐心资本，发展绿色金融，支持绿色科技创新与绿色项目的实施，为区域的绿色发展提供保障。

第三，推动生态产品价值的有效转换，进一步拓展绿色生产力的发展路径。在苏州吴中、吴江，常州溧阳以及浙江湖州等地区，生态产品价值转换的试点实践显示出显著成效。通过建立生态补偿机制和绿色产业政策，为生态保护提供了必要的资金支持，推动生态产品的市场化和产业化，形成生态与经济的良性互动，实现生态价值的最大化。

第四，环太湖绿色低碳发展合作区还应注重绿色金融的创新。绿色金融是支持绿色产业发展的重要工具，可以为绿色项目提供持续的资金支持。通过建立绿色金融机构，推动绿色债券市场的发展，吸引社会资本投入绿色产业，为区域内的生态文明建设提供强有力的资金保障。同时，政府应通过政策引导，鼓励金融机构加大对绿色项目的支持力度，形成良好的绿色金融生态，为该地区企业与园区的绿色低碳发展注入新的活力。

（五）激扬创新型文化的澎湃动能，自觉构建体现文化主体性的美好生活样态

环太湖地区不仅是中国经济发展的前沿阵地，也承载着丰富的历史文化积淀，拥有深厚的文化资源，如吴文化、越文化、运河文化、江南文化等。这一地区的创新发展不仅要依赖科技和产业的进步，还需要充分发挥先进文化的引领作用。通过文化与科技、经济的深度融合，激扬区域创新型文化的澎湃动能，持续推动区域全面创新，实现文化繁荣与经济发展的相互促进，自觉地为物质文明与精神文明协调发展的中国式现代化提供场景示范。首先，必须立足于环太湖地区的历史文化资源，加强文化传承与创新，让创新型文化成为全面创新的引领力量。其次，强化创新型文化对环太湖绿色低碳发展的引领作用，推动环太湖地区的生态旅游与文化旅游相融合，将绿色发展理念融入城市规划、建筑设计和社区生活中，提升区域的绿色文化氛围和

生态文明建设水平。充分发挥文化软实力的激励效应，注重塑造具有包容性、创造力和进取心的创新文化氛围，增强区域内创新人才的文化认同感和归属感，提升企业和个人的创造力和创新能力，形成充满活力和创新精神的人文社会环境，为全面创新提供强大的社会基础。以"人文经济学"的新范式、新成果，展现人文与经济高度融合、互促共进的新路径，在环太湖地区不断绘出充分体现文化主体性的"美美与共"场景和令人向往的美好生活样态。

环太湖城市群人文经济发展报告（2025）

刘士林　王晓静　郭嘉泰*

摘　要：　环太湖城市群素以经济发达和文教繁荣著称，具有发展人文经济得天独厚的资源禀赋，并在文化、产业、生态文明、现代化治理方面形成了一系列示范性经验和创新性路径。环太湖城市群在人文经济发展中面临的主要问题涉及理论研究不足和规划缺失、政策和治理效能不显著、体制机制改革力度不够等方面，不同程度影响了环太湖城市群的可持续发展和区域一体化进程。在长三角一体化发展背景下，长三角地区在政策制度创新、基础设施互联互通、现代化产业体系建设、生态环境保护、公共服务一体化、打造江南文化品牌等方面不断发力，必将为环太湖城市群人文经济发展带来更多的红利和优势。为推动环太湖城市群人文经济发展，需要进一步加强人文经济学的理论研究和政策供给，提升战略规划编制质量，加大体制机制改革力度，集中打造江南文化标识，探索人文经济发展新路径。

关键词：　城市群　人文经济　政策制度创新　江南文化品牌

习近平总书记指出："上有天堂下有苏杭，苏杭都是在经济发展上走在前列的城市。文化很发达的地方，经济照样走在前面。可以研究一下这

---

* 刘士林，上海交通大学城市科学研究院院长，首席专家，教授，主要研究方向为城市科学；王晓静，上海交通大学城市科学研究院院长助理，副研究员，主要研究方向为江南文化；郭嘉泰，上海交通大学城市科学研究院科研助理，上海交通大学出版社编辑，主要研究方向为城市文化。

里面的人文经济学。"① 人文经济学作为推动物质文明和精神文明协调发展的新理论和新实践,体现了中国式现代化的本质要求,为国家新型城镇化战略和长三角高质量一体化发展提出了新的理论课题,开辟了新的实践领域。

环太湖城市群以古代的"太湖四州"为历史基础,以当代长三角的苏州、无锡、常州、嘉兴、湖州为主体框架,是长三角一体化战略向纵深推进的核心空间和重要载体。环太湖城市群素以经济发达和文教繁荣著称,具有发展人文经济得天独厚的资源禀赋,并在文化、产业、生态文明、现代化治理方面形成了一系列示范性经验和创新性路径。

本报告以探索打造新时代人文经济最佳实践地为目标,全面研究环太湖城市群人文经济发展的资源条件,深入分析其存在的问题和挑战,结合进一步深化改革、推动中国式现代化的新形势、新要求,提出具体和可操作的对策建议,为把环太湖城市群早日建成人文与经济相得益彰、物质文明与精神文明协调发展的中国式现代化示范区提供参照。

一 环太湖城市群人文经济的理论阐释与战略定位

环太湖城市群作为城市群的特色形态之一,必然要遵循城市群发展的普遍规律。同时,作为自古以来经济富庶和文化繁荣的区域,其具备规划建设作为城市群高级形态的文化型城市群的本质特征。对城市群理论发展演化进行回顾总结,可以为环太湖城市群人文经济发展提供重要的学术语境和现实背景。

(一)文化型城市群的界定与阐释

1. 文化型城市群代表了城市群发展的新趋势

总体上看,城市群主要形成了两种发展模式,一是传统以经济、交通和

---

① 《人民日报整版观察:深入研究人文经济发展的实践样本》,《人民日报》2023 年 10 月 20 日。

人口为要素的"经济型城市群"；二是重文化、生态和生活质量的"文化型城市群"。^① 在全球人口爆炸、能源危机、生态环境恶化的大背景下，文化型城市群正成为城市群追求的新理念和探索的新方向，如伦敦、巴塞罗那、新加坡等布局建设世界文化城市。在城市群方面，则出现了以技术产业和风险投资取胜的北加州城市群（Nor-Cal），以潮流和产业设计中心为目标的意大利城市群（Rome-Milan-Turin），以金融、设计和高科技为竞争优势的大东京城市群（Greater Tokyo）等，^② 这些是文化型城市群的先行者。

文化是城市的灵魂。文化型城市群是城市群发展的高级形态和理想目标，也是新型人文城市在更大空间范围内的实践探索。"十三五"以来，我国大力推进新型人文城市规划建设，形成了以文化带、国家文化中心城市、新型人文城市、历史文化名镇（街区）、中国传统村落为主要层级的框架体系，走出了"一条文化引领区域经济社会发展的新路子"。^③ 在文化型城市群方面，大运河文化带具有示范和象征意义。在 2019 年中办、国办发布的《大运河文化保护传承利用规划纲要》中，确立了"以大运河文化保护传承利用为引领、统筹大运河沿线区域经济社会发展"的编制原则，同时多次强调"大运河文化带的方向、目标和任务"是"以文化为引领推动区域高质量发展""以文化为引领促进区域经济高质量发展""以文化为引领促进支点城市经济社会全面发展""开拓区域经济高质量发展新空间"。就此而言，在中国不仅率先出现了文化型城市群的先进理论，同时在文化型城市群的建设中也走在了世界前列。

2. 环太湖城市群人文经济发展符合城市群发展的主流和大趋势

据研究，"理想的城市群是一个在人口、经济、社会、文化和整体结构上具有合理层级体系，在空间边界、资源配置、产业分工、人文交流等方面具有功能互补和良好协调机制的城市共同体。城市群发展不只是经济的一体

---

① 刘士林：《城市中国之道》，上海交通大学出版社，2020。

② Richard Florida et al.，"The Rise of the Megaregions,"*Cambridge Journal of Regions, Economy and Society*，2008，1（3）.

③ 刘士林：《人文城市的中国理论与实践》，上海交通大学出版社，2023。

化进程，也包括政治、文化、社会等方面的内容。"① 环太湖城市群尽管在空间范围、人口规模、经济总量、战略地位等方面不能与其他的国家级城市群相比，但作为一个具有鲜明地域特色、坚实经济基础、社会文明程度较高、文化传承良好的城市群，不仅在发展中会遵循城市群的普遍规律和要求，同时也要把"文化型城市群"作为未来的规划建设目标。

结合我国城市群的建设现状，从推进环太湖城市群高水平规划和高标准建设的角度出发，不仅要牢牢把握城市群不以人的意志为转移的城市化规律，还要深刻领悟文化型城市群代表了未来城市化的理想目标和形态。总之，在观念和发展模式上协调好经济发展和文化建设、经济型城市群和文化型城市群的关系，研究和推动两者走向协调发展，是谋划环太湖城市群首先要解决的问题。

物质文明和精神文明的协调发展，是中国式现代化的本质要求之一。环太湖城市群空间大小适度、城市数量适中、人口和社会负担相对较轻，还拥有良好的生态环境、坚实的经济基础和容易认同的文化传统，完全有条件把人文经济发展置于更加重要和突出的地位，完全有能力率先规划建设一个物质文明与精神文明协调发展的中国式现代化示范区。

（二）研究和推动环太湖城市群人文经济发展的重要意义

1. 打造新时代人文经济最佳实践地

人文经济学是习近平文化思想的重要组成部分。研究和构建人文经济学理论体系，推动长三角人文经济高质量发展，是习近平总书记亲自部署的重大政治任务。扛起"在改革创新、推动高质量发展上争当表率，在服务全国构建新发展格局上争做示范，在率先实现社会主义现代化上走在前列"的重要任务，迫切需要深入研究和领悟人文经济的重要内涵，加快研究编制环太湖城市群人文经济发展规划，探索出一条高质量和全面发展的中国式现代化新路。

---

① 刘士林：《人文城市的中国理论与实践》，上海交通大学出版社，2023。

2. 提升环太湖城市群的文化软实力

中国式现代化是物质文明和精神文明相协调的现代化。改革开放以来，环太湖城市群的经济社会发展取得重大进步，但对于主要以乡镇企业、工业化起家的环太湖城市，也不同程度存在着"物质文明一头重，精神文明一头轻"等突出问题。人文经济的首要功能是推动物质文明和精神文明协调发展，符合环太湖城市群高质量发展和现代化建设的现实需要。研究和推动环太湖城市群人文经济发展，有助于提升城市群软实力，构建与中国式现代化相适应的城市软实力发展体制机制，为推动全球文化交流和文明互鉴发挥重要引领作用。

3. 构建高品质生活城市的未来模式

高质量发展是中国式现代化的本质要求之一。高品质生活是我国新型城镇化战略的重要目标和未来方向。总体上看，环太湖城市群的经济社会发展，已经走到了从规模到内涵、从数量到质量、从一般性服务到高品质供给的关键阶段。以规划建设面向未来的文化型城市群为目标，依托文化资源丰富、经济实力雄厚、文化人才众多、文化开放程度高的区域特点，探索打造以江南文化品牌为标识的高品质城市群，不仅有助于实现自身的高质量发展和全面发展，也可为我国其他区域走文化型城市群发展道路作出有益示范。

二　环太湖城市群人文经济的发展现状与主要问题

环太湖城市群，涵盖苏州、无锡、常州、嘉兴、湖州等城市，凭借其丰富的文化底蕴和雄厚的经济实力，成为长三角一体化战略的关键组成部分。此前，以太湖为核心，为促进区域内城市在经济、科技、生态等领域的合作与一体化发展，曾提出过包括"环太湖都市圈""环太湖经济圈""环太湖世界级生态湖区、创新湖区"在内的多项构想，为打造一个融合科技创新、产业升级、生态保护和文化旅游的综合性区域发展模式作出了一定的探索，对推动区域内外的互联互通，助力区域经济和社会的全面协调可持续发展，进一步提升长三角地区的全球竞争力和影响力具有重要意义。

（一）环太湖城市群经济社会文化概况

在环太湖城市群中，苏州的面积最大、人口最多、经济发展最快。作为江苏省东南部最重要的城市，改革开放以来，苏州经历了乡镇企业异军突起、开放型经济快速发展和产业转型升级三个阶段。伴随着工业化与城镇化的推进，苏州的城市面积显著扩大，生态系统服务功能有所降低，但其作为环太湖区域核心城市的区位优势依然突出。

在环太湖城市群中，无锡的城镇化率和人均 GDP 最高。无锡位于江苏省南部，随着手工业的兴盛和商品经济的发展，逐步形成了江南有名的米市和布码头，米市的影响远远超出江苏省范围，跻身全国"四大米市"。

在环太湖城市群中，2023 年的 GDP 增长率唯一超过全国水平的是常州。其地理位置处于江苏省南部，明清时期，常州是全国重要的商贸中心之一，在粮食生产、大豆贸易、手工业及商业贸易等方面成就显著。

在环太湖城市群中，湖州的常住人口最少、城镇化率最低。湖州地处浙江省北部，新中国成立后，湖州的行政区划经历了多次调整。近年来，湖州经济发展迅速，成为 G60 科创走廊的重要中心城市之一。

在环太湖城市群中，嘉兴市的面积最小，地处浙江省东北部、杭嘉湖平原腹心地带，大运河纵贯境内。嘉兴是新石器时代马家浜文化的发祥地，历史上曾是吴越两国角逐的要地，也是中国共产党诞生地，具有深厚的历史文化底蕴。

作为长三角世界级城市群的重要区域，近年来环太湖城市群在经济上取得了显著成就。根据 2023 年政府公开数据，5 座城市以全国面积的 0.28%（总面积 27222.47 平方公里），容纳了全国总人口的 2.47%（常住人口总数达 3485.1 万人），贡献了全国 GDP 的 4.86%（当年 GDP 总额为 61303.5 亿元），其中苏州、无锡和常州的经济体量较大，2023 年的 GDP 分别达到 24653.4 亿元、15456.19 亿元和 10116.36 亿元，而湖州的 GDP 仅为 4015.1 亿元，约为苏锡常的 7.99%；同时，当年的人均 GDP 排名第一的无锡是湖州的近 2 倍。整体上呈现出"北强南弱"的现象，即苏州和无锡的经济发展水平明显高于湖州和嘉兴。

截至 2023 年底，5 座城市的平均城镇化率已达 77%，超过了全国平均水平，其中无锡以 83.31% 位列第一，苏州 82.48% 排第二，常州 78.51%、嘉兴 73.2% 分别列第三和第四，湖州的城镇化率相对最低，为 67.5%。5 座城市当年的第三产业增加值总额达 28764.14 亿元，平均增速为 6.12%，表明区域内部的城市化发展水平较为协调，城市化进程与第三产业的发展相辅相成。

环太湖地区是吴越文化的发源地，也是江南文化的核心区，拥有深厚的历史文化底蕴。明清时期，该地区就以丰富的文化资源和创新活力闻名，形成了知识密集的文化环境和较强的文化凝聚力。截至 2023 年，区域内共有 13 项人类非物质文化遗产代表作、81 项国家级非遗、17 个国家 5A 级景区，在文化传承和保护方面取得了显著成就。同时，苏州是国家文化消费试点城市，无锡是国家文化和旅游消费试点城市，常州、嘉兴和湖州均为省级文化和旅游消费试点城市，在推动文化和旅游消费方面具有先行先试的优势。通过政策引导和市场机制，激发文化和旅游消费潜力，促进文化与旅游产业的深度融合与发展，2023 年 5 座城市的旅游总收入达 6570.04 亿元，是当年GDP 总额的 10.72%，显示出对区域经济强劲的影响力（见表1）。

（二）环太湖城市群的文化传承保护利用

以习近平新时代中国特色社会主义思想为指导，深入学习贯彻习近平总书记关于文物保护利用和文化遗产保护传承的重要论述，环太湖城市群在文化保护传承利用方面取得了显著成就。

1. 苏州

（1）政策与规划

截至 2024 年 9 月，苏州市立足《苏州市"十四五"文化和旅游融合发展规划》，结合《苏州历史文化名城保护专项规划（2035）》与《苏州市非物质文化遗产生产性保护促进办法》，在文化保护和利用方面出台了一系列政策。2023 年 2 月，《苏州市大运河文化保护传承利用条例》发布，该条例是为加强大运河文化遗产保护而制定的地方性法规，旨在推动大运河文化

表 1　环太湖城市群经济社会发展统计

城市	常住人口（万人）	城市面积（平方公里）	城镇化率（%）	GDP（亿元）	GDP增长率（%）	人均GDP（万元）	人类非物质文化遗产代表作数量（项）	国家级非遗数量（项）	国家5A级景区数量（个）	第三产业增加值（亿元）	同比增长（%）	旅游总收入（亿元）
苏州	1295.8	8488	82.48	24653.4	2.9	19.1	7	33	6	12916.8	5.5	1849.5
无锡	749.5	4627.47	83.31	15456.19	4.08	20.6	1	11	4	5745.38	5.0	1581.08
常州	537.5	4372	78.51	10116.36	5.93	18.8	1	13	3	5080.01	6.6	1227.1
湖州	343.9	5820	67.5	4015.1	4.29	11.7	2	9	1	1877.5	7.1	1352.47
嘉兴	558.4	3915	73.2	7062.45	4.79	12.6	2	15	3	3144.45	6.4	559.89

资料来源：各城市政府统计公报及相关公开文件（截止时间为 2023 年底）。

带建设，促进大运河文化保护传承利用，推进区域经济社会高质量发展。2023 年 4 月，苏州市人民政府办公室印发《关于推动苏州市"香山帮"传统建筑营造技艺保护传承的实施意见》，旨在通过建立保护目录、培育人才、鼓励传承和推动产业发展等措施，提升"香山帮"技艺的保护和传承水平，实现技艺与产业的深度融合，全面振兴其文化品牌。2023 年 12 月，市政府出台《让文物活起来扩大中华文化国际影响力苏州行动方案》，通过一系列具体措施，加强文物保护、管理和利用，提升文物的历史文化价值，使文物更好地融入现代社会、服务人民，并扩大其国际影响力。在非物质文化遗产保护方面，2023 年 3 月的《苏州市非物质文化遗产代表性项目认定管理办法》与 2024 年 4 月的《苏州市非物质文化遗产代表性传承人评估办法》，通过评估机制激励和监督传承人的工作，共同促进非物质文化遗产的系统性保护，推动非物质文化遗产的活化利用和传承发展。

（2）重点项目与文化品牌

苏州市持续推进《"江南文化"品牌塑造三年行动计划》，全方位推动江南文化的研究与应用，不断追溯"何以江南"的源头，提升江南文化的传播力。围绕梳理和阐释"苏州最江南"的文化特质，苏州市社科联编纂出版了《江南文化概论》等一批有学术性、代表性、权威性的著作，全面提升苏州在江南文化研究领域的影响力。

2023 年 1 月，苏州名城保护集团启动了 27 个古城保护更新项目，重点项目包括虎丘老街项目、江苏按察使署旧址文物本体修缮项目、章太炎故居保护修缮工程等，涉及道路及基础设施建设、古建老宅活化利用、老旧住区环境改善提升、城市更新试点等方面，总投资额近 120 亿元。[①]

2024 年 8 月，苏州平江历史文化街区保护提升项目入选全国首批文化保护传承利用工程，获得了中央预算内投资 2 亿元的支持。该项目北起白塔东路，南至干将东路，西起临顿路，东至外城河，占地约 116 公顷，包括子

---

① 《苏州全面推进古城保护更新进入新阶段》，《苏州日报》2023 年 1 月 13 日。

项目 54 个，总投资预计为 7.48 亿元。①

（3）重要活动与案例

2006 年，江南水乡古镇首次进入《中国世界文化遗产预备名单》，苏州、无锡、嘉兴皆有古镇入选。2023 年 2 月，第三届长三角一体化古镇发展大会暨 2023 江南水乡古镇联合申报世界文化遗产工作推进会在苏州举办。②

2023 年 9~11 月，苏州市举办"文旅深度融合发展背景下的大运河文化遗产保护传承""古城古镇遗产保护与可持续发展主题论坛"等研讨活动，旨在研究文化遗产的可持续发展路径，促进文化遗产的保护与传承。

2024 年 1 月，苏州文物建筑国家文物保护利用示范区通过创建验收，获"国家文物保护利用示范区"称号，为探索文物建筑资源保护、管理、活化、利用的新途径和新方法，形成了可推广的经验，为全国文物保护利用工作提供了示范，助力提升公众对文化遗产价值的认识和保护意识，有力促进了文化传承与创新发展。

2. 无锡

（1）政策与规划

2023 年 7 月，《无锡市"百匠千品"非物质文化遗产传承创新工程三年行动计划（2023-2025）》公布，提出到 2025 年完善四级保护传承体系，使传承人队伍结构更合理；选树 100 名具有工匠精神的代表性传承人；开发 1000 项具有市场前景的非遗产品，以提升非物质文化遗产系统性保护水平。2023 年 10 月，无锡市出台《在城乡建设中加强历史文化保护传承的实施方案》，明确构建锡西文化遗产廊道。2024 年 3 月，无锡市实施了《无锡市历史建筑保护管理办法》，为加强历史建筑的保护、利用和管理提供政策依据。2024 年

---

① 《苏州平江历史文化街区保护提升项目入选全国首批文化保护传承利用工程》，江苏省政府国有资产监督管理委员会，http：//jsgzw. jiangsu. gov. cn/art/2024/8/6/art_ 61544_ 11317274. html，2024 年 8 月。

② 《第三届长三角一体化古镇发展大会在吴江黎里举办》，苏州市人民政府，https：//www. suzhou. gov. cn/szsrmzf/qxkx/202302/4681738b36784686a1df4447944df29b. shtml，2023 年 2 月。

7月，无锡市印发了《2024年无锡城乡历史文化遗产保护传承工作要点》，围绕挖掘历史文化资源价值，优化历史文化保护管理机制，创新历史文化遗产活化利用等方面，推动无锡市城乡历史文化保护传承工作高质量发展。

（2）重点项目与文化品牌

2023年7月，"百匠千品"非物质文化遗产传承创新工程开始实施，重点任务包括推动锡剧振兴发展、擦亮惠山泥人品牌、研发精微绣跨界产品、开拓留青竹刻生活化运用、加强紫砂行业规范管理等。无锡市级每年统筹文化类专项资金1500万元，落实税收优惠等政策，设立非遗保护资金等，支持非遗基础设施建设。[①]

无锡大运河重点项目是无锡市文化保护传承利用重点工程，其中，无锡清名桥历史文化街区保护提升项目于2024年8月获得了1亿元的中央预算内投资补助，[②] 为延续运河古韵历史文脉，提升区域景观带的参与性和整体使用功能，擦亮"江南水弄堂、运河绝版地"的品牌形象注入资金支持。此外，无锡市大运河文化带"十四五"时期重点项目之一的天上村前历史地段保护修复项目，以国家文化公园类别获得了2023年中央预算内投资补助2000万元的支持。[③]

（3）重要活动与案例

2023年，无锡地域文明探源工程在考古发掘上取得了重大突破，如在大拈花湾项目建设考古前置调查勘探和发掘中，首次在濒水湖岸发现规模性良渚文化遗址，首次发现距今5000年前的代表权力的"虎纹刻符石钺"，为研究太湖西部良渚文化社会复杂化进程提供了宝贵资料。此外，首次发现泰伯奔吴时期的商周遗址，对包括吴文化研究在内的无锡地域文明探源课题意义重大。

2024年7月，第二届中国非物质文化遗产保护年会在无锡宜兴窑湖小镇

---

① 《无锡财政：大力助推非遗传承创新工作》，江苏省财政厅，http：//czt. jiangsu. gov. cn/art/2023/6/20/art_ 8065_ 10928847. html，2023年6月。

② 《我市大运河重点项目获1亿元中央预算内投资补助》，无锡宣传，https：//xcb. wuxi. gov. cn/doc/2024/08/02/4365722. shtml，2024年8月。

③ 《我市大运河重点项目获1亿元中央预算内投资补助》，《无锡日报》2024年8月2日。

举行，会上展示了全国300余项非遗代表性项目，提供了沉浸式的非遗体验，并发布《中国非物质文化遗产传播蓝皮书2024》，受到社会各界广泛关注。

3. 常州

（1）政策与规划

2023年3月，常州市积极推进"百馆之城"建设，发布了《常州市"百馆之城"建设纲要》，通过集群化发展，整体推进文博场馆、古典园林、故居旧宅等活化工程，擦亮"百馆之城""百园之城""红色名城"等城市名片。2024年5月，《2024年常州市文物工作要点》提出提高文物保护管理水平、深化地域文明历史研究、加强革命文物保护管理、推动文物活起来等工作重点。常州市人大常委会2024年度立法计划中，将《常州市大运河文化保护传承利用条例》和《常州市三星村新石器时代遗址保护条例》列入预备项目。

（2）重点项目与文化品牌

2023年4月，《常州地域文明探源工程实施方案》发布。同年9月，"常州地域文明探源工程"启动，2024年安排110万元支持经费。同时，为进一步加强文物保护利用和保障历史古迹维护，另安排文物保护专项资金360万元。[1]

截至2024年3月，常州市统筹实施的总投资超300亿元的老城厢保护更新工程，[2]已累计争取上级文保专项资金4787万元，先后实施了103个文物保护项目。[3] 2024年8月，"焦溪历史文化名镇保护利用项目"入选全国首批文化保护传承利用工程，获中央预算内投资2亿元。[4]

---

[1] 《常州财政为文保事业发展"保驾护航"》，江苏省财政厅，http://czt.jiangsu.cn/art/2024/3/25/art_ 77300_ 11209499.html，2024年3月。

[2] 《从"叠加"走向"质变"全力打造文旅深度融合发展"常州样板"》，常州市文化广电和旅游局，https://wglj.changzhou.gov.cn/html/wgxj/2024/EFABJFDB_ 0125/88082.html，2024年1月。

[3] 《常州部署第四次文物普查》，《常州日报》2024年2月9日。

[4] 《焦溪古镇入选全国首批文化保护传承利用工程，获中央预算内投资2亿元》，常州市人民政府，https://www.changzhou.gov.cn/ns_ news/336172586847937，2024年8月。

（3）重要活动与案例

2023年8月，常州溧阳鲍家遗址发现了距今7600~7700年的遗物，为探索骆驼墩文化的来源提供了重要线索，填补了江淮东部里下河地区史前考古的空白，为完善该地区史前考古学文化序列提供了关键证据。

2023年12月，常州市三星村被纳入首批江苏省遗址公园名录，该遗址距今约6500~5500年，代表了太湖流域西侧的特色文化。

4. 嘉兴

（1）政策与规划

2023年4月，嘉兴市发布《秀洲区文物保护和修缮三年行动计划（2023—2025年）》，计划开展全区18项文物修缮保护工程。10月，围绕《嘉兴市文化改革发展"十四五"规划》与《嘉兴市文化遗产保护办法》，《嘉兴历史文化名城保护规划（2021—2035）》草案公示，该草案保护范围包括全市域的江南水网体系，人文景观丰富的山体，各级历史文化名城、名镇、名村及传统村落，重要自然保护地和风景区，线性文化遗产，文化遗产带，文化遗产聚集区等；对历史城区的保护包括历史格局、城垣形制、历史水系、历史街巷、景观视廊、历史环境等要素。

（2）重点项目与文化品牌

2023年10月，嘉兴老城区北部的月河历史街区提升项目作为全省优秀案例，在浙江省大运河文化保护传承利用暨大运河国家文化公园重点项目推进会上进行路演推介。该街区于2003年启动保护建设，2008年正式开街运营，是嘉兴市区内现存规模最大、布局最完整的历史街区，已成为"古街有味、提升有序、转型有变、景观有韵、品牌有质、智慧有脑、共富有感"的城市标杆客厅。

2024年6月，嘉兴市主办"中国古镇看嘉兴"品牌推介暨古镇旅游产品洽谈对接活动，着力打响"中国古镇看嘉兴"品牌，有力提升了文化影响力。

（3）重要活动与案例

2023年6月，嘉兴桐乡举行了第三届浙江大运河世界文化遗产宣传周主场城市活动，成立了浙江省大运河世界文化遗产保护联盟，发布了浙江省大运河世界文化遗产保护联盟倡议书。11月，世界运河古城古镇合作机制会议在嘉兴南湖区举行，"中国古镇看嘉兴"古镇地图在会上发布。12月，2023"红船论坛"在嘉兴召开。2024年6月，"文化和自然遗产日"暨运河拾年（嘉兴篇）系列活动在嘉兴举办，活动以"赋非遗活力、承非遗薪火、享非遗时光、赏非遗风情、品非遗烟火"五项活动为主体开展非遗宣传展示；以"讲运河历史、画运河古迹、写运河故事、走运河新路、赏运河风韵"五项主活动为核心，共同阐释运河文化价值。

5. 湖州

（1）政策与规划

2023年11月，《湖州历史文化名城保护规划（2021—2035年）》草案公示，以市域为背景，以历史城区为重点，建立名城市域、历史城区与文物保护单位（和历史建筑等）三个层次的保护框架，全面保护物质文化遗产和非物质文化遗产以及优秀传统文化。2024年2月，《湖州市桑基鱼塘系统保护规定》开始实行，旨在加强对桑基鱼塘系统的保护，促进农业文化遗产传承。2024年，南浔区将《湖州市南浔古镇保护条例》列入二类立法计划，并印发《关于加强南浔古镇历史建筑消防安全管理的通知》，全面加强古镇日常监管。

（2）重点项目与文化品牌

湖州市高度重视湖剧文化保护传承，截至2023年11月，累计安排湖剧专项经费1500万元，支持湖剧传习中心恢复成立，鼓励中心创排文艺精品、培养专业人才、提高演出频次、提升文化品牌建设。[①]

2023年5月，《湖州市湖笔保护和发展条例》正式实施。2024年2月，《湖州市湖笔保护和发展专项规划（2023年—2027年）》印发，为湖笔文化保护、技艺传承、产业发展等提供支持。

（3）重要活动与案例

2023年6月，文化和自然遗产日浙江主场系列活动在湖州举办，发布

[①] 《湖州市财政"三度"一体助推百年非遗湖剧传承发展》，浙江省财政局，http：//czt. zj. gov. cn/art/2023/11/15/art_ 1164173_ 58927766. html，2023年11月。

了南浔古镇"非遗游戏"项目、"江南文化探源"文化遗产研学旅游路线，推介了全市可利用文物建筑名单，并为第六批省级非遗代表性项目及湖州市省级非遗工坊授牌。在 2024 年举办的文化和自然遗产日湖州会场上，公布了湖州市非遗与旅游深度融合发展首批推荐项目、非遗研学人家首批培育名单，发布"东坡行旅""古道古驿""蚕乡丝府""红色文化"四条湖州市文物主题游径。湖州市文化广电旅游局与湖州市中级人民法院签订全面构建文化遗产保护协同共治合作协议，联合建立文化遗产保护协作机制。2024年 5 月，"茶和天下共享非遗"主题活动浙江省主会场启动仪式在湖州安吉举行，发布了首批省级"非遗茶空间"，并为入选单位授牌。

综上所述，环太湖城市群各城市开展了多项文化保护传承利用工作，涌现了一批值得参考的政策、案例。其中，最具代表性的是 2015 年 12 月相关各县（市）、古镇共同签署的《江南水乡古镇联合申报世界文化遗产协定》，该协定联合了苏州、嘉兴、湖州这两省三市所属的部分古镇（周庄、角直、同里、沙溪、锦溪、震泽、黎里、千灯、凤凰、乌镇、西塘、南浔、新市）共同申遗。此后，无锡惠山、上海浦东新区新场也相继参与其中。作为联合申遗项目中的典型例证，江南水乡古镇联合申遗工作对于保护和传承江南地区的历史文化、推动区域文化旅游发展具有重要意义。

（三）环太湖城市群的文化创新发展

中国式现代化是全面的现代化，涵盖经济、政治、文化、社会、生态等各方面，尤其强调物质文明和精神文明的协调发展。环太湖城市群深厚的文化底蕴与新兴技术、产业的融合，赋予文化以新的表现形式和传播载体，为科技创新、产业融合发展创造了有利条件，不仅为地区经济社会发展注入了新的活力，也极大推动了江南文化创造性转化和创新性发展。

1. 科技赋能文化创新发展

2023 年 5 月，苏州狮子林推出"狮林·园宇宙"项目，运用 5G 网络技术，借助无人机和 360 全景高清 VR 眼镜，把传统园林的运营模式与高新科技产品相结合，让游客感受现代科技与古典园林的交融。自 2014 年开始，苏州市逐步搭建起数字化保护体系。截至 2024 年 9 月，已完成以古城为核心、面积达 420 平方公里的实景三维模型。用户在"苏周到"App 中搜索"数字古城"，便可足不出户，深度感受高度还原的园林景观。2023 年 9 月，苏州丝绸博物馆与苏文投集团博古丝绸科技有限公司共同申报的"丝绸纹样数据采集与应用推动文化机构数字化转型升级"成功入选文化和旅游部 2023 年文化和旅游数字化创新示范十佳案例。截至 2023 年 10 月，苏州丝绸博物馆已完成 222 件等级文物和 1150 片近现代丝绸样本数字采集，形成了丝绸纹样数字采集技术参数，赋予丝绸纹样崭新的数字形态。并在此基础上建立了"1+1+N"授权合作模式，联合开发丝绸纹样图库 15 套，授权使用丝绸纹样数据 8 批次，开发了跨界衍生品、丝绸用品等纹样创意产品。此外，还打造了丝绸文化元宇宙实验室及线下体验空间，让馆藏纹样走进人们的日常生活。[①]

2023 年 12 月，无锡市梁溪区崇安寺街区利用 AIGC、元宇宙等前沿科技，打造了 360 度沉浸式环拍剧场和多个 Vlog 旅拍剧场，游客可以在互动体验中感受无锡文化。同时，梁溪区还着力打造"锡颜"这一数字城市形象 IP，通过江南文化、吴文化、工商文化与科技的融合，展示无锡文化的数字成果。

常州新北区的常州创意产业园区通过人工智能为数字文化产业赋能。从产品的创新开发至技术的监管保障，以智能制造、数字文化装备、数字交互展陈、数字创意设计等为重点，着力打造数字经济集群，培育出一批在细分领域深入耕耘的代表企业。在 2023 年，该园区完成产业链营收达 320 亿元，与上一年相比增长 15%；数字文化企业累计促使全国 15 个省份的 100 余个地区建设数字文化场景 2000 多个，为全球 168 个国家和地区的超过 60 万用户提供线上内容以及技术服务。[②]

2. "农文旅"融合发展

2023 年 1 月，"无锡青鱼之乡"鹅湖镇成功举办锡山区第六届旅游节暨

---

① 《全国文旅数字化创新示范"十佳"发布 苏州一案例入选》，《苏州日报》2023 年 10 月 12 日。

② 《常州新北："人工智能+"加速向"数"而新》，《常州日报》2024 年 4 月 8 日。

第二届无锡甘露青鱼文化节，旨在大力拓展线上销售渠道，对青鱼产品进行推广，并促使青鱼文化年轻化。鹅湖镇计划以"产业+品牌+文化"的模式为"甘露青鱼"品牌发展注入动力，积极探索"农业+"旅游模式，建设青鱼文化展示馆，设立青鱼文化体验活动，开发众多农场体验和研学项目等。3月至4月中旬，无锡市胡埭富安村七彩梯田油菜花首次盛开，赏花高峰单日游客突破万人，"一产现代高效农业种植+二产智慧加工生产+三产农业主题旅游"的三产联动效应日益凸显。

2023年6月，湖州南浔区人民政府设立"和孚桑基鱼塘世遗活化与可持续时尚社区建设项目"，通过补种桑苗、整修道路等恢复原始风貌，建设渔桑科普文化长廊、研学场所等，打造了集生态研学、餐饮住宿、休闲娱乐、文化体验于一体的桑基鱼塘旅行目的地。

2023年8月，苏州璜泾镇入选首批国家农业产业强镇，在发展格局上坚持"一村一品、一村一业、一村一景"，建成多个特色乡村文旅品牌，串珠成链形成特色农文旅路线。位于苏州高新区西部的28公里太湖岸线，是国家级非遗苏绣的主要发祥地。截至2024年9月，苏州高新区持续推进石帆村、市干桥等"特色精品乡村"项目计划，致力于打造"乡村旅游+特色民宿+本土文化+品牌塑造"的农文旅产品。同时为激活乡村非遗经济属性和产业价值，高新区依托兴趣电商让古老非遗连接现代生活，推动镇湖刺绣、浒墅关草席编制、蚕种生产等非遗产业发展，在挖掘农耕特色文化、振兴乡村特色工艺、不断完善农文旅产品供给中打造农文旅融合"高新样板"。

2024年，嘉兴规划建设的秀洲区"梓约粮膳"和美乡村示范片区以"一棵树千年情·一粒米万亩田"为主题，计划打造长三角首个以稻米为主题的农文旅示范片区。

3. "文化+制造"创新发展

早在2015年，苏州市就发布了《关于进一步加快文化创意产业发展的若干政策意见》，明确了对利用市级以上非物质文化遗产资源进行创新开发利用且年销售额达到一定标准的给予补助，为制造业与文化创意产业的融合营造了良好的政策氛围，对于苏绣等丝绸产业中的非遗技艺与产业发展的结合产生了明显的激励作用。2023年8月，苏州市发布《关于支持建设苏州高端纺织国家先进制造业集群的工作意见》，明确要发挥苏州文化资源优势赋能纺织服装产业高质量发展，引导企业在制造业生产全过程中融入文化创意元素，向文产融合类企业转型。此外，常州的西太湖科技产业园积极引进文化创意企业，把科技与文化创意加以结合，塑造出独特的产业发展模式，促进"文化""制造"有机融合。

2023年11月，在第四届长三角国际文化产业博览会上，无锡企业展示了数字文化产业与制造业的融合成果。无锡国家数字电影产业园以"科技拍摄+数字制作"为核心，为制造业企业提供影视广告、产品宣传等数字内容制作服务，帮助企业提升品牌形象和产品推广效果。如以惠山泥人传统形象"阿福""阿喜"为基础设计的文创产品，与制造业企业合作，将其形象应用于各类生活用品、工艺品的生产中，既传承了传统文化，又为制造业产品注入了新的活力。

（四）环太湖城市群的文化和旅游业融合发展

2023年，环太湖城市群5城市在旅游和文化方面取得显著成就。各城市拥有丰富的文化设施和多样的文化活动，旅游市场发展迅速，同时在特色领域也各有亮点。为推进沿太湖世界级生态文化旅游区的建设，2023年9月江苏省文化和旅游厅、省发展和改革委员会、省生态环境厅联合印发了《关于推进沿太湖世界级生态文化旅游区建设实施方案》，提出打造湖城交融、河湖一体的特色文旅空间，打造江南文化特色鲜明的世界级旅游景区、度假区，构筑现代化国际化旅游休闲城市群等重点任务，为推动区域经济和文化传承融合发展提供了良好的政策和体制机制支撑。

1.环太湖城市群文旅产业概况

2023年，环太湖城市群的文旅市场均呈现出蓬勃发展的态势。苏州接待国内外游客15852.4万人次比上年增长63.6%;① 无锡接待国内游客

---

① 《2023年苏州市国民经济和社会发展统计公报》，苏州市人民政府，https://www.suzhou.gov.cn/szsrmzf/ndgmjjhshfztjsjfb/202403/24da355e7a19462a8116aa36896738c1.shtml，2024年3月。

12711.97 万人次，比上年增长 64.7%；① 常州接待游客 10284.3 万人次，旅游总收入 1227.1 亿元；② 嘉兴接待国内外游客 4508.24 万人次，旅游总收入 559.89 亿元，分别比上年增长 47.4% 和 22.2%；③ 湖州接待全域游客 1.14 亿人次，旅游收入达 1352.47 亿元。④ 总体来看，各城市游客接待量和旅游收入均有显著增长，其中苏州、无锡游客接待量增长幅度较大，均超过 60%。

在文化设施方面，截至 2023 年末，苏州共有公共图书馆 11 座、备案博物馆 46 座、文化馆 11 座、文化站 99 个、全国重点文物保护单位 61 处、省级文物保护单位 128 处、国家 5A 级景区 6 家、国家 4A 级景区 36 家；无锡共有艺术表演团体 77 个，文化馆 8 座、公共图书馆 8 座、文化站 75 个、博物（纪念）馆 64 座、国家 5A 级景区 4 家、国家 4A 级景区 26 家、国家 3A 级景区 11 家、国家 2A 级景区 5 家、省级及以上乡村旅游重点村 19 个；常州拥有艺术表演团体 11 个、群众艺术馆（文化馆）8 座、博物馆 30 座、国家一级图书馆 8 座、省级"最美公共文化空间" 18 家；嘉兴拥有县级以上公共图书馆 8 座、文化馆 8 座、文化站 72 个、博物馆 35 座、农村文化礼堂 791 家；湖州市拥有文化馆 6 座、公共图书馆 6 座、博物馆（纪念馆）10 座、文物保护单位 434 处、文旅驿站 8 家、乡村博物馆 25 座。⑤

在文旅产业融合方面，截至 2023 年末，常州累计举办各类演出超 1.6 万场次，成功打造太湖湾、新龙等品牌音乐节，"半园·珍珠塔""青年潮流文化艺术周""文化广场野生演唱会"等演艺活动，吸引各地乐迷超百万

① 《2023 年无锡市国民经济和社会发展统计公报》，无锡市统计局，http：//tj.wuxi.gov.cn/doc/2024/03/05/4191383.shtml，2024 年 3 月。
② 《2023 年常州市国民经济和社会发展统计公报》，常州市统计局，https：//tjj.changzhou.gov.cn/html/tjj/2024/OEJQMFCO_0305/27901.html，2024 年 3 月。
③ 《2023 嘉兴市国民经济和社会发展统计公报》，嘉兴市统计局，https：//tjj.jiaxing.gov.cn/art/2024/3/27/art_1512321_59151488.html，2024 年 3 月。
④ 《万千美好，不负春光！来湖州赴一场春日之约吧》，湖州市文化广电旅游局（文物局），http：//whgdlyj.huzhou.gov.cn/art/2024/3/5/art_1229615983_58812028.html，2024 年 3 月。
⑤ 《2023 年湖州市国民经济和社会发展统计公报》，湖州市人民政府，http：//www.huzhou.gov.cn/art/2024/3/19/art_1229213530_59067515.html，2024 年 3 月。

人次，入选中国最美夜间文旅消费目的地。湖州乡村旅游 2023 年全年经营总收入超过 130 亿元，连续 7 年位列浙江省第 1，全市乡村旅游直接从业人员达到了 5.86 万人。[①] 2023 年 10 月，苏州建成国内首个集齐中国 348 个剧种的戏曲主题博物馆，成为我国戏曲文化的大观园。

2. 文旅资源整合与项目建设

在资源整合与项目建设上，环太湖市群可分为三个大类。第一类是环太湖区域的开发，这类建设项目以自然资源为依托，通过资源整合，将太湖沿线文化资源串珠成链，有机融合山水风光、乡村风情、人文风貌等元素，打造文旅胜地。具有代表性的项目有苏州"环太湖 1 号公路"、无锡拈花湾小镇、湖州太湖龙之梦乐园。第二类是基于对具有丰富文化底蕴的古镇、街区的修复与开发，活化利用文化遗产，具有代表性的项目有苏州平江路等历史文化街区保护和改造、无锡运河文化带建设、常州春秋淹城旅游区建设、嘉兴西塘古镇旅游区建设、湖州南浔古镇的深度开发。第三类是依托自身资源优势，集中资源打造的特色旅游度假区，具有代表性的项目有苏州东太湖生态旅游度假区、无锡市影视文化产业园区、常州市天目湖旅游度假区以及环球恐龙城、嘉兴的南湖红色旅游区、湖州的安吉生态文旅项目。

此外，在跨区域旅游资源整合方面，苏州、无锡、常州和湖州四市于 2021 年共同创建了 416.2 公里的环太湖示范路，其中苏州 286 公里、无锡 71 公里、常州 7.6 公里、湖州 51.6 公里。沿线共覆盖国家 5A 级景区 8 家、国家 4A 级景区 42 家，国家级传统村落、特色小镇、历史文化名镇 30 余个，拥有国家级农村产业融合发展示范园、现代农业产业园 2 个。苏州太湖国家旅游度假区正在不断推进环太湖旅游资源一体化改革，举办多项品牌活动，持续打响太湖旅游品牌。

3. 文旅产业融合模式创新

环太湖城市群创新发展"文旅+"产业模式，具体可分为四类。第一类

---

① 《农村居民人均可支配收入十年翻番 湖州以路兴业以业兴村》，中华人民共和国交通运输部，https：//www.mot.gov.cn/jiaotongyaowen/202403/t20240322_ 4078360.html，2024 年 3 月。

是农文旅融合，具有代表性的案例有苏州阳澄湖度假区"大闸蟹+文化+旅游"现代农业发展模式、常州金坛的仙姑村、嘉兴嘉善县的缪家村、湖州长兴的杨梅节。第二类是体文旅融合，具有代表性的是苏州"环太湖1号公路"马拉松、常州西太湖国际半程马拉松赛、湖州环太湖国际公路自行车赛。第三类是工文旅融合，具有代表性的是常州中天钢铁集团工业旅游项目、善琏湖笔小镇。第四类是教文旅融合，具有代表性的是嘉兴南湖红色旅游区、乌镇互联网国际会展中心。此外，诸如无锡灵山胜境的《灵山吉祥颂》、苏州"非遗进度假区"、用虚拟现实技术打造的太湖鼋头渚风景区"樱花之境"，文化演艺活动、非遗文化资源、前沿科技应用也在形式、载体和技术助力文旅产业融合模式的创新发展。

4.大型文化与旅游活动

2023年8~10月，苏州举办了第五届中国苏州江南文化艺术·国际旅游节，该活动涵盖舞台艺术、书法美术、影视以及民间工艺等多元领域，全方位、多角度地展现江南文化的独特魅力与深厚内涵。

无锡的太湖文化艺术季在每年的9~11月拉开帷幕，包含音乐、舞蹈、戏剧等丰富多样的演出与展览，极大地丰富了市民的文化生活，为城市文化建设注入了新的活力。无锡文博会（国际文化艺术产业博览交易会）在每年的10月举办，集中展示无锡及周边地区的文化创意产业成果，有力地促进了文化产业的交流与合作，推动了区域文化产业的发展。

2024年7月，第五届海峡两岸青年环太湖交流活动暨太湖湾仲夏堰潮流文化季在常州举办，活动吸引3000余名两岸青年，实地参访深度体验常州的城市魅力。每年8~10月举办的常州文化旅游节，有效整合了常州的文化和旅游资源，通过举办各类文化演出和旅游推广活动，助推常州城市文旅品牌塑造。

嘉兴端午民俗文化节于每年的端午节前后举办，该活动以传承和弘扬端午民俗文化为宗旨，通过龙舟竞渡、裹粽大赛、民俗展览等活动，充分展现嘉兴的文化魅力。每年7~8月举办的嘉兴南湖红色文化旅游节，以纪念中国共产党的诞生为主题，通过红色旅游线路推广、主题展览、文艺演出等活动，传承红色基因，弘扬革命精神。

每年 4~5 月举办的湖州太湖溇港文化旅游节，旨在展示湖州太湖溇港的历史文化和自然风光，开展民俗表演、文化展览、美食节等活动，促进了地方文化的传承与旅游产业的发展。湖州西塞山陆羽茶文化旅游节在每年春茶采摘时节举办，以弘扬陆羽茶文化为目标，开展茶文化论坛、茶艺表演、茶产品展销等活动，推动了茶文化的传播与茶产业的发展。

（五）环太湖城市群人文经济发展的机制、问题和机遇

1. 环太湖城市群人文经济发展的机制总结

环太湖城市群五大主体城市的文化资源可分为三类。一是以城市自然资源（地质、水系、山地）、生态系统资源（可进行文化开发的土地）、土特产产品资源、古建筑资源（历史文化街区、遗址）为核心的物质文化资源，如无锡青鱼文化、湖州西塞山茶文化、苏州园林、水乡古镇、大运河等。二是以农业文化资源（传统农业系统与景观）、工业文化资源（现代工业系统与景观，既包括场景实体，也包括流程工艺等文化内容）、历史文化与民俗文化资源为核心的社会文化资源，如湖州桑基鱼塘、常州工业文化、无锡惠山泥人、湖州湖笔技艺等。三是以与群众生活密切相关的民间艺术、游戏竞技为核心的审美文化资源，如戏剧、昆曲、嘉兴龙舟竞渡等。

从机制上看，文化与经济的相互关系在人类社会的发展进程中是一种动态的共生关系。[①] 城市人文经济的发展根植于城市文化资源，作为文化与经济两大主体间的中介变量，文化资源的丰富程度和质量高低直接对当地人文经济的发展产生影响。在宏观层面，创新驱动是高质量发展的战略基点。[②] 通过对上述案例样本总结分析可以发现，在文化引领经济发展的机制中，往往是以创新作为基本驱动力。

---

① 向勇：《人文经济协同发展的有效性逻辑：框架与机制》，《人民论坛·学术前沿》2024 年第 4 期。
② 任保平：《把创新驱动嵌入高质量发展各个环节》，《红旗文稿》2021 年第 7 期。

环太湖城市群特有的区域文化环境为创新人文经济产品以及交互方式提供生产资料，并在创新的过程伴随着知识的传播、人文经济产品的更迭以及产品市场的拓展，有效促进了以文化为导向、以市场为指向的经济转化。在产业方面，通过文化和经济的结构性互嵌，推动以往单纯的链式发展逐渐被跨界融合的复合结构取代，① 新的产业形态和经济增长点也随之诞生。对环太湖城市群而言，湖州环太湖国际公路自行车赛、常州中天钢铁集团工业旅游项目等跨行业的协同创新模式能够更大限度地整合资源，提高产业的整体效益，推动经济向更高层次发展。

更深层的价值关系是，文化内涵赋予了城市及城市群特有的品牌内涵。城市文化品牌的辨识度、知名度、美誉度，内蕴的是城市整体文化资源及文化要素的鉴别力、承载力、影响力。② 这也是将环太湖城市群与其他城市群区分开来的主要依据，以及创造特色经济产品赋能人文经济发展的源泉所在。更底层的理论逻辑是，文化赋予发展深厚的人文价值。③ 人文经济学突破了资本逻辑主导下"见物不见人"的思想藩篱，④ 人文经济始终坚持并践行以人民为中心的发展思想，⑤ 促进人文与经济交融互生。以"人"为本，文化便有了载体，得以在供给侧驱动创新，赋能城市在产业、技术和交互模式上的更新，推动城市经济规模扩张和结构升级，进而反哺于人。文化成为经济高质量发展的深厚底蕴和"催化剂"，以文化人、以文化物、以文化世，不仅实现自身繁荣，也带动经济、社会等整体繁荣，在现代化道路的探索中满足人民群众多样化、多层次、多方面的需求和期盼。⑥

---

① 杨斌、周庆安：《文化赋能经济社会发展》，《人民日报》2024 年 7 月 16 日。

② 《深刻理解人民城市文化品牌的科学内涵》，大河网，https：//baijiahao.baidu.com/s？id＝1801709050347881317&wfr＝spider&for＝pc，2024 年 6 月。

③ 盛世豪：《在经济与文化交融互动中推动高质量发展》，《浙江日报》2024 年 10 月 14 日。

④ 余凯月、丁晓钦：《人文经济学：习近平文化思想的经济学意蕴》，《中国社会科学报》2024 年 5 月 10 日。

⑤ 仟平：《准确理解人文经济学的核心要义》，《学习时报》2024 年 9 月 30 日。

⑥ 新华社人文经济学课题组：《新时代人文经济学》，新华出版社，2023。

2. 环太湖城市群人文经济发展存在的问题

环太湖城市群在人文经济发展中面临的主要问题涉及理论研究不足和规划缺失、政策和治理效能不显著、体制机制改革力度不够等方面。不同程度影响了环太湖城市群的可持续发展和区域一体化进程。

（1）理论研究不足和规划缺失

在对人文经济的认识和把握上，缺乏深入系统的理论研究。理论认识的模糊性，会直接影响环太湖人文经济的顶层设计、战略定位、发展规划、空间布局、功能体系等。在环太湖人文经济发展迅速升温之后，这种理论研究的滞后和被动局面亟待改变。同时，由于缺乏环太湖人文经济发展总体规划，目前各自为战、单打独斗的情况也较为普遍，造成自然环境资源与历史文化资源的低效配置，未能充分解放和发展人文经济。

（2）政策和治理效能不显著

环太湖城市群因涉及多个行政区域，在推进人文经济发展时，往往缺乏有效的区域协同和政策对接，同时也存在着有关政策落实不到位等问题。如2021年，环太湖城市群5座城市与上海市、安徽省等"两区六市"签署了共建环太湖科技创新圈的战略协议，但由于行政区划的壁垒，难以形成协同发展的合力，在执行力度上也参差不齐。又如太湖作为重要的生态资源，其保护和治理需要区域内各城市的共同努力，尽管早在2011年环太湖5市就签署了《湖州宣言》，但由于管理和协调机制不完善，太湖的生态保护政策执行力度不足，2017年的太湖蓝藻最大暴发面积甚至超过了2007年，直接影响了环太湖地区的生态旅游和文化产业发展。

（3）体制机制改革力度不够

党的二十届三中全会强调了构建促进经济高质量发展的体制机制，同时进一步强调了深化文化体制机制改革的重要性。人文经济学倡导的是以人为核心的文化经济发展模式，注重人的全面发展和满足人民群众幸福生活新期待。但就环太湖城市群而言，目前在人文经济发展方面还没有形成深化文化体制机制改革的共识，以此来为解放和发展人文经济创造良好的政策体系、新型体制机制和良好的社会环境也都是亟待探索和解决的问题。

3.环太湖城市群人文经济发展的机遇

在长三角一体化发展背景下，随着长三角地区在政策制度创新、基础设施互联互通、现代化产业体系建设、生态环境保护、公共服务一体化、打造江南文化品牌等方面不断发力，必将为环太湖城市群人文经济发展带来更多的红利和优势。深入研究和积极把握这些机遇，有助于加快推进环太湖城市群的人文经济发展。

（1）政策与制度创新的机遇

环太湖地区作为人文经济学的发源地，拥有深厚的文化底蕴和独特的地理优势，为环太湖城市群人文经济的发展提供了显著的优势。

江苏省在"十四五"规划中明确提出要打造环太湖世界级生态湖区和创新湖区，支持苏州、无锡、常州等城市联合其他区域共建环太湖科技创新圈，以"科创+产业+生态+人文"为引领，推动区域高质量一体化发展。这些政策为环太湖城市群的发展提供了坚实的制度保障。

苏州市发布了《推进新一轮太湖综合治理行动方案》，以"1+N"政策框架全面系统地推进太湖综合治理。无锡市则依托太湖湾科创带，打造具有国际竞争力的科技创新中心。常州重点围绕太湖文化、体育等方面建设，打造西太湖"两湖生态创新区"和"最美湖湾城"。环太湖城市群5市的政策规划为人文经济的发展提供了具体路径。

以上为环太湖城市群探索建立跨行政区域的人文经济发展合作机制，打破行政壁垒，推动制度创新和政策突破提供了良好的发展环境。

（2）打造江南文化品牌的机遇

环太湖地区不仅自然风光秀丽，而且文化资源丰富、特色鲜明，是长三角地区经济的主体功能区和文化的核心区。2019年12月，《长江三角洲区域一体化发展规划纲要》发布，提出"共同打造江南文化等区域特色文化品牌"。在全国乃至世界文化中拥有良好口碑和无穷魅力的江南文化，由此上升为长三角地区共同的文化传统和共有的精神家园。近年来，浙江、江苏和安徽积极响应，协同开展江南文化的研究和建设工作，初步形成了区域价值共识，有力提升了区域文化自信，为环太湖城市群进一步谋划江南文化品牌建设、集中打造江南文化精神标识，积累了丰富的经验，提供了广阔的市场，创造了良好社会条件和新的战略机遇。

（3）绿色低碳转型的机遇

环太湖城市群在"双碳"计划和国家绿色发展战略的背景下，面临着绿色低碳转型机遇。这一转型不仅关乎环境保护和改善，也是推动经济结构优化升级、实现可持续发展的关键路径。

一方面，绿色低碳技术的发展为环太湖城市群提供了技术创新和产业升级的新动力。研发和应用清洁能源技术、节能减排技术以及碳捕获和存储技术，将大大减少环太湖城市群对化石燃料的依赖，降低温室气体排放，同时促进新能源产业的快速发展。另一方面，要建立绿色低碳循环发展体系，必然要求环太湖城市群在区域层面上加强合作，共同推动碳排放交易市场建设，探索固废协同处置利用，实现区域内的能源和资源的高效配置和循环利用。

通过抓住这一机遇，环太湖城市群有望在实现经济增长的同时，也为全球应对气候变化和推动绿色发展作出积极贡献。

三 推动环太湖城市群人文经济高质量发展的对策建议

为推动环太湖城市群人文经济发展，需要进一步加强人文经济学的理论研究和政策供给；提升战略规划编制质量，加大体制机制改革力度；集中打造江南文化重要标识，探索人文经济发展新路径。

（一）加强人文经济学的理论研究和政策供给

人文经济是新事物，原理和机制更加复杂，需要结合环太湖城市群的实际情况，开展高水平的前瞻性、针对性、储备性研究。加强人文经济学理论研究，关键在于将"人文理念"置于核心位置，突出人的全面发展和人文关怀的重要性。聚焦将人文理念内化于经济体制、结构和发展方向中，构建文化与经济全面融合协同的新型发展模式。

为促进人文经济的繁荣，有关政策制定应聚焦于增强人文要素的供给力度。包括深入挖掘和有效利用当地丰富的传统文化资源，借助数字化技术进行保护与创新，为人文经济注入持久的活力；优化人文载体的支撑功能，推动传统文化与现代产业的深度融合，促进文化旅游融合和数字基础设施建设，打造多样化的文化品牌；优化集成创新机制，设立引导社会资本投入的专项基金，营造更加良好的营商环境，激发文化企业的创新潜力；推动文化产业的国际化进程，促进乡村文化旅游产业发展，实现经济、社会和文化的和谐与可持续发展。

（二）提升战略规划编制质量，加大体制机制改革力度

在宏观层面的发展规划中，必须确保环太湖城市群在人文经济发展战略定位的准确性和前瞻性，努力提高战略规划的编制水平，做好有关的功能布局和制度安排。在规划的指导思想上，要突出文化在推动高质量发展中的关键作用，将文化作为推动经济社会发展的核心要素，探索文化与经济、社会、生态等多领域的融合与协调发展路径。在具体规划内容上，建议规划环太湖江南文物主题游径，提升文物和文化遗产的传承保护和活化水平；打造环太湖城市群文化产业带，构建多点支撑、特色鲜明、优势互补、协调发展的文化旅游产业空间布局和现代化文化产业体系。

深化环太湖城市群的人文经济体制机制改革，要在完善意识形态工作责任制、优化文化服务和文化产品供给机制、加强网络综合治理体系、构建更有效的国际传播体系等方面开展深入研究，构建与环太湖城市群人文经济发展相适应的体制机制与实施方案。

（三）集中打造江南文化重要标识，探索人文经济发展新路径

立足环太湖丰富的江南文化资源，集中打造江南文化重要标识。建设江南文化重要标识，不仅需要经济基础和物理形态，更需要"画龙点睛"的神来之笔。江南文化是诗性文化，代表了中华民族审美实践的最高水准，同

时，江南文化善于处理和协调"仕与商""读书与耕种"等关系，实现了物质与精神、功利主义与审美主义的融合发展。牢牢把握江南文化的诗性精神，有助于把江南优秀传统文化及其当代价值、世界意义提炼、展示出来，更好地发挥江南文化引领长三角一体化发展的作用。

江南文化重要标识需要空间载体。结合环太湖地区的地理空间条件和江南建筑"以小见大"的传统，打造江南文化重要标识，要将重点放在江南文化内涵建设和江南精神的展示传播上，在把握长三角江南文化的普遍性的同时，注重发扬环太湖江南文化的独特性，走出一条既承载江南文化普遍价值，又能展示自身独特意义的人文经济发展新路径。

生态治理篇

B.3

"双碳"目标下苏州参与引领环太湖
生态协同治理分析与展望

潘文琦*

摘　要： 环太湖生态协同治理格局正在逐步形成，污染治理能力不断提升、生态治理资金投入效率明显提升、制度环境渐趋完善。面对多维的环太湖生态治理要求，苏州要着力把握人与自然和谐共生的现代化要求，明晰全行业建设路线的"双碳"目标，以及太湖流域苏州段成功参与引领区域生态协同治理等重大政策实践机遇，积极应对生态治理资金来源单一、生态资源产权模糊、碎片化管理模式下的污染溢出以及生态计量成本过高等诸多挑战。本报告以明晰主体责任分担机制、统筹区域和部门协同机制、拓展治理资金来源、完善人才培养和引进机制为目标，提出苏州参与进而引领环太湖生态协同治理的总体思路与对策建议。

---

* 潘文琦，博士，苏州城市学院太湖研究院（筹）专职研究员，主要研究方向为生态经济、协同治理、碳中和。

关键词： 环太湖　生态协同治理　碳市场

党的二十届三中全会强调要深化生态文明体制改革，全面推进美丽中国建设，这是推进人与自然和谐共生的现代化的根本动力、是全面建设社会主义现代化国家的重要目标。江苏省委、省政府将太湖治理工作作为江苏生态文明建设的标志工程，苏州更要牢记习近平总书记"为太湖增添更多美丽色彩"的殷殷嘱托，坚决扛起作为环太湖经济强市的政治、生态责任，推动环太湖区域生态协同治理，为经济持续高速发展提供坚实保障。本报告在回顾环太湖生态协同治理现状的基础上，分析环太湖生态协同治理面临的政策、实践机遇，以及现实挑战，构建环太湖山水林田湖草湿协同治理机制，针对环太湖生态系统治理需要关注的重点问题提出相关思路及政策建议。

一　环太湖生态协同治理现状

环太湖流域生态治理以减磷控氮为主线，以江浙太湖上游地区为重点，太湖湖体和下游地区联动，深化减污截污治污。为实现生态文明建设和可持续发展目标，环太湖区域通过跨越行政边界、打破各地利益隔离，不断提升污染治理能力和治理资金使用效率，形成了生态协同治理新格局。

（一）环太湖流域各区域对重点行业的污染治理能力不断提升

太湖治理突出矛盾是流域排污总量超过太湖可以承受的环境容量，控源减污是关键举措。经过环太湖区域的通力合作，深入交流治理技术、整合资源，各区域整体的污染治理能力不断提升，具体涉及工业污染、城乡污染和农业面源污染。

1. 工业污染治理要求倒逼产业结构调整升级

太湖治理工作是在尽量不影响正常生产经营活动的前提下展开的，因此生态治理和传统行业并非水火不容，而是通过积极的治理倒逼产业升级，以新技术进一步提高治太水平，形成良性互馈机制。

2022年，江苏省印发《江苏省洮滆片区水环境综合治理与可持续发展试点实施方案（2022—2024年）》，围绕产业结构调整及工业污染治理、城乡污水处理和垃圾处理处置、河网综合整治等9个方面共排定51个重大项目，计划总投资184亿元。截至2023年底，已开工建设46个项目，累计完成投资约100亿元，苏锡常三市新增国家级专精特新"小巨人"企业462家，占全省总数近六成。创建国家级绿色工厂166家、绿色工业园区16个，省级绿色工厂498家。① 以常州市为例，大力发展战略性新兴产业，持续推进新能源产业高质量发展，形成"发储送用"生态闭环，新能源汽车整车制造、动力电池、光伏行业新增产值对工业产值增长贡献率超九成，产业集聚度排全国第4。蓬勃发展的新能源产业不仅为当地创造了可观的财政收入和就业岗位，更重要的是向传统汽车制造业注入了新的生机，同时为其他传统产业的绿色转型升级提供了参照和信心。

推动产业持续转型升级的同时，江苏省加大涉磷企业整治力度，对流域涉磷企业按照"规范提升一批、入园进区一批、关停淘汰一批"原则持续深化整治，全面建立"磷账本""磷清单"。截至2023年底，8987家企业完成"一企一策"整治方案编制，6970家企业完成规范化整治。在严格的标准整治之下，2023年太湖湖体高锰酸盐指数和氨氮稳定保持在Ⅱ类和Ⅰ类，总磷为0.052mg/L、总氮为1.09mg/L，同比分别下降17.5%和9.9%，其中总磷含量历史性地接近、重回良好湖泊标准0.052mg/L。

2. 城乡污水综合治理能力显著提升

城乡污水治理的关键在于污水管网建设，消除生活污水直排口和管网空白，从而全面提升城乡污水收集处理能力。截至2023年底，太湖流域农村生活污水治理率提高到了83.8%，高于全国平均水平约43个百分点。2023年，太湖流域新增城镇污水处理能力49.1万吨/日，新改建城镇污水管网

---

① 《江苏唱响新时代人水和谐共生"太湖美"》，中国政府网，https://www.gov.cn/lianbo/difang/202402/content_6934698.htm，2024年2月。

493 公里，总处理能力达到 944 万吨/日，累计建成污水管网 3.2 万公里，全年处理污水 27.2 亿吨。持续推进生活垃圾分类收集、分类处置，新增垃圾分类小区 1600 余个、厨余垃圾处理能力 850 吨/日。2024 年，计划新增城镇污水处理能力 40 万吨/日，新建和改造污水管网 300 公里。

3. 农业面源污染得到有效控制

太湖地区自古就是闻名遐迩的鱼米之乡，农业发达的同时，农药、化肥施用也带来了一定的污染，亟须构建农业绿色发展监测评估体系，加大肥药"两制"和排灌系统生态化改造试点，推进太湖上游地区秸秆综合利用项目重点县全覆盖、一二级保护区水稻机插秧全覆盖，进一步提升太湖地区农业绿色发展水平。

2023 年，环太湖五市共控减直播稻 41.2 万亩，沿湖三市稻麦秸秆机械化还田面积 373.9 万亩、还田率超 83.3%，太湖流域农作物秸秆综合利用率、畜禽粪污综合利用率达 95% 以上。江苏省在太湖一、二级保护区执行全国最严格的池塘养殖尾水排放标准，截至 2023 年底，流域 46 万亩规模以上养殖池塘标准化改造基本完成。

（二）环太湖流域生态治理资金投入效率明显提升

环太湖流域天然地拥有丰富的生态资源，是经济高速发展的沃土。流域生态治理本身就是一个周期长、见效慢的半公益工程，需要强大的物质保障。环太湖流域的生态治理资金投入较其他流域遥遥领先，在此背景下，蓝藻问题得到有效控制，生物多样性丰富度逐步上升。

1. 生态治理资金投入遥遥领先

太湖是中国五大淡水湖之一，流域地跨江苏、浙江和上海，是长三角核心区域和我国人口最密集、经济最发达的地区之一。太湖流域以 0.4% 的国土面积，创造了全国 10% 的经济总量。雄厚的经济实力为太湖治理提供了物质保障，丰富的生态资源又服务于经济的持续健康增长。2023 年，江苏省印发《推进新一轮太湖综合治理行动方案》，全年实施治太工程 488 个，完成年度投资 238 亿元，较往年增加约 50 亿元。省财政每年安排 20 亿元作为专项引导资金，累计下达 340 亿元，支持项目约 8000 个。

2.蓝藻治理效果显著

"水陆空天"水质藻情监测监控网络不断完善，配备 437 个水质自动站、2 船 14 艇、1 个观测站，涵盖 60 余项指标自动监测能力，可实现每 30 分钟监测 1 次藻情。2023 年蓝藻聚集面积为 2007 年以来最少，全年发现太湖蓝藻水华 53 次，同比减少 51 次，平均面积、最大面积、藻密度同比分别下降 45.7%、50.8%和 30.3%，连续 16 年实现安全度夏。这主要得益于沿湖地区建立的"挡、引、控、捞"为一体的蓝藻打捞体系，2007 年以来累计打捞蓝藻 2270 万吨，其中 2023 年打捞 74 万吨，对打捞上岸的蓝藻通过制作有机肥、焚烧发电等方式处置，避免二次污染。为进一步削减湖体内源污染，改善湖体生态环境，新一轮太湖生态清淤工程截至 2023 年底已完成清淤 600 万方，2024 年计划清淤 635 万方。

3.生物多样性丰富度逐步上升

2023 年，江苏启动实施新一轮太湖综合治理，在 100 项重点任务中，水生态保护修复和生物多样性保护工作占较大比重。环太湖的无锡、苏州、常州三市已完成生物多样性本底调查，太湖流域建成生态安全缓冲区 18 个，无锡宜兴龙池山、苏州吴中西山岛、常州溧阳天目湖等"生态岛"试验区加快建设。积极开展湖滨带湿地建设，推进环湖地区退耕、退渔、退居，建设蠡湖、长广溪、梁鸿等国家级湿地公园，扩大湖滨"生态岸带"。

截至 2023 年底，太湖流域水生生物多样性指数达到 3.08，从"良好"提升到"优秀"等级。湖体水生植被面积达到 200 平方千米，同比增加 25.8%。流域湿地保有量稳定在 59.6 万公顷，自然湿地保护率达 73.8%。流域范围内鸟类资源丰富，达 382 种，白鹤、白头鹤、黑脸琵鹭、黄嘴白鹭等国家重点保护物种近年来陆续被发现。

（三）环太湖流域跨区域生态治理格局正在逐步形成，制度环境渐趋完善

2018 年 11 月，习近平总书记在上海提出，支持长三角一体化上升为国

家战略，这是继雄安新区、粤港澳大湾区之后又一国家战略。2024年7月，长三角区域合作办公室发布《长三角地区一体化发展三年行动计划（2024—2026年）》，强调加强生态环境共保联治。环太湖生态治理的推进不能只靠政府作为单一主体，而需要依靠不同地区不同部门之间的合作协同，以强大合力推进生态绿色一体化进程。

1. 政府间合作形式呈现多样化特点

环太湖流域政府间合作类型可以分为四大类，主要涉及合作协议、联合整治行动、联席会议和考察学习。

第一，合作协议，指不同城市或管理机构之间通过签订正式的合作协议来明确各方的权利义务。如江苏无锡、苏州、常州，浙江湖州四市生态环境局签署《环太湖"昆蒙框架"实施章程（试行）》，建立共同开展生物多样性保护的战略合作机制；生态环境部南京环境科学研究所与苏州吴江区人民政府签订战略合作协议，共建太湖生态环境新质生产力促进中心。

第二，联合整治行动，主要指通过集体行动、联合执法等方式开展区域联合治理的行为。太湖流域地跨江苏、浙江、上海，是长三角地区重要的生态支撑。2007年，太湖蓝藻水华大面积发生，引发水危机，太湖生态大治理也由此展开。三省市将太湖综合治理列入重点合作事项，通过建立轮值联席会议制度、推进跨界水体污染协同治理、制定跨界区域水质监测方案、开展跨界河湖区域联合执法等，推进共保联治。

第三，联席会议，主要指定期举行由各城市代表参加的联席会议，讨论和解决共同关心的问题，如太湖流域的污染治理、水资源调配等。如太湖流域片省级河湖长联席会议、环太湖城市水利工作联席会议等。

第四，考察学习指由主要领导带队，在流域其他地区就太湖流域及各支流治理问题进行参观、访问、学习、交流的活动。

通过调研梳理发现，环太湖流域地方政府在跨界生态治理问题上的合作方式主要侧重于合作协议，通过制订合作计划、加强合作机制和沟通机制等，自愿签署合作协议和发展计划，规范不同行为者的行为、治理目标、治理手段。

2. 生态补偿模式创新为区域间合作提供物质保障

跨区域的流域生态治理涉及不同主体，各主体的治理目标不尽相同甚至差异较大，为治理资金的筹措、分配以及治理效率评估带来了较大的阻碍。长三角流域为筹措和管理生态治理资金的制度创新主要包括新安江流域的资金池模式、淀山湖流域的社区参与模式以及太湖流域的生态补偿模式。

太湖流域补偿模式主要集中在农业、风情水利工程，主要是建设一批区位优势明显、产业特色突出的跨区域绿色产业园，构建技术开发、成果孵化、设备制造、公共服务等多功能、一体化的绿色产业集聚区；同时，发挥环太湖地区的文化、旅游资源特色优势，以沪苏湖、商合杭高铁的建设为契机，推动环太湖圈各城市在旅游领域的深度合作，开发一批环太湖旅游产品或旅游路线。

3. 政府间合作的组织管理制度和机制渐趋完善

环太湖流域的跨区域生态治理制度是为了应对太湖及其周边地区所面临的生态环境挑战而设计的一系列管理和保护措施。其中湖长协作机制占主导地位，是一种针对跨区域湖泊的议事协调机制，旨在通过江苏、浙江、上海等地的合作，共同推进太湖流域的生态保护工作。2023 年 8 月，湖州、苏州、无锡、常州的河长办负责人签订《环太湖四城市河湖长制协作机制》，约定了四地联动治水、信息共享、轮值机制等内容，推动太湖流域跨区域河湖保护联防联控、共治共享，助力打造世界级生态湖区。2024 年 4 月，太湖流域片省级河湖长联席会议全体会议在上海召开，审议了《太湖流域片跨界水体共保联治专项行动方案》，基于习近平总书记"要全面融入和服务长江经济带发展和长三角一体化发展战略"的重要指示精神，进一步深化了太湖流域共保联治机制体制，落实环太湖流域协同治理。

除此之外，环太湖流域针对具体治理目标构建了模块化的协同治理机制，如针对水环境治理的生态流量保障协调机制和生态环境战略合作机制、针对太湖流域跨省司法保障的生态环境司法管辖机制和流域管理条例、针对流域治理资金问题的多元化投融资机制等。

二 环太湖生态协同治理面临的政策实践机遇

（一）人与自然和谐共生的现代化的时代背景

党的十八大以来，习近平总书记站在中华民族永续发展的高度，亲自谋划、亲自部署、亲自推动建设人与自然和谐共生的美丽中国，大力推动生态文明理论创新、实践创新、制度创新。在党的领导下，我们始终坚持绿水青山就是金山银山的理念，坚持山水林田湖草沙一体化保护和系统治理，全方位、全地域、全过程加强生态环境保护。生态文明建设从认识到实践都发生了历史性、转折性、全局性的变化，创造了举世瞩目的生态奇迹和绿色发展奇迹，祖国的天更蓝、山更绿、水更清。

大量生态治理历史性成就的实践反复验证了生态文明建设道路的正确性。2024 年 7 月，党的二十届三中全会进一步强调，中国式现代化是人与自然和谐共生的现代化，要进一步深化生态文明体制改革，就要加快完善落实绿水青山就是金山银山理念的体制机制，健全生态产品价值实现机制，加快规划建设新型能源体系，构建碳排放统计核算体系、产品碳标识认证制度、产品碳足迹管理体系。关于深化生态文明体制改革的主要内容和基本要求，是全社会践行低碳、绿色发展方向的重要指导。环太湖生态治理作为山水林田湖草沙一体化保护和系统治理的重要一环，可以顺应全社会的生态文明建设浪潮，进一步创新生态协同治理机制，整合环太湖优质社会经济资源，以更高品质的生态环境支撑经济社会在全面绿色转型中高质量发展。

（二）"碳达峰碳中和"目标明晰的全行业生态建设路线

从 2009 年哥本哈根会议，中国作为当时全球最大的碳排放国首次提出减排目标，到 2015 年在巴黎气候大会上提交国家自主贡献，直至 2020 年 9 月在第 75 届联合国大会一般性辩论上，明确提出二氧化碳排放力争 2030 年前达到峰值、努力争取 2060 年前实现碳中和（即"双碳"目标），中国在国际气候治理中始终坚持构建"人类命运共同体"，履行大国责任。2024年，党的二十届三中全会进一步明确实现"双碳"目标的具体措施，将其作为经济社会工作的重要原则予以沿用。

"双碳"目标包含两个维度，是由高排放部门的减排和生态部门的碳抵消共同构成的系统碳平衡（见图1）。这就要求在达峰阶段做好碳足迹监管工作，将低碳理念融入日常生产经营活动中，倒逼产业结构优化升级；而在中和阶段就要求生态部门进一步抵消多余的碳排放，实现系统碳平衡的净零排放。

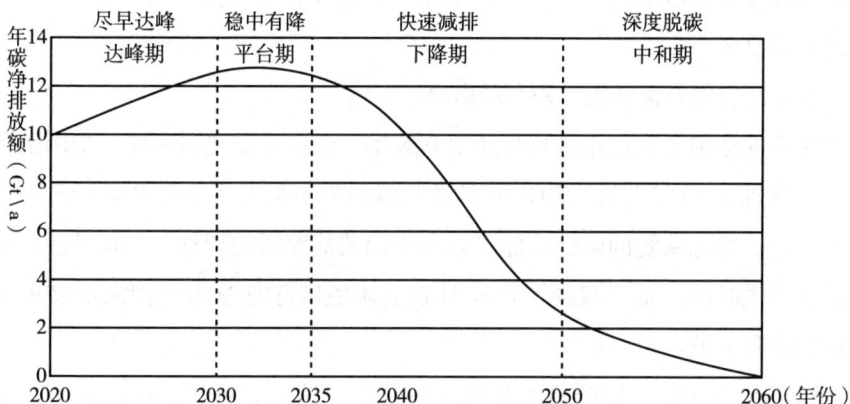

图1　碳中和愿景的排放路径

1. 基于 ESG 理念的碳足迹监管落实碳达峰过程管理

碳足迹监管，即生产经营过程中碳排放的跟踪监管，是实现"双碳"目标，特别是碳达峰目标的重要抓手。苏州的工业占比较大，在新能源产业蓬勃发展的背景下，光伏、钢铁行业对传统化石能源依赖仍然较大，产业转型压力巨大。另外，苏州拥有近三万家外资企业，随着 2023 年欧盟发布碳边境调节机制（Carbon Border Adjustment Mechanism，CBAM），对高碳产品加征关税之后，苏州作为一个出口型城市，其工业产品的国际竞争力受到了一定的冲击。在经济发展和减排要求的双重压力下，在生产经营中控制过程排放，倒逼产业升级更新迫在眉睫。

2024年5月，苏州市人民政府发布《苏州市碳达峰实施方案》，将碳达峰贯穿于经济社会发展全过程和各方面，重点实施工业重点行业达峰行动、能源绿色低碳转型行动等"碳达峰十大行动"。相应地，市政府发布了以健全统计核算体系、完善财税价格、构建绿色金融体系以及健全市场化交易机制等四项政策保障措施，将ESG（Environmental, Social and Governance）理念融入经济社会发展全面绿色转型的过程中。苏州汇集产学研资源，搭建了江苏首个产品碳足迹管理云平台，积极引进国际权威碳足迹认证机构，在提升国际市场竞争力的同时，推动经济社会发展绿色化、低碳化，为碳交易市场的完善并发挥市场的灵活调节作用提供平台和技术支撑，为实现"双碳"目标贡献更多力量。

2. 基于自然方案的碳中和实现路径

西方发达国家工业化进程长达200多年，而后才实现碳达峰；中国的工业化才进行了60年左右，2030年的碳达峰目标给能源密集型产业带来了巨大的压力。生态系统的碳储功能可以为中国的能源结构调整、产业升级、技术进步提供时间，将"双碳"目标对制造业的国际竞争力和国家经济的总体影响降到最低。

2017年全国统一碳交易市场建立时，由于项目方法学缺失以及对低廉的生态项目碳冲击新兴碳市场等诸多担忧，自愿碳交易市场一度被暂停。2020年底，由生态环境部发布的《碳排放权交易管理办法（试行）》将林业碳汇等项目的温室气体减排量纳入国家核证自愿减排量（China Certified Emission Reduction, CCER），允许重点排放单位用其抵消不超过应清缴碳排放配额的5%。

苏州以工业为主的产业结构以及巨大的经济体量，难以在短时间内获得显著的减排成效。环太湖流域的生态系统由山水林田湖草湿构成，生态系统碳储潜力巨大，能够为高排放企业提供充足的碳抵消额。CCER碳交易市场的重启，能够逐步引导社会资本向生态部门流动，在内化企业减排成本的同时形成经济平稳运行与生态可持续发展的良性循环。

（三）太湖流域苏州段参与引领区域生态协同治理实践

拥有太湖 2/3 水面、3/4 岸线、4/5 岛屿的苏州，始终把太湖治理作为一项战略性工作时刻放在心上、抓在手上。自 2008 年《太湖流域水环境综合治理总体方案》实施以来，苏州已累计实施治太工程项目 5600 多个、投资超 840 亿元，实现太湖连续 15 年安全度夏，不断擦亮城市生态底色。① 苏州治太成效为环太湖流域的生态治理提供了优秀案例参考，为政府间协同共保联治奠定了基础。

1. 苏州保护太湖流域岛屿生态，助力绿色发展

苏州辖内的太湖生态岛包括吴中区金庭镇区域范围内的西山岛等 27 个太湖岛屿和水域。为应对太湖岸线植物群落退化等问题，2021 年环太湖环岛湿地带的建设全面启动，农业面源污染得到有效控制，国家保护物种逐渐恢复，新能源交通工具逐渐为大众接受，碳汇林建设渐成规模。2021 年，苏州市第十六届人大常委会第三十三次会议通过《苏州市太湖生态岛条例》，首次以立法形式保护太湖岛屿的生态，为其生态保护和绿色发展提供了明确的法律依据。苏州市陆续出台一系列措施保障资金投入，并在保障经济总量不下降的基础上降低开发强度，以科技为着力点实现太湖生态岛高质量发展（见表1）。

表1 环太湖流域苏州段生态治理相关政策

政策名称	发布时间	治理意义
《苏州市太湖生态岛条例》	2021 年 5 月	首次以立法形式保护太湖岛屿的生态
《关于支持太湖生态岛建设的若干政策意见》	2021 年 6 月	生态保护、绿色发展和要素保障等 3 个方面 16 条措施
《生态岛生态保护和修复规划》	2022 年 1 月	探索构建生态岛生态安全格局
《生态岛城市设计及镇村风貌提升规划》	2022 年 1 月	镇区城市设计及镇区外镇村风貌提升

① 《苏州推进新一轮太湖综合治理，筑牢安全度夏的坚实屏障》，江苏省人民政府，https://www.jiangsu.gov.cn/art/2023/8/18/art_88959_10987658.html，2023 年 8 月。

续表

政策名称	发布时间	治理意义
《苏州太湖生态岛项目和资金管理办法》	2022 年 6 月	规范生态岛的资金使用
《苏州市太湖流域水环境综合治理规划（2021－2035 年）》	2023 年 2 月	设置了更为严格的约束性、预期性目标
《苏州市推进新一轮太湖综合治理行动方案》《苏州市"一湖一策"工作实施方案》《苏州市太湖沿线及其岛屿生物多样性恢复提升实施方案》《苏州市太湖沿线环境提升工作方案》《环太湖地区城乡有机废弃物处理利用示范区建设苏州市工作方案》	2023 年 9 月	出台新一轮太湖综合治理"1+N"行动方案
《太湖生态岛国土空间总体规划（2021－2035）》	2023 年 11 月	苏州首个镇一级的国土空间总体规划
《苏州市吴江区太湖流域水环境综合治理规划(2021－2035)》	2023 年 12 月	工程项目共计划 10 大类 22 项，总投资约 56.32 亿元

资料来源：作者搜集自苏州市政府网站、市发展改革委网站。

2. 苏州发布新时期太湖综合治理行动方案，全力打造世界级生态湖区

2023 年 9 月，苏州市发布《推进新一轮太湖综合治理行动方案》和太湖综合治理系列文件，以"1+N"政策框架，全面、系统排定新一轮太湖综合治理"任务书"和"施工图"，切实扛起"为太湖增添更多美丽色彩"政治责任，向"母亲湖"作出坚定承诺。新时期的太湖综合治理方案发布了工业污染治理、生活污水全量收集、农业面源污染治理等 7 项具体任务，从污染类型治理到系统整体提升作了全面的规划，为打造世界级生态湖区奠定了更加坚实的基础，为全面建设"美丽苏州"增添更加厚重的生态底色。

3. 苏州牵头环太湖流域一体化治理，全面开展共保联治

2023 年 2 月，《苏州市太湖流域水环境综合治理规划（2021—2035年）》（以下简称《规划》）审议通过，对流域综合治理、湖体及主要入湖河流设置了更为严格的约束性、预期性目标，新增了对蓝藻水华的控制目标，即到 2025 年蓝藻水华蔓延势头得到扭转，蓝藻水华危害明显减轻，同时突出供水安全，逐渐实现从安全供水到优质供水的转变。《规划》对新时期环太湖流域一体化治理与共保联治提供了苏州方案，也是苏州作为环太湖强市承担生态责任的重要实践，为之后苏州牵头流域协同治理积累治理经验。

三　环太湖生态协同治理面临的现实挑战

太湖流域跨越江苏、浙江、上海等多个行政区域，涉及山水林田湖草湿等多个生态系统，协同治理需要统筹区域协同与部门主体协同，给实际治理工作的开展带来了诸多挑战。

（一）生态治理资金来源单一

生态治理作为一种半公益性质的环保工作，治理资金的筹措向来是利益相关方争论的重点，亦是学界在生态治理资金来源领域的主要争论点，即生态治理是依靠政府还是市场。

1."政府自愿"模式的成本控制与效率提升

环太湖流域生态治理资金来源以政府财政拨款为主。以无锡为例，截至2024年5月，16年来无锡针对太湖治理总共投入资金1230亿元，其中约85%来自无锡地方财政。太湖治理是系统工程，涉及生态清淤、调水引流、生态修复、入湖河道治理、控源截污等方方面面。每一项都不是个人或者企业可以单独承担的，需要强大的政府调控手段以及庞大的治理资金支撑，从而引导社会投资、支持技术研发创新并加强基础设施建设。太湖丰富的生态资源为环太湖流域经济飞速发展创造了得天独厚的自然条件，强大的经济实力又为湖区治理提供了物质保障。然而"政府自愿"模式下的环太湖生态治理面临资金使用效率有限、部分项目推进缓慢、公众参与度不足等问题，一定程度上削弱了生态治理成效。

2."市场驱动"模式的灵活性与风险管控

无论是在实务界还是在学界，许多人都认为，涉及生态治理资金来源问题，市场调节在优化资源配置、提高治理效率方面具有先天优势。当生态资源的价格有足够的吸引力，一个成熟的生态资源交易市场，比如碳交易市场，能够引导社会资本向生态治理项目流动，调动更多资源和力量参与环太湖生态治理，形成可持续的良性互馈机制，实现经济效益与生态效益的双赢。这些都建立在成熟市场的前提下，然而以生态资源为交易物的市场机制还在起步或者试点阶段，交易机制不完善、相关的法律法规滞后、公众意识不足、缺乏技术和资金，放大了"市场驱动"模式下的生态治理风险。

（二）生态资源产权模糊造成"外部性"

水是一种流失的、分布不均匀的、高度可变但可再生的自然资源，它是自然环境的一部分，但其使用对所有社会和经济活动至关重要。其本质在于，水环境等生态资源是典型的公共产品，产权模糊可能导致"公地悲剧"。

1."正外部性"挑战生态治理整体公平性

"正外部性"是指某些厂商在生产经营活动中产生的收益不为其所独占，其他社会成员也可受益并不用付出代价。环太湖流域在太湖治理中花费了大量人力物力财力，治理成果被公众共享，大大削弱了社会资本进入治太工程的动力，难以实现以经济发展支撑环保工程建设的新格局。

2."负外部性"削弱生态治理效率

"负外部性"是指某厂商的生产经营活动给其他厂商甚至整个社会造成损失却不用付出代价。太湖治理的主要困境在于"企业污染、群众受害、政府买单"这一死循环，缺乏对污染企业可行且高效的惩罚措施，花费巨额财政支出的治太成果很难长期维持。除了惩罚机制有待完善外，第三方机构高昂的污染鉴定成本同样削弱了整体的治太效率。

3.公共产品产权不确定模糊责任认定

根据科斯理论，外部性的问题可以依靠市场的力量，通过经济主体之间的交易解决，比如排污权交易制度和碳交易市场。然而科斯提出的这一手段，需要依靠高度市场化的环境，否则交易费用高昂，大大限制了其在现实中的适用性。以排污权交易为例，从 2001 年江苏省南通市顺利实施中国首例排污权交易以来，由于受让主体范围较小、竞价模式不合理、出让主体单一等问题，排污权交易机制只在有限的城市实行。碳交易市场亦是如此，2017 年底全国统一碳交易市场启动以来，中国碳市场覆盖的碳排放量是欧盟的 2.8 倍，但 2021 年实际交易额却仅为欧盟的 0.2%，[①] 交易机制不完善、碳价较低等因素都阻碍市场机制在生态治理中发挥作用。

（三）碎片化管理模式下的集体行动困境

太湖治理是一个复杂的系统工程，涉及多个地区和部门的博弈与协同，不仅要协调各地区的利益，还要统筹不同部门的经济和生态效益，碎片化的管理模式给环太湖流域的协同治理带来了极大的挑战。

1. 地域划分下的太湖一体化治理困境

尽管环太湖流域各地区互相推诿治理责任的情况已经逐步改善，但是区域间环境管制的差异加之水环境的强流动性不可避免地会导致污染的转移，从而增加太湖治理成本、削弱治理效率。环境管制差异一方面来源于不同地区对太湖资源的开发利用和保护有着不同的侧重点，另一方面在于不同区域在经济发展水平、技术条件和人力资源方面存在差距，不可避免地导致区域间存在治理标准不一、执行力度不均等问题。"河（湖）长制"的推行虽然在一定程度上改善了这些问题，但在跨区域协作方面仍需要进一步加强。此外，各地区在环境监测数据、治理经验、治理技术等方面的信息交流与共享不够充分，尚未构建一个集数据监测、治理技术、政策法规于一体的信息化平台，难以形成合力，影响了综合治理效果。

2. 多种土地利用类型下的太湖流域系统治理困境

环太湖流域生态治理除了需要协调多个行政划区的利益和治理能力，还涉及多个部门的协同。其实质在于环太湖流域存在多种土地利用类型，增加了太湖流域治理的复杂性和难度。具体表现在农业面源污染、城市化进程中

---

① 张中祥：《建设全国统一大市场对全国碳市场建设意味着什么》，《经济研究参考》2022 年第 8 期。

的污染和工业污染加重了水体污染。为了满足城市扩张需求和粮食等农产品产出需求，大量湿地、林地被转换为建设用地和耕地，削弱了水体自然净化能力、破坏了生物多样性、降低了生态系统的自我恢复能力。

（四）生态相关计量核算工作成本居高不下

生态计量相关成本主要包括高排放部门生产经营过程中的碳足迹核算，以及生态部门碳吸收/碳抵消总量核算，涉及不同部门、不同产品、不同生态系统。实际核算过程复杂，计算量庞大，极大地增加了企业通过碳足迹监管获得市场认可的成本、降低了生态部门潜在利润。

1. 生态计量方法学缺失阻碍工作开展

生态资源的价值评估需要依赖精确的数据和科学的方法。方法学的缺失势必导致对自然资源的过度开发或者保护力度不足，影响生态资源的可持续利用。现有的生态计量方法学主要是参考清洁发展机制的相关做法，并进行一定的本土化适应性改造，在实际应用中还存在与我国国情不适应的情况。方法学的缺失一定程度上影响跨区域生态资源价值量的认可度，阻碍区域间生态协同治理的顺利推进。

2. 人才培养滞后性削弱协同治理机制效率

教育体系中的课程设置与市场需求的衔接度有待完善。调研得知，由于碳足迹核算涉及的产品类别繁多、核算工作繁杂，碳足迹核算监管第三方认证企业需要花费大量的成本对新进员工进行培训，而人员稳定性具有较大的不确定性，进一步增加了生态计量工作的成本，打击企业减排和产业升级的积极性，无法形成一个生态效益和经济效益双赢的局面。

3. 人才和计量技术引进机制亟待完善

目前，高校人才招聘还是以高学历人才为主，对于有实操技术和经验的应用型人才的引进通道尚不完善。同时，缺乏对于应用型人才的教学培训机制、职业上升空间设计以及相关的保障机制，很难吸引到兼具最新技术和实操经验的应用型人才加盟高校。

四　苏州推进环太湖生态协同治理的
总体思路与对策建议

苏州以主导者的姿态推进环太湖生态协同治理，不仅是其作为环太湖经济大市的责任，更是提高其在环太湖中心城市中地位的关键，有助于其进一步掌握太湖治理的话语权。通过对环太湖流域生态协同治理现状、政策机遇以及现实挑战的梳理，本报告从明晰主体责任分担机制、统筹跨区域协同机制、统筹跨部门协同机制、拓展治理资金来源、完善人才培养和引进机制等五个方面提出政策建议。

（一）明晰主体责任分担机制

为维护生态治理中的公平与正义原则，考虑到环太湖流域各地区经济发展水平差异、发展阶段步骤不一、对环境的污染程度差异，在治理中应当加以区分，从而避免生态治理对正常生产经营活动以及经济系统造成过大冲击。在实践中，太湖治理的责任划分一般遵从属地原则，即要求区域范围控制本领域内直接产生的环境压力。这种责任认定方法虽然简单易行、成本较低，但是不利于提高该区域治理污染的积极性，更不利于实现全系统的可持续发展。以蓝藻治理为例，由于水流和风向的影响，无锡花费巨额成本打捞处理的蓝藻等水面污染实际上一部分来自周边城市，与流域协同治理中的公平性原则相悖。

因此，建议参考国际气候治理中较为成熟的"共同但有区别的责任"原则，明晰环太湖生态治理责任。该原则的主要争论点在于生产者责任与消费者责任。将环境责任简单归咎于生产者的方法虽然易于理解和判定，但商品中隐含的环境影响实际上来源于消费行为，生态资源的消费者应该承担相应责任。

（二）统筹跨区域协同机制

环太湖流域涉及多个行政划区，经济发展水平、管理机制等各异，提高了流域协同治理的复杂性和难度。因此，亟须构建一个集监督机制、惩罚机制、奖励机制于一体的跨区域协同机制，不断提高太湖治理的效率和规范性。

1. 建立高层次协调机构

太湖流域作为长江流域的一部分，在生态治理立法方面同样隶属于《长江保护法》，即尚未建立一套成熟的专门针对太湖流域的政策法规体系。因此亟须由国家牵头，环太湖地方政府参与，制定相关法律法规，明确各级政府和相关部门的职责和权限，为治理工作提供法律保障和政策支持。在此前提下，设立专项工作小组，负责治理项目的实施和监督，确保各项措施落实到位。

2. 强化监督机制

完备的监督机制是保障环太湖生态协同治理规范性的关键，涉及职能部门监督和社会监督。建立属地管理、分级负责、权责一致的责任体系闭环，采取"监督检查室+派驻纪检监察组+区级职能部门"等组合方式定期对太湖治理工作进行监督检查。随着短视频等新兴社交媒体的兴起，公众舆论的影响力不断提升，社会监督逐渐成为职能部门监督的重要补充，应鼓励社会各界参与监督，通过媒体、公众举报等方式及时发现问题和纠正问题。

3. 构建信息共享平台

环太湖各区域对本区域内的生态数据进行了长期监测并形成报告供政府、企业和公众参考。但是环太湖整体的生态动态数据尚不完整，阻碍了治理责任追溯工作的开展。例如，如果能够通过实时、精确的遥感数据观测蓝藻的流动，就能追溯到产生蓝藻的责任方，增强区域间协同治理的科学性，助推流域可持续发展。因此，建议依托现代科技，如大数据、人工智能等，建立一个集动态数据监测、政策法规、公众监督于一体的太湖流域生态综合治理信息共享平台，实现数据互通、信息共享，提高治理工作的透明度和效率。同时建立反馈机制，定期对治理效果进行评估，收集政府、企业和公众的意见和建议，不断优化治理方案。

（三）统筹跨部门协同机制

生态治理单纯依靠生态部门自身是远远不够的，还需要跨部门的协同，实现系统化治理。不同生态系统之间存在物质交流，因此生态部门内部也需要不同生态系统之间的协同治理。

1. 引导碳达峰部门尽快达峰

2030年的碳达峰目标要求高排放部门通过管理生产过程排放，即碳足迹，实现产业全链条的减排。高排放部门需要探索一条既能完成减排目标又能尽量减少对正常生产经营活动的影响的双赢之路。因此，建议高排放部门在发展绿色技术、升级产业的同时，利用以碳交易市场为代表的生态资源市场化平台抵消一部分环境影响。这就需要管理部门优化交易机制和保障机制，适当提高生态产品交易价格，吸引更多社会资本向生态部门流动，形成生态效益与经济效益的双赢。

2. 探索碳中和部门中和路径

以绿碳为主要交易标的物的CCER自愿碳交易市场是全国统一大市场的重要补充，也是高排放企业尽快实现转型的缓冲板。生态系统之间的物质交换进一步提高了环太湖生态协同治理的复杂性和难度。因此，环太湖流域需要协同山水林田湖草湿等生态系统，实现系统化、一体化治理，避免污染转移的发生。这就要求加强流域空间用途管制，严守生态保护红线，强化耕地保护，增强山水林田湖草湿各类生态要素治理的耦合性和关联性，协同提升生态系统修复能力。

（四）拓展治理资金来源

现阶段，生态治理资金大部分来自财政拨款，对于地方经济发展水平的依赖性较强，还没有形成一个兼顾生态效益和经济效益的科学融资机制。因此，如何综合政府的宏观调控与市场的灵活机制成为破局的关键。

1. 优化政府宏观调控机制

环太湖生态治理是涉及长周期的复杂工作，离不开政府的宏观调控以及强大的财政资金支持。即使是引入市场的力量，也需要政府力量的监督，从而规范市场机制的运行。需要不断完善相关政策和制度，优化资金使用结构和审批流程，提高项目管理水平，同时加强社会监督，确保每一笔财政资金都能发挥最大的效益。

2. 完善市场导向机制

只有使生态项目有利可图才能不断吸引社会资本向其流动，为环太湖生态治理提供源源不断的内生动力。苏州在生态治理市场化道路上并非零基础，因此完善生态治理市场导向机制的重点在于连接现有制度和成功案例，不断扩大辐射范围，形成合力，不断推进市场机制的完善和成熟。除了正在各地试点的排污权交易，苏州正着力推进生态损害赔偿机制和替代性修复机制，始终坚持"环境有价、损害担责"原则，将"企业污染、群众受害、政府买单"的困局逐个击破。已在张家湾、居山湾、乌峰顶等太湖生态岛生态环境损害赔偿示范基地种植 2000 亩成片树木，一处处碳汇林建成，为低碳岛建设增添了生态能量。未来，苏州可以以太湖生态岛的碳汇林建设为起点，完善生态产品价值实现机制，逐步推进环太湖山水林田湖草湿生态系统碳储纳入碳交易市场，为生态治理注入更多活力。

3. "有为政府"+"有效市场"创新机制构建

环太湖流域生态协同治理需要依托"有为政府"+"有效市场"创新治理机制，即以政府宏观调控为主、市场导向为辅，规范生态治理过程的同时灵活治理机制，以实际效益吸引社会资本。在产业方面，鼓励以森林康养为代表的朝阳产业，在服务地方经济社会发展的同时实现自然资源的可持续管理。在融资方面，建立多元化投融资机制，建立健全流域自然资源有偿使用制度，并鼓励政府、市场和社会多方面的资金投入，用于支持跨区域的水环境综合治理重大项目。

（五）不断完善人才培养和引进机制

为控制生态计量相关成本，完善市场机制，吸引更多社会资本投入生态治理，亟须通过校企合作与引进应用型人才为环太湖生态协同治理提供技术支撑和智力保障，推进方法学和治理机制的不断完善。

1. 推进校企合作与产教融合

推进校企合作与产教融合是提升教育质量、促进学生就业的重要途径。苏州各大高校积极开展访企拓岗活动，加强与企业的联系，对接两方需求，从而打破信息壁垒，全面提高毕业生的就业质量。然而各大高校之间在信息共享方面还存在改进的空间，亟须一个集信息、资源、政策规定于一体的综合共享平台，以提高校企合作的效率与规范程度。因此，建议教育部门联合工信部门基于现有的数据基础构建校企合作与产教融合信息化平台，在加强高校与企业间联系的同时，加强政策支持并提供就业指导、就业服务，进一步规范校企合作机制，引导更多大学生走技能成才、技能报国之路。

2. 完善应用型人才引进机制

2024年8月，国务院印发《加快构建碳排放双控制度体系工作方案》，明确提出将碳排放指标纳入国民经济和社会发展规划，并要求建立健全地方碳考核、行业碳管控、企业碳管理、项目碳评价、产品碳足迹等政策制度和管理机制。部分碳足迹认证企业存在人才引进困难、业务培训周期长成本高等问题，极大地拉长了项目周期、增加了项目成本。通过碳足迹认证获得的诸如国际竞争力等效益如果不能覆盖企业的减排成本，企业的减排动力将大打折扣。

因此，高等教育应充分考虑市场需求，在相关专业的课程设置和实训中加入生态计量内容，放宽学历限制，引进实践经验丰富的工程师再加以适当的教学培训，设立兼职教授岗位、采用灵活聘用方式、提供优厚待遇，吸引企业技术人才积极参与高校教学和科研活动。同时，配合社会化培训，在拓展相关专业人才的就业范围的同时，为更为完善、灵活的碳足迹与碳抵消监管工作储备专业化人才，助推标准化生态计量体系构建，推进碳交易市场机制不断成熟。

B.4
太湖水环境综合治理与生态产品价值实现的对策建议

沈明星　沈　园　刘晓朦　苏澄菲*

摘　要： 本报告分析了太湖综合治理与环太湖城市生态产品价值实现的现状与成效，展示了创新实践。阐明了太湖综合治理与生态产品价值实现的战略需求、制约因素与发展态势。提出了构建太湖流域污染物磷素管控的标准体系、建立分域控源截污的矩阵治理方案、创建入湖水量与污染物联控联治机制的太湖流域综合治理与水环境持续改善对策；建立太湖流域GEP分区分级核算与考核体系、创新准公共性生态产品价值有效实现路径、重塑公共性生态产品价值有效实现理念的环太湖城市生态产品价值有效实现对策；创建综合治理成效与产业发展机会协同机制、创制生态治理—产业发展耦合的绿色转型金融产品、建立健全各地纵向横向生态补偿机制的太湖流域综合治理与生态产品价值实现协同发展的对策，在新征程上提出新模式、新路径、新机制，深化生态文明建设，共同描绘生态中国的太湖美丽画卷。

关键词： 环太湖　综合治理　生态产品价值实现　"两山"理念

　　党的十八大以来，习近平总书记多次视察江浙沪地区，多次发表重

---

* 沈明星，江苏苏州干部学院副院长，研究员，主要研究方向为农业生态与乡村振兴；沈园，苏州市农业科学院副研究员，主要研究方向为农业资源与生态环境；刘晓朦，江苏苏州干部学院科研处处长，讲师，主要研究方向为乡村振兴与农业金融；苏澄菲，江苏苏州干部学院讲师，主要研究方向为两山理念与产业经济。

要讲话、作出重要指示，强调太湖流域各省市要将生态环境保护置于更为突出的地位，探索生态优先、绿色发展新路径。苏州、无锡、常州、湖州、嘉兴等环太湖城市，深入贯彻习近平总书记有关太湖治理的重要指示，自2007年太湖水危机以来连续启动并实施两轮太湖水环境综合治理方案，推动太湖生态向好发展，太湖治理和社会经济取得显著进展。在全面贯彻党的二十大和二十届三中全会精神、深入践行习近平生态文明思想以及习近平总书记重要指示批示精神的基础上，环太湖城市正进一步提升政治立场，落实全国生态环境保护大会决策部署，促进太湖流域水环境高水平保护和社会经济高质量发展，推动经济社会绿色低碳转型，助力美丽中国建设取得显著成效。新一轮太湖综合治理确立了"二确保二提升"总目标，功能定位为"长三角高质量发展重要生态支撑、长三角区域水安全保障重要载体、全国湖泊治理的典范"，体现了高水平保护与高质量发展的协调一致。因此，贯彻习近平总书记对太湖治理的重要论述和"绿水青山就是金山银山"的核心理念，研究太湖综合治理与生态产品价值实现的现状、趋势及对策，对推进新一轮太湖水环境综合治理总体目标和功能定位的实现，具有十分重要的支撑作用。

一 太湖综合治理与生态产品价值实现的现状分析

自2007年以来，环太湖城市各地各部门认真贯彻党中央、国务院决策部署以及省委、省政府工作要求，专注于加强太湖综合治理工作，取得了显著成效。太湖水质持续改善，达到了2个等级的优化提升，连续16年安全度夏。综合治理能力和治理体系得到进一步增强；环太湖5市GDP跨越5个万亿台阶，截至2023年达到61303.5亿元，较2007年增长329%。其中，苏锡常三城市的GDP超过万亿，产业比重由"二三一"转变为"三二一"，实现了历史性转变；GEP（生态系统生产总值，Gross Ecosystem Product）与GDP同步增长，强化生态产品价值实现路径创新，成为全国生态文明建设示范区、"两山"实践基地和生态产品价值实现案例的代表，走出了一条生态优先、绿色发展的道路。

（一）太湖综合治理与生态产品价值实现的成效分析

1. 两轮太湖水环境综合治理的水质改善状况

依据国家监测数据统计，2023 年，太湖整体水质为Ⅳ类，处于轻度富营养化状态，东部湖区稳定保持在Ⅲ类，湖心区首次达到Ⅲ类，西部湖区水质显著改善，2024 年上半年太湖水质首次达到良好湖泊标准。2023 年，太湖高锰酸盐指数和氨氮平均浓度分别为Ⅱ类和Ⅰ类，总磷和总氮平均浓度均为Ⅳ类，与 2022 年相比，总磷、总氮浓度分别下降 17.5% 和 9.9%；与2007 年相比，总磷、总氮浓度分别下降 29.73% 和 53.62%，太湖整体水质由劣Ⅴ类提升至Ⅳ类，高锰酸盐指数和氨氮平均浓度分别由Ⅲ类提升至Ⅱ类和由Ⅱ类提升至Ⅰ类，湖泊富营养化状况由中度富营养化转为轻度富营养化。2023 年太湖水质状况已达到 2022 年国家发展改革委等六部门联合发布的《太湖流域水环境综合治理总体方案》的 2025 年目标，为实现 2025 年争取Ⅲ类目标奠定了基础。

2023 年，蓝藻水华发生次数为 53 次，同比减少 51 次，平均面积、最大面积和藻密度同比分别下降 45.7%、50.8% 和 30.3%，连续 16 年实现安全度夏。流域水生生物多样性指数达到 3.08，从"良好"提升到"优秀"等级。湖体水生植被面积达到 200 平方千米，同比增加 25.8%。藻类情况达到 2007 年以来最轻。

2023 年，江苏省所辖流域 206 个重点断面优Ⅲ比例为 96.6%，其中河流断面水质全部达Ⅲ类及以上，全年总磷、总氮入湖通量同比分别下降2.9% 和 25.5%，流域 19 个湖库水质持续改善。江苏省苏锡常三市 15 条主要入湖河流中 4 条水质达Ⅱ类、11 条水质为Ⅲ类，浙江省湖州市 7 条入湖河流监测断面水质类别符合Ⅱ类、Ⅲ类标准的比例分别为 87.5% 和 12.5%。重点断面优Ⅲ比例达到 2007 年以来最高。

2. 环太湖城市生态产品价值实现的主要成效

国家生态文明建设示范市县和"绿水青山就是金山银山"实践创新基地的命名，是国家对地方生态环境保护和生态产品价值实现成效的高度认可。根据已公布的七批国家生态文明建设示范市县名单，环太湖区域内的5个地级市全部入选，共有19个县市区名列其中，处于全国领先地位。示范市县包括苏州市的常熟市、太仓市、昆山市、吴江区，无锡市的宜兴市、江阴市、锡山区、惠山区、滨湖区、新吴区，常州市的溧阳市，嘉兴市的桐乡市、海盐县、嘉善县，湖州市的安吉县、德清县、长兴县、吴兴区、南浔区。获得生态环境部命名"绿水青山就是金山银山"实践创新基地的共5个，湖州市整体被命名，每个地级市均有1个，比全国平均水平高出39%，分别为第一批的湖州市（湖州市、安吉县）、第四批的常州市（溧阳市）、第七批的无锡市（宜兴市）和苏州市（吴中区）。

环太湖区域城市不仅在生态文明建设方面实现了快速发展，生态系统价值也同步提升。由壹城经济咨询中心主导完成的《全国县域/市辖区生态系统生产总值（GEP）研究报告2021》和《中国县域/市辖区生态系统生产总值（GEP）研究报告2023》显示，环太湖5市在2021年和2023年进入全国百强县（市）的有7个，其中宜兴市2次均位居第3。这7个百强县（市）在2021年和2023年的平均排名分别为65.00和60.71，两年间排名上升了4~5位；环太湖5市在2021年和2023年进入全国百强市辖区的分别有7个和6个，其中吴中区稳居第1，以进入百强市辖区前6名为基准，其平均位次分别为38.67和36.67，排名提升了2位。上述13个县（市）、区平均位次的前移，表明区域生态系统价值总量在持续上升。同时，生态价值向经济发展的转化成效显著。例如，宜兴市不断探索生态产品价值实现的新机制，发布了全国首份园区GEP核算分析报告，构建了森林生态产品价值评估和价值转化体系，显著增强了生态和经济融合发展的乘数效应。2020年，宜兴市GEP达到1855.18亿元；2021年，其GEP为2185.97亿元；2022年，其GEP预测值为2206.87亿元，均与当年GDP相当。

（二）太湖综合治理与生态产品价值实现的创新实践

1. 太湖流域综合治理的创新实践

2007年，太湖遭遇了大规模蓝藻暴发，导致区域供水出现危机，引起中央政府的高度关注，并决定加强太湖流域水环境的综合治理。2008年，国务院批准了《太湖流域水环境综合治理总体方案》（规划期至2020年），明确提出了"两个确保"的目标，并建立了由国家发展改革委员会、相关部门及三省市参与的太湖流域水环境综合治理省部际联席会议机制，以统筹协调流域内的水环境治理工作，解决重大问题。2013年，经国务院同意后，国家发展改革委员会联合相关部门及三省市对《太湖流域水环境综合治理总体方案》进行了修订。2022年，经国务院批准后，国家发展改革委与相关部委发布了新一轮《太湖流域水环境综合治理总体方案》，明确了"两个确保、两个提升"的目标。环太湖各省市依据国家新一轮总体方案，开展了在太湖综合治理方面的创新实践，在流域系统治理确立、实施方案全面覆盖、重点工程落实、生产生活绿色转型以及全方位保障（资金、政策、考核、督察）等方面取得了显著成效。

一是紧扣"国家方案"目标，针对性制定各省各市行动方案和行业规划。江苏省建立了涵盖国家、省、市和县四级的规划体系，发布了《江苏省太湖流域水环境综合治理规划（2021—2035年）》《推进新一轮太湖综合治理行动方案》《太湖生态清淤专项规划》《江苏省太湖蓝藻打捞处置及综合利用专项规划》《江苏省太湖流域农业控源减排专项规划》《江苏省太湖流域城镇生活污水治理专项规划》《江苏省太湖流域湿地保护修复专项规划》等一系列行业规划。同时，组织流域内5市28个县区编制"十四五"太湖治理规划，建立市县级治太项目数据库。浙江省则在2008年和2014年分别编制并发布了《浙江省太湖流域水环境综合治理实施方案》。这些国家与江浙两省的太湖流域水环境综合治理基础性文件，为相关规划、政策、方案的制定及重大工程的实施提供了依据。

二是紧扣"控源减污"核心，深化工业、农业、生活三源污染防治。

江苏省积极推进流域内省级及以上工业园区的污染物限值与限量管理，全面建立"磷负荷台账"和"磷排放清单"，加大对涉及磷的企业的整治力度，淘汰污染企业与落后产能，并清理违法违规项目。开展化工园区（集中区）的环境治理工程，启动"一园一档"信息管理系统建设，确保太湖一级保护区实现"无化工区"目标。实施水污染物排放平衡核算，全面推进太湖流域城镇污水处理厂及配套管网的建设，不断提高该地区城镇污水处理厂和重点工业行业的主要水污染物排放标准，增强污水收集和处理能力。重点推进城镇生活污水与垃圾治理，强化农村生活污水的收集与处理工作，提高苏南五市农村生活污水治理的覆盖率，开展农村人居环境整治，提升垃圾无害化和资源化处理水平。实施农业面源污染"333"减控工程，推广化肥、农药、直播稻"三控减"措施，推进养殖场（户）粪污收集处理设施的升级、规模化养殖池塘的标准化以及农田排灌系统的生态化改造，实现畜禽粪污、农作物秸秆及农药包装废弃物的无害化资源化处理，有效减控农业面源污染。

三是紧扣"过程拦截"关键，提升入湖前污染物削减率。增强江浙两省太湖上游地区水源涵养区的建设力度，实施历史遗留废弃矿山的生态修复，推进生态湿地的扩展与品质提升，构建生态安全缓冲区，提高水土流失治理的水平，确保清水顺利入湖。强化对22条主要入湖河流及上游重要河流的水质及总磷、总氮达标考核，制定"一河一策"水质提升方案，统筹推进中小流域的产业转型、污染治理与生态保护，努力将太湖建设成为"前置库"和"净化池"，显著减少流入湖泊的污染物。实施河长制，加强入湖河流及其支流的治理工作。优化河湖长制的工作机制，创新省级河长的"问题清单、项目清单、责任清单"交办制度，推动河湖长责任向"有为善为"转变。

四是紧扣"内源减污"重点，释放太湖环境容量，提升湖体自净能力。制定两轮太湖生态清淤工程实施方案，强化太湖新一轮的生态清淤力度，减轻内源污染、改善湖泊生境。完善"水陆空天"的水质与藻情监测监控网络，建立集"挡、引、控、捞"于一体的蓝藻打捞体系，提升监测预警和清淤捞藻的能力。加强望虞河引江济太对太湖水量与水质的调控。全面实施太湖"禁捕"行动，鱼类种群数量较"禁捕"前有显著增加，提升鱼类生物多样性，扩大蓝藻滤食鱼类的种群规模，减少蓝藻暴发的频率。综合推进环太湖地区城乡有机废弃物处理与利用示范区的建设，确保顺利完成示范区"三年成型"建设任务，防止大面积湖泛，成功实现太湖16年安全度夏的目标。

2. 环太湖城市生态产品价值实现的创新实践

自习近平总书记提出"绿水青山就是金山银山"这一生态文明思想核心理念以来，环太湖地区的城市积极探索将生态系统服务转化为经济价值的路径。在国家、省市关于建立和完善生态产品价值实现机制的政策和实施方案的指导下，该地区构建了以政府为主导，企业和社会各界广泛参与，市场化运作为基础，可持续发展的生态产品价值实现机制。该机制着力于探索多元化和市场导向的价值实现路径，形成了一系列国内领先的创新案例，这些案例已被自然资源部、生态环境部、水利部及地方政府推广应用。

一是推进双高产业用地"腾笼换鸟"，创新产业生态转型之路。高能耗、高排放的产业，如钢铁、印染、造纸、电镀、开矿等，在太湖综合治理的各个阶段都得到了严格的环保整治，许多工业用地通过关停、撤并或产业转移的方式腾空，这些土地亟须通过发展生态产业来实现资源价值。无锡国家数字电影产业园的前身是无锡最大的轧钢厂——雪浪初轧厂，这座耗费大量资源的钢铁工厂在 2008 年全面关停后，转型为绿色发展的数字电影后期加工制作基地，迅速崛起，《流浪地球》《长津湖》等热门电影的制作背后，都有这座位于太湖畔的电影梦工厂的贡献。吴江区在全面分析工业企业的基础上，制定了以亩均贡献为核心的综合评价体系，科学设置了"集约、创新、绿色、能耗"4 大类 27 项指标，并赋予相应权重，对企业质效进行全面评估。通过计算得分并进行排名，对全区工业企业开展综合评价，并根据评价结果，推进差别化配置改革，以扶优汰劣、退低进高的政策导向，结合正向激励和反向倒逼，精准推动全区工业企业的生态转型升级。常州市金坛区则在探索盐穴地下空间再利用的过程中，开辟了生态产品价值实现的新路径。2021 年，金坛区停止地下盐层开采后，利用地下盐层形成的天然密封空间——矿洞，建设了盐穴压缩空气储能发电项目，成功探索了基于地下空间资源再利用的价值实现路径。

二是协同区域生态环境保护，创新土地要素配置模式。环太湖相关省市县在完成国土空间总体规划编制的基础上，推动国土空间的紧凑布局与集约高效利用，加强太湖流域等关键区域的空间管控和引导，确保太湖流域资源资产权益的稳固。苏州太仓市率先在全国实施产业用地"竞生态投入"配置模式，当土地出让竞价超过终止价格时，系统不再接受竞买人报价，转为"竞生态投入"，并以生态投入出价最高者作为地块竞得人，推动公益性强、收益性弱的生态项目与高收益产业项目的有效融合。苏州相城区黄桥作为全国首批全域土地综合整治试点，面临生态空间碎片化、建设用地闲置低效、城乡融合发展不足等问题，通过全域土地综合整治，优化农村地区的生态空间和产业空间布局，实现生态保护与产业发展的协同。常州市天宁区创新"附带生态管养协议"供地模式，开展生态修复试点，提高生态产品价值，深化"生态有价"理念。湖州安吉县积极探索生态产品价值实现机制，创新出台《安吉县土地出让领域生态产品价值实现与生态保护补偿实施方案》，通过市场化公开交易将生态价值转化为经济价值。常州新北区抓住生态资源禀赋和国家新质生产力战略导向下的产业绿色转型升级历史机遇，创新"建设空间总量平衡、生态空间占补平衡、生态积分供需匹配"工作机制，利用生态修复工程所形成的生态积分进行交易，促进新增生态空间的价值增值。

三是推动自然资源与增碳减污确权，创新生态权益市场交易方式。安吉县率先开展水土保持、产品培育、价值核算、资产评估、平台建设、收益反哺等领域的工作，形成了水土保持生态产品价值核算的研究成果，并探索建立了实现路径的配套政策。2024 年，黄浦江源石门坑生态清洁小流域的水土保持生态旅游资源实现市场交易，成为我国首例水土保持生态产品价值转化的案例。无锡宜兴市则完成了江苏省首单长岗涧清洁小流域水土保持生态产品价值转化交易，实现了年均 3140 万元的旅游康养价值。湖州安吉县成立了全国首个县级竹林碳汇收储交易平台——"两山"竹林碳汇收储交易中心，构建了资源管理、资源收储、经营服务、产品追踪、效益增值、收益分配等六大应用场景，形成了"林地流转—碳汇收储—基地经营—平台交易—收益反哺"的全流程开发体系。太湖上游南京高淳区将农田碳汇纳入农村集体经济组织资源资产，举行了首个生物质炭有机水稻碳汇有偿竞价拍卖活动，成交价格为 75 元/吨，溢价率达 25%，创新了村级集体经济壮大的路径。拍卖所得的碳汇将用于企业新项目建设，以抵消新增产能带来的碳排放。此次交易全部进入农村产权流转交易市场，实现了应进必进、阳光交易，交易过程公开、公正、透明。常州溧阳市将社渚镇的 850 亩青虾养殖污染区整治退出后形成的生态容量增量——总磷 93 千克，成功进入生态产品交易市场，在全国减磷生态产品交易领域实现了零的突破。

四是构建生态补偿与损害赔偿机制，创新生态补偿与损害赔偿产品。在国家和省级层面出台生态补偿条例之前，苏州市率先在全国发布了《苏州市生态补偿条例》，并进行了四轮补偿标准的调整，建立了保护者受益、使用者付费、破坏者赔偿的利益导向机制。该机制适用于市域内的稻田、水源地、湿地村、公益林、风景名胜区及太湖、阳澄湖、澄湖等生态区位重要、湿地面积较大的区域。湖州安吉县创新推出"两山合作社"应用，建立了 GEP 核算、生态保护综合补偿、"两入股三收益"的利益联结制度，有效解决了生态产品价值实现过程中的难量化、难抵押、难交易、难变现等问题。苏州市统筹推进生态环境损害赔偿修复基地的市域一体化布局，已建成 10 个生态环境损害赔偿修复基地。太湖生态岛生态环境损害赔偿示范基地作为全省首个集修复示范、法制警示、科普交流和监测监控等功能于一体的综合性基地，率先创新建立了替代性修复项目清单"双向"匹配机制，推动了太湖生态岛生态产品价值的实现。该做法为全国生态环境损害赔偿工作提供了借鉴。

二　太湖综合治理与生态产品价值实现的趋势展望

江浙两省及环太湖城市围绕"全面强化太湖综合治理"进行专题调研，全面梳理治理工作的薄弱环节及主要挑战，制定并发布新一轮太湖综合治理行动计划或实施方案，确保各项措施落地生效。同时，探索将太湖综合治理产生的优质生态产品价值实现作为重点，深入分析存在的问题，致力于破解生态资源指标交易、生态产品增值溢价、生态产业化、生态补偿等多种价值实现方式，拓宽"两山"理念转化的路径和模式。

（一）太湖流域综合治理面临的问题与挑战

1. 太湖流域综合治理面临的主要问题

中央环保督察组反馈（江苏 2022 年 6 月，浙江、上海 2024 年 8 月）和国务院批准的新一轮《太湖流域水环境综合治理总体方案》指出太湖流域水环境综合治理存在以下几个主要问题。

一是在实现高水平保护与高质量发展方面仍存在差距，统筹工作不够到位。一些干部在思想上存在偏差，对结构调整感到困难，缺乏紧迫感和主动性来推进生态保护和绿色转型。对长期性和累积性问题的应对力度不足，低估了生态环境改善的复杂性和艰巨性，未能严守生态环境保护的底线，导致高耗能高排放项目盲目上马的现象时有发生。流域内的太滆运河、乌溪港等 6 条河流的总磷浓度未达到国家"十三五"规划的控制目标。一些市县的重点污水处理项目进展缓慢或尚未启动。重点行业整治存在差距，部分落后设备未按要求淘汰，水产养殖尾水污染问题未得到有效解决，退圩还湖工作推进不力。

二是入湖污染负荷居高不下，蓝藻水华防治形势严峻。新阶段流域内土地、岸线、环境容量等生态环境资源要素约束持续增强，工业、农业、旅游业快速发展，叠加太湖流域是我国印染、化工、电镀、造纸等产业的重要集聚区，导致环境保护压力进一步增大，产业发展仍存在结构性和区域性污染问题。同时，环湖城镇人口密度高且增长迅猛，仅 2007 年以来环太湖 5 市人口就增长了 1359 万，生活污染排放量巨大，虽然流域内污水处理排放标准高于全国平均水平，但污染物排放总量仍远高于环境容量，尤其是总磷，"十三五"以来，太湖总磷浓度出现明显反弹，营养过剩状况未得到根本扭转，氮磷营养盐浓度远超蓝藻水华发生阈值，图 1 显示，2011~2022 年蓝藻水华现象发生次数均明显高于 2010 年，仅 2023 年发生次数低于 2010 年，暴发大面积蓝藻水华风险犹存。

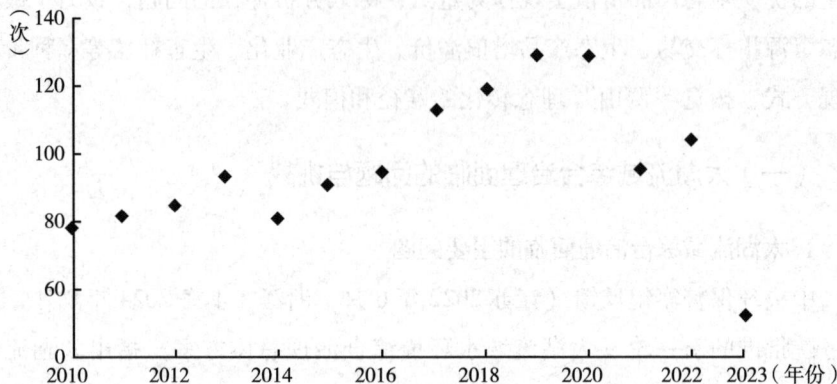

图 1　2010~2023 年太湖蓝藻水华现象发生次数

三是环境基础设施仍然存在短板，工业类、生活类、面源类污染处理工程有待新建扩建。流域生活污水收集和处理设施建设总体滞后于城市发展，污水收集效能不高，特别是老城区、城郊结合部和城中村等区域，还存在管网空白区，管网质量不高，渗漏、破损、错接、混接等问题突出。与 2007年相比，流域城镇化率持续提高，但农村人口众多且分散居住，农村生活污水处理设施的行政村覆盖率和正常运行率仍双双不足。处理达标后的工业园区污废水进入城市污水处理厂再次处理，挤占污水处理空间。农业农村及城镇面源污染防控工程建设不足，投入少、运维难。

四是一体化治理体制机制有待完善，跨行政区协同治理机制尚待进一步突破。当前，太湖流域综合治理仍以行政区域管理为主，跨省、跨市、跨县、跨镇协同治理机制尚待进一步建立，特别是跨界中小流域及其所属河湖的治理责权不明晰、目标不统一、标准不衔接、方案不协调、实施不同步等问题较为突出，上下游之间协调治理、利益共享、责任共担的机制尚未形成，污染治理制度保障尚不完善，流域排污权、水权交易等市场化手段的推广力度有待进一步加大，成熟的市场运作模式有待深入探索，跨区域的生态补偿机制还没有全面建立。大中小流域生态、环境、防洪、供水等多目标统筹协调难度大，地方和部门间信息共享机制亟待完善。

2. 太湖流域综合治理的主要挑战与攻坚重点

太湖治理是一项长期、艰巨且复杂的系统工程。经过上一轮治太行动，目前太湖治理进入了坚毅前行的阶段。2022年7月，国家发展和改革委员会等六部门确立了新一轮太湖综合治理的"二确保二提升"总目标，将"长三角高质量发展的重要生态支撑、长三角区域水安全保障的重要载体、全国湖泊治理的典范"作为三个重要功能定位，这对流域水环境治理提出了新的、更高要求，将持续推动太湖及全流域生态环境的不断改善。

国家新一轮太湖水环境综合治理总体方案指出，生态环境持续向好的主要挑战是入湖污染负荷依然居高不下、太湖湖体总磷和总氮向Ⅲ类水转化的难度较大。2007~2023年，太湖湖体总磷在Ⅳ类水范围内波动，16年期间总磷年际上升7次，没有明显的下行趋势（见图2）。值得注意的是，总氮呈显著的时序直线下降趋势（见图3），年降幅为0.091mg/L，依据线性模型预测，达到Ⅲ类水标准需至2032年后。2007~2023年，湖体总磷与环太湖5市GDP未呈现环境库兹涅茨曲线关系（见图4），推测处于库兹涅茨曲线的上升区，尚未进入经济持续发展和磷污染物持续下降的良性阶段。而湖体总氮与环太湖5市GDP呈显著的直线下降关系，推测已进入环境库兹涅茨曲线的下降区（见图5）。

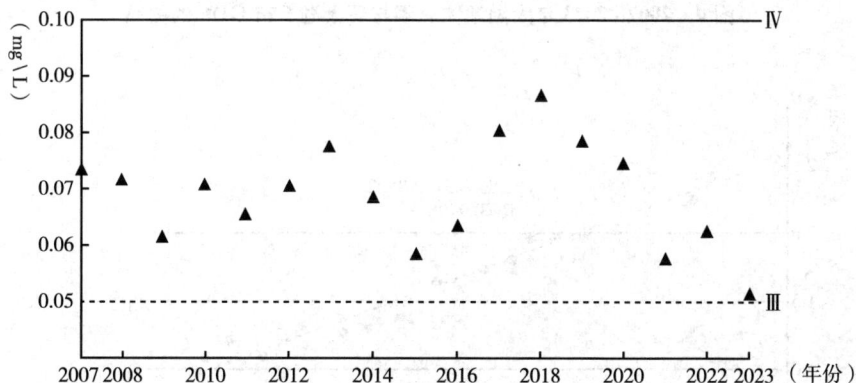

图2　2007~2023年太湖湖体总磷时序变化

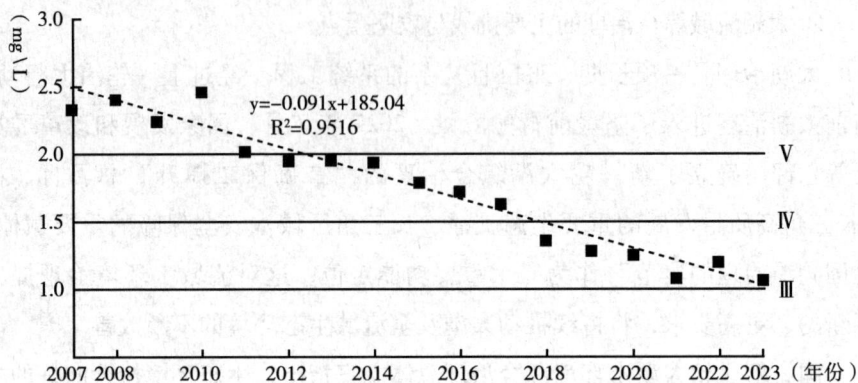

图3　2007~2023 年太湖湖体总氮时序变化

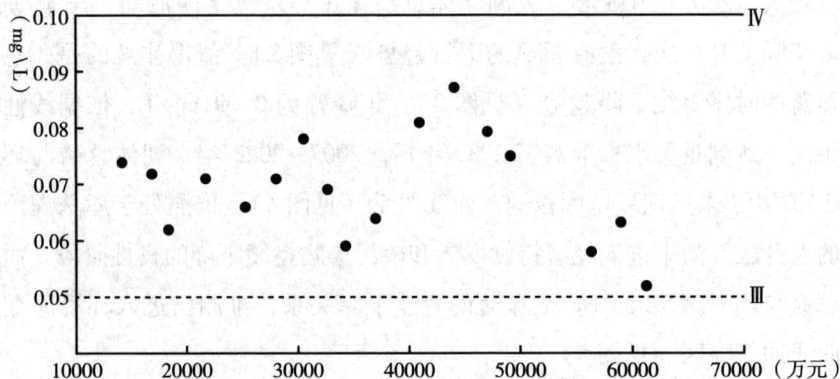

图4　2007~2023 年太湖湖体总磷与环太湖 5 市 GDP 的关系

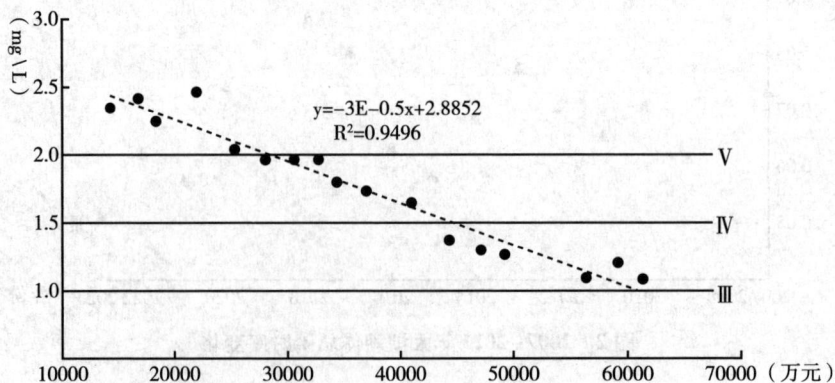

图5　2007~2023 年太湖湖体总氮与环太湖 5 市 GDP 的关系

因此，参考江苏省《推进新一轮太湖综合治理行动方案》的目标：到2025年，进一步实现"两保两提"，太湖湖体水质实现"稳Ⅳ争Ⅲ"；到2030年，流域水环境质量持续改善，太湖湖体水质达到Ⅲ类。环太湖城市人口与经济总量持续增长、气候变暖导致入湖水量增加、各类污水处理达标排放值和入河湖道污染约束值双双偏高、湖体内湖污染较多等多重因素，导致湖体总磷依然居高不下，这是太湖水环境改善至Ⅲ类水的最严峻挑战。

新一轮治太面临湖体总磷含量居高不下的问题，影响太湖水环境改善至Ⅲ类水的目标。攻坚重点应集中在构建"以减磷为主，协同控氮"的技术体系、推进生态环境工程建设和多元政策供给。应从生态系统整体性和流域系统性角度出发，以减磷控氮为目标，重点治理太湖上游，追根溯源，系统治理。一是外源和内源综合治理，既要通过氮磷控制大幅度削减入湖污染物总量，也要加强湖底清淤疏浚，消除湖内污染物，增加环境容量。二是控源截污与生态修复并重，既要加强工业、生活和农业污染源治理，也要加强太湖周边及主要入湖河道的湿地生态修复，构建健康的生态水系。三是建设与管理并重，既要加强治污工程项目建设和河道整治，也要强化工程和河网管理，落实河长制，确保水质清澈，流域生态环境健康稳定，提升群众满意度。综合施策，多方发力，推动太湖流域水环境质量全面提升和水生态持续改善。

（二）环太湖城市生态产品价值实现的困难与趋向

1. 生态产品价值实现的主要困难与制约因素

环太湖地区在生态产品价值实现领域进行了卓有成效的实践创新，取得了一系列成果，生态优势向经济优势的转化初见成效。然而，区域内生态产品价值实现的主要障碍在于生态产品"难以量化、难以抵押、难以交易、难以变现"等突出问题未得到有效解决。由于生态产品价值的核算方法和参数依据不一且核算过程复杂费时，尽管环太湖地区的部分市县（如安吉县、宜兴市、常熟市、吴中区等）探索了 GEP 测算与应用，但尚未建立适合区域社会经济特点的科学、简便的生态产品价值核算体系，导致"难以量化"问题成为实现区域生态产品价值的关键障碍。同时，环境容量指标价值的核算尚处于起步阶段，区域内经济高度发达、产业结构复杂且生产方式多样，缺乏统一的环境容量核算方法和参数标准，导致"难以量化"问题成为影响区域环境容量增值实现的关键，进而影响在政府科学管控环境容量需求的前提下，通过市场交易实现环境容量价值的变现。"难以抵押"问题是"难以量化、难以交易、难以变现"的次生问题，主要是金融机构过度注重风险控制且未有效进行生态产品和环境容量等绿色金融创新导致的。"难以交易"的问题源于生态产品价值的科学度量缺乏和生态产品需求的有效管控不足，政府对生态产品价值实现的考核评估机制尚未建立。"难以变现"的问题主要受制于生态产品和环境容量"难以量化、难以抵押、难以交易"。有效解决生态产品和环境容量价值实现的"四难"问题，可促进区域保护太湖生态环境的利益导向机制和生态产品价值实现机制的快速形成，显著增强区域内生态优势转化为经济优势的能力，为实现美丽太湖提供有力支撑。

2. 生态产品价值实现的现实机遇与发展方向

在环太湖地区，太湖水环境综合治理取得了显著成效，区域内绿水青山的生态质量和经济价值持续提升，为生态产品价值实现奠定了坚实基础。随着新一轮太湖综合治理方案的实施，生态产品价值实现的基础将更加稳固。此外，环太湖的5个城市在高效用地产业生态转型、协同生态环境保护的土地要素配置、自然资源与碳减排市场交易、生态补偿与损害赔偿机制等方面进行了创新实践，形成了一批可在全国推广复制的典型案例。这些案例为全流域的复制推广和再创新打下了基础，将有力推动生态产品价值实现从单一路径向多元路径、从试点探索向全面应用的发展，进一步提高区域内"绿水青山"向"金山银山"的转化效率和效益。

更为可喜的是政策与改革红利不断释放，给环太湖城市生态产品价值实现创造了良好的机遇。2021年，国家出台了《关于建立健全生态产品价值实现机制的意见》，江浙两省及环太湖5市结合地方实际，制定了具有地方特色的生态产品价值实现方案。党的二十届三中全会明确提出了健全生态产品价值实现机制的改革任务，随后党中央和国务院发布了《生态保护补偿条例》和《关于加快经济社会发展全面绿色转型的意见》。相关部委也出台了《关于建立健全生态清洁小流域水土保持生态产品价值实现机制的意见》和《关于进一步做好金融支持长江经济带绿色低碳高质量发展的指导意见》。这些政策为环太湖城市生态产品价值实现带来了政策红利。在党的二十届三中全会的指引下，环太湖城市应将生态产品价值实现机制作为全面深化改革的重点，在机制建立、路径拓展、模式创新和共同富裕等方面进一步释放改革红利。

三 太湖综合治理与生态产品价值实现的对策建议

党的二十届三中全会有关深化生态文明体制改革方面的决定，指引环太湖城市必须协同太湖综合治理与生态产品价值实现，在推进太湖流域勇立中国式现代化——人与自然和谐共生的现代化前列，必须协同推进降碳、减污、扩绿、增长，加快完善落实绿水青山就是金山银山理念的体制机制，坚持保护改善生态环境就是保护发展生产力，在科技和改革双轮驱动下，打造世界级湖泊治理和高质量发展的标杆。

（一）太湖流域综合治理与水环境持续改善的对策

1. 构建太湖流域污染物磷素管控的标准体系

太湖流域水质总体改善向好，富营养化程度从中营养降低至轻度营养。然而，湖体中的磷素含量仍是蓝藻水华发生的关键因素，尚未低于蓝藻水华发生的限量阈值。由于适宜蓝藻水华暴发的磷素胁迫环境依然存在，太湖磷污染的减控依旧是一项复杂、艰巨且长期的系统工程。因此，建立太湖流域污染物磷素管理标准体系是实现太湖水生态环境改善的基础。根据减磷控氮的治理原则，针对现有工业、生活和水产等污水处理达标排放值远高于太湖Ⅲ类水磷素限值（<0.05mg/L）的问题，在保障社会经济稳定发展和财政、企业可承受的治污成本基础上，结合太湖流域中小型湖泊和 22 条入太湖河道磷素控制指标实现的难易程度，应分别从工业磷、生活磷和农业磷三方

面，分阶段、动态适度降低现有磷素达标排放上限，制定不同源头排放新标准。针对农田退水达标排放标准缺乏的问题，在保证粮食安全与重要农产品有效供给的基础上，制定稻田、果园和菜地退水氮磷等排放新标准，增强农业面源污染控制力度。

2. 制定太湖流域分域控源截污的矩阵治理方案

国家以及江浙两省分别颁布了太湖水环境综合治理的总体方案和行动（实施方案），江苏太湖流域的 5 个市及其下属县级市县区也制定了治理太湖的实施方案和工程项目库。在现有行政管辖责任范围内，已加大了江苏片区和浙江片区太湖上游丘陵区水源涵养林的建设与保护力度，并开展了小流域生态清洁示范、坡地面源污染控制示范及平原区河湖库塘沟渠生态示范工程建设。由于太湖流域的空间分布呈现"水源涵养地—湖荡湿地—河流水网—湖滨缓冲带—太湖湖体"的"二地一网一带一湖"生态圈层特征，太湖水环境治理需从"二地一网一带一湖"开展生境改善与生态修复。针对太湖流域由众多中小流域组成，且这些中小流域跨省、跨市、跨县、跨镇的地理特点，需解决不同行政区分区管辖治理、联动治理不力，整体治理效果不足的问题。为了实现中小流域的精准管控与有效治理，应在现有行政管辖责任治理的基础上，以中小流域为精准治理对象，强化不同行政区域的一体化联责、联防、联治与联动考核。以 22 条入湖河道和中小型湖泊为水质改善目标，制定影响太湖水质提升的入湖中小流域综合治理方案，形成由国家、省、市、县四级纵向方案和各小流域分域方案组成的矩阵方案，构建太湖流域水污染防治矩阵整装集成技术体系，实行"一河一策""一湖一策"的精准治太策略，从而实现空间全覆盖、行政全责任的治湖优势。

3. 创建入湖水量与污染物联控联治机制

太湖污染的根源在于陆地，各类污染物通过水体迁移至太湖。根据入湖总磷负荷的空间分布分析，环太湖 22 条入湖河道中，湖西区的污染物入湖量最大，其次是浙西区，占比较高，而引江济太望亭水利枢纽和杭嘉湖区的入湖污染物相对较少。针对 22 条入湖河道污染物总量明显超过太湖生态系统自净能力的问题，在太湖生态清淤和水生生态系统恢复的基础上，以减少太湖生态系统污染负荷为目标，以入湖水量和污染浓度双重控制为重点，依据入湖河道的常年水质特征及水流量的时间分布规律，强化降雨量的精准预测和预报，建设典型暴雨初期重污染径流调蓄与洪水导流工程，构建源头、过程、末端全过程污染控制与排水总量空间限流的时空联控机制。将入湖河道水质考核由年度平均值达标改为全年任何时段水质稳定达标。在农业季节性排水和暴雨期间，确保 22 条入湖河道污染物浓度全时段低于控制标准，并显著减少入湖水量，实现有效削减入湖污染总量的目标。

（二）环太湖城市生态产品价值有效实现的对策

1. 建立太湖流域统一的 GEP 分区分级核算与考核体系

为实现生态产品价值的多样化路径，需探索构建分级行政区域的 GEP 及特定地域单元生态产品价值的核算评价体系。基于不同类型生态系统的功能特征，反映生态产品的数量与质量，建立覆盖各级行政区域的 GEP 基数清单统计制度；结合不同类型生态产品的商品属性，体现市场供需关系决定的生态产品价格，制定反映生态产品保护与开发成本的价值核算方法。依据环太湖城市以生态产品实物量为核心的 GEP 核算实践，逐步修订和完善太湖流域生态产品价值核算方法，明确 GEP 核算的数据来源、指标体系、具体算法及统计口径，推进生态产品价值核算的规范化和标准化。在此基础上，建立生态产品价值核算结果定期发布制度，并将其应用于生态保护补偿、生态环境损害赔偿、经营开发融资、生态资源权益交易等领域，为评估各地生态保护成效与政府决策提供数据支持。同时，建议将生态产品总值指标纳入各地区高质量发展综合绩效评价体系，在重点生态功能区，主要考核生态产品供给能力、环境质量提升及生态保护成效等指标；在其他主体功能区，适当实施生态产品价值与经济发展的"双重考核"。从而初步形成太湖流域生态产品价值实现的制度框架，建立科学的生态产品价值核算体系，逐步探索生态产品价值实现的政府考核评估机制。

2. 创新准公共性生态产品价值有效实现路径

针对准公共性生态产品细分类别管理不精细的问题，通过政府法律或行政手段对自然资源、生态容量、生态权益等实施总量控制，将非标准化的生态系统服务转换为标准化的"指标"和"配额"产品，通过市场机制实现其价值。环太湖城市应以22条入湖河道和中小型湖泊所属流域为切入点，加快建立河湖生态保护补偿机制，及时总结经验并逐步推进太湖流域横向生态保护补偿机制建设。完善市场化、多元化的生态保护补偿长效机制，探索建立资金、技术、人才、产业等相结合的补偿模式，促进生态保护地区与受益地区的良性互动。推动太湖流域排污权分配体系统一，探索建立跨行政区域的水权交易制度，逐步完善林权、碳排放权等交易市场。以吴中西山、滨湖长广溪、宜兴龙池山、溧阳天目湖湖群等四个"生态岛"试验区建设为重点，鼓励生态产品供需双方按照自愿协商原则，综合考虑生态产品实物量及质量、生态产品价值核算结果等因素，推动建立生态占补平衡制度，探索产业化经营、生态产品质量认证等生态产品可持续经营开发模式，协同提升生态系统质量和生态产品价值转化能力。鼓励发展绿色金融，积极推动湖州绿色金融改革创新试验区创建示范区，创新基于排污权、碳排放权等资源环境权益的抵押质押融资产品，充分发挥保险在气候和环境风险治理中的作用。

3. 重塑公共性生态产品价值有效实现的理念

生态产品的主要价值体现在通过优化生产生活环境、提升自然生产力及促进人们身心健康，从而产生公益性使用价值，直接惠及公众并提升社会整体福祉。在严格保护生态环境的前提下，鼓励环太湖城市探索多样化开发和应用模式，科学合理地推动生态产品价值实现。利用太湖流域独特的自然禀赋，采用人放天养、自繁自养等原生态种养方式，打造具有鲜明特色的区域生态产品公用品牌，提升生态产品溢价；依托清洁水源、清新空气、适宜气候等自然资源条件，适度发展数字经济、洁净医药、电子元器件等对环境敏感的产业，将生态优势转化为产业优势；依托优美的自然景观和历史文化遗址，引进专业设计和运营团队，在尽量减少人为干扰的前提下，发展旅游与康养休闲融合的生态旅游开发模式。加快培育太湖流域生态产品市场经营主体，推进相关资源权益的集中流转和经营，通过统筹实施生态环境系统整治和配套设施建设，提升教育文化旅游开发价值。规范生态产品认证评价标准，建立生态产品质量追溯机制，完善生态产品交易流通全过程监管体系，推进区块链等新技术应用，实现生态产品信息可查询、质量可追溯、责任可追查。对于探索生态产品价值实现机制的主体，鼓励采取多种措施，加大对必要的交通、能源等基础设施和基本公共服务设施建设的支持力度。

（三）协同太湖流域综合治理与生态产品价值实现的建议

1. 创建综合治理成效与产业发展机遇协同机制

针对太湖流域生态环境保护、防洪供水保障以及经济发展的多目标协同难题，构建综合治理效果与产业发展机会协同机制，是实现生态优势转化为经济优势，以及经济优势转化为生态优势的关键。强化一二三产业主体的ESG理念，建立与太湖水环境综合治理密切相关的ESG考核体系，突出以环境容量释放为核心的各类产业主体可持续发展指标，并建立指标科学、权重合理的评估体系及评估信息披露机制，将主体参与太湖水环境治理成效与其新产业准入机会、政府优先配置发展要素等有机结合，实现公益性强、收益性差的生态环境治理项目与发展态势良好、环境友好的关联产业有效融合。推动一批引领性、高效性的EOD试点项目优先落地ESG考核优秀企业，推广生态积分置换交易、生态竞价取得土地、氮磷减污权益置换、水土保持成效与清洁产业协同等创新模式，由点及面，构建"生态环境治理+产业开发"一体化的绿色经济体系，强力支撑太湖流域高水平保护与高质量发展相向而行。

2. 创制生态治理—产业发展耦合的绿色转型金融产品

在建立综合治理成效与产业发展机会协同机制的基础上，积极探索创新投融资模式，充分利用财税、金融等激励政策，开发具有高度针对性的生态治理—产业发展耦合的绿色转型金融产品，注入金融活水，助力协同机制高效运行。细化生态治理形成的环境容量权益分类，强化政府对生态治理释放的环境容量管理及产业发展对环境容量需求的控制，建立环境容量指标及生态保育价值的认证体系，完善生态涵养地碳汇、绿色产业减污、节水、水土保持等权益的货币化评估，鼓励金融机构在依法合规、风险可控的前提下，结合自身职能定位，创新绿色金融产品和服务，开发可抵押、可融资、可交易的金融新产品，构建环境容量指标和生态保育价值的金融支持机制，减轻各级政府在治理太湖方面的财政压力，激发企业参与太湖综合治理的积极性与主动性，推动太湖流域重点生态功能区和环境敏感区绿色生态经济的快速发展。

3. 建立健全各地纵向、横向生态补偿机制

在国家、省、市生态补偿实施意见的基础上，结合政府财政实力，因地制宜地建立针对太湖流域综合治理与生态产品价值实现相协同的各级行政生态补偿措施，创新市、县、镇各级之间的小流域治理与国省考断面达标的横向生态补偿机制。在构建和完善各地纵向、横向生态补偿机制时，基于统一的 GEP 和环境容量核算方法，开展太湖流域各级行政辖区的 GEP 和环境容量核算，建立环太湖城市、县域、乡镇、农村的 GEP 和环境容量数据库，推动生态保护补偿从过去较为单一的水源地、公益林、稻田、湿地等自然资源保护补偿，向自然资源保护、生态价值提升、环境容量扩增、治太考核等级的分类补偿拓展，形成太湖水环境"保护者受益、使用者付费、破坏者赔偿"的良性循环机制，使生态补偿成为各级政府和社会各界治理太湖的内生动力和自觉行动，推动太湖水环境质量持续改善，使水质从Ⅳ类提升至Ⅲ类。

B.5

太湖治理演进与现代化保护对策研究

丁彩霞*

摘　要： 本报告主要从三个方面进行研究。一是系统梳理了太湖治理的演进。太湖治理具有从应急性治理转向综合整治、从末端治理到源头控制、从以行政手段为主的治理到积极发挥市场经济手段在治污中的作用的特点。二是分析太湖治理面临的挑战。太湖治理高质量发展与高水平治理协同共进面临支撑太湖流域协调性治理、系统性治理理念的制度机制不足，太湖治理的结构性、根源性、趋势性压力尚未根本缓解，资金压力和专业技术人才短缺三方面的挑战。三是结合治理中存在的问题，提出了推进太湖治理现代化的对策建议。即建立权威、高效、协调的综合流域管理体制；保护优先，环湖流域大力发展绿色农业、绿色低碳产业；强化多元治理，深化生态文明体制改革，不断完善相关法律和标准。

关键词： 太湖治理　现代化保护　环湖流域

太湖位于长江三角洲南翼的太湖平原，是中国第三大淡水湖。太湖面积达 2427.8 平方千米，其中水面积为 2338.1 平方千米，平均水深 2.06 米，最大水深 2.60 米，蓄水容积为 44.3 亿立方米。[①] 太湖主要补给水源为天目山、界岭和茅山东麓诸水，表现为地表径流和湖面降水。太湖承担着向苏州、无锡、上海等城市供水的重任，以及防洪排涝、旅游休闲、航运、水产

---

* 丁彩霞，苏州城市学院城市治理与公共事务学院教授，主要研究方向为环境治理、城市治理、社会治理、公共政策。

① 水利部太湖流域管理局、《太湖志》编纂委员会编《太湖志》，中国水利水电出版社，2018。

养殖等多种功能。在区域气候调节、生态安全和生物多样性保护方面至关重要。

一 太湖治理演进及现状分析

太湖流域北抵长江，东临东海，南涉钱塘江，西以天目山、茅山为界，是我国著名的平原河网区。流域内地势西高东低，周边略高、中间略低，呈碟形。这种碟形洼地的构造塑造了太湖流域独有的水文和水网结构，使太湖以东的江南平原具备了稳定的供水环境。太湖流域的河湖发展过程繁复，从古代的"三江五湖"发展到现在的太湖以及水网、运河和城乡水体，越接近现代，水的利用就越多样化。随着人口规模的增加、城镇化水平的提高，太湖流域用水需求不断增长。目前太湖流域面积 36895 平方千米，行政区划分属江苏省、浙江省、上海市和安徽省。2019 年，太湖流域人口 6164 万人，人口密度约 1670 人／千米^2，较 20 世纪 80 年代增加了近 1 倍，流域城镇化率 80%。根据 2019 年太湖流域及东南诸河水资源公报，流域年度用水总量 338.7 亿立方米，人均用水量为 549 立方米，其中生活用水占 10.0%、生产用水占 89.2%、生态环境补水占 0.8%。同时随着社会经济快速发展和产业结构的调整，三产用水结构从 20 世纪 80 年代的 58.5∶36.4∶5.1 转变为现在的 24.2∶68.6∶7.2。[1]

（一）太湖治理现状

太湖治理坚持依法治太，主要依据以下国家层面的法律法规和文件。2008 年，国务院批复实施《太湖流域水环境综合治理总体方案》，投入专项资金 1100 多亿元用于太湖污染治理和生态修复。2011 年，国务院颁布施行《太湖流域管理条例》，这是我国第一部流域综合性行政法规。在饮用水安全、水资源保护、水污染防治、防汛抗旱与水域岸线保护等方面进一步强化

---

① 何建兵等：《太湖流域治水历史及其方略概要》，中国水利水电出版社，2020。

了地方政府、水利和环保部门以及流域机构的行政管理职责，对流域管理与区域管理的协调配合，以及水资源保护与水污染防治的衔接都有具体的规定，为加强流域综合管理提供了法律依据，标志着太湖流域综合治理工作正式步入了依法治水管水的新阶段。2013 年，《太湖流域水环境综合治理总体方案》的修编在政策层面将控源截污、产业结构调整和生态修复列为工作核心，并用行政手段大力推进，一些大规模的治污工程同时得到推动，"引江济太"工程年均引水入湖达 7.10 亿立方米，湖区每年打捞蓝藻 170 万~190 万吨。2015 年发布的《水污染防治行动计划》及 2016 年发布的"十三五"规划纲要提出了生态文明河湖流域综合治理的概念，污染治理不再局限于末端处理和检测，而是在生态—经济—社会的综合框架下提出新的要求。2021 年发布的"十四五"规划和 2035 年远景目标纲要中强调，面源污染治理应当与乡村发展相结合，以改善乡村居民生活质量为前提。

1. 太湖流域工业的污染治理

随着水环境质量对区域经济社会发展瓶颈作用日益突出，污染治理由过去的单一工程治理，发展到当前工程治理、产业结构调整与加强环境监管三大综合治理体系。其中，产业结构调整对太湖地区水污染治理具有重要意义，太湖流域加强产业结构调整，对化学制浆、造纸、制革等六类重污染项目实施全面禁批，制定了严格的化工、印染等地方排放标准。具体而言，包括实施严于国家标准的地方排放标准、深化产业结构调整、清洁生产达标创优、建立严密的水环境质量监控体系、于 2016 年开展"263"治太专项行动。2018 年，太湖流域 137 个重点断面平均水质达标率均达到 83.9% 的考核目标。① 但也存在以下问题：部分地区污水处理设施尚不健全，运营管理水平不高，制约了城镇污水处理厂效率的发挥，污水处理厂尾水排放标准有待进一步提升，即使按现在的一级 A 标准排放，其水质也属于地表水劣 V 类。

2. 太湖流域城镇、农村生活的污染治理

截至 2019 年上半年，以太湖为水源的 13 座水厂中的 12 座实现深度改

---

① 江苏省生态环境厅等编著《太湖治理十年纪》，江苏人民出版社，2019。

造处理，实现"供合格水"向"供优质水"转变。具体而言，城镇污水处理设施能力迅速增长，城镇污水处理设施运行管理水平大幅提升，城镇污水处理产业化得到有效促进，一批创新性成果涌现，城乡污水处理由粗放走向精细，太湖流域市县全部进入国家环境保护模范城市行列，是全国最大的环保模范城市群和生态城市群。城镇生活污染和农村生活污染治理有效展开，技术与管理提升并重。以苏州市为例，截至2018年底，已基本实现全市城镇地区消除黑臭水体目标，城市中心区已实现污水全覆盖、全收集、全处理，城区大部分河道水质指标达到或优于Ⅲ类水质标准。相比较而言，农村生活污水处理率仍然较低，现有设施运营管理与维护较弱，农村生活污水处理设施技术繁多，多以镇为单位投标筹建，技术的适用性、建设标准存在很大差异，导致污水处理达标率较低。

3. 太湖流域农业的污染治理

近年来，太湖地区通过有力的财政投入，实施全方位的治理：围绕生态农业圈规划，着力推进循环农业和有机农业建设，深入挖掘农业多功能性；围绕规模畜禽场综合治理，大力提升生态健康养殖水平，全面推行综合治理措施；围绕化学氮肥减施、化学农药减施、氮磷生态拦截等工程的实施，控制种植业污染，构建农业清洁生产体系；围绕湖泊围网养殖综合整治，推进生态渔业的发展；围绕生态修复与保护，推进农业生态系统建设。太湖流域农业农村生态环境改善取得积极成效。存在的问题是：污染治理上缺乏相应的技术规范指导，现有治理规划和条例相对来说较为定性，难以指导种植业、畜禽养殖业实际工作；污染空间分散和异质性导致政策实施难度大；农业面源治理措施难以激发农民治理积极性；畜禽养殖等点源大户的污染监管机制尚不健全。

4. 太湖流域水环境生态治理

生态修复与保护是太湖水环境综合治理的重要内容，2007年以来，主要进行了太湖流域生态隔离带及防护林体系建设、湿地保护与修复工作、环太湖绿色廊道建设，借鉴国内外水生态环境功能区划开展了试点等，增强了流域生态系统循环能力、改善了重点保护区域的生态功能，部分区域生物多样性显著增加。存在的问题是：湿地保护的法规体系和技术规范不健全，对水质改善效果和数据监测缺乏足够的重视，实施主体对生态修复项目后期管护的力度不足。

5. 太湖流域环境经济政策创新

江苏省注重构建环境资源价格体系，用经济手段推动企业治污减污。通过推行排污收费制度改革、建立生态补偿机制、推出环境信用评价等政策，既解决了环境建设与管理资金短缺问题，又通过经济杠杆有效提高企业主动治污的积极性。存在的问题是：污水处理、排污收费的环境价格体系未能真正体现环境资源价值，农村环境经济政策投入不足、手段单一，排污权交易、生态补偿等政策难以有效执行，政策绩效考核与评估制度尚未真正建立。

（二）太湖治理的转变

"九五"以来，太湖流域水污染防治工作经历了三个转变。

从应急性治理转向综合整治。20世纪90年代中期，为了遏制急剧恶化的水质，突击进行了一些水质达标行动，如1998年太湖零点行动和2000年太湖水体变清行动等，以治理污染严重的工业为主，希望通过应急性活动实现水质改善，但收效甚微。2000年开始转移工作重心，从工业污染治理为主到工业、生活、农业等污染防治并重，从单一的治污到治污与生态恢复并举，注重环保基础设施建设、生态建设，逐步走上综合整治的道路。

从末端治理到源头控制。"九五"以前工业污染控制主要停留在末端污染治理，但"治污"的速度跟不上"制污"的速度。2000年以来，注重推进产业结构调整，通过关停并转迁等手段，淘汰一批化学制浆造纸、化工、酿造、制革等污染严重、工艺落后的产业，鼓励引进高科技、低污染、低耗能的高新产业，逐步引导地区产业升级换代，从源头控制工业污染。

从以行政手段为主的治理到积极发挥市场经济手段在治污中的作用。"九五"期间主要依靠行政、法律、宣传教育等手段治理污染，进入"十五"，重点流域治理开始注重经济手段的作用。陆续出台有关政策，鼓励社会资本进入市政公用事业领域，开征并逐步提高污水处理费，污水处理行业经历了从"保本"到"保本微利"再到"保本有利"的阶梯发展。在政策创新的指引下，各地出现了大量的 BOT、BT 等新的建设、运营方式，突破了资金短缺的瓶颈，城市污水处理设施建设进展明显加快。[①]

与此同时，科技攻关也取得一定成效。太湖局与科研实力雄厚的南京水利科学研究院、河海大学等建立协同创新研究平台，聚焦防洪、水资源、水生态环境、水利信息化、综合管理、工程技术等 7 个领域 21 个方向 49 个重点121 个问题要点，开展各类水利科研计划项目十多项，项目成果直接为优化引江济太水资源调度、太湖水生态保护与管理等工作提供了技术支撑。[②]

二 太湖治理面临的挑战

太湖治理仍面临实现高质量发展与高水平治理协同共进任务艰巨的挑战。

（一）支撑太湖流域整体性治理系统性治理理念的制度机制不足

河湖治理既要满足人的发展的需要，也要满足生态系统可持续和生物多样性需要。河湖生态修复经历了从单纯的硬性工程措施到近自然的生态工程措施的探索历程。2020 年，世界自然保护联盟正式发布了《基于自然的解决方案全球标准》及其使用指南。同时，国外法规标准从仅仅关注水质水量等单要素，逐步扩大到覆盖水文情势、地貌生境、生物群落等河湖生态系统多要素监测及整体评估。1990~2010 年，美国的河流地貌指数方法、欧盟的欧盟水框架指令、英国的国家生物多样性政策、澳大利亚的河流状态调查法等法规标准发布，指导了河湖生态系统多要素的监测和保护工作。河湖治

---

① 江苏省生态环境厅等编著《太湖治理十年纪》，江苏人民出版社，2019。
② 《太湖流域管理局：共建协同创新平台 加强科学研究 为推进太湖流域综合治理提供科技支撑》，水利部，https://gjkj.mwt.gov.cn/rdzt/2017kjhy/zjhc/201712/t20171221_1018 175.html，2017 年 12 月。

理尺度从解决节点单一目标为主导的典型问题，逐步扩展到遵循流域生态系统过程原理的综合治理，形成了以流域为整体进行综合管理的国际共识。

我国在党的十八大后进入大力推进生态文明建设阶段，坚持山水林田湖草同治的生命共同体综合治理思维。但是，我国水环境治理的系统性还未建立起来，许多体制机制的治理弱点和治理机理性动能不足、不均衡现象逐渐凸显，亟须市场化和数智化提供新动能。[①] 尽管 2021 年《排污许可管理条例》的颁布夯实了排污权交易的法律基础，《排污单位自行监测技术指南》等 13 项国家标准的出台为排污权交易的制度化发展奠定了数据基础，但仍存在长三角区域一体化排污权交易制度尚未建立的问题，原因在于：局限于省市层面单独建立排污权交易体系导致市场规模有限、减排效果不佳；市场规模受行政区域限制，只存在于省、市层面；政府主导的总量控制和指标分配机制尚不完善；排污权交易仍以地方政府的一级分配为主，二级市场交易冷清；覆盖的污染物类别有限等。协同共治水平和区域共治进程还需加快，部门协作还需强化。

（二）太湖治理的结构性、根源性、趋势性压力尚未根本缓解

太湖作为大型浅水湖泊，流域整个生态系统还很脆弱、入湖污染物总量较大、湖体水质仍有波动、生境改善难度很大，湖泊流域面临的结构性、根源性、趋势性压力尚未根本缓解。首先，生态保护修复存在薄弱环节。太湖"藻型生境"还未得到根本改变，蓝藻水华暴发的隐患依然存在；太湖蓝藻水华的生长和抑制条件深层次的机理仍不明晰，藻种结构变化原因不明，鱼类、底栖动物、湖体盐度、水动力对蓝藻水华的影响研究有待进一步加强；藻泥、淤泥、秸秆等废弃物资源化利用技术有待突破，尚未形成市场化主导的解决方案。太湖治理需要尊重和遵循湖泊生态自然规律，以自然恢复为主，积极探索自然恢复和人工修复深度融合的新路子。其次，水环境保护有

---

① 盛昭瀚等：《太湖环境治理工程系统思维演进与复杂系统范式转移》，《管理世界》2023 年第 2 期。

待持续加强。环境基础设施仍存短板，污水处理设施建设城乡不平衡，乡镇污水处理厂进水浓度和运行负荷相对偏低，管网建设和污水处理能力存在缺口；厂网一体维护机制有待完善，雨污管网管护不到位；农业面源污染治理压力依然偏大，流域化肥、农药施用量仍然总体偏高，汛期农田退水集中下泄污染问题比较突出，直接影响周边河道水质；水产养殖业面广量大，尤其是冬季换塘时，养殖尾水集中排放造成的污染冲击比较严重；水源地保护压力偏大等。最后，水生态退化趋势尚未根本扭转。太湖湖体水生多样性偏低，湖底淤泥污染释放不容忽视；水文条件发生重大变化，不利于湖体生态自然恢复；流域内资源型、微小型、低附加值型工业企业较多，生态环境负荷较重，产业转型升级压力较大，产业发展定位有待优化，环湖区域产业结构有待调整等。

（三）资金压力和专业技术人才短缺压力是太湖治理的基本制约

资金压力主要表现在工程项目需求与财政吃紧的矛盾。首先，环保设施的建设成本高昂，如污水处理厂、管网建设、河道湖库清淤等，其前期设计、设备购置、施工安装等环节都需要巨额资金支持。其次，环保工程的运营维护费用也不容忽视，包括能源消耗、设备检修、药剂消耗、人工成本等长期支出。最后，许多环保项目涉及大面积的土地征用、生态补偿、技术研发等，这些隐性成本进一步推高了总体投入。而根据苏财资环〔2023〕79号文件，太湖资金最高补助不超过项目环保投资额的50%，地方配套压力较大。除此之外，资金不足还可能导致环保设施建设和运营的质量打折，影响设施运行效果，甚至引发二次污染。

人才短缺压力表现在专业需求与技术人才配备的矛盾。一方面，专技人才缺乏。水污染防治对技术的依赖性极高，尤其是在污染物监测、环境影响评估、污染治理等领域，同时还需要具备生态学、环境科学、化学、法学等多学科知识的专业人才。以苏州市为例，苏州太湖治理工作由生态环境部门牵头，其他相关部门配合具体实施。从人员的数量和专业水平看，各部门专技人才匮乏，乡镇一级表现得尤为突出。另一方面，各方协同不足。环境保护工作涉及多个政府部门、企事业单位以及公众的共同参与。然而现行体制下，各部门间信息共享不足、协调机制不健全，可能导致环保技术的选择和应用、人员配备的优化等方面出现矛盾。如环保部门难以获取其他部门（如规划、建设、交通等）的数据支持，影响其进行精准的环境影响预测和决策。2008 年，在铁腕治污、科学治太总体指导思想下江苏省成立了省太湖水污染防治与蓝藻治理专家委员会，工作中了发现以下问题，且至今也未完全得到解决。一是层级和范围的局限性较强，只能就一省的太湖水域状况开展调研，提出专业咨询，不能就整个太湖流域的生态环境保护开展全面研究和协商咨询，不能充分反映流域不同省份的利益诉求。二是其工作只限于水污染防治和蓝藻治理，没有将流域生态环境保护纳入其中，没有注重水环境保护的"源头"问题。三是其组成人员基本上都是高校或研究所的学者，缺少具有治太实践工作经验的专家、地方政府官员和社会公众的参与。四是其权限只限于咨询，对重大政策和决策没有表决权。五是组织结构过于松散，全体委员会会议一年只召开两次。[①]

三　推进太湖治理现代化的对策建议

当前水环境管理体系处于国际领先水平的主要有美国、欧洲、日本、韩国、新加坡等。这些发达国家已经基本完成了流域污染治理的过程，水污染治理目标由"水污染控制"向"流域水生态系统健康保护"转变。日、韩的水环境管理体系脱胎于美国，即世界上主要的水环境管理体系为美国和欧洲两大体系，其不少做法值得借鉴。

（一）建立高效、协调的综合流域管理体制

首先，要建立太湖流域具有综合管理职能的机构。水利部太湖流域管理

---

① 朱玫：《铁腕治污 科学治太：江苏省太湖流域治理体制机制实践探索》，江苏人民出版社，2015。

局除了有河湖管理处等行政职能、综合职能部门外，还有太湖流域管理局水文局（信息中心）、太湖流域管理局水利发展研究中心、太湖流域管理局综合事业发展中心、太湖流域管理局苏州管理局、太湖流域管理局苏州培训中心、太湖流域管理局太湖流域水土保持监测中心站六家事业单位。水污染防治则是环保部门的主要职责。工程立项由发展和改革委员会批准。这就意味着在国家层面、在太湖流域相关省域层面均无综合管理职能机构。因此，需要把行政划分的地方流域管理机构集中到以流域为主体的流域水资源综合管理机构上，由流域水资源综合管理机构统一指挥管理各地方流域主体，减少重叠，新建这样的机构或改造已有机构均可。

其次，成立具有协调、咨询、监督职能的太湖流域治理协调咨询委员会。跨省域的太湖治理应该有相应的智囊团提供专业化服务，且这项工作必须由政府推动落实。组建太湖流域治理协调咨询委员会负责整个太湖流域治理的协调和专业咨询工作。该委员会由太湖流域管理局局长、流域内各市政府一位领导、部分专家学者和利益相关方的公众代表组成，就流域管理中的重大问题进行咨询协调和参与重大决策的协商，充分反映流域内各方的利益诉求。具体职责为：一是对太湖流域规划和重大决策的制定进行协商讨论，广泛向社会公众征求意见，对流域规划和重大决策具有表决权；二是定期听取流域治理情况，协商水资源利用和水环境保护工作中遇到的困难和问题；三是监督治理规划、重大决策的执行情况，定期委托专业审计机构审计治理经费的使用情况。咨询协调委员会的议事规则主要有：定期召开会议，向社会发布水文和水（环境）生态监测数据；参与流域规划拟定、修改和重大立项工程的研究讨论，并具有最后的决定权，表决时委员会委员一人一票，2/3以上通过方能实施，避免出现重要决策和工程立项的重大失误。通过该协商、咨询、监督机制的推进，平衡不同区域的利益诉求，实现太湖流域高质量发展与水环境高水平治理的协调。

最后，建立跨区域协同共治机制。充分总结长三角生态绿色一体化发展示范区的先行先试经验，充分协调各地在太湖保护和发展方面的诉求，生态环境保护相关机构和机制之间加强沟通协调，做到统一跨区域生态环境保护机构/机制，统一流域生态环境监测网络并强化数据开放共享，统一流域内山水林田湖草联合执法，以流域生态环境保护的相关法律、规划、政策等为依据统一评估并强化评估结果的应用。其中统一监测已由中国科学院南京地理与湖泊所太湖湖泊生态系统研究站建成覆盖太湖全部水域和部分环湖河道的多指标天—地—空一体化监测体系，但这是用于科学研究的，与管理方面的监测又有所不同。其他三方面均不统一。推动建立跨区域生态补偿制度及其可持续保障制度。加强部门协作配合，消除因功能定位差异、保护发展要求不同、投入产出不一形成的壁垒，共谋一体化蓝图、共保良性水系、共营水经济空间、共推水文化品牌，形成协同共治新格局。

（二）坚持保护优先，环湖流域大力发展绿色农业、绿色低碳产业

坚持保护优先，进行前瞻性系统谋划。对标世界级生态湖区的定位，借鉴国内外湖泊治理的先进经验，研究太湖保护和发展的长期规划，恢复太湖良好生态，为实现近自然治理打好基础。一是持续打造太湖生态岛，推进生态绿廊建设。不断提升太湖岛屿生态环境质量，促进水源涵养和净水循环，持续推进通湖河道分类治理，力争通湖河道水质全面实现Ⅲ类。推进湖滨近岸带生态恢复，提升生态岸线比例。以环太湖沿岸带和骨干河流为纽带，积极推进幸福河湖建设，拓展河湖蓝绿生态空间。加快实施人工湿地、水源涵养林、沿河沿湖植被带、恢复鸟类栖息地、恢复和提升生物多样性、强化种质资源保护、加强水下森林建设等生态治理措施，以湿地公园、重要湿地为核心节点，统筹湿地、林地、绿地等生态空间，提升生态板块连通性。重点打造环太湖、望虞河、太浦河等生态绿廊。二是科学实施生态清淤，着力破解内源污染难题。加强湖区底泥动态监测，进一步摸清底泥空间分布及运动规律，科学制定清淤方案并组织实施。打破行政区域和行业限制，推进淤泥活化利用，推广淤泥厌氧消化技术应用，提升生物质能源的利用水平。借鉴上海对淤泥资源化利用科学回田的做法，加强监测监控，科学评估，制定标准，探索淤泥还田利用、还林利用、湖滨带生态修复等资源化利用路径和方式，突破淤泥出路瓶颈。

发展生态农业、绿色农业与农业面源污染防治并举。生态农业即通过生态友好的种植、养殖和废弃物处理方式，实现农业的可持续发展。稻鱼共生、稻虾共生、有机蔬菜种植等好的实践经验可推广，但同时需解决好生态农业所需的资金、技术和政策问题，这样才能保障生态农业的可持续发展以及社会的接受度。农业面源污染管控方面，深化高标准农田和排灌系统生态化改造，继续实施化肥农药减量增效，大力推广有机肥，探索开展农业面源污染收集和生态净化试点，研究农业面源污染拦截处置措施，建立健全农业面源污染监测体系。推进水产生态健康养殖，巩固养殖池塘高标准改造成果，确保养殖尾水达标排放。继续推进有机废弃物处理利用和秸秆综合利用。养殖污染防治方面，优化池塘养殖布局，推进规模以上养殖池塘标准化改造，加强养殖水体尾水集中排放监测，推动水产养殖业绿色发展，持续推进畜禽养殖废弃物资源化利用。农业资金补助方面，加大农业污染防治专项资金补助，农业农村、生态环境和财政部门加强协同，扩大对农业面源污染治理的补助范围，并适当提升补助比例，减轻农户压力。实行"以奖代补"机制，对于主动采取环保措施、实现污染物减排、提升资源利用效率的农业经营主体，给予一定的奖励资金，激发其参与农业污染防治的内生动力和创新活力。农村生活污水治理方面，整体谋划农村生活污水处理设施布局，对处理工艺落后、效能低下的设施进行整合优化，加强设施运维管理，确保污水得到有效处置，积极鼓励农村生活污水接入市政管网。

发展绿色低碳产业与工业污染防治共进。一是结合环太湖科创圈建设，优化环湖区域产业定位和布局，聚焦数字赋能型、知识驱动型、消费导向型三大新兴服务业重点方向，引导绿色新型产业发展，因地制宜地发展新质生产力。实行"招商选资"，治本控源。规范产业准入条件，落实生态环境分区管控要求，严控高污染、高耗能项目，严格执行太湖流域环境影响评价标准，加快传统产业智改数转和绿色低碳改造，推动生态敏感区内不符合产业发展政策和环境风险高的企业依法关闭或搬迁至合规工业园。加快低效产业用地的退出，积极推动存量空间的更新与再利用。二是加快推动太湖文旅发展。根据太湖各山、各岛的实际，统筹各类要素制定保护利用方案，推动文化旅游资源利用。探索开发太湖旅游航线，打造精品文旅品牌、提升太湖品牌影响力。三是强化治太政策倾斜。因地制宜制定差别化政策，研究差异化税费制度，鼓励生态绿色产业、科技创新产业发展。对从事水污染防治技术研发、设备制造、工程服务等的企业，给予税收优惠，激发市场活力。引导金融机构加大对水污染防治项目的信贷支持力度，拓宽融资渠道。四是深化工业污染防治，科学、系统推进污染源头治理。继续推进省级以上工业园区水污染治理专项行动，加快工业污水处理厂建设，实施雨污水管网建设与改造，实现工业废水、生活污水应分尽分。实施工业园区污染物排放限值限量管理，引导园区和企业主动治污减排，持续推进镇村级工业集中区优化整治提升。加快补齐环境基础设施短板。统筹推进城乡污水治理一体规划、建设和运行，逐步形成由城镇向乡村延伸覆盖的环境基础设施网络。统筹布局环湖各市雨污水管网，加快推进污水处理能力建设，不断补齐生活污水收集短板，推动新改扩建污水处理厂因地制宜配备尾水净化湿地工程。

建立健全流域生态产品价值实现机制，创新生态产品价值实现路径，积极培育生态产业化经营主体，促进现代生态产业与传统农林牧渔产业之间的经营主体融合，发展"生态+"新型业态，建立完善支撑实现生态农业、绿色产业可持续发展的配套制度。

（三）强化多元治理，完善相关法律和标准

环境治理不仅取决于政府的权力和权威，还要通过政府设计适当的激励措施、信息公开和公众参与机制，依靠企业、公众各种利益相关者的参与、协商和共同行动，建立新型的环境规制体系。借鉴国外先进的治湖治水经验，完善相关法律和标准，并严格执行。坚持依法治理，是治理太湖的可行之道和必由之路。

1. 点源治理政策建议

进一步修订现有太湖流域点源治理标准、加强城镇污水处理厂的管理责任。西方国家针对不同行业、不同工艺、不同自然环境以及不同级别的污水处理厂都有相应的标准，同时动态地根据技术的进步来更新排放标准。鉴于

我国颁布了一系列的行业排放标准，建议太湖流域适当调整适用该标准，重点在城镇污水处理厂、工业园区污水处理厂及国家未颁布行业标准的领域细化标准，并在标准规定的污染物因子的基础上增加若干对太湖流域水环境影响较大的特征污染物指标，使标准更有特色。我国明确规定"城镇污水集中处理设施的运营单位应当对城镇污水集中处理设施的出水水质负责"，但没有明确城镇污水处理厂采取哪些措施与方法，管理部门如何监督管理以确保污染物的有效去除和污水处理厂的正常运行并达标排放，亟待进一步进行系统设计。

2. 城镇、农村生活污水治理对策

一是加强污水处理工艺升级改造。目前发达国家的污水处理已经从二级处理转入三级处理，进一步减轻了污水排放对环境的污染，提升了污水再生产和污水利用率。我国城镇污水处理厂在处理工艺上与发达国家存在一定差距，应通过工艺设施改造或工艺技术研发推进工艺的不断升级。二是农村要重视分散式污水处理设施的建设与管理。避免建设初期为迁就成本而选择一些低级的污水治理技术或设施，从而导致未来升级改造难度大。三是完善农村生活污水处理的相关法律法规和技术规范。我国缺少对农村生活污水处理的法律法规，一定程度上导致各主体在农村污水处理上责任边际模糊、责任意识不强、责任主体缺乏，因此有必要加快出台相关法规或标准。

3. 农业面源污染治理对策

一是完善相应的法律法规与管理办法。世界主要国家都制定了针对面源污染的法律法规以严格管控面源污染，如美国有《清洁水法》《农场安全与农村投资法》《CSP 计划》《水污染法》《动物排泄物标准》《2008 年农场法》《2012 年农业改革、食品和就业法》。我国的《环境保护法》《农业法》在农业面源污染等内容上有所涉及，但没有对面源污染进行明确的分类和界定，更没有采用分类控制的技术标准实行不同的管理控制。江苏省太湖流域也没有针对面源污染治理出台省级的污染防治条例，对各项技术没有编制统一的技术规范和标准。二是明确部门责任。我国在农业面源污染防治中尚无明文规定的部门责任分工，在工作中不免出现权力交叉、管理空白、互相推卸责任等负面现象。此外，针对面源污染的生态补偿措施还需进一步加强，要引导农户或农业企业投入面源污染的防治中。

4. 生态修复和环境经济对策

一是完善湿地保护法律法规，强化政府的管理职能，建立湿地保护的市场机制。美国涉及生态修复的法律包括《清洁水法》《海岸管理法》《候鸟条约法》等数十部，我国湿地保护的法律法规较少，主要靠政策。我国湿地管理部门在履行管理职能方面还有许多需要加强之处。发达国家利用湿地开发许可制度、湿地缓解银行制度等市场手段推进湿地保护的制度已经较为成熟，而我国尚未起步。二是需要改革、完善现行收费体系、完善生态补偿制度、加快推进排污权交易的推广落实，适时开征水污染税。

B.6
数字技术赋能太湖流域生态治理现状
与对策研究

赵晶晶*

摘　要： 数字技术赋能太湖流域生态治理，加强数字生态文明建设，对提升太湖生态治理效能、促进太湖流域高质量发展至关重要。数字技术赋能太湖流域生态治理主要存在政策、资金支持不足，关键技术、标准、工具缺失，协同性不足，实际应用性有待提升等问题。为了充分发挥数字技术在太湖流域生态治理中的赋能作用，本报告提出如下对策建议：完善数字技术赋能太湖流域生态治理的政策与资金支持；加强数字孪生太湖平台建设，夯实技术、标准及工具支持；培育数字化治理理念，提升数字化治理能力；构建太湖流域数字化协同治理机制；扩展数字技术赋能太湖流域生态治理的应用创新。

关键词： 数字技术　生态治理　太湖流域

　　数字技术推动生态治理向数字化、智能化、网络化发展已成为必然趋势。数字技术以新理念、新业态、新模式全面融入了经济、政治、文化、社会、生态文明建设各个领域，并产生了广泛而深刻的影响。习近平总书记在2023年7月召开的全国生态环境保护大会上指出，要深化人工智能等数字技术应用，构建美丽中国数字化治理体系，建设绿色智慧的数字生态文明。《中共中央 国务院关于全面推进美丽中国建设的意见》于2023年12月下

---

　　* 赵晶晶，苏州城市学院城市治理与公共事务学院讲师，主要研究方向为流域生态治理、生态补偿。

发，明确要求在美丽中国建设中要"加快数字赋能"和"建设绿色智慧的数字生态文明"。现有研究指出数字技术在生态文明建设、水域生态治理、① 基层治理、② 社会治理、③ 农村人居环境治理④等领域扮演着重要角色。借助数字技术可以赋予生态文明建设新模式、新场景、新动能，有助于加快生态文明建设转型升级，提高生态环境保护与治理效能。⑤ 有学者指出数字赋能水域生态治理的内在逻辑是通过促进重塑价值、再造结构与优化决策，进而提高治理效能。⑥ 事实上，流域生态保护与治理工作具有系统性、复杂性、跨界性等特征，借助数字技术推动流域生态治理理念、治理方式、治理过程、治理策略进行系统性变革与升级，促进数字生态文明发展，有助于进一步提升流域综合治理效能。

太湖流域作为长三角区域一体化发展国家战略的关键地区，加强太湖流域生态治理对于维护区域生态平衡、保障水资源安全、优化区域生态安全格局、推动区域经济发展与提高人民生活水平至关重要。太湖流域在行政上分属于江苏省、浙江省、上海市。环太湖城市主要涉及江苏苏州、无锡、常州以及浙江嘉兴、湖州五个城市，其空间经济活动特征和土地利用模式直接影响整个太湖流域的生态系统结构和功能。随着工业化城镇化进程加快，太湖流域水环境也不断恶化。2007 年 5 月，蓝藻水华在饮用水水源地集聚，爆发无锡饮用水危机事件，太湖水污染治理迫在眉睫。经过系列太湖综合治理工作，太湖水质明显改善，国家监测数据显示，2024 年上半年太湖湖体的

---

① 伍先斌、张安南、胡森辉：《整体性治理视域下数字赋能水域生态治理——基于河长制的实践路径》，《行政管理改革》2023 年第 3 期。

② 叶继红：《数字技术赋能基层治理的逻辑、困境与路径》，《北京联合大学学报》（人文社会科学版）2024 年第 5 期。

③ 陈晔：《数字技术赋能社会治理的效能困境与纾解路径——基于浙江省 H 市基层智治系统的案例分析》，《行政与法》2024 年第 10 期。

④ 朱若涵、陈士勇、张鹏：《乡村振兴背景下数字技术赋能农村人居环境治理的价值意蕴、现实梗阻与纾解路径》，《甘肃农业》2024 年第 7 期。

⑤ 李怡、宋何萍：《生态文明建设中的数字技术赋能及价值研究》，《学术研究》2023 年第 10 期。

⑥ 伍先斌、张安南、胡森辉：《整体性治理视域下数字赋能水域生态治理——基于河长制的实践路径》，《行政管理改革》2023 年第 3 期。

平均水质为Ⅲ类，总氮（TN）控制在 1.20mg/L 以下，总磷（TP）浓度已经降至 0.045mg/L，氨氮（NH-N）浓度控制在 0.45mg/L 以下，高锰酸盐指数控制在 4.00mg/L 以下，同时，蓝藻密度也同比下降，显示出太湖治理取得积极成效。尽管如此，太湖流域生态治理作为一项系统工程，仍面临着过于"依赖政府"、其他利益相关者参与度较低、跨区域治理协调困难、资金技术投入不足等难题。为了进一步提升太湖流域生态治理效能，2023 年 9 月 12 日，苏州市印发的《推进新一轮太湖综合治理行动方案》全面、系统地规定了新一轮太湖综合治理"任务书"，要求加强科技支撑能力，统筹推进太湖保护与发展。2022 年 6 月 19 日，太湖流域管理局报送的《"十四五"数字孪生太湖建设方案》通过水利部组织的审查，该方案明确了数字孪生太湖建设的总体要求和具体任务，这为数字技术的应用提供了有力保障。对此，苏州市应借助数字化变革，充分发挥数字技术的效用，把握数字技术为太湖流域生态治理提供的新引擎新机遇，赋予太湖流域生态治理以新的动能，构建太湖流域生态数字化治理机制，以期破解太湖流域生态治理困局，进而推动新时期新阶段太湖流域生态保护与高质量发展。

一 数字技术赋能太湖生态治理的现实逻辑

（一）政策响应

梳理 2020~2024 年太湖流域生态治理的政策文件可知，太湖流域生态治理的政策文件涵盖了国家、地方及专项治理等多个层面。其中，在《"十四五"数字孪生太湖建设方案》《宜兴市推进新一轮太湖综合治理三年行动方案（2023—2025 年）》《推进新一轮太湖综合治理行动方案》等文件中均强调了数字技术在太湖生态治理中的应用。为了进一步守护好太湖生态，苏州市还推出了《全面推进美丽苏州建设工作方案》《苏州市"一湖一策"工作实施方案》《苏州市太湖沿线及其岛屿生物多样性恢复提升实施方案》《苏州市太湖沿线环境提升工作方案》《环太湖地区城乡有机废弃物处理利用示范区建设苏州市工作方案》等系列文件，这些政策文件为打造太湖生态数字化治理的"苏州样板"提供了政策支撑和保障（见表1）。

表1 2020～2024年太湖流域生态治理主要政策文件

文件名称	发布时间	核心内容
《关于推动建立太湖流域生态保护补偿机制的指导意见》	2022年1月	该指导意见旨在加快改善太湖流域水环境,构建太湖流域生态治理一体化格局。提出了建立太湖流域生态保护补偿机制的总体要求、基本原则、总体目标,以及推动地方政府加强生态环境保护合作、加快横向生态保护补偿机制建设等具体措施
《太湖流域水环境综合治理总体方案》	2022年6月	该方案系统提出了新时代推进太湖保护治理的思路目标和任务举措,强调了生态优先、绿色发展以及区域联动、分工协作等原则,并提出了具体的治理目标和措施
《"十四五"数字孪生太湖建设方案》	2022年6月	该建设方案提出了数字太湖建设的七大任务,包括数字新基建、数字政府建设、数字治理、公共服务数字化建设、支持首位产业转型升级、发展数字经济生态以及对接长三角与一体化发展
《推动太湖无锡水域水质根本性好转三年行动方案(2023—2025年)》	2023年8月	该行动方案坚持生活、工业、农业、湖体"四源"共治,提出了明确的治理目标。方案包括1个总方案和9个子方案,涵盖了工业企业整治、入河排污口治理、农业农村面源污染防治等多个方面,旨在通过统筹推进外源减量、内源减负、能力提升、生态修复、应急防控等重点工作,确保太湖无锡水域水质根本性好转
《推进新一轮太湖综合治理行动方案》	2023年9月	该行动方案以控源截污、生态扩容、科学调配、精准防控为主线,提出了统筹推进太湖保护与发展的具体措施。方案强调了数字技术在太湖治理中的应用,如完善水环境和污染物通量监测监控体系等。同时,方案还明确了太湖治理的"十四五"目标和2030年、2035年远景工作目标
《宜兴市推进新一轮太湖综合治理三年行动方案(2023—2025年)》	2023年11月	该行动方案结合宜兴市实际,提出了推进新一轮太湖综合治理的具体行动方案,包括加强环境准入管理、强化城镇生活污水处理能力建设、深化主要入湖河流综合整治、推进河湖生态复苏、持续开展消黑消劣专项行动等多项措施。同时,方案还强调了数字技术在太湖治理中的应用,如优化城市污水管网智慧运营等
《江阴市新一轮太湖综合治理三年行动方案(2023—2025年)》	2023年12月	该行动方案紧扣"控源减污、生态扩容、科学调配、精准防控"的主线,提出了到2025年江阴市太湖流域水环境综合治理的具体目标和任务

续表

文件名称	发布时间	核心内容
《关于加快推进太湖流域片幸福河湖指导意见》	2024年1月	该指导意见旨在推动太湖流域幸福河湖建设,提出了到2027年高水平幸福河湖初步形成示范效应,到2035年全面建成河湖长制高质量发展样板区高水平幸福河湖建设示范区的目标。意见指出要构建智慧管护体系,保护、传承、利用水文化,助力区域经济发展和优化成效评估;从加大资金支持力度、创新工作推进模式、凝聚治水护水合力、开展重大问题研究、加强经验总结推广等方面强化措施保障
《太湖流域重要河湖岸线保护与利用规划》	2024年1月	该规划为未来一段时期内太湖流域重要河湖岸线保护、开发利用及管理提供了重要依据
《关于全面推进美丽江苏建设的实施意见》	2024年5月	该实施意见指出要全面推进新一轮太湖综合治理,落实新一轮太湖综合治理行动方案,推动流域生态环境质量持续改善
《贯彻落实太湖流域片跨界水体共保联治专项行动2024年工作任务分工方案》	2024年6月	该方案明确了上海市水务局工作任务和局相关单位(部门)及相关区水务局职责分工
《关于下达2024年江苏省太湖流域水环境综合治理专项资金(切块市县)的通知》	2024年6月	该通知下达了2024年江苏省太湖流域水环境综合治理专项资金,并要求严格按照相关规定切实加强专项资金管理,确保专款专用。资金将用于支持太湖流域水环境综合治理项目,推动太湖流域水质持续改善
《江苏省太湖流域禁止和限制的产业产品目录(2024年本)》	2024年8月	该目录旨在推进新一轮太湖综合治理,引导太湖流域产业升级。目录明确了禁止类、限制类和淘汰类的产业产品,以法律、法规和规范性文件为依据,适用于江苏省太湖流域固定资产投资项目管理

资料来源:作者整理。

(二)实践探索

从太湖生态治理实践来看,江浙沪太湖综合治理工作在生态环境保护、保障供水安全、污染治理、健全综合治理体系等方面取得显著成效。从太湖生态数字化治理的典型案例来看,为推进太湖流域高质量发展,太湖流域管理局推出"数字孪生太湖建设项目",将数字孪生技术应用于防洪、供水调度方面,提升太湖生态治理的精确性与工作效率(见表2)。苏州市生态环境局依托与生态环境部环境规划院的水战略合作项目,联合十余家顶尖科研院所建设水生态环境问题发现和推动解决支撑平台。该平台集纳了国家排污许可证系统、污染源在线监测、苏州市水质自动站等海量数据,在此基础上实现对生态问题的分析与处置,有效改善了水生态环境质量。"感知太湖,智慧水利"项目是无锡市物联网应用十二大重点示范工程之一,应用物联网技术智能感知太湖水质水文、取水量、蓝藻湖泛等要素,提升了太湖防汛防旱智能预警、水体环境智能监测监控以及蓝藻治理水平。湖州市公安局南太湖新区分局打造了"黄金湖岸"生态联勤智慧应用系统,借助数字技术实现南太湖沿岸全域动态管控,守护河湖安宁。太湖生态岛"三合一"小流域治理项目是苏州市吴中区重点民生工程项目,苏州铁通承担了该项目"引水上山"工程计算机监控系统建设,运用数字技术全方位展现了生态岛的农业、水利、消防等关键信息的动态管理。不难看出,各地区在太湖生态治理中积极引入数字技术,这为太湖流域生态数字化治理提供了社会基础。

表2 数字技术赋能太湖流域生态治理的应用案例

典型案例	主要内容	成效说明
数字孪生太湖建设项目	该项目聚焦流域水安全、水资源、水环境等多目标统筹优化调度业务需求,采用大系统设计、分系统建设、模块化链接、共建共享的理念,通过信息化基础设施、数字孪生平台、业务应用及网络信息安全建设,为强化流域治理管理"四统一"提供决策支持,全面提升流域水安全保障能力,为流域经济社会高质量发展提供支持和保障	数字孪生技术的应用提升了太湖流域治理的精准性和效率。对太湖及周边地区的数字化映射,为防洪、供水调度提供了有力决策支持
太湖生态岛"三合一"小流域治理项目	苏州铁通以数智化手段助力太湖生态岛"三合一"小流域治理项目。通过运用云计算、物联网、移动互联、大数据、AI等技术,在太湖诸岛搭建部署了"一张图"展示系统,实现了全岛的农业、水利、消防等关键信息的动态管理。同时,系统图像被展示在三维GIS地图上,实现了三维仿真,直观还原了生态环境情况,为生态保护提供了更为直观、准确的信息服务	有效解决了西山岛山区灌溉水源不足、基础设施薄弱等问题,对保障太湖生态岛生态资源的可持续发展、建立长效应急能力、助力乡村振兴具有重要意义

续表

典型案例	主要内容	成效说明
无锡"感知太湖，智慧水利"项目	该项目基于无锡水利局信息中心现有先进指挥控制平台，应用物联网技术对水质水文、水位、雨量、取水量、流量、地下水、蓝藻湖泛等进行智能感知，实现相关业务数据的集中管理，实现对车船、泵站、水闸等的智能调度，最终达到防汛防旱智能预警、水体环境智能监测监控和水资源合理优化配置	有效提升了蓝藻打捞、太湖治理的科学水平，无锡也成为全国水生态系统保护与修复典范
"黄金湖岸"生态联勤智慧应用系统	该系统以生态环境守护为切口，以数字化改革为抓手，实现全警守护、联勤守护和智慧守护	解决了以前非法捕捞在太湖水域难以及时发现、及时处置的问题，并且在生态治理方面也颇有成效
水生态环境问题发现和推动解决支撑平台	该平台打造了整合水环境问题分析的"数据集"；形成了研发水环境问题发现的"工具包"；成为建设水环境问题解决的"操作台"	直接服务于问题的分析与处置，极大提升精准治污水平，提升了苏州市改善水生态环境质量的持续性

资料来源：作者整理。

二　太湖流域生态治理现状

为了进一步了解太湖流域生态治理现状，本文采用面对面访谈、电话访谈、问卷发放的形式展开调研，受访者具体涉及苏州市委办公室、市政府办公室，苏州市环太湖地区的生态环境局、水务局、自然资源与规划局、农业农村局、住房和城乡建设局、公安局、环境科学研究所等部门的工作人员，共32人。主要从太湖流域生态环境情况、数字技术赋能太湖流域生态治理的主体认知情况、太湖流域生态治理中数字技术的应用情况三个维度分析太湖流域生态治理现状。

（一）太湖流域生态环境情况

太湖综合治理实施以来，环太湖城市积极推进太湖生态保护与治理行动，太湖水质得到明显改善，2023 年上半年太湖水质首次达到良好湖泊标准，2024 年上半年依旧达到良好湖泊标准。[①] 太湖湖体高锰酸盐指数和氨氮稳定保持在Ⅱ类和Ⅰ类，总磷与总氮达到国家相关标准，东部湖区稳定保持在Ⅲ类，西部湖区水质大幅好转，太湖湖体水质实现新改善。从太湖蓝藻防控来看，蓝藻水华发生次数、平均面积、最大面积、藻密度均实现同比下降。流域水生生物多样性已达到"优秀"等级。

截至 2024 年 9 月，苏州市太湖水质监测情况显示水质持续改善，各项监测指标均达到或优于国家相关标准。根据苏州市人民政府发布的数据，2024 年 9 月，实测苏州 12 个县级及以上城市在用集中式饮用水水源地水质全部达标，其中，有 2 个达到或优于Ⅱ类标准。苏州市环太湖地区实地调研同样证实了上述情况。

从太湖流域生态环境来看，28.12% 的受访者认为太湖生态环境明显改善，53.13% 的受访者认为太湖周边生态环境有了较大改善，18.75% 的受访者认为太湖生态环境仍存在一定程度恶化。从太湖水质情况来看，46.87% 的受访者认为现阶段水质有了较大改善，28.13% 的受访者认为太湖水质改善一般，25% 的受访者认为太湖水质改善较小。从太湖水量情况来看，12.5% 的受访者认为水量明显增加，43.75% 的受访者认为水量略微增加，28.12% 的受访者认为水量无明显变化，15.63% 的受访者认为水量有所减少。总的来看，现行的太湖生态治理方式是比较有效的，太湖流域周边生态环境、水质水量得到一定改善，但仍存在一些生态问题。

（二）数字技术赋能太湖流域生态治理的主体认知情况

经过系列太湖生态治理活动，太湖生态环境、水质水量得到明显改善，并得到受访者很大程度上的认可。调研发现，近一半的受访者表示对数字技术比较了解，借助移动互联网、大数据、数据和信息网络平台等可以快速获取太湖流域生态环境信息。但 65.63% 的工作人员表示政府、企业以及社会

---

① 陈雯、江和龙：《强化太湖综合治理的科技支撑》，《群众》2024 年第 12 期。

公众在太湖流域生态数字化治理过程中配合程度低于一般水平，侧面反映了企业与社会公众的参与度较低。在询问受访者"是否对借助数字技术赋能太湖流域生态治理，提升治理效能有信心"这一问题时，18.75%的受访者表示对引入数字技术提升太湖流域生态治理效能非常有信心，56.25%的受访者表示对此比较有信心，25%的受访者则认为对此不太有信心。总的来看，大多数受访者（75%）对"运用数字技术提升太湖流域生态治理效能"持有较高的评价。

（三）太湖流域生态治理中数字技术的应用情况

调研发现，数字技术赋能太湖流域生态治理的政策、资金支持力度一般。43.75%的受访者表示数字技术在太湖流域生态治理中的应用较为广泛，在生态环境数据实时监测（水质水量）、污染源监测与溯源（蓝藻水华等）、生态预警和应急响应、公众参与教育（发布太湖生态治理的最新进展、科普知识、志愿者招募信息等）、生物多样性监测与保护、生态清淤与固淤、执法监管（太湖流域非法捕捞、非法倾倒建筑渣土等违法行为的实时监测和预警）等环节中都有不同程度的应用。此外，工作人员还指出太湖流域生态数字化治理中仍存在数字技术不完善、各部门数据采集标准不统一、各类平台信息缺少整合、社会主体参与度有待提高等问题。

三 数字技术赋能太湖流域生态治理存在的问题

数字技术为太湖流域生态治理提供了新动能、新思路，但工作开展过程中仍面临政策、资金支持不足，关键技术、标准、工具缺失，协同性不足，实际应用性有待提升等问题，限制了数字技术在提升太湖流域生态治理效能中的赋能作用。

（一）数字技术赋能太湖流域生态治理的政策、资金支持不足

太湖生态数字化治理过程中，数字技术赋能太湖流域生态治理面临政

策、资金支持不足问题。不可否认，政策支持在太湖流域生态治理数字化转型中扮演着至关重要的角色。然而，当前的政策体系未能充分发挥其潜力，法规文件内容规定相对分散，调整范围较为单一，这与推进太湖流域生态数字化治理仍存在一定差距。一方面，现有政策过于宏观，各部门或地区根据自身需求独立引入和应用数字技术，导致技术之间缺乏协同和整合，难以形成合力；另一方面，政策支持不足致使太湖流域生态治理决策呈现碎片化。各部门或地区根据自身利益和需求制定独立的数字化治理目标和策略，不可避免地增加了治理成本，进而影响了数字化治理效果。从配套资金来看，资金支持不足容易产生数字资源投入与利用不充分问题，比如，一些地区或部门可能因缺乏资金、技术或人才等条件难以有效应用数字技术。此外，数字技术应用更新创新同样需要可持续的资金支持，这方面有待优化。

（二）数字技术赋能太湖流域生态治理的关键技术、标准、工具缺失

发挥数字技术在太湖生态治理中的赋能作用依旧缺乏关键技术、标准与工具支持。一方面，高效的水质监测技术、精准的污染源识别技术、智能化的生态修复技术等关键技术缺失，限制了太湖生态治理效率和效果。另一方面，太湖数字生态治理产品的应用涵盖了感知、传递、数字平台、智慧应用，需综合运用大数据、物联网以及 AI 等技术，借助网络、日常维护以及运营等技术才能有效发挥其生态监测、信息共享以及科学决策等功能，然而这方面仍不够完善。

太湖流域生态数字化治理过程中，生态数据采集标准、生态数据传输与存储标准、数据分析与应用标准尚不统一。调研发现，苏州环太湖地区的不同部门采集太湖生态数据的覆盖范围和精度、频率参差不齐，很难准确全面把握太湖生态环境状况；生态数据传输受不同传输协议的影响，数据传输的兼容性和稳定性较差；太湖生态数据的存储格式没有统一的规定，不同来源、不同类型的太湖生态数据难以有效展开整合分析；受不同分析模型的影响，太湖水质、生态预测模型的预测结果可能存在偏差。这些标准的缺失同样影响数字技术在太湖流域生态治理中的赋能作用。

数字技术的应用缺少相应的工具支持。一是数据质量监控工具的缺失致使数据采集会因为传感器故障、数据传输中断等原因出现数据缺失或错误，而现有的工具尚无法自动修正；二是新型污染物监测设备欠缺，现有监测工具尚无法监测微塑料、抗生素、内分泌干扰物等新型污染物；三是决策支持工具智能化程度不高，数据分析主要依靠专业人士；四是实时预警与应急响应工具的及时性和准确性较低，突发水污染事件时无法及时采取有效的应对措施，潜在生态问题难以及时处理；五是可视化展示不够完善，无法全方位、多角度展示太湖生态信息。总之，这些工具的缺失限制了数字技术在太湖流域生态治理中的赋能作用。

（三）数字技术赋能太湖流域生态治理协同性不足

调研发现，数字技术赋能太湖流域生态治理在地区协同、部门协同、多元主体协同、业务流程协同方面稍显不足。一方面，苏州环太湖地区涉及吴中区、吴江区、高新区与相城区，各行政区划间沟通不畅、数据多源异构、数据共享标准不明确等问题，使环太湖地区在太湖生态治理过程中难以实现有效协同，生态治理数据无法在不同行政区域内有效传递，出现"治理数据孤岛"问题。另一方面，太湖生态治理涉及环保、水利、农业等多个部门，由于职责划分不清、利益冲突等，不同部门间数据共享存在障碍，突出表现为"数据分散化"和"部门私有化"，致使数字技术在太湖流域生态治理中的应用难以形成合力，无法体现数字技术赋能太湖流域生态治理的重要价值。

从治理主体来看，太湖流域生态治理多元主体尚未形成协同合力。市场主体主要以盈利为目标，数字化治理平台的建设和运营需要一定技术和资金支持，出于前期投入与回报周期的考量，市场主体参与太湖流域生态治理数字化转型的意愿相对较低。对此，数字技术的引入与应用主要依靠政府投入。社会主体参与渠道不通畅，公众参与度较低。调研发现，部分公众缺乏必要的数字化技能和知识，难以有效利用数字化平台来参与太湖生态治理。

从业务流程来看，数字技术赋能太湖流域生态治理的顶层制度设计，利益相关者责任分工、组织、制度保障以及实施工作落实等方面尚不完善，生态治理与环境行政许可、资源配置、项目行政审批等业务渠道仍旧不畅通，协同性较差，难以保障数字技术赋能太湖流域生态治理的实际可操作性，这方面有待进一步加强。

（四）数字技术赋能太湖流域生态治理的实际应用性有待提升

从治理模式来看，人工监测识别太湖生态问题的传统手段尚且无法满足太湖流域高质量发展的现实需求，需要变革传统监测模式，提升数字技术在太湖流域生态治理中的实际应用水平。太湖流域生态数字化治理中，数字技术在生态环境监测预测、生态治理决策等方面仍存在应用不足的问题。其一，数字技术尚未覆盖太湖生态治理的"源头治理—事中监测—事后治理"链条，生态问题的源头治理、日常管理以及全过程监测治理仍旧需要数字技术赋能。其二，将数字技术应用于生态环境实时监测预测，数据动态化、可视化管理、数据分析方面仍存在不足，无法实现对太湖生态问题的及时处理。例如，现有数字技术在预测蓝藻的暴发时间、地点和规模方面应用不足，无法提前采取应对措施。其三，生态环境数据识别和分析过程中存在"数字鸿沟"问题。运用数字技术融合分析不同部门收集存储的生态环境数据（水利部水文数据、生态环境部水质监测数据、农业农村部面源污染数据等）尚且不足。其四，数字生态账户、排污许可与交易数据平台、水生态产品价值核算、碳排放交易等方面数字技术开发与应用不足，限制了太湖流域生态治理市场化模式的更新发展。

从太湖生态治理决策来看，考虑到环太湖地区政府主体间在太湖生态治理过程中存在碎片化、组织凝聚力不足、资源内耗等问题，针对太湖生态环境问题很难作出统一的科学决策。事实上，对太湖生态环境监测数据进行采集流转、集成分析、分类贮存、反馈处置并将其作为政府主体制定生态治理决策的科学依据，这一应用依旧不足。此外，生态信息收集、生态信息反馈以及智能监测等数字化建设程度较低，致使其在太湖流域生态决策中的应用性同样不足。

四 优化数字技术赋能太湖流域生态治理的对策建议

进入新发展阶段，为全面贯彻党的二十届三中全会精神和习近平总书记关于加强太湖保护治理重要指示批示精神，苏州市对推动太湖高质量发展取得突破性进展有了更高要求。结合苏州市环太湖地区的实际情况，提出优化数字技术赋能太湖流域生态治理的对策建议，以期为最大程度发挥数字技术的赋能作用提供一定参考。

（一）完善数字技术赋能太湖流域生态治理的政策与资金支持

太湖流域生态数字化治理过程中，涉及多个区域、多个部门、多方利益相关者，存在数字技术如何引入、数字化治理如何开展、各方主体如何协同参与数字化治理等亟待解决的问题，需要一系列法律法规的要求和引导。将数字技术引入太湖流域生态治理的初期阶段，借助强制性与权威性的规章制度系统构建数字技术引入体系，对数字技术使用规则及运行程序作出具体说明和解释，能够更好地发挥数字技术的赋能作用。对此，苏州需要出台太湖流域生态数字化治理的法规规章或规范性文件，立法明确数字技术引入标准、应用规范、目标任务、监管评估以及保障措施，做到数字技术应用有法可依，推动太湖生态数字化治理步入制度化、法治化轨道。通过规范制度、制定规则，管理和协调太湖生态数字化治理中不同地区、不同部门、不同利益相关者之间的复杂关系，保障太湖流域生态数字化治理朝制度化、法治化方向发展。

在资金支持上，政府应设立支持太湖生态治理数字技术应用的专项资金，对资金来源主体、渠道、使用管理、监控等内容进行统一管理，实时把控专项资金额度，确保太湖生态数字化治理活动的正常开展。借助直接补助、贷款贴息等多种方式引导市场主体参与数字技术研发、应用示范和产业化发展；通过政策引导和市场化运作，吸引社会资本投入太湖流域生态治理的数字技术应用领域。拓宽专项资金的融资渠道，积极发展数字金融，开创新型投融资模式，丰富专项资金来源渠道。建立专项资金使用监管机制，确保专项资金的使用效益和安全性。定期对数字技术应用项目进行审计和评估，及时发现和纠正资金使用中的问题。

（二）加强数字孪生太湖平台建设，夯实技术、标准及工具支持

太湖生态系统本身就是一个流域内外唇齿相依、左右岸相融共生的整体，受制于环境事务分割管理、服务裂解等原因，[①] 传统治理手段难以满足太湖生态治理对于快速获取全面、准确生态环境数据的需求，应充分发挥数字技术的聚势赋能优势，构建数字孪生太湖平台，借助物联网、云计算、大数据、人工智能和区块链等现代信息技术变革传统治理方式与治理过程。一方面，苏州环太湖地区要统一预测监测模型，做好太湖湖流监测数据积累、模型参数率设定以及太湖预报模型应用试验，防止因预测模型不同带来的预测结果偏差。完善流域水文、水动力学、水质、太湖蓝藻水华预测预报模型，引入人工智能和机器学习算法优化模型运行构架，提高模型的预测能力、运行效率和模型适应性，为提升太湖生态系统可持续健康发展水平提供技术支撑。

另一方面，苏州环太湖地区引入的数字技术平台不同，容易出现数据多源异构、数据共享标准不明确、生态治理数据散乱等问题。对此，苏州市政府应建立统一的数据标准和规范，持续畅通不同层级太湖生态环境治理数据高效汇聚和共享应用的通道。借助数字太湖孪生平台整合条块分割的生态环境数据，科学统筹数据要素的标准体系建设，统一规划跨流域、跨层级数据共享的传输通道，打破开发利用和汇聚融合的壁垒，推动形成覆盖范围广、数据类型全的太湖生态治理数据集成体系，用数据的贯通性、准确性和全面性制定出科学性和操作性强的治理方案，把数字化资源优势充分转化为治理效能。

此外，完善数字技术在太湖流域生态治理推广过程中后续服务支持。搭建数字孪生太湖平台管理体系，包括数据管理、模型维护、用户权限管理

---

① 丁生忠：《从"碎片化"到"整体性"：生态治理的机制转向》，《青海师范大学学报》（哲学社会科学版）2014 年第 6 期。

等。加强数字孪生太湖平台性能监测和评估，及时发现和解决平台运行中出现的问题，不断优化平台性能。借助虚拟现实（VR）和增强现实（AR）技术，构建太湖的三维数字模型，可视化展示太湖的地形地貌、水文水质等情况；提供用户与平台交互的工具，支持不同部门和机构的用户在平台上进行太湖生态治理实时查询、协作决策、模拟与评估。加强跨区域、全链条的数字化监管。依托数字孪生、卫星遥感监测等数字技术的实时监测和动态评估优势，开展全方位、全天候、全要素的监测感知和预警预报，及时发现太湖生态环境问题。在此基础上，各级政府部门、市场主体与社会公众等可针对太湖水生态环境信息（污染信息）及时作出决策，优化各业务环节的工作效率，提升太湖生态数字化治理效能。

（三）培育数字化治理理念，提升数字化治理能力

太湖生态治理过程中，要重视培育各类主体的数字化治理理念与数字化治理能力，缩小各地区间、各部门间、多元主体间的太湖流域生态治理数字化水平差距。一方面，环太湖地区应加强对太湖生态数字化治理的宣传和教育，通过革新数字科普方式提升太湖生态数字化治理科普的趣味性，借助微信、小红书、抖音等数字传播平台，推广太湖生态数字化治理电子手册、太湖生态数字化治理公益小视频，提高社会公众对太湖生态数字化治理的认知度和接受度。另一方面，环太湖地区要常态化开展太湖生态数字化治理的专业培训与研讨活动，提升政府工作人员的数字化治理能力；进一步加深与科研院所、企业的合作，持续改进太湖生态数字化治理技术与平台，引导市场主体与公众成为太湖流域生态环境治理数字化转型的生力军，主动牵头推进治理方式智能化的有效开展，获取更大的太湖生态治理效能。

此外，把数字化治理意识、数字化治理能力作为评价和考核治理主体、治理部门的重要指标，推动多元治理主体在具体实践中积极寻求和主动探索数字技术与太湖生态治理融合的科学方法，实现治理方式从经验治理向科学治理跨越式转变，进而以更加智能、高效的方式有效破解太湖生态治理过程中遗留的历史问题和现实中面临的突出问题，提升太湖流域生态治理效能。

（四）构建太湖流域数字化协同治理机制

协同治理作为太湖流域生态治理的有效模式，可以激发全社会共同参与流域生态治理的潜在动力，发挥多主体间相互协调、合作或同步的联合作用，有助于产生"1+1+1>3"的行动协同效应。[①] 数字技术对流域生态协同治理具有赋能作用，贯彻流域生态数字化协同治理思路的关键在于构建流域数字化协同治理机制。[②] 太湖流域数字化协同治理机制的构建应当以全域统筹为导向，实现区域协同、部门协同、主体协同以及业务流程协同。

首先，搭建跨区域、跨部门、多元主体协同参与的数字化协同治理平台，确定信息共享标准，提供统一的生态环境数据，保障跨区域、跨部门信息共享，提升决策者智能决策水平。地方政务服务数据管理部门应积极协调气象、水利、环保等部门进行数据共享融合，综合利用不同部门提供的数据，在生态信息分析、决策制定与实施、结果考核评估等环节实现协同。考虑到基层地区面临数字化治理知识缺乏、上级考核问责及社会监督等内外部压力，其实施太湖数字化协同治理工作过程中可能会存在"偷工减料"与"走过场"行为，这就需要通过统一编码格式的大数据平台将原本分散储存在不同部门、不同行业的数据融为一体，打破各部门数据条块分割格局，[③]然后进行集中管理、整合共享，以便对太湖生态问题及时决策。

其次，以数字化协同治理平台为牵引，不断拓展除政府之外的其他利益相关者（企业、非政府组织、社会公众等）参与太湖协同治理的方式和渠道。明确企业、社会公众等利益相关者参与太湖流域协同治理的权利义务及角色定位。通过搭建社会交流平台拓宽企业、社会公众参与太湖治理的渠道，激发起全社会协同共治的强大动力，实现政府、企业、社会公众之间的

---

① 赵晶晶、葛颜祥、李颖：《"多主体协同"对流域生态补偿运行绩效的影响研究》，《中国土地科学》2022年第11期。

② 任保平、巩羽浩：《数字经济助推黄河流域高质量发展的路径与政策》，《经济问题》2023年第2期。

③ 彭理强：《生态环境数据治理及其伦理规范》，《中南林业科技大学学报》（社会科学版）2020年第2期。

有效互动和优势互补，推动形成共建共治共享的太湖生态数字化治理新格局。

最后，搭建太湖生态协同治理全周期数字化体系，优化业务流程协同与生态治理各个环节协同，确保太湖生态问题预防预警、应急、决策分析与管理、结果评估与反馈等治理工作协调顺利开展。增设统筹协调太湖生态数字化协同治理的第三方权威机构，明确规定第三方机构对太湖生态数字化协同治理各业务流程工作中出现的问题具有切实的处理权力。为了更好地调动第三方机构的工作积极性，进一步构建太湖生态数字化协同治理成果的评估体系，将评估结果纳入工作人员绩效考核标准。同时加大政府部门对第三方机构的监督力度，增强太湖协同治理工作的公平公正性。

（五）扩展数字技术赋能太湖流域生态治理的应用创新

数字技术的赋能优势在于其扎根于实际应用带来的治理效能提升，技术创新带来的新应用场景开辟以及对传统太湖治理情景的变革为太湖高质量发展提供了强大助力。为进一步推动太湖高质量发展取得突破性进展，应扩展数字技术赋能太湖流域生态治理的应用创新。

首先，加强数字化、信息化基础设施建设，优化太湖生态数字化治理建设成果应用场景。数字化基础设施建设的覆盖范围与质量直接影响数字技术赋能太湖生态治理的程度。合理规划数字化基础设施建设，避免资源浪费与"新瓶装旧酒"问题，确保高质量推进数字化基础设施建设。苏州市政府应结合太湖生态环境的实际情况，统一实施重点水源监测预测、水生态修复、蓝藻防控等工程的数字化改造，提升太湖流域水资源优化配置和水污染防御能力。此外，还应注意信息化基础设施的更新换代，强化网络安全联防联控，切实保障网络安全，确保数字技术赋能太湖流域生态治理的可持续性。

其次，提高数字技术在太湖流域生态环境监测预测中的应用水平。依托数字技术开展预警预报、图像采集、动态分析及监管执法等工作，改变传统现场监督手段，提升太湖水生态问题的识别水平。借助数字技术创新太湖生态监管新模式，实现对太湖生态环境要素的智能化监管。借助预警、探测、遥感以及生态环境修复技术，提高数据监测生态环境的效能。在事前预防阶段，通过监测生态预警红线实现对太湖生态问题的源头治理；在事中监测环节，借助智能化监测平台实现对太湖生态的日常管理；在事后治理阶段，借助大数据信息反馈推进太湖生态治理修复工作，从而全方位、全过程监测太湖流域出现的潜在生态问题。

最后，提高数字技术在太湖生态治理决策中的应用水平。苏州市政府应搭建数字化太湖综合应用系统，全过程数字化、智能化分析太湖生态问题，畅通环太湖地区各部门同步交流渠道，确保决策者实时掌握太湖生态环境信息，制定科学可行的太湖生态治理决策方案。进一步推进数字政务服务平台建设，围绕市场主体、社会主体等不同利益相关者的生态服务需求与偏好，不断扩展数字技术在太湖生态治理政务服务方面的新应用场景。

B.7
太湖流域生态保护立法的现状、问题及对策

虞萍 陈倩*

摘 要： 太湖流域生态保护在国家顶层设计和央地立法方面均占据重要地位，现行法律规范对太湖流域水资源保护、水污染防治和生态修复等问题都有概括性或专门性的规定。从立法现状看，太湖流域生态保护仍然存在法制体系不完善、制度体系尚未形成、利益统筹机制匮缺等诸多问题。面对新挑战、新机遇，太湖流域生态保护立法应当积极回应新的时代要求和利益诉求，树立全新的空间观，把握区域协同立法的发展时机和智慧治理的时代风口，完善太湖流域生态保护立法。因此，需要建立纵向协调、横向协同的法制体系，搭建"预防—监管—控制"与"修复—保育—促进"双轨并行的制度体系，塑造利益表达制度化、利益协调和冲突解决法定化的整体利益衡平的规范体系。苏州作为太湖流域治理的关键地区，具有独特的地理区位、经济地位和生态定位，但苏州太湖流域生态保护立法质量仍有待提升，需要进一步以水生态健康为核心开展生态修复、以多元制约因素为考量促进高质量发展、以流域整体利益为驱动推进区域协同立法。

关键词： 太湖流域 生态保护 流域立法 太湖治理

党的十八大和新《环境保护法》出台以来，太湖流域生态保护逐渐走

---

* 虞萍，苏州城市学院发展委员会办公室副研究员，主要研究方向为环境与资源保护法、高等教育管理；陈倩，苏州大学王健法学院师资博士后，主要研究方向为环境与资源保护法。

上法治化道路。2018 年，"生态文明"被写入《宪法》，预示着太湖治理迈入发展新阶段。在长三角区域一体化发展战略和《长江保护法》推动下，系统治理、整体保护、协同发展观念深入人心，以"预防—管控—修复"为核心的生态环境综合治理已成为新时代太湖治理的不二法门。

党的二十届三中全会指出，"推动重要流域构建上下游贯通一体的生态环境治理体系"。在太湖流域构建系统融通的生态环境治理体系是践行习近平新时代中国特色社会主义思想的重要实践，也是生态文明和美丽中国建设的应有之义。以太湖流域生态保护立法推进新时代治太进程是贯彻落实"山水林田湖草沙"和"人与自然生命共同体"思想的关键举措。

一 太湖流域生态保护立法现状

（一）涉及太湖流域生态保护的战略政策

国家关于太湖流域生态保护的战略部署与国家总体发展战略和特定时期的国家重点任务高度相关。主要体现在水利建设、污染防治和协调发展三个方面。

1. 水利建设

太湖水利建设事关国民经济基础。早在"八五"计划时期，国家就明确了水利的战略地位，从水利建设角度将提高抗御洪水灾害能力放在重要战略地位，强调进一步治理太湖。[1] 2011 年，《中共中央、国务院关于加快水利改革发展的决定》提出全面加快水利基础设施建设，将水利提升到关系经济、生态、国家安全战略高度，明确指出要加强太湖综合治理，在保护生态的前提下，提高水资源调控水平和供水保障能力。[2] 2014 年 3 月 14 日，

---

[1] 《关于十年规划和"八五"计划纲要及〈纲要〉报告决议》，中国政府网，https://www.gov.cn/test/2008-04/14/content_944304.htm，2008 年 4 月。

[2] 《中共中央、国务院关于加快水利改革发展的决定》，中国政府网，https://www.gov.cn/gongbao/content/2011/content_1803158.htm，2010 年 12 月。

习近平总书记在中央财经领导小组第五次会议上明确提出"节水优先、空间均衡、系统治理、两手发力"的十六字治水方针，树立了新时期治水工作的指导思想。随着国家对治水实践和水资源管理认识的不断深化，2023年5月25日，中共中央、国务院印发《国家水网建设规划纲要》，为适应水旱灾害防御的新形势新要求，太湖治理被纳入流域防洪减灾体系总体布局。

2. 污染防治

"污染防治攻坚战"是党的十九大提出的我国全面建成小康社会决胜期的"三大攻坚战"之一。推进太湖流域污染防治是打好污染防治攻坚战的应有之义。习近平总书记指出，蓝天保卫战是攻坚战的重中之重，碧水保卫战要促进"人水和谐"，净土保卫战重在强化污染风险管控。其中，碧水保卫战要统筹水资源、水环境、水生态治理，深入推进长江、黄河等大江大河和重要湖泊保护治理。[①] 2018年，中共中央、国务院印发《关于全面加强生态环境保护 坚决打好污染防治攻坚战的意见》，对打好污染防治攻坚战作出了全面部署，要求建立健全最严格最严密的生态环境保护法律制度。2021年11月，《中共中央、国务院关于深入打好污染防治攻坚战的意见》发布，指出持续开展对突出生态环境问题的狠抓整改，对污染治理工程的系统推进，对重点区域、重点行业的综合整治和专项行动。从"十三五"时期"坚决打好污染防治攻坚战"到"十四五"时期"深入打好污染防治攻坚战"，展现了党和国家防治污染的战略定力和坚强决心。太湖流域的污染防治、生态修复和综合整治已经成为蓝天、碧水、净土保卫战和长江保护修复攻坚战的重要组成部分。

3. 协调发展

自党的十六届三中全会明确提出统筹区域发展以来，长三角地区在区域协调发展方面发挥着重要的推动作用，太湖治理是长三角地区发挥引领带动

---

① 《习近平总书记在全国生态环境保护大会上的讲话》，中国政府网，https：//www.gov.cn/yaowen/liebiao/202307/content_ 6892793. htm，2023年7月。

作用和地区优势的关键举措。2008年，国家在进一步推进长三角地区改革发展的指导意见中就曾强调，要落实《太湖流域水环境综合治理总体方案》，加强区域生态环境共同建设、共同保护和共同治理。①根据2016年《长江三角洲城市群发展规划》，太湖流域水环境综合治理骨干引排工程和太湖环湖大堤综合治理工程，构成提升水资源保障能力和完善防洪防潮减灾综合体系的重要抓手，建立健全太湖流域生态保护补偿机制、太湖湖泊湿地修复治理和太湖湖岸防护林体系则是长三角城市群共筑生态安全格局和生态共建、环境共治的主要推进力。党的十九大将区域发展总体战略上升为区域协调发展战略后，长三角肩负起引领区域协同发展战略实施迈向高水平的重大历史使命。2018年11月，习近平总书记在首届中国国际进口博览会上宣布，支持长江三角洲区域一体化发展并上升为国家战略。2019年12月，中共中央、国务院印发《长江三角洲区域一体化发展规划纲要》，针对太湖流域生态保护，明确提出要分段实施拓浚、整治、疏浚、综合整治和大堤加固等治理工程，开展太湖生态清淤试点，继续实施太湖流域水环境综合治理，完善湖泊综合管控体系，在太湖流域建立生态补偿机制，制定太湖等重点跨界水体联保专项治理方案，全面加强水污染治理协作，促进跨界水体水质改善。随着《长三角生态绿色一体化发展示范区总体方案》出台，太湖流域跨界水体环境治理和污染联防联控机制作为长三角区域一体化发展战略的推进手段逐渐走向纵深。

（二）有关太湖流域生态保护的法律法规

太湖本身的重要地位、跨界属性和太湖流域生态保护的复杂性、广涉性决定了太湖流域生态保护立法的多元性，既有综合立法，也有专门法规，既有中央立法，也有地方立法。

1. 综合立法

在现行环境法律制度体系当中，《水法》《水污染防治法》对湖泊流域

---

① 《国务院关于进一步推进长江三角洲地区改革开放和经济社会发展的指导意见》，中国政府网，https://www.gov.cn/gongbao/content/2008/content_1102760.htm，2008年9月。

的水资源规划、开发利用、配置调度和水污染防治、监督管理以及饮用水水源保护区制度都作了相关规定，为太湖流域水资源保护和水污染防治提供了明确法律依据。《防洪法》《水土保持法》针对湖泊防洪规划、护堤护岸及其相关工程设施建设、监督保障和水土资源整体部署、水土保持监管作了明确规定，太湖治理以及防洪工程设施建设、太湖流域片水土保持和生态清洁小流域建设应当结合太湖流域水资源的综合开发，符合太湖流域综合规划。太湖渔业资源的增殖保护、湖岸防护林的监管保护、湖泊湿地的生态保护治理和修复等方面的内容在《渔业法》《森林法》《湿地保护法》等法律规范中也有相关规定，对维护太湖水域和湖岸生态功能和生物多样性有重要意义。对太湖生态环境造成不良影响的规划和建设项目的环境影响评价，可被纳入《环境影响评价法》的调整范围，与太湖流域治理有关的基础性、综合性制度也可以在《环境保护法》中找到依据。

值得一提的是，《长江保护法》对长江流域生态环境保护和修复以及开发建设活动作出系统规定，第五十八条明确指出国家要加大对太湖实施生态环境修复的支持力度，针对富营养化现象，采取综合措施开展生态环境修复，改善和恢复湖泊生态系统质量和功能。太湖流域作为通江重点水域，相关生态环境保护工作应当充分衔接长江流域共抓大保护、不搞大开发原则和长三角生态绿色一体化发展要求，以《长江保护法》的贯彻实施为契机，推动太湖流域生态环境保护法治化进程。

此外，国家还制定了诸多与太湖流域生态保护相关的行政法规和文件。如 2022 年《国务院办公厅关于印发国家防汛抗旱应急预案的通知》《国务院办公厅关于加强入河入海排污口监督管理工作的实施意见》规定太湖流域设立流域防总，开展太湖流域排污口排查整治；2017 年《取水许可和水资源费征收管理条例》规定取水许可实行分级审批，明确太湖流域取水由流域管理机构审批等。又如 2023 年，沪苏浙生态环境局（厅）等 9 部门联合印发《长三角生态绿色一体化发展示范区淀山湖、元荡、太浦河（含汾湖）等重点跨界水体联保专项治理及生态建设实施方案》，决定建立跨界水体联合河湖长制，完善水环境协同监测共享体系、水资源协作应急和联合统一调度制度。

在地方立法层面，2018 年，长三角三省一市人大常委会正式签署了《关于深化长三角地区人大工作协作机制的协议》《关于深化长三角地区人大常委会地方立法工作协同的协议》，长三角区域协调发展以区域协同立法的方式迈向制度化轨道。2024 年 3 月，沪苏浙分别通过了《促进长三角生态绿色一体化发展示范区高质量发展条例》，对示范区生态环境跨区域协同保护作出规定，明确建立生态环境标准、生态环境监测监控网络和生态环境监管执法的"三统一"制度，实施联合河湖长制，对跨界水体加强共保联治、沿岸地区综合整治和生态保护修复。2021 年，《浙江省人民代表大会常务委员会关于促进和保障长江流域禁捕工作若干问题的决定》明确将太湖沿岸水域划定为禁捕区域，与长江口禁捕管理区海域一并适用国家有关禁捕期限的规定。2020 年和 2021 年，江苏省人大常委会分别对《江苏省渔业管理条例》《江苏省地质环境保护条例》《江苏省湖泊保护条例》《江苏省水资源管理条例》《江苏省水污染防治条例》《江苏省防洪条例》进行修正，上述条例对渔业资源保护增殖、开发利用和太湖湖岸线山体资源保护作出具体规定，明确了湖泊保护的基本原则和太湖流域的监督管理、水资源管理、水污染防治及其与其他相关省市部门的联动工作机制。2024 年，《江苏省生态环境保护条例》对江苏省生态环境保护和监督管理活动作出具体规定，其中，第三十三条、第五十二条对太湖流域的保护修复、污染防治和饮用水安全保障作了明确规定。还有一些地方立法对太湖流域生态保护相关事项有所涉及，如《苏州市河道管理条例》（2022 修正）、《上海市饮用水水源保护条例》（2021 修正）、《无锡市湿地保护条例》（2021）、《常州市水生态环境保护条例》（2023）、《苏州市气象灾害防御办法》（2013）、《苏州市供水条例》（2020）、《无锡市饮用水水源保护办法》（2007）、《无锡市畜禽养殖污染防治管理办法》（2012 修改）、《无锡市水利工程管理办法》（2013）、《无锡市航道管理条例》（2010）等。

2. 专门法规

2011 年，国务院通过《太湖流域管理条例》，确立了太湖流域管理的基本原则和管理体制，专门就太湖流域水资源保护、水污染防治、防汛抗旱与水域、岸线保护以及生活、生产和生态用水安全等问题作出规定。2008年，国务院批复《太湖流域水环境综合治理总体方案》，提出"两个确保"目标，① 2013年，国家发展和改革委员会等对该方案进行修编，2022年，国家发展和改革委员会与联席会议成员单位编制了新一轮《太湖流域水环境综合治理总体方案》。该方案在总结工作成效的基础上，立足新阶段，指出太湖治理存在的主要问题和总体要求，并从污染防治、生态保护修复、城乡供水安全、推动流域高质量发展和能力建设与保障措施五个方面，提出新时期治理太湖的主要任务和行动纲领。

早在1991年，《国务院关于进一步治理淮河和太湖的决定》就确定了治理太湖的工作任务，指出太湖流域治理以防洪除涝为主，统筹考虑航运、供水、水资源保护和改善水环境等方面的需求。2022年，《国家发展改革委、生态环境部、水利部关于推动建立太湖流域生态保护补偿机制的指导意见》专门就改善太湖流域水环境、构建太湖流域生态治理一体化格局和推动太湖流域生态保护补偿机制建设作出全面部署。2024年，水利部印发的《太湖流域重要河湖岸线保护与利用规划》为太湖流域重要河湖岸线保护、开发利用及管理提供了重要依据。

与太湖流域生态保护相关的地方专门法规、文件以落实上位法或细化相关制度措施为主。如2024年，江苏省农业农村厅印发的《太湖渔业资源保护若干规定》是根据《渔业法》《江苏省渔业管理条例》《江苏省太湖水污染防治条例》，对太湖水域内的渔业活动以及太湖渔业资源保护、增殖和合理利用作出的细化规定；2008年，《浙江省人民政府关于进一步加强太湖流域水环境综合治理工作的意见》则是在太湖蓝藻事件后，为了贯彻落实国务院《太湖流域水环境综合治理总体方案》制定的。

有些地方立法、文件虽然并非直接根据太湖流域生态保护立法制定，但与太湖治理密不可分。如《江苏省太湖流域水环境综合治理专项资金管理

---

① "两个确保"目标：确保饮用水安全、确保不发生大面积水质黑臭。

办法》根据《预算法》和《江苏省省级财政专项资金管理办法》制定，目的是规范太湖流域水环境综合治理专项资金管理工作。又如《江苏省政府办公厅关于印发江苏省太湖流域建设项目重点水污染物排放总量指标减量替代管理暂行办法的通知》的制定依据包括《建设项目环境保护管理条例》，但规范太湖流域建设项目重点水污染物排放总量指标减量替代管理显然与太湖流域生态保护高度相关。①

另有一些地方立法，从生态环境整体保护角度看，也应归属于太湖流域生态保护的组成部分，如《江苏省太湖风景名胜区条例》（2007）、《苏州市太湖生态岛条例》（2021）等。

二 太湖流域生态保护立法存在的问题

（一）太湖流域生态保护法制体系尚不完善

太湖流域生态保护法制体系应当是以环境基本法律和环境单行法律法规为基础，以太湖流域生态保护专门法律规范为统领，以相关配套性制度规范为核心的法律规范体系。但从立法现状来看，太湖流域生态保护法制体系尚未形成。

1. 太湖流域综合行政法规过于陈旧

国家法律层面有关太湖流域的法律法规基本可以覆盖太湖治理的主要问题，太湖流域水资源管理、水污染防治和防洪减灾、生态保护等都能找到明确的法律依据。但作为专门性行政法规的《太湖流域管理条例》于2011年出台，无论是立法目的、立法原则还是具体制度举措都已无法适应太湖治理

---

① 与之类似的地方立法、文件还包括：《江苏省太湖流域水环境综合治理重点工程资金补助和项目管理办法（试行）》《江苏省政府办公厅关于印发江苏省太湖治理工作督查考核办法的通知（2017）》《苏州城区太湖湿地农业综合利用示范区建设项目管理办法》《苏州城区太湖湿地农业综合利用示范区建设项目验收和专项资金报账制管理办法》《苏州城区太湖湿地农业综合利用示范区建设项目管理办法》《太湖流域重要河湖管理范围内建设项目水利技术规定（试行）》《江苏省太湖流域主要水污染物排污权交易管理暂行办法》等。

的实际需要，与现行法律制度难以衔接，甚至多有冲突，存在极大的适用困境，亟须修订完善。

2. 太湖流域专门法律规范法律位阶过低

《太湖流域水环境综合治理总体方案》虽然已于 2022 年进行更新，但在性质上属于规范性文件，法律位阶较低，法律效力有限。一方面，太湖作为跨界水域，太湖流域生态保护地方立法必然需要相关省市以跨区域协同立法的方式开展立法工作。以省级人大及其常委会为主体制定的区域协同立法仍属地方性法规范畴，根据《立法法》第一百零六条，部门规章、文件无法统领或指导该层级区域协同立法的立法工作，权威性不足。另一方面，《太湖流域水环境综合治理总体方案》仅为太湖流域水环境综合治理提供了框架性思路目标和任务指标，需要实施主体结合实际情况逐级逐项分解落实，制定配套的制度和实施方案保障实施。而实施该方案的责任主体主要是沪苏浙省市人民政府，《立法法》和《地方组织法》中规定的协同立法主体仅包括法定的具有（狭义）立法权的主体，即省级和设区的市级人大及其常委会。各地方政府及其职能部门之间开展的协同立法法律性质存疑，面临合法性和合宪性困境。这也更加凸显了太湖流域生态保护专门地方性法规缺位的问题。

3. 太湖流域生态保护相关制度规范过于分散

与太湖流域生态保护相关的制度规范散见于各类综合性环境政策、法律法规或其他规范性文件当中，但综合性规范往往仅简单涉及或间接包含太湖治理的内容，相关规定并不清晰详尽。而太湖流域生态环境保护是一项系统的治理工程，法律实施主体只能在各项针对太湖流域生态保护专门问题的水资源管理、污染防治或湿地保护等规范中分散性地汲取实施依据。这将不可避免导致职权交叉和治理事项内容重叠，而且无法突出太湖治理的重点和核心，严重阻碍了太湖流域生态环境综合治理进程。

（二）太湖流域生态保护制度体系尚未形成

太湖流域生态保护立法需要统筹水环境、水资源、水生态、水安全和水文化，兼顾污染防治、清淤疏浚、生态保护修复和风险预防，优化产业结构、产业布局，推进太湖流域系统、协同治理。但从现行立法所涉内容来看，相关制度体系尚未形成。

1.太湖流域生态环境共保联治体制机制尚未定型

一是在流域水安全体系方面，太湖流域基本防洪格局已经形成，取得了一定实践成效，但区域洪涝共治能力薄弱，河湖高水位频次有增无减，洪水外排动力明显不足。流域防洪工程建设和排水通道治理有待增强，多层级多方面综合防洪调控体系仍不完善。二是在流域饮用水安全保障体系方面，小范围水质异常现象仍有发生，饮用水供给安全应急事件综合处理能力需要加强，流域上下游应急水源布局有待调整，流域区域整体饮用水水源配置格局仍需优化，流域饮用水水源统一调度管理体系尚不健全。三是在流域水资源调配体系方面，区域流域用水需求与水资源容量矛盾依然突出，供水需求与供水安全、水位调控与防洪要求之间仍然存在较大张力。多目标调水需求和水资源统筹规划调度尚不协调，流域水资源刚性约束不足，用水总量和强度控制指标体系还不完备。四是在流域生态修复和风险预防方面，太湖流域生态功能已经出现退化，水质显著下降，蓝藻暴发风险犹存，水生生物、浮游生物生境和渔业资源深受影响，生物链结构和生物多样性面临严重危机，滨湖湿地及其他河湖缓冲带生态功能退化。太湖流域生态环境对区域经济发展支撑能力减弱，流域生态修复力度和抵御风险能力仍需进一步加强。

2.太湖流域环境污染协同防治机制仍不完善

一是针对工业企业的结构性、区域性污染治理协作能力有待提升。重点行业企业和沿湖工业园区入湖污染负荷居高不下，跨省污染联防联控机制相对薄弱，流域整体性产业结构布局仍需调整，绿色化、循环化产业体系尚不成熟。二是针对农业面源污染的综合治理水平亟须提高。农药化肥减量增效的监测评估体系短欠，农业污水收集、处置效能与城市相比差距较大。农业面源污染治理的城乡统筹、区域统筹和流域统筹能力不足，农业废水、废弃物循环利用和资源化利用程度较低，种植业、养殖业尚未转向生态种养模式。三是针对流域生活污水的无害化处置和综合利用水平需要提升。太湖流域人口密度较高，生活污水的收集、净化和处理与太湖流域环境自净能力和承载能力还不协调。相关环境保护基础设施的整体覆盖率和正常运行率存在较大提升空间，与现代化环境治理能力和治理水平还有一定差距。

3. 太湖流域一体化治理体系尚未建立

一是综合环境监管体系和跨界协同治理机制有待完善。太湖治理需要多目标统筹协同、多地区协作联动，但目前太湖流域生态环境跨区域治理目标还不统一、治理方案还不协调，相关环境标准衔接程度不足，法律实施步调不一致，太湖治理一体化程度和精准化水平仍然欠缺。二是跨区域生态补偿机制尚未全面建立。囿于太湖流域分区分类治理体系的缺漏，上下游地区基于合理分工的治理任务还未调和，难以充分发挥各个地区基于生态禀赋的比较优势，互利共赢的治理格局尚未形成，优势互补的协作模式还不完善。三是跨界流域治理权责划分还不清晰，综合评估考核机制还不健全。尽管河湖长制和区域联席会议制度在太湖流域生态保护工作中发挥了重要的积极作用，但仍有较大完善空间。水利部太湖流域管理局与省河长办、河湖长制工作处及其与各级河湖长之间的事权关系需要进一步厘清，各地河长联合和各地区多部门联动时权责划分清晰度和精细度不够，严重制约联动效率，更影响了太湖流域生态保护综合治理考核方法和目标责任考核机制的建立健全。

（三）太湖流域生态保护利益统筹机制匮缺

利益统筹机制是太湖流域生态保护立法最关键、最重要的驱动核心。太湖流域生态保护利益统筹既是短期利益与长期利益、环境利益与经济利益的统筹，也是城乡利益、水陆利益的统筹，应当涉及时间与空间多个维度，包含局部与整体多个层面。但从立法现状展现的利益关系来看，太湖流域生态保护的利益统筹机制存在诸多问题。

1. 流域性治理与区域性治理不协调

太湖流域生态保护既是长江流域生态保护的组成部分，也是太湖流域片生态保护的核心主体。因此，太湖流域生态保护立法不仅需要与长江中上游地区实现利益协调，在更大范围内开展横向流域生态补偿，为长江经济带发展提供生态支撑，还需要在太湖流域上下游地区之间构建利益衡平机制，推进长三角一体化发展战略的实施。现行与太湖流域生态保护相关的法律规范对行政区界范围内的河湖生态保护考虑较多，但对整体性利益协调机制规定较为粗疏或甚至根本无涉及。

2.关键性问题与恒久性问题不匹配

根据《太湖流域管理条例》第一条，太湖流域管理的目标是水资源保护、水污染防治、防汛抗旱、保障各类用水安全和改善太湖流域生态环境。《太湖流域水环境综合治理总体方案》明确以改善水生态环境质量为目标。太湖流域生态保护立法应紧扣主要目标开展太湖治理工作，从最紧迫的事项出发锚定核心任务，再处理更具长期效应的问题。但大多法律规范的触角延展过广、涵摄过宽，并未体现对关键性问题的共商共治，问题针对性不强，不仅割裂了太湖流域生态保护法制体系的内在联系，还在无形中削弱了规范实效。

3.修复性措施与预防性措施不和洽

太湖流域生态保护立法应着眼于构建以"预防—整治—修复"为主线的综合治理体系，沿湖地区在分工协作的基础上各有侧重，但从整体来看，三者不可偏废，应兼程并进。上游省市承担较重的产业结构调整与入湖污染防控任务，生态保育和水源涵养动力不足，负外部性对下游省市和太湖流域综合治理都有较大影响。下游省市的资源利用需求更大，治污意愿更强，受风险威胁也更严重，但太湖流域治理能力相对较弱，生态修复效果受限，对跨区域协作的依赖程度高。因此，太湖流域生态保护的整体效益难以提升。

（四）苏州太湖流域生态保护立法存在的问题

苏州作为太湖治理的核心地区之一，在太湖流域生态环境保护中具有重要的龙头带动作用，承担着支撑太湖腹地的重要功能。作为太湖流域环境要素融合的生态价值高地，苏州市政府于2023年陆续出台了一系列规范措施，搭建起新一轮太湖综合治理"1+N"政策框架,① 各区县（市）也随之出台了相应细化落实规范。② 尽管相关规范内容已经对苏州太湖治理的任务作出部署，但苏州太湖流域生态保护立法仍然存在一些问题。

1. 苏州生态潜能还未充分挖掘

《苏州市太湖生态岛条例》以中国淡水湖最大岛屿西山岛为中心，开启了苏州重大生态保护工程建设；苏州太湖国家湿地公园的设立也深刻践行着新的文明实践。但苏州位于太湖流域腹地，坐拥太湖70%的水域和65%的太湖岸线,③ 拥有各级河道2万多条，大小湖泊300多个，河流、湖泊、滩涂面积占全市土地面积的34.6%,④ 巨大的生态潜力还未被充分挖掘，资源禀赋优势有待进一步发挥，太湖生态岛和湿地公园生态保护还不足以覆盖苏州太湖流域的全部生态环境保护事项。

从苏州太湖流域生态环境保护实践来看，整体河湖水质从2016年开始明显改善,⑤ 河湖治理取得一定积极成效。但流域水生态环境质量仍需持续提升，水生态功能并未根本好转。从苏州太湖流域生态保护立法现状来看，许多政策措施更侧重河湖水环境整治，对生态系统修复重视程度稍显不足。

---

① 包括《推进新一轮太湖综合治理行动方案》《苏州市"一湖一策"工作实施方案》《苏州市太湖沿线及其岛屿生物多样性恢复提升实施方案》《苏州市太湖沿线环境提升工作方案》《环太湖地区城乡有机废弃物处理利用示范区建设苏州市工作方案》。

② 如《苏州市吴江区太湖流域水环境综合治理规划（2021-2035）》《苏州市吴江区推进新一轮太湖综合治理行动方案》《苏州市吴江区太湖沿线环境提升工作方案》《太仓市太湖流域水环境综合治理规划（2021—2035年）》《张家港市推进新一轮太湖综合治理行动方案》《常熟市"十四五"太湖流域综合治理规划》等。

③ 丁晓原：《主题的复调与书写的多维——房伟〈太湖万物生〉读论》,《中国当代文学研究》2024年第5期。

④ 《苏州统计年鉴2023》，苏州市统计局，https://tjj.suzhou.gov.cn/sztjj/tjnj/2023/zk/indexce.htm，2023年12月。

⑤ 主要归功于2016年《苏州市水污染防治工作方案》的出台，2017年《关于全面深化河长制改革的实施方案》也推动了苏州全境的河湖治理。其他的制度措施，如2014年苏州市政府开展的"活水自流"工程建设，2019年启动的生态美丽河湖建设行动计划（幸福河湖建设），姑苏区于2020年、2021年开展的清水工程、围堰清淤、沉水式超微纳米曝气系统、高分子纳米新型生态滤床和水下森林等一系列水质提升工程等都对苏州河湖水质提升起到了重要的推动作用。参见夏诗语、吕文、杨金艳等：《苏州河流水质时空分布特征及影响因素分析》，《环境科学》2024年9月24日网络首发。

流域生态系统的多样性和稳定性还未得到恢复，苏州太湖流域生态环境承载力、自净力尚不能完全肩负起支撑社会发展和生产生活的使命。苏州太湖流域生态保护依然任重而道远。

2. 苏州现代化绿色发展格局还有提升空间

苏州产业密布、人口集中、经济实力雄厚、农业集约化程度较高。苏州太湖流域生态保护立法更强调对直接原因行为的调控或治标性质的污染治理，忽视了根本性提升水质的底层逻辑。一方面，污染防治在很长一段时间内是太湖流域生态环境保护的重心，这点无可非议，但苏州各区县（市）水质存在的空间差异性与土地利用格局和人口密度变化速率呈正相关。单纯依靠推动产业转型升级、淘汰落后产能，改变农业产业结构、生产方式和完善污水处理设施、收集管网，只能"治标"而无法"治本"。另一方面，太湖是苏州的重要水源地，工业节水改造、农业节水增效以及人们节约集约观念、生活方式转变与水量管控、调水工程、供水管网保障同等重要，都是苏州供水体系的重要组成部分，但是产业分布、人口密度对资源消耗和能源消费具有决定性影响，苏州太湖流域生态保护立法中的"开源"与"节流"存在失调。此外，从太湖流域入河排污口排查整治到太湖围网拆除和太湖暂养箱区域专项整治工程，苏州太湖流域生态保护立法更注重人为原因导致的环境问题和以人的需要为核心的资源供需关系，对自然原因引起的环境风险和气候原因导致的资源短缺考虑不周。

3. 苏州太湖流域协同动力源作用没有完全发挥

苏州地处太湖流域下游地区，污染治理负担最重、资源管理形势最严峻、受太湖流域生态退化影响最大。太湖流域生态环境保护绝不是孤立工程，苏州应是推动太湖流域协同立法内驱力最强的地区之一，虽然一些苏州太湖流域生态保护立法包含了跨界协同、共保联动方面的内容，但大多仅体现在工作原则部分，对具体实施步骤和保障措施并未作出规定或规定得不够明确、深入。同时，对于较多牵连性强、普遍存在的问题分别作出规定，缺乏协调性和统筹性。苏州太湖流域治理的共性问题需要多地区、多部门共同发力、协同推进。

三　太湖流域生态保护立法的对策建议

（一）完善纵横衔接的法制体系

法制体系的建立健全是深入推进全面依法治国的前提要求，也是太湖流域生态环境保护工作顺利开展的基础依循。太湖流域生态保护综合立法与专门立法及其相关配套措施在纵向中央立法与地方立法、横向沿湖地区之间的立法两个维度，形成了太湖流域治理的整体法制框架，构成纵横交错的动态运行体系。太湖流域生态保护立法应当在现有规范基础上加强有效性、系统性和协调性，向着目标明确、层次分明、配合得当的法制体系继续完善，为太湖流域生态环境综合治理和系统治理提供依据。

1. 纵向协调的太湖流域生态保护立法

太湖流域生态环境保护工作在国家法律层面已经基本有法可依，环境法律、法规和规章对太湖流域生态环境保护的各项重要内容都有关涉，无必要专门制定太湖流域综合保护的（狭义）法律，但制定一部能够统含太湖流域生态环境保护各方面内容的行政法规确属必需。因此，应当加快推进《太湖流域管理条例》修订工作，删除大量与现行法律规范、实践发展不相适应的内容，使其目的、原则、管理体制、调整范围与国家战略部署、环境政策目标保持一致，与上位法和其他环境法律法规制度举措相统一、相衔接、相协调。

在纵向立法层次上，太湖流域生态保护立法完善的要务还在于对地方立法的完善。地方立法应当遵循不抵触原则和地方特色原则。

首先，为落实中共中央、国务院印发的《国家水网建设规划纲要》(2023)、《关于深入打好污染防治攻坚战的意见》(2021) 和《长江三角洲区域一体化发展规划纲要》(2019)，太湖流域沿岸地区应当将太湖流域生态环境保护工作中已经取得的制度成果和成功经验加以确认和固定或进行法律转化。同时加强法规清理和修订工作，推进太湖流域生态保护法规的立改废释工作有序进行。对年代久远、内容滞后的规范进行清理，对内容需完善、体例需调整的规范进行修订或修正，如及时修订 2009 年制定的《江苏省固体废物污染环境防治条例》，以实现与现行法律制度的衔接。

其次，在宪法的统领下，上海市、江苏省、浙江省人大及其常委会需要根据《立法法》《长江保护法》《湿地保护法》《土壤污染防治法》《固体废物污染环境防治法》《野生动物保护法》《生物安全法》等法律，制定与本地太湖流域治理需求相匹配的地方性法规，注重发挥地方积极性和创造性，在法律授权范围内表达地方立法的差异性，充分体现对上位法的细化落实。对于法律法规没有规定的事项有序地进行先行性、探索性尝试，重点体现问题针对性和地方异质性，为后续走向制度化和法治化奠定实践基础，不宜直接照搬照抄、套用拼凑或一味重复。

最后，在行政法规和部门规章的要求下，上海市、江苏省、浙江省省级人民政府应当积极落实《水文条例》《河道管理条例》《防汛条例》《取水许可和水资源费征收管理条例》《城镇排水与污水处理条例》《城市供水条例》《城市节约用水管理规定》等行政法规，以及《长三角生态绿色一体化发展示范区淀山湖、元荡、太浦河（含汾湖）等重点跨界水体联保专项治理及生态建设实施方案》《国家发展改革委、生态环境部、水利部关于推动建立太湖流域生态保护补偿机制的指导意见》《太湖流域河道管理范围内建设项目管理暂行办法》《太湖流域洪水与水量调度方案》《农业面源污染治理与监督指导实施方案（试行）》《水利部关于开展智慧水利先行先试工作的通知》等部门规章、文件。特别是要充分贯彻落实 2024 年水利部印发的《太湖流域重要河湖岸线保护与利用规划》和 2022 年国家发展改革委等部门联合印发的《太湖流域水环境综合治理总体方案》，承接该规划、方案的精神和目标，执行该规划、方案的任务和要求，在规范框架内制定各地区的具体实施方案。需要注意的是，地方立法对上位法或国家政策、文件的实施和细化，应当注重与规范体系的协调性和衔接度。

2. 横向协同的太湖流域生态保护立法

地方性法规作为区域协同立法的法定表现形式，应当是太湖流域各地区就生态环境问题开展横向区域立法协同的最主要方式。

首先，太湖流域生态保护区域协同立法应当被纳入地方国民经济和社会发展规划和年度计划，作为地方总体规划和安排的重要组成部分。重视地方规划和计划能够在实质上统筹太湖流域综合治理方案，推进太湖流域生态保护区域协同立法。一方面，省级总体规划应当符合《长江经济带—长江流域国土空间规划（2021—2035年）》《国务院关于印发全国国土规划纲要（2016—2030年）的通知》《国务院关于印发全国主体功能区规划的通知》。另一方面，地方国民经济和社会发展规划和年度计划应当统领生态功能区划，注重生态环境分区管控方案与地方环境保护规划的衔接和协调，以及水资源开发利用规划、岸线利用规划与太湖流域综合规划的衔接和协调。

其次，以地方人大专门委员会或人大常委会主任会议为协同主体，推进太湖流域生态保护区域协同立法，通过开展联席会议的方式形成加强太湖流域立法工作协同的意见，对于太湖流域治理过程中的共性问题开展区域协同立法研究，充分发挥专委会和主任会议立法调研和协调组织能力。但是，这只能作为一种策略性或临时性安排，区域协同立法成果不能止于主任会议或联席会议通过的意见或决定，而应继续推动后续法律文件的审议和表决，保障区域协同立法的规范化发展。

最后，加强对区域协同立法这一新兴立法现象的论证研究，塑造流域立法协作范本。长三角作为区域协同立法的要地，在太湖流域开展区域协同立法机制必须注重协同事项的确定、协同方式的创新等问题，但相关理论仍然存在较大争议，应进一步加强对区域协同立法主体、协同事项、协同内容、协同方式和协同效力等疑难问题的理论研究，为太湖流域区域协同立法机制顺利开展提供理论支持。

除了人大协同立法之外，实践中普遍存在地方政府及其职能部门之间开展的区域立法协同，但《宪法》和《地方组织法》上的协同立法并不包含行政立法权。法律依据的缺失导致沿湖地方政府之间签订的备忘录、合作框架、合作协议等合作文件的法律性质不清晰，相关论题也有待进一步研究。

（二）搭建双轨并行的制度体系

太湖流域生态保护立法涵盖防汛防洪、污染防控、资源调配、生态保护的根本制度、基本制度和核心制度。在立法完善方面，应以改善太湖流域生态环境质量为目标，加快完善制度体系建设，构建结构完备、层次分明、逻辑严密、内容协调的规范制度体系。"防治"与"修护"是太湖流域生态环境保护制度体系建设的核心逻辑。"防治"即以风险预防、环境监管和污染控制为逻辑主线，增强太湖流域生态保护立法的体系性和能效性。"修护"即以系统修复、生态保育和功能促进为逻辑主线，激活太湖流域生态潜能和经济发展动能。

1. "预防—监管—控制"路径下的制度逻辑

"预防—监管—控制"是以风险预防、环境监管和污染控制为主线的逻辑路径。主要立足太湖流域生态自然特点和环境保护实际，解决太湖流域最突出、紧迫的生态环境问题，在太湖流域整体的水系空间内实现各个环境要素耦合，形成流域空间的整体治理逻辑。

首先，利用数字化工具提升太湖流域生态环境的全要素感知能力。在上海市、江苏省、浙江省先行开展智慧水利试点工作，由省级人民政府出台《关于贯彻落实开展智慧水利先行先试工作的通知》，推动环境风险致因地和易受风险影响地区的预报、预警、预演、预案能力建设。根据自然规律构建更精准的水文模型，统筹应急响应、应急保障和后期工作安排，提高应急反应速率和突发事件处置能力。对生态环境状况的精准感知不仅能在最前端获悉风险，构建分析模型，为环境治理提供物理参数，为太湖流域治理提质增效，还能对环境结构特征和生态趋势演变进行实时监测，提高监测数据和环境信息获取的及时性和共享性，实现太湖流域生态环境联保共治能力的整体跃升。必须充分利用新型治理工具推动太湖流域治理的变革、优化和再造。

其次，加强全过程监管对关键环境问题的闭环处置。以省生态环境厅和市生态环境局为牵头主体，会同资源规划部门、林业部门、水务部门、农业农村部门定期开展太湖专项整治行动，突出对重点区域、领域的监督管理，强化工程建设项目及其环保设施建设的审查、许可和监管，采取现代化监控方式对重点问题开展日常巡查、暗访督查。加强清单管理，加大对违法违规问题的处置和问责追责强度；制定短板弱项问题清单，建立健全巡查排查、发现处置、整改通报机制。制定河湖遏增量、清存量联动治理方案，推动控源截污与清理整治工作同步、有序开展，通过控磷降氮和河道治理切实提升太湖流域水质，改善河湖环境质量。

最后，全方面控制水资源配置和利用，建立河湖良性利用体系，健全多目标统筹的水资源管理制度。沿湖地区各级水务部门应当适时推动制定太湖流域水生态环境管理办法和实施细则，加强太湖流域生态流量核定与保障，完善水资源战略配置格局和水资源调度管理体系，实行太湖流域水资源统筹配置和统一调度，优化资源调度运行方式，继续推进河湖水系连通工程和引水工程，保障饮用水安全。加强太湖流域区域水网体系建设，进一步推进雨污分流改造和污染防渗工程，对老旧破腐管网进行全面筛查，加快管网空白区域基础管网建设。强化对地下水状况的调查和监测，防止沿河截污管溢流。用最严格的法律制度护蓝增绿，加强水资源刚性约束，严守用水总量控制线，根据流域产汇流特性和水环境容量构建用水定额标准体系，在防控重点区域和水功能区限制纳污，加强饮用水水源地保护。全面提升社会用水效率，转变用水方式，支持节水技术创新，推进工业农业产业节约水工程，推动产业结构调整和布局优化，逐步转移淘汰高耗水、低效率产业。

2. "修复—保育—促进"路径下的制度逻辑

"修复—保育—促进"是以系统修复、生态保育和功能促进为主线的逻辑路径。重在塑造从"治水管水"到"强水兴水"的更高阶价值追求，既要推动"绿水青山"向"金山银山"的转化，使太湖流域成为长三角区域经济一体化发展的重要依托，为生产发展注入新的动能，也要提高"金山银山"对"绿水青山"的资金、技术支持，在人与自然和谐共生的高度谋发展。

首先，降低太湖流域生态系统对自然条件变化的敏感性，增强适应性，增强太湖流域生态系统对社会环境变化的自我调节能力，降低易受损害性。生态系统具有复合性，任一环境要素遭到破坏都可能导致整体生态功能的减损，河湖水质的提升离不开水生动植物、底泥以及滨湖区、湿地驳岸生物、土壤的系统性保护。2024 年 2 月，国务院在关于《长江经济带—长江流域国土空间规划（2021—2035 年）》的批复中再次强调推进对湖泊的保护修复，要求将上下游、干支流、水上岸上、点源面源作为一个整体进行综合治理。必须全面把握水文水势的自然规律，加强对太湖流域的空间管控引导，以生态修复为核心，改善生态服务功能，提升生物多样性保护水平，构筑外联内通的生态屏障。

其次，提升太湖流域生态系统对经济社会发展的支撑保障能力，保证生态系统功能的有效发挥。太湖流域实现人与自然和谐发展的最优方式是推进人与自然和谐共生的现代化，饱含人类理性和自然衡准的学理逻辑，具有型构文明和维护正义的价值意涵，蕴含永续发展和同效保护的实践方略。面对新形势、新问题，必须对太湖流域生态保护提出更高的生态要求，建立以保障生态系统健康为目标指向的制度体系。结合水环境质量标准和多种环境要素质量标准，综合考虑化学、物理和生物完整性等因子，构建太湖流域生态系统健康指标体系，制定分阶段、分区域、分层级的任务目标和行动方案，并将其纳入生态环境目标责任制考核体系，保证落实。

最后，确保高水平保护与高质量发展同步推进，在资本逻辑和人与自然关系的逻辑中寻找平衡，在经济发展与生态环境保护的张力中达到均衡。太湖流域生态保护与经济发展互为保障、相互促进，应当以创新发展为主导性内核，直面太湖流域传统经济发展驱动力不足的问题；以协调发展为重点解决经济社会发展的不平衡，为太湖流域开展生态环境联保共治打造良性治理结构；以绿色发展联动"产业生态化和生态产业化"，[①] 以传统产业生态化改造和高端产业、新兴产业的发展，推动太湖流域向绿色、低碳、循环、可

---

① 董战峰、张哲予、杜艳春等：《"绿水青山就是金山银山"理念实践模式与路径探析》，《中国环境管理》2020 年第 5 期。

持续发展方式转型；以开放发展提升太湖流域现代化发展水平，打造流域生态环境保护和综合环境治理样板；以太湖流域整体利益增进为价值依归，以生态保护立法推动整个流域区域共享发展红利和生态红利。寻找经济社会发展新的经济增长极，着力提升太湖流域生态系统的经济转化效益，深度挖掘太湖流域生态价值和潜在变现能力，将生态优势转化为经济优势，实现生态效益、经济效益、社会效益的有机统一。

（三）塑造区域利益衡平的规范体系

太湖流域生态保护立法的关键是以整体利益为导向，形成多元联动的流域治理格局。利益动机最能驱动各地区达成共识、一致行动、合谋发展，太湖流域生态环境保护的互动与合作必须整合经济利益与生态利益，进一步提高区域协调发展水平，建立地区环境利益诉求的表达机制、区域环境利益的协调机制和实现机制。

1. 建立制度化的利益表达机制

新的民生实践要求太湖流域生态保护立法必须积极回应公众日益增长的权利意识，加强公众参与的纵深程度，推进民主立法，保障人民当家作主权利。在太湖流域生态保护立法过程中强调类主体意识的现代性特征，以生态和谐、多元共治理念进行社会沟通，将主观利益诉求通过制度化方式对外表达，进一步促进环境法治观念和道德观念的更新和发展。

公众新的生态需要和环境期待要求太湖流域生态保护立法必须以人民的利益和根本诉求为价值旨归，重点解决太湖流域突出环境问题，着力恢复太湖流域生态功能，全面推进生态产品价值实现，在处理人与自然关系的时候更加自觉，始终以保障民生为衡量标尺进行科学立法、依法立法，为公众提供良好生态环境，进一步保障人民环境权益。

2. 建立全局性的利益协调机制

利益协调是区域利益聚合到取得区域利益共识并将其法定化的过程。尽管各地区利益有时不尽相同、各有侧重，利益整合和共识形成很难以具体的法律规范进行固定，但利益协调工具是可以被确定的，利益衡平机制也是可以被制度化的，太湖流域生态环境保护多元协同的治理格局可以通过利益协调机制持续推进。沿湖地区的利益协调不能仅依赖自上而下的高位推动，而应以整体利益促进为主开展主动协商，形成合力动能。

以主体功能分区为基础，太湖流域上游地区应当加强水源涵养，构建太湖自然保护地体系，保护河湖岸带生态安全，对主要入湖污染源开展溯源调查和专项整治，并与中下游地区建立突发事件的及时通报和沟通机制。太湖流域下游地区重点提升水资源利用效率和利用水平，严守资源利用上限和生态保护红线，加强生态修复，推进太湖缓冲区建设，构筑生态安全屏障。建立跨区域生态补偿、赔偿体系，在试点经验的基础上，以一体化示范区为先行启动区，建立太湖流域资源价值统计核算体系，探索生态补偿、污染赔偿的技术规范和工作流程，完善生态补偿绩效评估指标体系，推进生态产品价值实现。

3. 建立利益冲突解决机制

利益冲突协调是以区域合作矫正地方主义，提高各个地区对太湖流域生态环境保护的利益契合度，最终实现太湖流域的整体利益增进。一方面，塑造边界清晰的职责体系，在共赢策略下以多种协同手段解决跨界环境问题。规范林、水、环、农等各类监管主体的职权，同时均衡部署各地区在太湖流域生态环境管制方面的限度，细化不同层级河长湖长和河长办的履职规范。另一方面，提供明确、可靠的冲突解决程序或规则，在生态利益关联性较强或跨区域重大生态环境问题上，充分发挥太湖流域综合管理机构的统筹协调作用，组织指导太湖流域生态环境保护各项工作的顺利开展，缓解太湖流域系统性保护和区隔化治理的内在张力。

（四）苏州太湖流域生态保护立法的对策建议

苏州独特的地理区位、经济地位和生态定位决定了苏州太湖流域生态保护的重要性。作为太湖流域治理的核心地区，苏州应当充分发挥自身优势，塑造我国流域治理新实践，使苏州河湖治理实践成为太湖流域生态环境治理制度创新的试验出、生态优势转化的新标杆、高质量发展的新高地。以苏州太湖流域生态保护立法推动太湖流域生态保护法治体系的发展，打造人与自然和谐共生的现代化立法典范。

1. 以水生态健康为核心开展生态修复

对污染扩散效应的控制与对污染输入的监管同等重要，而能实现二者兼顾最有效、最根本的手段则是生态修复和生态保育，使受损生态系统尽快恢复其应有的功能，使生态功能减损程度不大或尚未受损的生态系统在最大程度上发挥其自净、消纳功能。

2020年以来，江苏省已经针对水生态环境出台或修订了一系列制度规范，如《江苏省生态环境保护条例》（2024）、《江苏省促进长三角生态绿色一体化发展示范区高质量发展条例》（2024）、《太湖渔业资源保护若干规定》（2024）、《江苏省水污染防治条例》（2021）、《江苏省水资源管理条例》（2021）、《江苏省湖泊保护条例》（2021）、《江苏省防洪条例》（2021）、《江苏省地质环境保护条例》（2020）、《江苏省渔业管理条例》（2020）等。苏州市人大及其常委会作为法定立法主体，应当依据省级地方性法规和地方规范性文件出台市级地方性法规。

在立法形式上，一是参照《常州市水生态环境保护条例》，制定《苏州市水生态环境保护条例》；二是参照《宜宾市南广河流域生态环境保护条例》，制定《苏州市太湖流域生态环境保护条例》；三是参照《定西市河道生态环境保护条例》，制定《苏州市河道生态环境保护条例》；四是参照《南充市〈四川省嘉陵江流域生态环境保护条例〉实施办法》，制定《苏州市〈江苏省湖泊保护条例〉实施办法》；五是探索制定《苏州市河湖生态环境保护条例》。

在立法内容上，苏州市地方性法规首先要以水质目标管理为核心，以保障太湖流域水生态健康为根本，增强苏州太湖流域生态保护立法系统性的规范逻辑，实现对水质、水量、水势的统筹保障，实现生态扩容。其次，围绕水生态健康优化生态空间管控，落实太湖保护区规划，控制河湖空间开发规模，优化产业分布，打造清水绿廊的生态空间格局，持续提升生态系统健康水平。最后，结合人工干预和自然恢复，同步推进滨湖湿地、河湖岸带的动植物生境改善工程，建立生物多样性保护体系，逐步恢复生态动态平衡关系。

在制度推进上，苏州市政府及其政府部门应加强对生态修复的关键技术、核心机理、推进路径、评估机制的关注。首先，市科技局应将生态修复和生态健康纳入科技创新政策，推动生态修复方面的科技成果转化，重视生态健康方面的技术支撑和基础研究，尤其是水生态健康的预测预警预报技术、生态系统纳污能力和保护阈值测定、富营养化和内源污染控制技术、生态恢复和修复技术以及以此为基础的产业政策设计、空间利用布局等方面的科学研究。其次，市生态环境局和市数据局要协力加强智慧河湖建设，推进河湖基础数据集成和及时监测、实时监测、持续监测的数智赋能，构建流域生态系统科学管理体系，发挥数据、信息、技术的叠加效应，搭建数字化信息共享平台，鼓励科学创新。

2. 以多元制约因素为考量促进高质量发展

现代环境问题虽然与自然因素的相关性逐渐减弱，但与其他环境要素不同，苏州河网密布，湖体水位、水质和河流流量、水势必然深受季节和气候的影响。尽管环境保护基础设施的完善有利于雨污分流，管网工程也可以在一定程度上强化适应气候变化的能力，但在制定太湖流域生态保护措施时，仍需要将人类活动和自然原因相结合，综合考虑河湖污染防治和资源配置的各种环境影响。

首先，太湖是苏州重要的饮用水水源地，应重点突出对太湖上山水源地和太湖渔洋山水源地的保护，因此，需要尽快制定对苏州市饮用水水源的保护规范，区分丰水期、平水期和枯水期，提升苏州太湖流域生态保护立法精细化程度。一是可以参照《上海市饮用水水源保护条例》（2021），由苏州市人大及其常委会制定市级地方性法规；二是参照《无锡市饮用水水源保护办法》，由苏州市人民政府制定政府规章；三是参考三亚市政府的做法，同时出台《苏州市河湖岸线保护和利用规定》和《饮用水水源保护办法》；四是参照《银川市饮用水水源保护区污染防治管理办法》，加强对苏州市饮用水水源保护区的保护力度。

其次,严格控制污染物排放是苏州太湖流域生态保护立法恒长的主题,尤其是控制工业废水排放和农药化肥使用,应继续加强水污染治理工程的系统性和实效性。数据显示,2015~2022年,苏州新增常住人口60.51万人,在环太湖5市中排名第2,新增常住人口占2022年各市常住人口的5.3%。[①]根据苏州各辖区的地方实际,综合城市化水平、人口密度等因素,苏州市太湖流域立法应设立更具针对性的制度措施。

江苏省于2018年发布《江苏省政府办公厅关于印发江苏省太湖流域建设项目重点水污染物排放总量指标减量替代管理暂行办法的通知》,苏州与之相关的制度规范仅有2013年制定的《苏州城区太湖湿地农业综合利用示范区建设项目管理办法》,发展较为滞后。因此,亟须由苏州市政府制定统一的太湖流域建设项目管理规定,将优化土地利用的空间格局融入其中,特别是对城市建设用地的规划布局、变化情况和工业用地、园林绿地占比的调整和城乡统筹。或由市生态环境局、市资源管理局、市水务局、市住建局、市农业农村局联合出台分类分区的地方政府规章,在相城区细化太湖保护区建设项目环境管理制度,在姑苏区突出提升面源污染净化能力,在吴中区着重解决雨污管网建设滞后问题,而苏州工业园区拥有大批高耗水的产业集群,应重点完善产业升级和退出机制。

最后,完善苏州市太湖流域生态环境保护的相关保障制度。一是根据《江苏省太湖流域水环境综合治理重点工程资金补助和项目管理办法(试行)》(2022)、《江苏省太湖流域水环境综合治理专项资金管理办法》(2020),无锡、常州、南京均有相关规范举措,苏州市财政局和市生态环境局应当尽快制定太湖流域水环境综合治理省级专项资金和项目管理办法。二是根据国家环境保护目标责任制和《江苏省政府办公厅关于印发江苏省太湖治理工作督查考核办法的通知》,苏州市人民政府应及时更新苏州市行政审批事项目录,加紧制定《苏州市太湖水环境综合治理目标任务管理与考核办法》,落实各河湖长和各职能部门的监管职责。三是气候变化对太湖

---

① 田野:《环太湖五市城市人口吸引力与政策优化研究》,《上海城市管理》2024年第4期。

流域生态保护的影响不容忽视，在"双碳"目标下，市发展改革委和市工信局应当加强对固定资产投资项目的节能审查，根据《固定资产投资项目节能审查办法》（2023），加强用能管理，指导县级节能审查机关推进能源节约利用。

3.以流域整体利益为驱动推进区域协同立法

苏州作为区域协同立法动力源，要以太湖流域协同治理的重要推动者而非参加者身份，积极推进太湖流域生态环境保护共商共建格局，提高与上海市、浙江省的一体化水平和协作治理能力。大量跨区域事项需要站在整个太湖流域生态系统角度整体布局、通盘谋划，《江苏省制定和批准地方性法规条例》专门设置了"长三角区域协同立法"篇章，《长江三角洲地区环境保护工作合作协议》《长三角跨省突发水污染事件联防联控合作协议》等文件也对跨省环境保护合作提出了具体要求。

苏州太湖流域生态保护立法规范体系应当根据长三角一体化发展规划战略部署，深入贯彻落实相关协同内容。苏州市人大及其常委会可以在取得区域性共识的前提下，制定《苏州市〈太湖流域水环境综合治理总体方案〉实施条例》，苏州市人民政府也可以相应出台《太湖生态保护管理办法》，重点推进联合河湖长制，建立太湖流域风险联合预防和应急管理机制、跨界水污染联防联控机制、区域资源统筹调控机制、多元化生态补偿机制，发动跨界的环保设施建设和运营管理、市场化的综合环境治理平台建设和生态修复项目的联合投入等，在市内区际协同、省内市际协同、省际协同多个层面形成利益共享、责任共担的联动格局。

文化保护传承利用篇 〉〉

B.8

环太湖地区历史文化资源的保护与传承

芮国强　刘正涛*

摘　要：　近年来，环太湖地区各城市针对太湖文化历史文化资源的保护与传承开展了大量工作并取得了一定成效，但也存在区域竞争关系明显，协同管理机制缺乏；文化品牌供给不足，典型IP亟待凝练；融合发展程度不高，人文经济发展尚待挖掘；文化载体功能发挥欠佳，文化影响力尚待提升等方面的问题。针对这些问题，本报告提出了五个方面的建议：集聚优势，阐释太湖文化价值；凸显亮点，铸就太湖文化特色；数字赋能，打造太湖数字文化；协同发展，建设太湖现代文明；健全机制，谱写太湖文化新篇章。

关键词：　环太湖地区　历史文化资源　数字赋能

---

* 芮国强，博士，苏州城市学院党委书记，太湖研究院（筹）研究员，主要研究方向为社会学、历史文献学、公共管理；刘正涛，博士，苏州城市学院计算机与工程学院教授，太湖研究院（筹）副院长，主要研究方向为数字人文、数据集成。

近年来，习近平总书记对太湖保护工作高度关心，多次作出重要指示，指出"天堂之美在于太湖美"，殷切期望苏州"为太湖增添更多美丽色彩"。2023年9月11日，江苏省文化和旅游厅、发展和改革委员会、生态环境厅联合印发《关于推进沿太湖世界级生态文化旅游区建设实施方案》，提出充分发挥苏锡常都市圈传统与现代、人文与经济交融互动的突出优势，建设沿太湖世界级生态创新湖区和文旅魅力湖区。2023年10月24日，苏州市委在专题调研太湖保护工作时强调要深入践行习近平生态文明思想，以高度的政治责任感抓好太湖保护这一"国之大者"，努力展现人与自然和谐共生的中国式现代化生动图景，更大力度提升城市品质、建设美丽乡村，让人民群众共建共享新时代"太湖美"。

苏州以实际行动贯彻落实习近平总书记考察江苏重要讲话精神，围绕"世界级生态湖区、创新湖区"的建设目标，加强对太湖流域地质、生态、历史、人文等内容的挖掘、研究和展示工作，持续巩固太湖生态保护、文明探源的成果，全面融入环太湖科创圈、环太湖生态文化旅游圈建设，因地制宜推出更多特色文旅项目，更好地展现苏州太湖的山水风光、乡村风情和人文风貌。

一　环太湖地区历史文化资源分类现状

太湖文化是一个涵盖文化、经济和生态等多要素的巨型面状和多维系统。2019年12月，中共中央、国务院印发《长江三角洲区域一体化发展规划纲要》，明确提出"加强淮河生态经济带、大运河文化带建设，发展环太湖生态文化旅游，促进都市圈联动发展"。这为太湖生态文化旅游的发展、环太湖地区历史文化的保护与传承指明了方向。以世界级创新湖区建设为载体，构建环太湖地区都市圈联动发展机制，梳理整合环太湖公共文化空间，丰富完善其文化附加功能，使太湖文化生生不息，成为苏州文化建设的新高地。

环太湖地区历史文化资源丰富多彩，错综复杂，根据其具体内涵，将环太湖地区历史文化资源综合分为水利工程遗产及相关文化遗产、聚落文化资源、名人文化资源、非物质文化遗产、生态与景观旅游区五类进行梳理。水利工程遗产及相关文化遗产包括闸站工程、河道堤防、水文观测、灌溉工程、水库大坝、古桥和太湖档案文献等类型；聚落文化资源包括聚落文化遗址、历史文化城镇和传统村落等；名人文化资源包括区域历史文化名人，特别是治水名人；非物质文化遗产包括传统技艺、传统民俗、传统戏曲舞蹈、民间文学和传统美术等；生态与景观旅游区包括旅游度假区、风景名胜区和生态文化旅游区。

环太湖地区水利工程遗产及相关文化遗产种类繁多，太湖溇港入选世界灌溉工程遗产，列入省级重要水利工程遗产资源名录的水利工程遗产共计56项，大多数建于清代及以前，部分建于民国时期。环太湖地区的水利工程具有较高的科学价值、社会价值，并形成了丰富的水神信仰文化。

环太湖地区聚落文化资源丰富多样，具有深厚的历史底蕴、独特的文化魅力。拥有史前文化聚落遗址约500个，国家级历史文化名城、名镇、名村和名街46个。区域内拥有7座国家历史文化名城，分别是苏州、常熟、无锡、宜兴、嘉兴、湖州、常州，国家级和省级传统村落180个。

环太湖地区名人文化底蕴深厚，名人文化资源丰富，涵盖了文学、艺术、哲学、政治、经济、军事等多个领域。包括名人出生或旧居遗址、名人纪念馆等。苏州名人馆展示有447位姑苏先贤。《常州名人故居》介绍了常州现存的75处名人故居。[1] 无锡已列为各级文物保护单位的名人故居旧宅有80多处。湖州历史上名人辈出，自唐至清末，湖州境内举进士第1530人，其中状元16人，《湖州名人志》介绍了湖州历代名人共计3014位。[2]《嘉兴历代人物考略》中辑录了9000余名嘉兴的历代人物。[3]

环太湖地区非物质文化遗产历史悠久，种类繁多。拥有国家和省级非遗456项，其中有13项列入联合国教科文组织人类非物质文化遗产代表作名

---

[1] 包立本、陆志刚主编《常州名人故居》，方志出版社，2006。
[2] 沈文泉编著《湖州名人志》，杭州出版社，2009。
[3] 傅逅勒编著《嘉兴历代人物考略》，中华书局，2017。

录，如昆曲、古琴艺术、苏州端午习俗、香山帮传统建筑营造技艺、中国传统蚕桑丝织技艺（苏州缂丝织造技艺、宋锦织造技艺、双林绫绢织造技艺、扫蚕花地、桐乡蚕桑习俗）、绿茶制作技艺（碧螺春制作技艺、紫笋茶制作技艺、安吉白茶制作技艺）、中国皮影戏（海宁皮影戏）。

环太湖地区生态与景观旅游区星罗棋布，景点众多。包括 1 个沿太湖世界级生态文化旅游区、2 个国家级旅游区、3 个国家级太湖风景名胜区、多个省级旅游度假区，以及 1046 处风景名胜区。

二 环太湖地区历史文化资源保护与传承问题分析

历史文化资源保护与传承对新时期提升环太湖地区文化影响力意义重大。近年来，随着经济社会的发展，这一地区的历史文化资源保护与传承问题得到了广泛关注。通过对环太湖地区历史文化资源保护相关政策法规、实践做法的梳理，发现现阶段环太湖地区历史文化保护和传承仍存在一定不足。

（一）区域竞争关系明显，协同管理机制缺乏

太湖既是地理区域概念，也是环太湖地区人民共同的文化符号。在太湖流域生态环境保护综合治理取得显著成效的同时，太湖文化名片却还未整体擦亮。在对环太湖地区历史文化资源保护与传承相关政策文件、行动方案等梳理后发现，在古村落和历史建筑保护、非物质文化遗产保护与创新传承、文化展示平台建设、聚落名人资源挖掘、考古研究等方面尚未形成体系化策略。

1. 环太湖地区缺乏系统完善的历史文化资源保护和创新性传承规划

在文旅产业发展的大趋势下，各地纷纷围绕太湖做起文章，提出各有差异的历史文化资源保护与传承方案，虽然环太湖 5 市先后在太湖生态保护和旅游圈建设方面签署《湖州宣言》和召开环太湖四市生态文化旅游圈合作共进推进会，但在太湖这张"金名片"面前，各地均使出浑身解数争夺太湖文化资源，这种在保护与利用思路上的人为割裂，对环太湖地区整体文化特色的凝练、文化符号的塑造极为不利，也影响到太湖的整体对外形象。

2. 环太湖地区历史文化资源协同保护机制缺位

以文化展示平台建设举例，与"太湖"相关的博物馆有长兴太湖博物馆、苏州太湖博物馆、湖州太湖溇港文化展示馆、苏州非物质文化遗产馆（苏州太湖园博园）等，各地均以自我特色为核心，打造太湖品牌，展示太湖历史文化，缺乏太湖文化的整体性展示空间。又如在太湖风景名胜区的管理机制建设方面，江苏省在已出台《江苏省风景名胜区管理条例》的基础上，于2007年审议通过《江苏省太湖风景名胜区条例》，专门对太湖风景名胜区在江苏境内的景区与景点单设地方性法规，而浙江省则以《浙江省风景名胜区条例》管理包括太湖在内的风景名胜区。这种在政策机制上的不协同、不一致也给太湖历史文化资源的整体性保护和传承带来影响。从现实需要来看，环太湖地区自然和历史文化资源的保护与传承亟待统一规划、统一管理和统一实施，协同机制和机构的缺位会造成各地在太湖历史文化资源的保护与传承上形成"以我为主"的混乱现象。

（二）文化品牌供给不足，典型 IP 亟待凝练

文化品牌对推动经济发展、塑造地方形象、传承和弘扬优秀文化、增强文化认同感具有多重作用。与世界知名湖区相比，环太湖地区现有文化品牌供给不足，文化 IP 数量和质量也与太湖历史文化资源不相匹配。

1. 太湖山水价值亟待彰显

与处于相同区位的杭州西湖相比，环太湖地区在核心文化品牌的建设上差距明显。杭州西湖于2011年6月以"杭州西湖文化景观"为主体成功申遗，被列入《世界遗产名录》，成为世界上首个湖泊类世界文化景观遗产。太湖拥有更为广阔的湖区自然生态，更优质的风景名胜，更丰富多样的历史文化资源，却仍在为申遗而努力，其中除了高质量做好太湖流域生态保护、水质改善、文化遗产保护等工作外，更加重要的是凝练太湖在自然和文化方面的独特价值，打响太湖文化品牌，更好彰显太湖山水价值。

2. 太湖人文底蕴亟待挖掘

与世界知名湖区相比，环太湖地区在典型 IP 塑造、文化产业发展上仍有

较大提升空间。典型 IP 的凝练和塑造是树立太湖品牌形象、传递太湖品牌价值、提升传播效率、积累太湖品牌资产的过程，也是增强环太湖地区美誉度和激发吸引效应的重要手段。环太湖地区古镇古村古宅资源众多，历史名人辈出，非物质文化遗产种类繁多，可供挖掘的历史文化资源极为丰富。从环太湖地区来看，以"苏州园林""苏工苏作""无锡鼋头渚""湖州南浔古镇"等为代表的文化品牌已有较为广泛的传播度，展现了太湖人文的魅力，但在人文与经济、人文与科技、人文与人才等方面还有进一步挖掘的空间。从世界级科创湾区建设来看，它们大多充分将"生态+科技""文化+科技"等作为地区个性化标签，以达到吸引人才和发展经济的目的，如美国旧金山湾区依托区域嬉皮士文化、近代自由主义和进步主义发源地的优势，打造嬉皮士文化，赋予湾区独特个性，让旧金山湾区成为追求自由之地，最终吸引并留住大批人才和科技巨头企业。环太湖科创圈对标世界知名科创新区，提出"四圈一标杆"战略目标。如何挖掘和利用太湖人文底蕴，更好赋能科创圈建设成为当下环太湖地区历史文化资源开发利用的重要工作。

3. 太湖红色记忆亟待讲述

环太湖地区红色历史资源丰富，从嘉兴南湖红船、新四军太湖游击队到五卅路、沙家浜，从"苏南模式"到"小康社会"，纵观党的初创、新民主主义革命、社会主义革命和改革开放以来现代化建设等各个历史时期，环太湖地区物质层面的红色文化遗存和精神层面的红色文化资源均十分广博，这片文化热土，蕴藏着丰富的红色文化图谱。近年来，国家记忆、红色文化建设等得到各方重视，但各类红色文旅资源分布零散、同质化倾向明显，有效整合环太湖地区革命历史遗址、纪念馆、烈士陵园、红色档案等红色资源，开发完整的红色旅游线路，系统讲述太湖红色记忆，将对太湖文化品牌的整体建设起到积极作用。

（三）融合发展程度不高，人文经济发展潜力尚待挖掘

融合发展是指将不同的元素、领域或产业等进行有机整合，以创造新的价值和发展动力，融合发展的核心理念是通过整合和优化资源，实现各领域

的协同发展和相互促进，这种发展模式有助于打破传统行业或领域的界限，推动创新和变革，从而产生新的活力。环太湖地区经济发达、自然和人文资源丰富、科技水平高，在历史文化资源保护与传承中应注重融合发展，提升历史文化资源保护与传承的质效。

1. 产城人文融合程度不高

产业是动力、城市是空间、人文是灵魂，产城人文融合作为一种新型的城市发展模式，强调产业、城市、人文三者之间的相互促进和协调发展，涵盖了产业与城市的融合、人文与城市的融合、产业与人文的融合。2023 年，习近平总书记在苏州考察时说："苏州在传统与现代的结合上做得很好，这里不仅有历史文化的传承，而且有高科技创新和高质量发展，代表未来的发展方向。"在全国两会参加江苏代表团审议时，习近平总书记指出："上有天堂下有苏杭，苏杭都是在经济发展上走在前列的城市。文化很发达的地方，经济照样走在前面。可以研究一下这里面的人文经济学。"在产城人文融合上，环太湖地区已有一定的实践，如发展小镇经济、规划建设特色文化街区和创意空间等，但部分特色小镇存在功能发挥不足，融合程度不高的现象。环太湖地区经济实力雄厚，经济社会高度发展，具有深厚的历史文化资源禀赋，要充分发挥产城人文融合发展的先发优势，加快拓展产城人文融合空间，提升人文经济发展水平。

2. 数字人文融合程度不高

数字人文是一个跨学科的领域，它将计算机技术、数字工具和方法应用于人文学科的研究和创新实践之中。2022 年，中共中央办公厅、国务院办公厅印发《关于推进实施国家文化数字化战略的意见》，提出八项重点任务，整体推进国家文化数字化战略，建设国家文化大数据体系。这是信息技术与文化相融合的充分体现，也为历史文化保护与传承提供了明确思路和实施方向。当前，环太湖地区档案史志部门、文博机构等均在不同程度上运用信息化技术开展档案史料、古籍文献的数字化处理工作，部分地区已实现100%数字化，并建设文献数据库，实现文化资源的数字化管理。然而多数机构和项目存在融合程度不高的现象，主要体现在数据管理水平低、数据关联和文本分析工具不足、可视化呈现和虚拟环境模拟技术综合运用能力较差等方面，与诸如欧洲水城"威尼斯时光机"等在内的成熟数字人文融合项目相比，存在较大差距。环太湖地区在太湖文化数据库建设、非遗传承知识图谱库建设、太湖水文化可视化展示平台建设等方面尚需发力。

3.新型文旅融合程度不高

新型文旅融合是文化和旅游在新时代背景下的深度融合，强调通过创新性方式实现文化和旅游资源的有机整合，实现资源共享、优势互补，以推动文化旅游产业的升级发展。近年来，部分城市在新型文旅融合上大显身手，如上海市嘉定区提出"以文塑旅、以旅彰文、文旅共建"的发展思路，加大对非物质文化遗产的推介力度，加强对优秀历史建筑的保护开发，将旅游与文化元素、文化服务、文化产品相融合，培育文旅新业态新模式，借助数字化、虚拟现实、人工智能等技术，寻求"文旅"向更多元、更多方向发展；又如以新东方文旅为代表的文化科技企业，通过人群细分、主题定制、文旅产品和线路直播推介等方式，极大地推动了新型文旅市场发展。在新型文旅融合方面，环太湖地区已取得了一些积极进展，以苏州为例，通过精心筛选各类文化旅游景点，先后推出"太湖旅游年卡""惠民休闲年卡·长三角旅游套餐"等文旅套票，并设计多种套餐供大众选择；创新打造元宇宙博物馆、建设全国首座大型数字艺术馆——苏州湾数字艺术馆、建成吴中非遗数字平台等新型文旅平台并向公众提供文旅内容服务。但在文旅融合的深度、广度以及内容的丰富性上与社会大众的需求还存在较大差距，"太湖文旅"这块具备稀缺性价值的文旅品牌还需加大打造力度。

（四）文化载体功能发挥欠缺，文化影响力尚待提升

文化载体是承载、传播文化的媒介和工具，作为历史文化资源传承的重要组成部分，文化载体能够发挥文化传承与保护、促进文化交流与融合、增强文化自信以及提升地区吸引力等功能，这些功能的发挥，不仅有助于推动地区文旅产业的发展，也有助于提升地区的文化软实力和文化影响力。环太湖地区作为历史文化的宝库，拥有丰富的历史遗迹和深厚的非

物质文化遗产。这些资源不仅代表着过去的历史和文化，更对当前的社会和文化发展具有深远的影响。环太湖地区依托独特的自然风光资源、深厚的历史文化资源，已成功建立起包括特色体育赛事、夜间文化和旅游消费集聚区、工业旅游和特色文旅产业示范园区、生态文旅等在内的文化载体，并成功将"天堂之美在于太湖美"的口号在全国打响。然而，在环太湖地区历史文化资源保护与传承中仍存在文化载体功能发挥欠缺以及文化影响力不足等问题。

文化载体是历史文化资源得以传承和发展的重要媒介。在环太湖地区，尽管拥有众多的历史文化遗迹和丰富的非物质文化遗产，但在实际的文化传承过程中，这些载体的作用并未得到充分发挥。2011年，首届"太湖世界文化论坛年会"成功在苏州举办。此后，该论坛年会先后于杭州、上海、澳门、北京等地举办，成为具有代表性的太湖文化展示窗口，对环太湖地区的全球影响力建设极为重要。2021年10月，在第六届太湖世界文化论坛年会上，会议决定将该论坛年会永久会址落户于安徽蚌埠古民居博览园，苏州等环太湖城市与该论坛年会固定举办地失之交臂，成为环太湖地区文化载体建设的遗憾。当下，学习"世界互联网大会乌镇峰会""博鳌亚洲论坛"等全球知名文化交流窗口经验，进一步探索太湖生态和文化资源与现代经济社会发展之间的关系，让环太湖地区丰富的历史文化资源在现代社会中发挥更大的作用，成为环太湖地区共同的使命和任务。

三 世界级综合湖区创建经验借鉴

世界级综合湖区的成功经验和历史教训对打造环太湖湖区具有重要的借鉴意义。日内瓦湖、华盛顿湖、英格兰湖区都是世界知名综合湖区，它们在建设发展过程中的经济、文化、自然生态、社会等方面表现突出。在世界范围来看，这些湖区都具有较高知名度，不仅包括湖泊本身，也包括环湖周边城镇、地区的环境支持系统，甚至延伸至整个湖泊流域（见表1）。

表1 各大湖区综合条件对比分析表

项目	日内瓦湖	华盛顿湖	英格兰湖区
位置	瑞士西南部	美国华盛顿州	英格兰西北部
面积	约582平方公里	约87.6平方公里	约2292平方公里
湖泊地位	阿尔卑斯湖群中最大的一个,也是世界第一大高山堰塞湖	美国华盛顿州第二大湖,也是金县最大的湖泊	被划归为国家公园,也是世界遗产地
依托山脉	阿尔卑斯山脉	萨莫米什山脉	兰坎伯里山脉,拥有斯科菲、海尔贝尔、卡特贝尔和康伯巴赫等著名山峰
依托城市	瑞士日内瓦、洛桑、沃韦、蒙特勒、圣科瓦、拉沃,法国托农莱班等	西雅图、贝尔维尤、伦顿、肯莫尔等	南莱克兰、伊甸、阿勒代尔、科普兰四个县
宜居水平	优秀	优秀	优秀
文化资源	历史博物馆、奥林匹克博物馆、"卓别林的世界"博物馆等历史文化资源,西庸城堡、希隆古堡、圣彼得大教堂等历史遗迹和爵士、摇滚、世界音乐节	云集微软、亚马逊、星巴克、波音等跨国公司,华盛顿大学、西雅图城市大学、西雅图大学等知名大学,汇集各种表演、艺术中心、博物馆、音乐节,摇滚音乐诞生地西雅图被誉为"翡翠城市""最佳生活工作城市"	许多文学作品的灵感来源地,湖区周边遍布许多名人故居和历史遗迹,传统工艺和传统生计而创作开发的文化产品,如坎布里亚水晶和赫德威克绵羊等
独特优势	污染治理、两国及多城协同湖区保护治理	高新科技产业带动湖区发展,湖与城市之间相互造就	整体营造文化遗产保护的良好生态,公众参与实现文化遗产的共有共享
战略定位	以会展、运动、艺术、文化为主导产业,多主体协同湖区治理,多功能城镇相连的世界级综合湖区	以优越生态环境吸引人才和高新科技企业入驻,科技带动湖区发展,湖区和城市和谐共进	以卓越的生态旅游为依托,开展"乡村与湖区""自然与文化"一体化保护,依靠优势人文资源营造互动式文化资源开发体验

（一）日内瓦湖经验借鉴

日内瓦湖（Lake Geneva），位于瑞士西南部，湖泊东西长约75公里，南北最宽处约 14 公里，最深处水深 310 米，水面面积约 582 平方公里，海拔 1230 英尺，环湖总人口约 45 万人。日内瓦湖泊是罗纳冰川形成的，整个湖泊呈现新月形状，湖泊的凹处朝南。日内瓦湖横跨法国与瑞士，湖泊北岸和东西两端分属瑞士沃州、瓦莱州和日内瓦州，南岸则属于法国上萨瓦省，瑞士和法国分别占有湖泊面积的 60% 和 40%。日内瓦湖是西欧最重要的湖泊之一，是阿尔卑斯湖群中最大的一个，也是世界第一大高山堰塞湖。日内瓦湖是以旅游、运动、展览、文化艺术等为主要产业，并以多功能城镇相连接形成世界级湖区。

1. 全民参与的环保模式

日内瓦湖的污染治理成效明显是因为瑞士和法国通过宣传和立法等方式，全面提升了社会保护湖泊的意识，形成了全民参与湖泊环保的模式。两国政府制定并实施严格的湖泊环保相关法律法规，并大力宣传湖泊污染治理的重要性，加之日内瓦湖区居民和周边城镇企业也深感湖水污染的危害，这些因素促使政府、企业、民众积极主动承担起拯救和保护日内瓦湖的责任。"日内瓦湖清理排污周末"和 2 年 1 次的日内瓦湖区排污治理行动等全民环保活动已连续举办多年。此外，湖区严格限制周边的重大工程、严格规划湖区的市政建设、多数景区严禁汽车驶入、严禁开设工厂车间等环保措施被全民严格执行。日内瓦湖区全民湖泊环保工作已经形成了长期有效的治理模式。这种全民参与环保治理的模式对日内瓦湖重现清澈起到了重要和持续的功效，也为环太湖湖区的环保治理提供了成功的经验借鉴。

2. 协同合作资源开发

日内瓦湖在保护自然环境的同时，两国政府、湖区周边企业、社会组织利用优越的自然资源，探索出了一个"找准定位、尊重自然、协同开发、避免重复"的资源开发模式。日内瓦湖区依托"湖水、城镇、山脉、山林、文化"完美结合的优势，找准定位，提出发展以观光、运动、养生、艺术和度假为主的旅游湖区。这样，既充分利用湖区优势资源，又避免同类重复旅游项目的恶性竞争，使游客可以在湖区体验各具特色的游览项目，拥有更多不同的选择和体验，从而使日内瓦湖成为吸引各国游客的世界级旅游湖区。日内瓦湖这种协同开发资源模式对环太湖地区的资源开发利用工作具有较强参考借鉴价值。

（二）华盛顿湖经验借鉴

华盛顿湖（Lake Washington）是美国华盛顿州第二大湖，也是金县最大的湖泊。华盛顿湖西邻西雅图、东濒贝尔维尤、南接伦顿、北靠肯莫尔，湖的中央还包围着默瑟岛。湖泊面积 87.6 平方公里，流域盆地面积达 1274 平方公里，湖泊容量有 2.9 立方千米，湖泊的平均水深有 32.9 米，最深处有 65.2 米，湖长 35 千米，湖泊海拔 6.3 米，环湖人口约 516.2 万人（占华盛顿州总人口的 76.6%）。[①]

1. 高新科技产业带动湖区发展

华盛顿湖区依托高科技产业的带动成为能与硅谷比肩的重要科技产业基地和世界级湖区，也正在慢慢融合成长成一个世界级科技园区。湖区科技创新创业的生态系统优越，对经济增长的带动作用较为显著，也是推动湖区经济高质量发展的主要驱动力。湖区周边的企业抓住科技革命的机遇，积极利用湖区优势和周边腹地进行科技创新，造就了充满活力的创新区域，同时促进了湖区经济的融合发展。以科技带动湖区经济发展，经济增长带动湖区企业、研究机构、人才和城镇持续性经济复兴，这种区域一体化相互融合的经济生态模式是推动"环太湖世界级湖区"建设的重要经验借鉴。

2. 湖与城市之间空间相互造就

华盛顿湖区演绎出湖与城的空间相互造就之美，湖区连同城市和谐发展。为了保障湖区生态和周边城市的融合发展，通过生态修复和治理，将湖景自然融入城市，以高新科技赋能城市，让艺术、娱乐和休闲宜居融入城市。华盛顿湖与周围城市不仅通过桥梁连接，更是将城市的生活、娱乐、文

---

① Kearney, Moira R., et al., "Microplastics in Lake Washington and the Surrounding Watershed," *American Association for the Advancement of Science 2012 Annual Meeting 2012.*

化与湖区生态连接，从空间上打造和谐的多元复合业态圈。华盛顿湖区周边的西雅图被誉为"最佳生活和工作城市"，湖滨的美丽景色、空间的舒适气候、城市的宜人环境，再加上云集的高科技企业，让这里成为吸引力十足的国际都市。通过生态修复，湖区周边的煤气厂公园、联合湖公园从之前的"污染之地"成为现在的"生态公园"典范。1962 年，西雅图世界博览会的重要遗产——太空针塔，被打造成城市的地标性建筑景观。各种歌剧院、话剧院、流行文化博物馆、玻璃艺术园等艺术场所为人们带来了艺术盛宴。华盛顿湖区的湖与城区相互造就的成功经验对打造"环太湖世界级湖区"有着重要的参考意义。

（三）英格兰湖区经验借鉴

英格兰湖区是英国 14 个国家公园之一，位于英格兰西北部沿海的坎布里亚郡（Crumbria），同时靠近苏格兰边界。湖区横跨了郡内南莱克兰、伊甸、阿勒代尔、科普兰四个县的部分地区，总面积约 2292 平方公里，是英国面积最大、游客访问量最大、常住人口最多的国家公园。英格兰湖区于1951 年被划归为英国国家公园，2017 年，湖区国家公园成功申报成为世界遗产地。

1. 整体营造保护文化遗产的良好生态

英格兰湖区以"乡村与湖区""自然与文化"一体化保护为宗旨，设立了兼顾自然与人文的湖区保护机制。湖区的保护运动坚持湖与城乡一体化发展理念，使乡村的自然风景和湖区自然景观得到恰当保护。同时，湖区的乡村文化景观得以保留并成为重要的文化遗产。在湖区周边城乡文化遗产保护方面，注重"丛集"的关联保护形式，对于物质文化遗产和非物质文化遗产也并没有刻意区分，而是将其视为一个整体开展保护。[①] 以著名诗人华兹华斯故居为例，除了主体建筑鸽舍以外，还有与鸽舍毗邻的华兹华斯博物

---

① 杨丽霞：《英国文化遗产保护管理制度发展简史（上）》，《中国文物科学研究》2011 年第
4 期。

馆、礼品店、餐厅、以华兹华斯诗歌中的重要意象黄水仙命名的"水仙花园"及家族墓地，还有同属于小镇重要文化遗产的姜饼屋等。① 这些与文化遗产紧密结合的遗址和元素形成了一个"华兹华斯文化遗产丛集"。不仅能够更完整、更好地展示文化遗产，还能以互动式的体验对文化遗产进行关联和开发。英格兰湖区从微观和宏观层面，以湖城一体的保护原则，践行人文与自然的和谐发展，营造了湖区文化遗产保护的良好生态。这种"湖泊+城乡"一体化发展、整体营造文化遗产保护的良好生态圈模式为环太湖湖区文化遗产保护模式的构建提供了较好参考。

2. 公众参与实现文化遗产的共有共享

2021年，英格兰湖区颁布了《湖区国家公园本地规划（2020—2035）》，规划提出"通过本地居民、游客以及在湖区的企业和组织共同协作，保护壮丽的景观、野生动植物和文化遗产，使湖区成为可持续发展行动的典型地区"。② 政府、个人、社区和志愿者共同致力于湖区保护，普通居民还可以参与湖区保护规划的制定、保护捐赠等各种保护活动，这种广泛的公众参与形式形成了湖区文化遗产保护的模式。首先，个体参与湖区文化遗产保护的典型模式是湖区名士与湖区文化遗产的互动和相互成就。例如，湖区的自然美景打动了"湖畔诗人"华兹华斯，而华兹华斯以优美的诗歌成就了湖区美名。他于1810年发表的《湖区指南》大大提升了湖区的知名度，也被多次重印，进一步提升了民众对湖区生态保护的热情。其次，社会组织也是推动湖区文化遗产保护工作的重要角色。如华兹华斯信托（Wordsworth Trust）、英国国家信托等民间慈善组织。它们对湖区文化遗产保护的资金支持、文化遗产相关工作人员的培训和教育、各类文化遗产互动活动的筹办等事项都起到了重要作用。英格兰湖区的全民参与、共享共建文化遗产保护理念为环太湖湖区文化遗产保护提供了重要的借鉴。

① 刘爱河：《英国文化遗产保护成功经验借鉴与启示》，《中国文物科学研究》2012年第1期。
② 《英国湖区国家公园规划——人与自然和谐共处，湖与城乡协调共生》，https：//sghexport. shobserver.com/html/baijiahao/2022/02/24/668140. html，2022年2月。

四　环太湖地区历史文化资源保护与传承的对策

针对环太湖地区历史文化资源的现状和保护问题，在借鉴世界级综合湖区建设经验的基础上，本报告提出以下创新保护路径与政策建议。

（一）集聚优势，阐释太湖文化价值

1. 建构太湖文化历史传承

太湖地区自古以来就是文化繁荣之地，其历史传承对于太湖文化的发展至关重要。为了集聚优势、阐释太湖文化价值，需要加强对太湖文化历史传承的研究和宣传。可以通过建立太湖文化博物馆、举办太湖文化论坛等方式，展示太湖文化的历史渊源、发展脉络和独特魅力，增强公众对太湖文化的认知和认同感。

2. 挖掘史前太湖文化价值

史前太湖文化的价值在于其独特的地域性和丰富的文化内涵，如马家浜文化、崧泽文化、良渚文化等，这些史前文化遗址是太湖文化的重要组成部分。通过考古发掘和研究，可以深入了解太湖地区史前人类的生活方式、社会结构、宗教信仰等方面的信息，挖掘出史前太湖文化的独特价值和意义。同时，对这些史前文化遗址进行的保护和展示，也为公众提供了解和体验史前太湖文化的机会。

3. 阐释太湖文化当代价值

太湖文化不仅具有历史价值，更具有当代价值。太湖地区的自然风光、人文景观、民俗风情等都是太湖文化的重要组成部分，这些元素可以为当代社会提供丰富的文化资源和精神滋养。要通过文艺创作、旅游开发等方式，阐释传播太湖文化的当代价值，让更多的人了解和感受太湖文化的魅力。

4. 推进太湖文化创新发展

太湖文化要不断发展，就需要在保护的基础上进行创新。可以通过与现代科技、艺术等领域结合，推出具有时代特色的太湖文化产品和服务。例

如，可以利用虚拟现实技术重现太湖历史场景，让游客身临其境地感受太湖文化的魅力；可以开发太湖主题的文化创意产品，满足消费者的多元化需求。同时，鼓励和支持太湖地区的文化企业和个人进行文化创新，为太湖文化的发展注入新的活力和动力。

（二）凸显亮点，铸就太湖文化特色

1. 实施太湖文明探源工程

太湖文明探源工程旨在深入挖掘太湖文化的历史根源和独特价值。通过考古发掘、文献整理、历史研究演变，揭示太湖文化的起源、发展和变迁过程，梳理太湖地区的历史文化脉络。这一工程的亮点在于揭示太湖文化的深厚历史底蕴和独特魅力，让人们更加深刻地认识到太湖文化在中国文化中的重要地位和独特贡献。同时，对太湖文化的深入研究，可以推动相关学科的发展，为太湖文化的传承和发展提供学术支持。

2. 做强江南文化展示传播

建设江南文化博物馆群。在太湖流域布局建设一批江南文化主题博物馆，展示江南文化的历史沿革、艺术成就和民俗风情。创新文化传播方式。利用现代科技手段，如虚拟现实、增强现实等，打造沉浸式江南文化体验项目，以吸引年轻一代。拓展国际传播渠道。与国际文化机构合作，举办江南文化艺术展、文化交流活动等，提升太湖文化在国际上的知名度和影响力。通过强化展示传播，将江南文化的精致、典雅、柔美特质展现给世界，塑造太湖文化的国际品牌形象。

3. 建设水乡人居文明样板

太湖地区是水乡文化的典型代表，其独特的水乡风貌和人文景观是太湖文化的重要组成部分。为了凸显太湖文化的亮点和特色，需要建设水乡人居文明样板。可以通过保护和恢复太湖地区的水乡风貌、传承和弘扬水乡文化等方式，打造具有太湖特色的水乡人居文明样板。同时，注重生态环保和可持续发展，实现太湖生态与人文的有机融合，彰显太湖文化的生态价值和人文魅力。

4. 打造太湖精品文化工程

实施文艺精品创作计划。扶持太湖文化题材的文艺创作，推出一批具有国际影响力的文学、影视、音乐作品，展现太湖文化的艺术魅力。打造太湖文化节庆品牌。策划和组织以太湖文化为主题的文化节庆活动，如太湖渔歌节、太湖书香节等，形成具有地方特色的文化节庆品牌。发展太湖特色文化产业。依托太湖丰富的文化资源，发展文化旅游、文化创意、文化演艺等产业，打造完整的文化产业链。通过打造精品文化工程，提升太湖文化的艺术品质和市场竞争力，实现文化事业和文化产业的双轮驱动。

（三）数字赋能，打造太湖数字文化

1. 建设太湖文化数据库

太湖文化数据库的建设是实现数字赋能的首要任务。通过系统收集、整理太湖地区的各类文化资源，包括历史文献、艺术作品和民间传说等，利用大数据和云计算技术，构建一个全面、系统、可查询的太湖文化数据库。这一数据库不仅可以实现对太湖文化资源的数字化存储和管理，还可以为研究人员提供便捷的检索、查询和分析功能，从而推动太湖文化的深入研究。

2. 保护太湖历史文化资源

通过数字化技术，如三维扫描、虚拟现实等，对太湖地区的古建筑、古遗址等历史文化遗产进行数字化建档和再现。这不仅可以实现对文化遗产的永久性保存，还可以通过虚拟漫游、场景再现等方式，为公众提供沉浸式的文化体验。此外，数字化技术也可以应用于太湖非物质文化遗产的保护和传承，如通过数字化记录和展示传统技艺、民俗活动等，使其得以传承和发展。

3. 打造太湖主题文化精品

通过深入挖掘太湖文化的内涵和特色，利用数字技术如动画、游戏、影视等，创作以太湖为主题的文化精品。这些作品不仅可以展现太湖文化的独特魅力，还可以通过互联网等数字化渠道进行广泛传播和推广，提升太湖文化的知名度和影响力。同时，数字化创意还可以应用于传统文化产业的升级改造，推动太湖文化与现代科技的深度融合。

4. 培育太湖文化文创产业

通过建设数字化平台，如文创产品电商平台、社交媒体营销平台等，为太湖文创产业提供全方位的数字化服务。这不仅可以拓展文创产品的市场空间，还可以推动文创产业的创新发展。同时，通过加强产学研合作，培育文创产业人才，提升产业创新能力，构建良好的产业生态。这将有助于推动太湖文创产业的可持续发展，并为太湖文化的传承与发展注入新的活力。

（四）协同发展，建设太湖现代文明

1. 环太湖地区的融合发展

打破行政壁垒，加强环太湖城市间的经济、文化、交通等多方面的合作与交流。构建统一的区域市场，促进资源、要素的自由流动和优化配置。共同打造环太湖文化旅游品牌，推动文化旅游业的协同发展。建立环太湖城市发展联盟，形成定期沟通协商机制。推进交通基础设施的互联互通，如建设环湖公路、轨道交通等。

2. 历史与现代的融合发展

一方面，要保护好太湖地区的历史文化遗产，传承和弘扬优秀传统文化。通过修缮古建筑、保护古村落、传承非物质文化遗产等措施，让历史文脉得以延续。另一方面，要利用现代科技手段，推动传统文化的创新性发展和现代化转型。例如，通过数字化技术重现历史场景、开发文化创意产品等，让传统文化焕发新的生机与活力。这种历史与现代的融合发展，不仅有助于提升太湖地区的文化软实力，也能为生态文明建设注入深厚的文化底蕴。

3. 生态与文化的融合发展

在生态保护方面，应坚持"绿水青山就是金山银山"的理念，加强太湖流域的生态环境保护和修复工作，以保障生态安全。在文化传承方面，应深入挖掘太湖地区的生态文化价值，弘扬人与自然和谐共生的传统文化。通过建设生态博物馆、开展生态文化体验活动等方式，让公众更加深入地了解和体验太湖的生态文化魅力。这种生态与文化的融合发展，有助于提升公众的生态文明意识，推动太湖生态文明建设深入人心。

4. 传统与科技的融合发展

一方面，要继承和发扬太湖地区的传统智慧和技艺，如传统农业、手工艺等。通过技术创新和模式创新，推动传统产业转型升级，实现绿色发展。另一方面，要积极引进和应用现代科技成果，推动科技创新与太湖生态文明建设的深度融合。例如，利用大数据、人工智能等技术手段，提升生态保护和环境治理的智能化水平；运用新材料、新能源等技术手段，推动绿色产业的发展壮大。这种传统与科技的融合发展，将为太湖生态文明建设提供强大的科技支撑和创新动力。

5. 人文与经济的融合发展

以人为本，推动太湖地区经济社会全面协调可持续发展。加强人力资源开发，提升区域人才竞争力。发展特色经济，打造太湖地区独特的经济品牌。优化人才发展环境，吸引和留住各类优秀人才。鼓励企业加大研发投入，培育自主创新能力。支持地方特色产业的发展，形成差异化竞争优势。

（五）健全机制，谱写太湖文化新篇章

1. 构建统筹协调机制

为确保太湖文化建设的整体性和协同性，建议构建统筹协调机制。贯彻落实《长江三角洲区域一体化发展规划纲要》，成立由相关部门和地方政府共同组成的太湖文化建设领导小组，负责制定和实施太湖文化建设的总体规划、政策措施和项目计划。同时，建立跨地区、跨部门的信息共享和沟通机制，提升各方在太湖文化建设中的密切合作和有效配合，形成工作合力。

2. 建立多元投入机制

太湖文化建设需要多元化的投入机制以保障资金来源的多样性和稳定性。建议政府设立太湖文化建设专项资金，并引导社会资本、企业资金和社会捐赠等多渠道投入。此外，鼓励金融机构创新金融产品和服务，为太湖文化建设提供信贷、保险等金融支持。通过多元化的投入机制，确保太湖文

化建设有充足的资金保障。

3. 加强全面配套落实

太湖文化建设需要全面配套落实各项政策措施和项目计划。应完善太湖文化保护法律法规体系，加强执法力度，确保太湖文化得到有效保护。同时，加强太湖文化基础设施建设，提升公共文化服务水平，满足人民群众对文化的需求。此外，推动太湖文化产业创新发展，培育文化旅游、文化创意等新兴产业，打造太湖文化品牌。

4. 实施重点项目支撑

为了推动太湖文化建设的深入发展，建议实施一批重点项目支撑。这些项目应围绕太湖文化的核心价值、传承创新、传播交流等方面展开，如太湖文化遗产保护工程、太湖文化创新发展示范区建设、太湖文化国际交流合作等。通过重点项目的实施，引领和带动太湖文化建设的全面发展。

5. 推进人才培养工程

太湖文化建设需要高素质的人才队伍作为支撑。加强太湖文化研究机构和高校相关学科建设，培养一批太湖文化研究、传承与创新的专业人才。同时，实施太湖文化人才培养计划，通过培训、交流、实践等方式提升现有人才队伍的整体素质。此外，建立太湖文化人才激励机制，吸引和留住优秀人才为太湖文化建设贡献力量。

6. 做好督查评估落实

为确保太湖文化建设的各项任务和目标得到有效落实，应建立完善的督查评估机制。制定太湖文化建设评估指标体系和评估方法，定期对太湖文化建设进展情况进行评估和总结。此外，加强督查力度，对未完成任务或工作不力的单位和个人进行问责和整改。通过督查评估，及时发现问题并采取有效措施加以解决，确保太湖文化建设目标的顺利实现。

B.9
环太湖工业文化特征研究

陈晓清 孙娜 庞尧 郭柳言*

摘 要： 本报告以环太湖苏州段为主要研究对象，从三个方面进行研究。一是系统梳理了环太湖工业文化的发展历程，对环太湖工业文化发展的三个阶段进行了回顾。二是总结了以苏州为代表的环太湖工业文化发展特征。从工业遗产、工业博物馆、工业旅游、城市产业名片等几个方面，对苏州市工业文化特征进行深入分析。三是结合苏州发展实践和要素条件，提出了建设环太湖工业文化发展高地的对策建议。

关键词： 环太湖 工业文化 工业遗产 工业旅游

2023年10月至2024年5月，工业和信息化部工业文化发展中心战略规划研究所围绕苏州工业遗产、工业博物馆、工业旅游区及相关企业展开调研。调研发现，近年来，苏州市加快推进工业文化建设，立足丰富的传统文化资源，借力文化内核赋能"苏州制造"品牌，积极探索保护利用工业遗产新模式，创新开展工业旅游，不断开辟新领域新赛道，塑造发展新动能新优势，在推动优秀传统文化的创造性转化和创新性发展方面积累了丰富的经验，取得了显著成效，对环太湖圈工业文化发展的引领和示范作用逐步凸显。

---

* 陈晓清，工业和信息化部工业文化发展中心战略规划研究所负责人，主要研究方向为工业文化理论与政策、工业文化产业、工业史；孙娜，博士，工业和信息化部工业文化发展中心战略规划研究所助理研究员，主要研究方向为产业经济、人文经济；庞尧，博士，工业和信息化部工业文化发展中心战略规划研究所助理研究员，主要研究方向为工业发展、企业创新、产业政策；郭柳言，工业和信息化部工业文化发展中心战略规划研究所研究人员，主要研究方向为产业跨国投资、区域经济。

一 环太湖工业文化的发展历程

环太湖圈历来是我国文化较为兴盛、经济较为富庶的地区，拥有深厚的历史积淀和丰富的文化内涵。截至 2023 年，环太湖五市的 GDP 已达约 6.2 万亿元，在江苏、浙江两省 GDP 总量中的占比达 29.4%。苏州是环太湖圈经济实力最强的城市，同时在科研能力、整体产业结构上都具有明显的优势，产业技术含量较高及发展潜力较大。截至 2023 年，苏州全市实现 GDP 2.5 万亿元，占环太湖圈经济总量的 40.3%。同时，苏州也是太湖文化传承与发展的重要力量。太湖地区拥有刺绣、缂丝、核雕、吴门画派、"香山帮"建筑艺术等非物质文化遗产，这些技艺和文化都在苏州得到了良好的传承和发展。

（一）以苏州为代表的环太湖圈长期是我国古代和近代工业发展的中心

环太湖圈凭借独特的地理位置、丰富的自然资源和悠久的历史文化，经济发展迅速。作为中国古代和近代以来工业最为发达的地区之一，苏州见证了中国工业从传统手工业向现代化工业转变的历程。苏州城始建于公元前 514 年，距今已有 2500 多年历史，文化底蕴深厚、资源富集，是首批国家历史文化名城。苏州的手工业史可追溯至新石器时代，苏州出土的丝织物遗存见证了苏州悠久的丝绸历史。苏州吴江区素有"丝绸之府"之美誉。依据《史记》记载，早在春秋时期吴江人就已经开始栽桑、养蚕、缫丝、织绸，以丝织业为重点诞生了大批能工巧匠和工商、文化名人。三国东吴时，苏州就有"丝帛之饶"之称，唐宋之后成为全国丝绸织造的重要中心。汉代以来，苏州以纺织业、青瓷器制造业为代表的手工业迅速发展。明清时期，手工业和商业铺行发展达到顶峰，精湛的技艺与优质的产品为苏州的现代工业发展奠定了坚实的基础。康熙《苏州府志·风俗》载："吴中男子多工艺事，各有专家，虽寻常器物，出其手制，精工必倍于他所。女子善操作，织纴刺绣，工巧百出，他处效之者莫能及也。"据有关碑刻资料考证，苏州的手工业行业有丝织业、刺绣业、踹布业、染布业、冶金业、造纸业、刻书业、蜡烛业、玉作业、木作业、装裱业等数十种。这一时期，苏州的经济重心由农业转变为工商业。

清朝末年，因封建腐朽统治和西方列强侵略，苏州工业发展受挫。1863年，李鸿章将从阿思本舰队购买的"水上兵工厂"的机器设备搬迁至苏州桃花坞大街 89 号，[①] 建立了苏州洋炮局，这是中国第一家机械化生产的兵工厂，是近代中国第一家引进英国技术、以蒸汽锅炉为动力的兵工厂，三年后，整体搬迁至南京。虽然苏州洋炮局在苏州只有短短的三年时间，但是在促进苏州近现代工业发展、刺激苏州人打开眼界的同时，也变相地保护了苏州古城。甲午战争后，苏州开埠通商，早期民族工业起步。1895 年，两江总督张之洞等人在苏州倡导并创办了苏经丝厂和苏纶纱厂，这是苏州最早的近代化民用企业，也是江苏省最早使用机械缲丝的工厂之一。随后，苏州丝织业和纺织业得到了迅速发展，带动了一批现代企业的创办，如恒利丝厂、延昌永丝厂等。至 1937 年日本全面侵华前夕，苏州地区出现了创办近代企业的热潮，几乎涉及日常生活用品的各个领域。

苏州自古就有精工重商的传统，工匠精神和苏商精神是这一时期苏州工业文化的典型代表。苏州历来就是百工集聚的"工艺之都"，手工业者多秉承工匠精神，致力于基础创新，追求产品质量，树立品牌意识，使得当时苏州的手工业产品多可以艺术品视之，代表了当时时尚和品位，由此衍生出一个专有名词——"苏作"。"苏作"涵盖了多个工艺产品领域，特别是在苏绣、玉雕、缂丝、竹木乐器、传统服饰等方面享有盛誉。苏州工匠在继承传统的基础上，勇于尝试新的材料和技法，使得苏州的手工艺品始终保持旺盛的生命力和强劲的市场竞争力。

随着中国经济重心的南移，江南地区的地位日益重要，商业活动的繁

---

① 在 2014 年央视拍摄纪录片《近代兵工传奇》时，根据当时来到苏州的考察，位置是在桃花坞大街的单家桥旁，桃花坞大街 89 号，也就是现在的长城电扇股份有限公司厂区。

荣为苏商的形成提供了土壤，他们在长期的商业实践中积累了丰富的经验和智慧。以沈万三、王惟贞为代表的"洞庭商帮"是苏商的早期代表，起源于苏州市西南吴县境内的洞庭东山和西山。明嘉靖、万历年间，洞庭商帮凭借聪明才智和吃苦耐劳的精神，在中国商海中占据了一席之地，与徽商、晋商等商帮相抗衡，其独特的商业精神和经营策略对后世产生了深远的影响。鸦片战争后，在民族危机的刺激下，诞生了近代苏商群体，以张謇、荣氏兄弟为代表。他们怀抱"实业救国"的理想，兴办企业、发展教育、修建道路、扶孤恤贫，为苏商注入了立足实业、崇文重教、心系家国的精神基因。在改革开放的浪潮中，苏商聚焦实业、做精主业，善于创新和融合，讲究因时而变、随势而变，逐步形成了今天"厚德、崇文、实业、创新"的苏商精神。

（二）新中国成立至20世纪末，引领国内改革发展风气之先

新中国成立之初，苏州百业待兴，凭借早期在农业、工商业积累下的殷实基础和敏锐的商业嗅觉，苏州以农副产品、轻纺织产品为主的加工工厂规模快速扩大。到1978年，苏州GDP由1952年的4.38亿元增长至31.95亿元，按可比价计算，增加了6.3倍。家庭联产承包责任制在苏州全面推开后，极大提高了农民的生产积极性。苏南地区通过发展乡镇企业，走出了一条先工业化、再市场化的发展路径。到1985年，苏州乡镇工业总产值已达99.74亿元，占当年全市工业总产值的51.6%，成为工业经济的半壁江山。至此，苏州实现了由农到工的转变，走上了一条农村工业化和城镇化的新路，成为"苏南模式"的主要范例，为以后成为全国乃至全球制造业基地打下了坚实基础。

20世纪90年代，苏州紧紧抓住全国改革开放重心从珠三角移向长三角地区、跨国公司在全球低成本扩张、全球制造业加快梯度转移的绝佳机遇，凭借紧邻上海这一得天独厚的区位优势，依托乡镇工业崛起形成的巨大加工生产能力、良好的市场流通网络，外贸、外资、外经齐上，合作、合资、独资并举，各级各类开发区并进。苏州抓住国际产业转移机遇，瞄准国际一流

技术，积极引进外资，承接国际产业转移，建立了大批工业园和开发区，外向型经济特征逐渐形成。苏州工业园区就成立于这一时期，不仅吸引了大量的外资和技术，还带动了苏州整体工业水平的提升，成为苏州工业发展的重要引擎。在工业化、信息化、城镇化、农业农村现代化的助力下，苏州支柱产业由纺织、钢铁、机械、代加工转型升级为电子信息、装备制造、生物医药、新材料，实现了制造业由基础向精细的升级。

这一时期，苏州最具代表性的工业文化是改革开放以来苏州干部群众在长期的实践中创造的以"张家港精神""昆山之路""园区经验"为代表的苏州"三大法宝"，以及企业家展现出来的敢于拼搏、艰苦奋斗的创业创新精神，共同推动着苏州不断实现蜕变与超越。40多年前，张家港还只是长江边一个荒僻沙洲，张家港人坚持"团结拼搏、负重奋进、自加压力、敢于争先"的"张家港精神"，3个月建成全国第一个内河型国家级保税区，张家港市综合实力连续20多年位居全国百强县前三名。昆山人以乡镇企业发展带动新型城镇化建设，转变经济增长方式，走出了一条"艰苦创业、勇于创新、争先创优"的"昆山之路"，已连续多年位居全国百强县之首。创立于1994年的苏州工业园区，凭借"借鉴、创新、圆融、共赢"的"园区经验"，连续多年名列国家级经济技术开发区综合实力第一。园区经验不仅在苏州地区得到了广泛应用和推广，也为全国乃至全球其他地区的经济发展提供了借鉴和参考。

（三）新世纪以来，文化和制造业深度融合助推产业链价值链迈向中高端

进入21世纪，苏州工业发展继续保持强劲势头，不断增强自主创新能力，通过择商选资、"退二进三"、"腾笼换鸟"政策等调整产业结构，优化产业布局，做大经济规模，做强经济实力。党的十八大以来，苏州深入践行新发展理念，以敢为人先、勇立潮头的引领者姿态，在高水平全面建成小康社会、开启现代化新征程的历史进程中，在服务全省、全国发展大局中，奋力书写新时代高质量发展的苏州答卷。苏州紧紧围绕"五位一体"总体布

局和"四个全面"战略布局,主动适应经济发展新常态,把提高创新能力作为调整产业结构、转变增长方式的关键环节,稳中求进、优化结构,进一步摆脱原有的发展模式和路径依赖。

随着科技创新和产业升级,苏州的工业结构不断优化,在原来电子信息、装备制造、轻工、纺织、冶金、化工六大传统支柱产业的基础上,打造了新型显示、高端装备、软件和集成电路等 10 个千亿级制造业集群,形成了新一代信息技术、生物医药、纳米技术应用、人工智能四大先导产业,成为我国高新技术产业和新兴产业发展的重要策源地,"苏州制造"已然成为苏州的重要名片。2023 年,苏州全市实现 GDP2.5 万亿元,位列百强地级市之首,充分展现了其在经济发展方面的强大实力。在工业发展方面,苏州市规模以上工业总产值迈上 4.4 万亿元,其中:装备制造业实现产值 1.4 万亿元,占规模以上工业产值比重为 32.1%;电子信息行业产值 1.3 万亿元,增长 4.3%,成为工业经济稳定回升的重要支撑。苏州市先进制造业持续发力,培育壮大创新型领军企业。新增国家级专精特新"小巨人"企业 230家,累计 401 家,跃居全国第四、江苏省第一;上榜国家独角兽企业 17 家,入选江苏独角兽企业 17 家,认定市级独角兽培育企业 224 家。

经过多年创新发展,苏州营商环境不断改善,为民营经济快速发展壮大提供了有力保障。在 2023 年《财富》世界 500 强排行榜中,江苏省有 3 家企业上榜,均在苏州,分别为恒力集团(连续 7 年进入世界 500 强)、盛虹控股集团(连续 4 年进入世界 500 强)、江苏沙钢集团有限公司(连续 15年进入世界 500 强)。在最新发布的"2023 中国民营企业 500 强""2023 中国制造业民营企业 500 强""2023 中国服务业民营企业 100 强"三个榜单中,苏州上榜企业数分别为 26 家、25 家和 2 家,在全国和江苏省均名列前茅,充分展现了苏州民营经济高质量发展的最新成果。

二 以苏州为代表的环太湖工业文化发展特征

2023 年 3 月全国两会期间,习近平总书记在参加江苏省代表团审议时做出部署："上有天堂下有苏杭，苏杭都是在经济发展上走在前列的城市。文化很发达的地方，经济照样走在前面。可以研究一下这里面的人文经济学。"2023年7月，习近平总书记在苏州平江历史文化街区考察时说："苏州在传统与现代的结合上做得很好，不仅有历史文化传承，而且有高科技创新和高质量发展，代表未来的发展方向。"总书记的一系列重要指示既是对苏州发展成就和经验的肯定，也为苏州进一步探索文化和经济融合互促指明了方向。作为环太湖圈的核心城市，近年来，苏州市借力文化内核赋能"苏州制造"品牌，立足丰富的传统文化资源，加快推进工业文化建设，不断开辟新领域新赛道，塑造发展新动能新优势，成为环太湖圈乃至全国推动优秀传统文化和先进工业文化创造性转化和创新性发展的典范。

（一）积淀较多近现代工业遗产，为苏州工业文化传承创新奠定基础

伴随城市发展格局与工业发展结构的双重调整，苏州市形成了较为丰富的工业遗产资源。依据2020年工业和信息化部工业文化发展中心、江苏省工业和信息化厅的联合调研结果，江苏省目前共有工业遗产106处，其中位于苏州市的有8处（见表1）。

表1　已被纳入江苏省工业遗产管理的8处苏州工业遗产

序号	名称	地址	建成年代	遗产核心物项
1	甪直酱品厂	苏州市吴中区甪直镇西汇上塘街37号	19世纪20年代	建于19世纪20年代的老门市部以及甪直萝卜传统制作技艺
2	苏州陆慕御窑金砖厂	苏州市相城区阳澄湖西路95号	清朝末年	清末窑址以及明清各年代的金砖
3	浒关蚕种场	苏州市高新区浒墅关镇桑园路333号	20世纪30年代	浒关蚕种场总场和浒关蚕种场二分场民国建筑群，完整齐全的各种老物件以及各类文史资料
4	苏州第二制药厂	苏州市姑苏区盘胥路859号	20世纪50年代至70年代	生产车间、仓库、办公楼等各类建筑43栋，大烟囱以及5个原抗生素发酵罐

序号	名称	地址	建成年代	遗产核心物项
5	苏州电力电容器厂	苏州市姑苏区白塔东路 26 号	20 世纪 50 年代	16 栋生产用房,包含生产车间、原料仓库、锅炉房、大礼堂、宿舍等
6	江南无线电厂	苏州市姑苏区胥江路 426 号	20 世纪 50 年代	大礼堂、老厂房、配电间、金工车间、机修理车间等建筑
7	坛丘缫丝厂旧址	苏州市吴江区盛泽镇坛丘丝厂路 12 号	20 世纪 60 年代	茧站、烘房、选茧车间等多栋新中国转入现代化建设新时期的典型江南工业建筑,水塔、烟囱、收茧码头等附属设施,煮茧机、自动缫丝机、立缫机、复摇机车等具有缫丝厂特征的机器设备
8	长城电器旧址	苏州市平江区(现姑苏区)桃花坞大街 89 号	20 世纪 70 年代	7 栋老厂房

资料来源:课题组整理。

从表 1 可以看出,苏州现存较完整的工业遗产主要是近现代遗产,其中5 处工业遗产主体都建设于新中国成立后。如苏州第二制药厂,其前身为 20世纪 60 年代由江南油厂、祥生油厂整合而成的苏州油脂化学厂,1975 年经结构调整,转产青霉素、钾盐原料药制剂等医药产品,并更为现名,是当时江苏省唯一的青霉素原药和制剂厂。1978 年,苏州第二制药厂凭借抗生素麦迪霉素,获得全国科学技术工作重大贡献者奖。2011 年,为响应政府"退二进三"政策,公司整体搬迁至苏州相城区东桥的工业园内,在原厂区遗留下 69 栋大大小小的单体建筑,成为苏州地区早期医药工业的见证。

苏州也有为数不多的保存较完整的古代工业遗产,如位于苏州相城区元和街道御窑社区的陆慕御窑金砖厂。陆慕窑场制砖历史悠久,在汉代已成规模,且工艺精细,所制砖质地密实,断之无孔,敲之作金石之声,质量上乘,受到明成祖朱棣称赞而得名"御窑"。目前窑址所在地是当年烧制御用金砖的窑场,始建于清朝。金砖厂自创办之日起,生产的各类古建砖瓦就受到苏州及周边用户的青睐,并很快声名鹊起。即便是在受到现代建材产业巨大冲击的情况下,御窑金砖厂依然保持良好的生产经营和市场销售状态。

2006 年，苏州御窑金砖制作技艺被列入国家级非物质文化遗产名录。现存窑址是苏州陆慕御窑金砖厂唯一保存完好的古砖窑址，该御窑址和其他窑灶当年烧制的金砖，至今还在紫禁城宫殿建筑、陵寝坛庙、皇家园囿的地坪上，成为世界文化遗产的一部分。御窑址为研究明清时期江南制砖业，特别是金砖制作技艺、工艺流程提供了重要的实物资料，也是传承和弘扬民族民间文化、工匠精神的重要场所。

（二）打造了一批工业博物馆，多角度展现了苏州工业的发展历程

2021 年 5 月，工业和信息化部、国家发展和改革委员会、教育部等八部委联合印发《推进工业文化发展实施方案（2021—2025 年）》，指出要"完善工业博物馆体系——发挥工业博物馆展示历史、展现当下、展望未来的作用……支持各地建设具有地域特色的城市工业博物馆，鼓励企业建设博物馆或工业展馆、纪念馆"。以博物馆为载体推进工业文化发展受到了前所未有的关注。

在苏州，许多企业将工业博物馆视为对外宣传展示的重要窗口和名片，主动加入工业博物馆打造计划。依据工业和信息化部工业文化发展中心与江苏省工业和信息化厅 2022 年的联合调研结果，江苏省现有工业博物馆 105 家，其中苏州市 26 家，占全省的 24.8%，位列第一。这些博物馆或承载厚重历史、印刻苏州记忆，或讲述动人故事、诠释江南文化，从各个角度展现了苏州工业的发展历程。经过对 26 家工业博物馆进一步的调研梳理发现，苏州的工业博物馆还具有以下特点。

一是开发主体以企业为主。现有 26 家工业博物馆的绝大多数由企业自发投资建设，如恒力集团展示馆由恒力集团投资建设、登峰企业文化展示馆由波司登集团投资建设、创想科技馆由科沃斯机器人股份有限公司投资建设。

二是内容展陈数字化程度较高。在互联网技术的帮助下，博物馆的展示传播已经迎来新的时代。苏州的工业博物馆大多主动适应数字化时代文物价值展示方式和创造方向，充分运用数字技术，打造"无边界博物馆"，逐步

打破空间、技术、行业、服务、能力等多个方面的界限，让博物馆成为无差别、主动参与的开放空间。例如波司登登峰企业文化展示馆，采用虚实结合场景、裸眼 3D 技术展示手段，让到馆参观者实现沉浸式观展。

三是面向社会开放程度较高。工业博物馆不仅具备参观体验的基础功能，还是社会教育的重要阵地。苏州的工业博物馆深挖其在企业展示、社教服务等方面的多元化功能，致力于打造功能多样的综合性展示展览馆。例如沙钢集团企业展示馆设有序厅、党建综合展区、企业发展历程展区、科技创新展区、绿色发展展区、社会责任展区 6 个部分，将展示馆打造为集展示、教育、培训、服务、活动于一体的综合性红色阵地，自开馆以来，已有近万人次参观学习和开展党员活动，已成为张家港市爱国主义教育基地。

（三）与文创产业相融互促，推动苏州城市更新和产城融合发展

依据城市发展需求，苏州市在对工业遗产保护的同时进行适度的开发，将打造文化创意产业园区、创业创新平台作为工业遗产活化利用的主要方式，丰富了土地利用方式、完善了城市公共配套功能，走出了一条保护利用并举、产城转型提升的创新路径。如苏州第二制药厂依托旧厂区遗留下来的 69 栋建筑，于 2011 年、2015 年、2020 年分三次进行改造，并引进许多优质的文创企业，如苏州洛可可创意设计有限公司、喜舍文化传媒有限公司、善水堂创意设计机构等，逐渐形成了产业集聚，成为现在的姑苏 69 阁文化创意产业园。姑苏 69 阁地处苏州盘胥路酒吧街区，又因园内工业遗产保存完好，建筑特色明显，怀旧气息浓厚，自开园以来成为多部影视剧的拍摄基地，既彰显了文化主题，又提升了姑苏 69 阁的知名度，实现了多赢。

再比如由江南无线电厂老厂房，经过几年的连续修复、改造，现已成为具有较大品牌影响力的江南文化创意设计产业园。2011 年是江南文化创意设计产业园成立的第一年，产业园属地税收比上年同期增长 48.47%，2012年产业园属地税收突破千万元大关，2019 年产业园属地税收已达近 3000 万元。自建园以来，产业园受到了苏州市各级领导的高度重视，已接待本市、区、街道及外省外市参观约 100 次，社会影响力不断提升。

（四）创新工业旅游模式，打造产业发展新动能

作为外向型工业大市，苏州工业企业数量众多，产品门类齐全。依托现代工业和旅游资源禀赋，苏州市把工业旅游作为提振经济、拉动消费、扩大影响的重要抓手，着力打造工业旅游新模式，培育工业旅游品牌。自2012年以来，江苏省共认定省级工业旅游区130家，其中苏州市44家，占全省的33.8%，涵盖丝绸、纺织、苏扇、服装、食品、钢铁、家具、物流、医药、电梯、箱包、模具等多种门类。在2017年、2022年、2023年文化和旅游部公布的三批国家工业旅游示范基地名单中，江苏省共有6家单位入选，其中苏州市有2家，分别是2017年入选的苏州隆力奇养生小镇（江苏省首个入选单位）和2023年入选的苏州市沙洲优黄文化园。

以苏州市吴江区为例，其西临太湖，历史文化源远流长，孕育形成了蚕桑丝绸文化、水乡古镇文化、千年运河文化、莼鲈诗词文化、国学文化和江村富民文化等一批特色鲜明的文化资源。近年来，吴江区立足丝绸等传统文化产业的基础优势，先后培育了1个国家级工业旅游示范基地（东方丝博园）和11家省级工业旅游示范区，打造的爱慕生态工厂、太湖雪蚕桑文化园、宋锦文化园、法诗菲服饰、凯灵箱包等一批工业旅游品牌构成了吴江工业旅游的亮丽名片，展现了"吴江制造"的魅力。如东方丝博园，其由坛丘缫丝厂旧址改建而成，是国内丝绸行业唯一的国家级工业旅游区，目前已获得江苏省中小学质量教育社会实践基地、江苏省科普教育基地、苏州市中小学生综合素质发展活动基地等称号。坛丘缫丝厂创建于1969年，是目前国内乃至全球少有的丝绸全产业链集团公司——华佳控股集团有限公司的发源地。1984年，我国著名蚕丝专家、当代"黄道婆"费达生及其团队专家杨志超等人进驻坛丘缫丝厂，为厂内工人提供技术培育服务，协助梳理工厂运营管理规范，建立起了标准化的生产技术流程，培养了一批技术核心骨干。费达生及其团队的加入，不仅提升了缫丝厂工人的素质，更让缫丝厂的生丝质量有了巨大进步。40多年来，坛丘缫丝厂以及发源于此的华佳集团始终保持国内领先、世界一流的高品质生丝生产能力，从3A级到6A级，

再到"6A+"级以及全球顶级的精品生丝，以坛丘缫丝厂为发源地的生丝生产引领着中国生丝品质的进步与发展。2005年起，为了更好地振兴太湖流域丝绸产业，促进我国丝绸文化的发展与传承，围绕坛丘缫丝厂旧址，规划建设了东方丝博园项目。整个东方丝博园以桑蚕文化、丝绸文化为载体，以完整的丝绸产业链为基础，系统、全面展示了中国蚕桑丝绸产业的文化与技术发展的历史，提升大众对蚕桑丝绸文化的认知。自开园以来，东方丝博园以其独特的丝绸历史文化，吸引来自全国各地的游客尤其是中小学生前来参观学习。

（五）深挖文化内涵，以丝绸、工美等产业擦亮城市产业名片

苏州是我国丝绸文明的重要发源地之一，在漫长的丝绸产业发展过程中，丝绸不断被赋予丰富的文化内涵。在积极推进生态文明建设的今天，丝绸文化凭借其传统手工技艺的绿色理念，在时尚潮流中大展风采，为世人提供的不仅是作为面料的丝绸，更是体现着传承与创新的丝绸文化，凝聚着一代代中国人技术实践和文化创造的智慧。苏州不断将丝绸文化与现代生活、现代产业相融合，打造了完整的丝绸纺织产业链，形成了千亿级产业集群、千亿级专业市场和千亿级企业齐头并进的新局面。以吴江盛泽丝绸小镇为例，其地处太湖之滨、运河之畔，是中国的丝绸名镇，是明清时期中国四大绸都之一。近年来，盛泽丝绸小镇依托其丝绸纺织产业的传统优势，积极推动产业转型升级，打造具有地方特色的文化品牌，建设具有国际影响力的现代化丝绸纺织之都。盛泽以丝绸纺织产业为主导，积极引进先进技术和管理经验，推动丝绸产业向高端化、智能化、绿色化方向发展。与此同时，盛泽丝绸小镇深入挖掘和传承丝绸文化，打造具有地方特色的文化品牌，诞生了盛虹、恒力等一批具有世界影响力和竞争力的优质企业。

传承"苏工""苏作"，打造"手工艺之都"。苏州传统工艺美术产业发达，拥有苏绣、苏扇、苏灯、苏裱等众多具有地域特色的工艺品。2014年，苏州市成为"全球创意城市网络"成员，并被授予"手工艺与民间艺术之都"称号。苏州注重传承和发扬这些传统工艺美术，通过技艺领头人、

前店后作坊式的民营企业形态，保持传统工艺美术的生机和活力。同时，苏州注重不断提升工美产品的设计水平和品质，推动工美产业向高端化、品牌化方向发展，并通过打造工美旅游线路、工美文化街区等方式，推动工美产业与旅游、文化产业融合发展，提升工美产业的知名度和影响力。以吴中区为例，其依托历史文化资源、工业遗产等各种功能载体资源，通过创建文化创意产业园区（基地）的方式大力推动文化产业的发展，文化产业增加值处于苏州各区前列。当前，吴中区已创建了一批较为成熟的文化创意产业园区（基地），如胥口"全国文化（美术）产业示范基地"、木渎姚建萍刺绣艺术馆"全国文化产业示范基地"、光福核雕等非物质文化遗产传承基地，均为国家级文化产业示范园区。此外，还有吴中城区宝带文化产业园、胥江一号文化创意产业园、中国工艺文化城等 10 个在建文化产业载体。截至2023 年底，吴中区共有市级以上非物质文化遗产项 31 项，主要涉及核雕、玉雕、红木雕刻、佛雕、澄泥石刻、根艺等传统工艺美术设计领域，其中国家级 4 项、省级 4 项。

三 以苏州为核心，建设环太湖工业文化发展高地

《长江三角洲区域一体化发展规划纲要》提出"共筑文化发展高地"。从苏州总体情况来看，其通过深挖文化内涵，推动工业文化资源活化利用，不仅为当地经济社会发展注入新的动力和活力，也为铸就苏州工业强市的形象奠定了坚实的基础，初步具备建设工业文化高地的条件和能力。但工业文化保护传承与利用是一项系统工程，苏州仍需多方发力，传承好、发展好环太湖工业文化，进一步丰富苏州城市名片内涵，助力苏州制造业不断蜕变与超越。

（一）加强苏州工业文化内涵、基因的挖掘和研究

工业文化基因是支撑苏州市高质量发展的宝贵财富，要高度重视工业文化的发展，做好苏州特色工业文化的传承、保护与研究工作。一是建立苏州

工业文化研究体系。从工业历史、工业技术、工业经济、工业文化等多个领域对苏州工业文化进行系统研究，揭示其历史脉络、文化内涵、时代价值和社会意义，以及与其他文化形态的关系和互动。二是充分挖掘苏州传统文化。对苏州工业文化进行全面、深入的调研，通过历史文献资料的收集、整理、分析，以及实地考察和访谈等方式，全面了解苏州工业发展历程、特点、成就及经验教训，充分挖掘苏州工业文化的独特内涵与价值。三是加强苏州新时代工业文化的总结。新时代以来，苏州在高质量发展过程中涌现出了一系列具有里程碑意义的成果，包括重点企业、人物、有影响力的技术与产品、变革性的制度等。要把弘扬工业精神摆在工业文化传承与发展的"头号工程"位置，全力挖掘苏州先进制造业发展过程中涌现的典型人物、事迹和经验，通过总结归纳，提炼出具有指导意义和可借鉴性的精神内核。

（二）依托优势产业，打造高辨识度的苏州城市产业名片

打造产业名片是推动文化、区域、科技、城市融合发展的重要路径。苏州是全球工业重地，拥有强大的制造业基础，数字与文旅产业等均居于全国前列。新时期，苏州要结合主导产业和文化特点，塑造提升具有代表性和辨识度的苏州城市产业标识，增强苏州工业强市的认同度和苏州优势产业的知名度，强化优势产业竞争力，丰富苏州城市形象内涵。一是要突出制造业优势，培育具有全球竞争力的先进制造业集群。围绕苏州市新兴产业布局，聚集产业智能化、高端化、绿色化、融合化发展，强化有效投入，提升产业竞争力。全力突破重点产业项目，加快招引一批投资规模大、产业层次高、创新能力强、带动潜力足的旗舰型、地标型项目，充分发挥项目对结构优化、产业提升、消费升级的引领带动作用。二是聚集数字经济创新，着力推动数字经济与实体经济深度融合发展。充分利用苏州在数字经济领域的优势，打造一批具有影响力的数字经济产业园区和创新平台，通过政策扶持和人才引进等措施，吸引更多创新型企业和人才落户苏州，推动数字经济与实体经济深度融合发展。三是强化品牌管理与维护，进一步巩固和扩大苏州制造业在国内外的品牌效应。加快推进品牌建设，构建以领航企业为引领、以"单

项冠军"企业为支撑、专精特新中小企业跟进跃升的梯度发展格局,打造苏州工业品牌集群,培育具有较强竞争力的国际化本土品牌。举办制造业博览会、技术交流会等活动,展示苏州制造业的先进技术和高端产品,提升苏州制造业的知名度和影响力。加强与国内外知名企业的合作,引进更多优质项目和技术,推动苏州制造业向高端化、智能化、绿色化方向发展。

(三)探索活化利用新模式,构建工业遗产保护利用体系

随着工业化的推进,苏州形成了大量的老旧厂房、更新淘汰的设备等遗存遗迹,如何最大限度地发挥其价值是值得关注的重要问题。一是要统筹规划工业遗产保护工作,对苏州市工业遗产进行普查,从工业、科技和文化等角度科学评估工业遗产价值,为后续的保护利用提供科学依据。二是要加强对工业遗产价值和意义的宣传,通过教育和培训等方式,提升公众、企业、政府对于工业遗产重要性和保护利用必要性的认识。三是探索政府或市场主导、公众参与的开发利用模式。当前,苏州工业遗产的开发利用以市场为主导,例如苏州第二制药厂三次改造的资金全部来自股东自有资金,工业博物馆也主要为企业自建。未来,应进一步加强政府对工业遗产保护利用的引导和支持,将工业遗产保护纳入苏州市整体规划,提供政策支持和资金扶持,鼓励企业、社会组织和个人参与工业遗产的保护利用。加大国家工业遗产和江苏省工业遗产申报宣传力度,加强申报培训和指导,积极支撑、参与从中央到地方的工业博物馆体系建设。四是加强科技支撑,充分发挥苏州数字产业优势、数字技术优势,利用现代科技手段对工业遗产进行保护和修复,如数字化技术、虚拟现实技术等,探索工业遗产保护与利用的智能化、绿色化、低碳化技术路径,提高保护利用效率和可持续性。五是规范工业、企业博物馆建设,进一步提升工业博物馆的开放性,充分发挥其在实践教学、研究等方面的多元作用。

(四)以业态融合创新为重点,推动苏州工业文化产业化

工业文化产业本身具有高度的渗透性和关联性,与许多产业存在天然的耦合关系,能够促成不同行业、不同领域的重组、提升与合作。基于这种意

义，工业文化产业天然具备业态融合创新的良好基础与广阔空间，需要我们认真研究它的发展趋势和主要特点，在此基础上积极推进相关业态的融合创新。要以业态融合创新为重点，推动工业文化资源的多元化应用，引领创新发展。一是大力推动工业文化产业之间的融合创新。聚焦工业设计、品牌培育、工艺美术、工业遗产、工业博物馆、工业旅游等业态，通过新技术的深化应用，推动多业态融合发展，发展"大"工业文化产业，促进产业转型升级。二是加快培育发展工业文化新业态。大力推动大数据、云计算、5G、人工智能等新技术与传统文化产业的深度融合，促进新业态、新模式的创新发展。如利用AR/VR、5G等技术，挖掘工业遗产资源，发展智慧旅游等新业态，丰富产业模式，延伸产业链条，增加产业内涵，提高精神文化体验度，提升工业文化产业发展能力和水平。三是深入挖掘社会资源，创新合作模式，推动工艺美术、工业遗产、工业旅游和工业博物馆等工业文化产业联盟建设，打造一批公共服务平台，建设工业文化产业特色园区，大力推动产融合作。四是设立工业文化创新基金，鼓励和支持民间组织、企业、个人积极参与以苏州传统文化底蕴赋能的产品设计与创新，以"中国风""苏州风"的独特产品设计构建差异化竞争优势。

（五）加强工业文化的国际传播与交流，推动苏州工业文化走出去

一是制定长期和短期的交流与宣传计划，确保活动的连续性和有效性，提高公众对工业文化的认知度，促进工业领域的交流与合作。二是创新传播方式与手段，提高苏州在国际上的知名度和影响力。举办国际工业文化节、工业展览、论坛和研讨会等，打造产业与文化融合的高水平对外开放平台，展示苏州工业文化的魅力。广泛利用互联网和新媒体技术，如社交媒体、短视频和在线直播等，拓展苏州工业文化的传播渠道。打造多语种版本的苏州工业文化网站和社交媒体账号，方便海外受众获取信息。三是依托苏州企业出海，推动工业文化"走出去"。鼓励苏州企业参与国际竞争，通过产品和服务展示苏州工业文化的实力和水平。四是积极举办文创赛事活动。推动高校与企业、社会机构等合作，定期或不定期举办线上线下创意作品展示会、

艺术设计大赛等赛事活动，催生更多优秀创意设计作品产出，为文化产业发展注入新鲜活力。五是加强人才培养和队伍建设。培养一支具备国际视野和专业素养的工业文化传播人才队伍。加强与国际知名高校和研究机构的合作，引进优秀人才和先进理念。举办工业文化传播与交流的培训活动，提高从业人员的专业素养和综合能力。

科创、产业篇

B.10
苏州环太湖 U 形湾产业集群
与创新集群的融合发展研究

胡小武　张 文*

摘　要： 科技创新驱动产业发展，已经成为当今世界经济增长的重要范式。中国在科技创新领域的长足进步，推动了中国工业、农业、服务业的高质量发展。在新质生产力战略引领下，加速谋划、布局基于政府、研究机构、产业界的科技创新与产业发展之间的统筹力、整合力、牵引力，是推动"研产贯通"的重要实施路径。苏州作为中国乃至世界范围重要的工业和制造业中心城市，更加需要加快实施以科技创新为动力的产业政策，擘画苏州环太湖 U 形湾产业集群与创新集群的深度融合战略，将苏州的工业制造业优势链接多元丰富的创新资源，谋求工业 4.0 时代的苏州突围之路，将苏州打造为世界级的科技创新中心、现代制造业中心、世界智慧工业中心城市，

---

* 胡小武，南京大学城市科学研究院执行院长，主要研究方向为城市发展战略规划、城乡融合发展；张文，南京大学城市科学研究院研究助理，主要研究方向为城市创新。

推动苏州市在更高起点上建设中国现代化工业制造业发展示范城市，为中国式现代化发展作示范、树样本、立标杆。苏州市环太湖 U 形湾产业集群与创新集群的深度融合发展战略谋划，需要集成思考、系统研究、分步推进；两大集群需构建深度融合、有机融合的具体策略与路径，为苏州市产业发展提供在地化、便利性的创新动力。

关键词： 环太湖 U 形湾　产业集群　创新集群　融合发展　科技创新

一　苏州市产业集群的梳理与分析

（一）苏州市产业集群的发展历史与现状

苏州是一座经济区位优良的城市。苏州市位于江苏省东南部，是长三角城市群核心区的重要组成部分。随着中国改革开放政策的实施，20 世纪 80 年代，苏州成为外资企业的首选地之一。这一时期，苏州主要依靠传统的纺织和农产品加工业。到了 90 年代，苏州市政府启动了一系列工业园区建设项目，其中最著名的是苏州工业园区，这标志着其产业集群向高科技和制造业转型。

苏州经济能级高。截至 2023 年，苏州市 GDP 达到了 2.465 万亿元，其中第一产业增加值 195.2 亿元，增长 3.1%；第二产业增加值 11541.4 亿元，增长 3.6%；第三产业增加值 12916.8 亿元，增长 5.5%。苏州成为全国经济最强地级市、中国制造业领先城市。尤其是党的十八大之后，苏州市的产业迎来了飞速发展，苏州的经济基础发生了质的变化，工业集群逐渐形成。苏州市政府的政策导向以及开放的外商投资环境促进了外资的引入，并推动了产业从传统制造业向高新技术产业的转型。苏州市政府大力推广"引进来、走出去"战略，成功引入了众多国际知名企业，如三星、博世等。这些企业的加入不仅为苏州带来了资本和技术，更促进了本地供应链和服务业的发展。2023 年，苏州新设立外资项目 1339 个，比上年增加 97 个；实际使用外资 69.0 亿美元，比上年下降 6.9%，其中高技术产业使用外资 29.9 亿美元，占实际使用外资的比重达 43.3%，比上年提升 2.1 个百分点。截至 2023 年末，有 175 家世界 500 强公司在苏州投资设立了 486 个项目。全市新增跨国公司地区总部和功能性机构 19 个，累计达 210 个，占全省的 53.2%。苏州市重点行业的外资增长显著，大项目支撑作用凸显。2024 年 4 月 27 日举行的苏州全球招商大会，吸引了 429 家世界 500 强企业参与，签约项目总投资约 3720 亿元，其中包括 30 个世界 500 强企业投资项目。

苏州的园区建设成效尤为突出。苏州建设了多个国家级高新技术产业开发区。尤其是苏州工业园区，成为苏州高新技术企业的重要聚集地。截至 2023 年初，苏州市有效高新技术企业数量达 13473 家。苏州工业园区的高新技术企业数量已累计达到 2779 家，产值占比达到 73.9%，进一步彰显了苏州在高新技术产业领域的强劲动力和创新能力。

苏州的产业集群发展呈现多元化、创新驱动的特点。特别是在电子信息、装备制造等领域表现突出。2023 年，苏州市规模以上工业总产值达到 44343.9 亿元，其中，电子信息产业和装备制造业作为两个万亿级产业，全年产值分别达到 13441.1 亿元和 14241.9 亿元，成为全市工业经济的重要支柱。值得一提的是，全市高技术制造业实现产值 16565.0 亿元，占规模以上工业总产值的 37.4%，进一步显示了高新技术产业在苏州经济中的重要地位。此外，苏州的先进制造业涵盖高端装备、航空航天、汽车及零部件、新能源等重点产业方向，并培育了众多国家级专精特新"小巨人"企业。这些企业的相关产值达到 2337.5 亿元，为产业升级和经济发展注入了强劲动力。通过以上数据可以看出，苏州正以创新为引领，推动产业集群的高质量发展，全面提升在全国乃至全球产业链中的竞争力。

苏州的"独角兽"企业增长迅猛。截至 2023 年，苏州装备制造领域成功培育了 79 家"独角兽"企业，比如苏州工业园区在生物医药领域聚集了超 2000 家企业，且独角兽（准）企业数量达 61 家。这些企业在引领苏州产业发展、推动技术创新和增强全球竞争力方面发挥了重要作用。

苏州市未来的发展方向已明确。苏州市委和市政府提出，到 2025 年，苏州市将培育认定高新技术企业 2 万家，并每年评价入库 1.5 万家科技型中小企业。此外，苏州市工业和信息化局发布了《苏州市集成电路产业发展行动计划（2021—2025 年）》，旨在通过推动集成电路产业的创新和发展，抓住苏州建设现代化国际科技创新中心的机遇。与此同时，苏州市人民政府发布的《苏州市数字经济"十四五"发展规划》进一步明确了数字经济的战略目标：到 2025 年，苏州市的数字经济核心产业增加值占 GDP 的比重将超过 18%，数字经济领域的高新技术企业数量将达到 5000 家，有效发明专利累计拥有量将超过 8000 件。

（二）环太湖 U 形湾区域的产业布局

环太湖 U 形湾区域，主要包括苏州市区及昆山市与太湖有区域地理邻近性及湖域灌溉功能的区域，不包括张家港、常熟、太仓三个濒临长江及依托长江航运功能的县级区域。环太湖 U 形湾区域作为长三角地区的重要产业集聚区，在经济发展中发挥着至关重要的作用。区域内聚焦电子信息、装备制造、生物医药、先进材料等领域，积极推动产业创新集群的建设，形成了特色鲜明的产业布局。

苏州市委、市政府发布的《关于苏州市推进数字经济时代产业创新集群发展的指导意见》明确提出，"集群建设不是一声令下、一哄而上，而是需要高站位规划、全市域布局"。苏州市通过科学规划和精准布局，致力于打造具有全球竞争力的产业创新集群，以实现全市域协调发展的目标。

目前，苏州市的产业集群发展呈现多元化、创新驱动的特点，主导产业集中在多个领域，并在 25 个重点细分方向积极推进产业集群建设。高技术制造业已成为重要支柱，2023 年全市高技术制造业产值达 16565.0 亿元，占规模以上工业总产值的 37.4%。其中，航空航天产业表现突出，产值增长显著。

生物医药产业依托重大科技载体和创新型企业，成为苏州市的重要经济增长引擎。全市国家级专精特新"小巨人"企业实现产值 2337.5 亿元，为产业升级和技术创新注入新动力。先进材料产业也在快速崛起，推动了相关领域的技术进步和市场拓展。

苏州市高技术产品产量大幅增长，如智能手机、太阳能电池（光伏电池）、传感器、医疗仪器设备等，充分体现了苏州在高新技术领域的竞争力和创新能力。通过积极推进产业集群建设，苏州在多个重点领域取得显著成果，全面提升了产业竞争力，为全市经济高质量发展注入新的动力。在全市范围内，苏州市和昆山市以特色板块为基础，形成了错位发展和协调联动的产业格局。苏州市各区（市）根据区域优势，聚焦 2~3 个主导产业，高水平建设产业创新集群，在实现全市错位发展的同时，提升整体产业竞争力。

昆山市作为环太湖 U 形湾的重要组成部分，坚持制造强市战略，聚焦电子信息和装备制造等主导产业。2023 年，全市规模以上工业总产值达到 11432.65 亿元，同比增长 4.5%。其中，计算机、通信和其他电子设备制造业作为千亿级产业集群，产值高达 6969.04 亿元，增长 15.6%，成为推动经济发展的强劲引擎。此外，昆山拥有 13 个百亿级产业集群，包括通用设备制造业、汽车制造业、专用设备制造业、橡胶和塑料制品业等，产业体系完备，多元化发展格局初具规模。

昆山市还积极推动新兴产业的发展，着力发展新显示、新能源、新材料等领域，构建"2+6+X"现代产业体系，努力实现产业的高端化和多元化。2023 年，昆山市生产计算机整机 2387.03 万台、移动通信手持机（手机）7536.18 万台，彰显了雄厚的制造能力和市场竞争力。

苏州市的区（市）也各自形成了特色化的产业布局。吴江区聚焦先进材料产业，已累计培育了 2 家世界 500 强企业和 8 家上市公司。吴中区则以机器人与智能制造、生物医药及大健康为重点，打造了三大产业创新集群。相城区着重发展数字金融、先进材料、智能车联网，通过召开行业大会发展创新集群。姑苏区则通过实施"百强千企"培育计划和创新人才集聚计划，推动数字创意和高技术服务两大重点产业的创新集群建设。

此外，苏州工业园区凭借其区位优势，加快推进"一区两中心"建设，致力于打造开放创新的世界一流高科技园区。虎丘区则在光子产业领域加速发展，形成了"东纳米、西光子"的产业格局，成为光子技术和纳米技术集群的创新高地。

目前，全市各区（市）已初步形成了具有差异化竞争优势的产业集群，并加强创新主体建设和优化集群体系，将数字经济与实体经济深度融合。未来，环太湖 U 形湾区域将进一步促进各类产业创新集群的融合发展，加快构建世界一流的创新集群生态，推动区域经济向更高能级迈进。

（三）潜在的产业集群领域与未来发展方向

环太湖 U 形湾区域为进一步推动区域产业的高质量发展，围绕数字经济、绿色低碳、新能源等新兴领域提出了多项政策和战略，明确了未来的产业集群发展方向，致力于打造具有全球竞争力的产业集群和科技创新中心。

2024 年初，苏州市在新型工业化的背景下，发布了一系列重要的政策文件，包括《苏州市加快生产性服务业发展的实施方案》《关于支持工业企业增资扩产实施方案》《苏州市智能化改造数字化转型网络化联接三年行动计划（2024—2026）》等。这些政策明确了未来苏州市将在智能化改造、数字化转型和网络化联接等方面发力，推动生产性服务业与先进制造业深度融合，进一步增强产业集群的创新能力和竞争力。苏州还通过"311"服务业体系，支撑"1030"产业体系，推动碳中和服务、科技研发与成果转化、工业设计和知识产权服务等重点领域发展，力争在 2025 年实现生产性服务业与制造业的全面融合。

昆山市在推动产业升级和未来产业培育方面，则重点聚焦元宇宙、新能源和智能网联汽车等领域。昆山计划通过"2+6+X"产业布局，进一步强化电子信息和装备制造这两大主导产业，并延伸产业链和创新园区的建设，推动新能源、新材料等新兴产业集群发展。昆山市计划在未来三年内，使园区总产值超过 5000 亿元，构建出更加完善的产业体系。

苏州在环太湖 U 形湾区域的未来发展战略中，特别强调了数字经济与战略性新兴产业的融合。根据苏州市委、市政府发布的《苏州市推进数字经济时代产业创新集群发展的指导意见》，到 2025 年，苏州市将培育并认定

2 万家高新技术企业，并每年评价入库 1.5 万家科技型中小企业，以增强创新主体的实力和数量。同时，《苏州市数字经济"十四五"发展规划》设定目标：到 2025 年，数字经济核心产业的增加值将超过 GDP 的 18%，高新技术企业数量将达到 5000 家，有效发明专利累计将超过 8000 件。此外，苏州市工业和信息化局发布的《苏州市集成电路产业发展行动计划（2021—2025 年）》也将助力集成电路产业的创新发展，使其成为苏州建设现代化国际科技创新中心的重要支柱。为实现这一目标，江苏省科学技术厅与省发展和改革委员会联合发布的《加快科技创新引领未来产业发展"5 个 100"行动方案（2024—2026 年）》强调统筹区域布局，支持苏南国家自主创新示范区及省级以上高新区开展先行先试，尤其强调推动环太湖科创圈布局未来产业，并加速培育未来产业创新集群，助力宁苏主承载区在多个领域取得突破，从而促进区域间的协同发展。

展望环太湖 U 形湾区域的未来发展，苏州市将继续利用政策引导和创新驱动，深化产业集群建设，推动智能化、绿色低碳等战略性新兴产业的发展。全市的协同发展，尤其是在数字经济、智能制造、绿色能源和生物医药等领域的协同发展，将进一步增强区域内的产业竞争力和国际影响力。通过加快创新主体能力建设、强化产业链合作、推动重大项目落地，环太湖 U 形湾区域有望成为全球产业集群和科技创新的标杆区域。

未来，随着《苏州市智能化改造数字化转型网络化联接三年行动计划（2024—2026）》等政策的深入实施，环太湖 U 形湾区域将在新型工业化和数字化经济的驱动下，继续引领中国高端制造和科技创新的发展潮流。

二　苏州市创新集群的摸底与现状分析

（一）苏州市创新集群的总体概况

产业集群和创新集群在推动区域经济高质量发展中密不可分。产业集群为创新集群提供了广阔的应用场景和市场需求，而创新集群则为产业集群注入持续的技术革新和研发动力。二者相互补充，共同推动区域产业升级和技术进步。作为中国重要的产业集群和创新高地，环太湖U形湾区域在产业和科技创新领域表现出了强劲的竞争力，涵盖了纳米新材料、电子信息、装备制造、生物医药和先进材料等多个重点领域。

1. 企业自主的研究中心

企业自主研发是环太湖U形湾区域创新集群的重要组成部分，企业在创新投入中始终扮演着主力军的角色。苏州市工业体系完备，涵盖35个工业大类、172个工业中类和513个工业小类，制造业总产值超过5万亿元，规上工业企业总数超过1.3万家，制造业增加值突破万亿元。2023年上半年，环太湖U形湾区域的高新技术产业产值达到1.12万亿元，占工业总产值的53.7%。这些庞大的工业基础为企业的自主创新提供了广阔的市场应用和产业链支持。

苏州工业园区和昆山高新区作为该区域的创新高地，汇聚了大量的企业自主研发机构。截至2023年3月，苏州工业园区已建成各类研发机构超过2000家，包括20家国家级研发机构和700多家省级研发机构。昆山市则强化"以企业为主体"的技术创新体系，驱动电子信息、新能源、生物技术等领域的自主研发创新。2022年，昆山有38家企业获批成为省级工程技术研究中心，进一步强化了企业在科技创新中的主导作用。这种企业主导的创新模式不仅为环太湖U形湾区域的经济发展注入了持续的动力，也使得企业能够在全球竞争中占据技术领先地位。

企业的自主研发中心不仅专注于前沿技术的研发，还积极推动科研成果的市场化转化。例如，晶方光电的市级新型研发机构已成为该领域内的创新标杆，引领了技术的商业化应用。环太湖U形湾区域企业的活跃性体现为90%以上的研发投入、研发机构和研发人员均源自企业，90%以上的专利也由企业产生。这种企业创新能力不仅提升了区域内的科技创新水平，还涌现出多个具有全球影响力的创新平台，例如获批创建的国家生物药技术创新中心、国家第三代半导体技术创新中心。这些平台已经成为区域内技术创新的核心力量。

2. 高校研发机构

环太湖 U 形湾区域在创新集群建设中，依托高校的科研力量，形成了产学研深度融合的强大网络。苏州市与国内外众多顶尖高校保持着紧密的合作关系，为区域创新集群提供了强有力的科研支持。苏州市与牛津大学、清华大学、北京大学等 238 所国内外知名高校建立了长期稳定的合作，建设了34 家国家级科研院所，为区域内的创新活动提供了智力和技术支撑。

高校在环太湖 U 形湾的创新集群中扮演着至关重要的角色。例如，南京大学（苏州）高新技术研究院、中国科学技术大学苏州研究院、西安交通大学苏州研究院、华中科技大学（苏州）脑空间信息技术研究院等众多知名高校的研究机构已经在苏州落地，这些机构不仅为苏州提供了尖端的科研力量，还加速了科研成果向产业应用转化。这些高水平的科研合作平台增强了环太湖 U 形湾区域的创新能力，进一步推动了新兴产业和前沿技术的快速发展。

昆山市同样在高校合作方面取得了显著成就，与杜克大学、清华大学等高校合作，设立了 474 家研发机构，打造了 443 个产学研联合体，使昆山的科研与产业需求紧密结合，促进了前沿技术在区域内的应用和推广，为企业提供了有力的技术支撑。

C9 高校（中国九校联盟）的布局尤其显著，这些顶尖高校的科研机构已全部在环太湖 U 形湾区域设立，并在电子信息、环境工程、脑科学等多个前沿领域进行创新研究。例如，清华大学在环太湖 U 形湾区域设立了 12个研发机构，涵盖汽车、环境和信息技术等领域，为区域创新集群的发展提供了源源不断的智力支持。

环太湖 U 形湾区域的高校研发机构不仅提升了当地的科技创新能力，还推动了整个区域的产业升级和经济发展。通过与国内外高校的紧密合作，该区域不仅培养了大量的高端科研人才，还加强了技术转移和科技成果转化的速度，使得前沿技术能够更快地应用于实际产业中，进一步促进产业集群的竞争力提升。

3. 央企及政府设立的研发机构与创新联合体

环太湖U形湾区域政府设立的研发机构为区域的创新体系提供了重要的基础支撑。例如，苏州市产业技术研究院专注于技术研发和推广，与昆山市的工业技术研究院协同合作，针对区域产业需求，提供企业所需的技术支持，促进技术成果的产业化应用。政府支持设立各类有需求的研究机构，进一步加速了科研与市场的对接，提升了区域内企业的创新能力。

此外，值得一提的是位于苏州工业园区的姑苏实验室，这是一个瞄准国家实验室建设标准的高水平新型研发机构，成立于2020年6月，总投资200亿元，实验室总部占地500亩。姑苏实验室的研究方向包括电子信息材料、生命健康材料和能源环境材料，致力于解决材料科学领域的重大战略问题，突破核心关键共性技术，为区域制造业升级提供强大的科技支持。该实验室不仅注重基础研究和应用基础研究，还将科研成果转化为区域内制造业发展的动力。未来十年，姑苏实验室计划吸引1000名以上的科研人才，建设国际一流的材料研发平台，并在2030年前成为具有全球影响力的材料科学实验室。这一研究机构的建立不仅巩固了环太湖U形湾区域的创新能力，还使得该区域在全球科技创新的竞争中占据了重要位置。

4. 创新联合体的建设与布局

自2022年以来，苏州市积极推进创新联合体的建设。政府主导的创新联合体旨在将龙头企业、高校、科研院所和其他创新主体整合到一个协同的创新平台上，贯通技术研发、成果转化、创业孵化和产业培育的全链条，推动区域内产业的转型升级。以2024年为例，昆山市新增市级创新联合体24家，其中包括3个指令性立项和21个指导性立项（培育），昆山市在创新联合体建设方面位居苏州市第一。

吴江区在创新联合体建设中也取得了显著成绩，2024年度该区有4个指令性立项项目、14个创新联合体被纳入指导性立项项目清单，累计新增量位列全市第三。这些联合体不仅打通了高校和企业的技术合作渠道，还帮助企业快速将前沿技术转化为产品和市场应用，提升了区域内企业的竞争力和创新水平。

根据《苏州市创新联合体建设实施方案》，到 2025 年，环太湖 U 形湾区域将建成更多龙头企业牵头、高校和科研院所支撑、各创新主体相互协同的创新联合体，形成跨产业、多主体协作的创新生态体系。

跨主体、多元化的创新联合体展示了区域创新集群的复杂性与协同效应，进一步推动了环太湖 U 形湾区域在多个产业领域的融合与发展。由此可见，较多创新集群不可简单粗暴地进行分类。以苏州中科地星创新技术研究所为例，它是由苏州市产业技术研究院、苏州高新区管委会和中国科学院地质与地球物理研究所科研团队共同建设的高端装备产业转化平台，涉及多个不同性质的主体。

（二）政府主导的创新支持政策

环太湖 U 形湾区域的创新集群发展得益于政府长期以来的积极支持和政策引导。在苏州市，政府通过出台一系列政策文件和实施方案，持续推动科技创新平台和企业研发能力建设，为区域高质量发展提供了强大的政策保障。

早在 2020 年，苏州市便发布了《苏州市企业研发机构倍增工程实施细则》和《苏州市重点实验室提升工程实施细则》等政策文件，鼓励企业加大研发投入，构建国家级、省级、市级研发体系。这些政策为企业提供了多方面的支持。例如，企业若新获批建设国家级企业重点实验室，最高可获得 500 万元补助。此外，为促进企业研发机构的稳定运行，苏州市每三年会对市级企业研发机构（如企业工程技术研究中心、企业重点实验室、企业院士工作站等）进行绩效评估，按实绩给予最高 50 万元的绩效补助。对于新获批的省级工程技术研究中心或省级院士工作站等，市政府也提供相应的资金支持，以鼓励企业继续加大研发投入。

在实施建设各类创新机构集群政策的 4 年后，2024 年苏州市推出了《苏州市实施"八大工程"全面提升科技创新能力的若干政策》（简称"科创 20 条"），这是对现行科技创新政策的进一步优化与提升。

政策重点围绕企业培育、技术攻关、载体支撑、人才引育和要素集聚五个支撑方面展开，旨在通过系统性支持措施，推动环太湖 U 形湾区域的科技创新能力大幅提升，助力高质量发展（见图 1）。

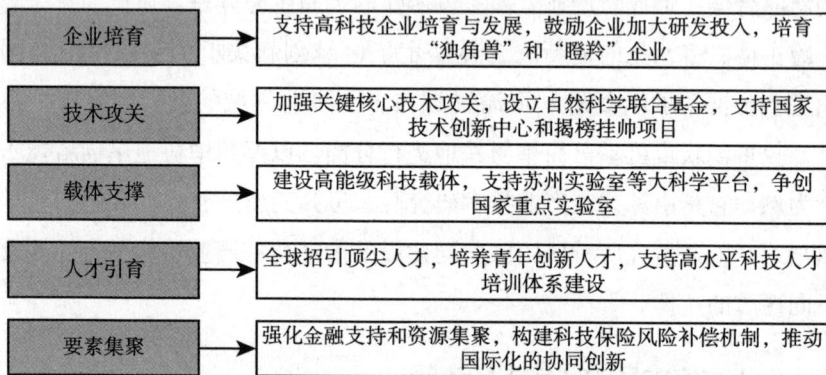

```
┌─────────────┐      ┌──────────────────────────────────────┐
│  企业培育   │─────▶│ 支持高科技企业培育与发展，鼓励企业加大研发投入，培育 │
└─────────────┘      │ "独角兽"和"瞪羚"企业                    │
                     └──────────────────────────────────────┘
┌─────────────┐      ┌──────────────────────────────────────┐
│  技术攻关   │─────▶│ 加强关键核心技术攻关，设立自然科学联合基金，支持国家 │
└─────────────┘      │ 技术创新中心和揭榜挂帅项目              │
                     └──────────────────────────────────────┘
┌─────────────┐      ┌──────────────────────────────────────┐
│  载体支撑   │─────▶│ 建设高能级科技载体，支持苏州实验室等大科学平台，争创 │
└─────────────┘      │ 国家重点实验室                         │
                     └──────────────────────────────────────┘
┌─────────────┐      ┌──────────────────────────────────────┐
│  人才引育   │─────▶│ 全球招引顶尖人才，培养青年创新人才，支持高水平科技人才 │
└─────────────┘      │ 培训体系建设                           │
                     └──────────────────────────────────────┘
┌─────────────┐      ┌──────────────────────────────────────┐
│  要素集聚   │─────▶│ 强化金融支持和资源集聚，构建科技保险风险补偿机制，推动 │
└─────────────┘      │ 国际化的协同创新                       │
                     └──────────────────────────────────────┘
```

图 1　苏州市"八大工程"政策的五大支撑

1. 企业培育

苏州支持高科技和高成长企业的发展，重点培育"独角兽"企业，鼓励增加研发投入，提升创新能力。市政府支持工业企业设立研发机构，吸引外资及港澳台企业建立研发中心。"科创 20 条"提出凭借"全球科创伙伴计划"吸引国内外高新科技企业落户，举办全球科技创业大赛，增强科技孵化功能。

2. 技术攻关

"科创 20 条"强调产业化导向的应用基础研究，设立省、市自然科学联合基金，支持高校和科研院所建设国家级基础研究平台。通过"揭榜挂帅"项目提升核心技术攻关能力，面向全球征集项目，推动高精尖技术突破，支持国家技术创新中心实施重大科技项目，攻克产业技术瓶颈。

3. 载体支撑

积极建设科技创新载体，支持苏州实验室建设，组建科创联盟，构建多层次实验室体系，推动全国重点实验室创建，同时发展产业技术创新平台，争建国家级及省级技术创新中心，加快重大科技基础设施建设，支持国际大科学计划和工程，提升区域科技竞争力。

4. 人才引育

高层次人才引育是政策核心，实施全球靶向招引计划，力求吸引顶尖科学家和科技领军人才，推行首席专家负责制。并且鼓励龙头企业加大人才引进力度，培育青年科研人才，引进高潜力科研团队。在人才培育方面，则建设苏州科技商学院，提供专业培训和人才培养，支持创新型企业和科研机构。

5. 要素集聚

"科创 20 条"强化金融支持，鼓励金融机构基于"科创指数"创新金融产品，为科技企业提供多样化资金支持；建立科技保险风险补偿机制，完善科技服务体系，推动公共技术服务平台建设；加强产学研协同创新，支持海外离岸创新中心和创新联合体建设，集聚科技创新要素。

通过"科创 20 条"的实施，环太湖 U 形湾区域的科技创新能力得到全面提升，为区域内企业、人才和科研机构提供了全方位的政策支持，助力苏州实现高质量发展。

三 苏州 U 形湾产业集群与创新集群协同的短板分析

苏州的四大产业是电子信息、装备制造、生物医药和先进材料，而排在首位的电子信息产业，具有典型的集群特征。但具体探究，苏州的重点产业集群与以研发为主导的创新集群的协同、产业贯通还存在一定的不足。

（一）产业链协同与自主创新不足

环太湖 U 形湾区域产业链和创新链之间的协同不足是当前区域产业集群发展面临的主要问题之一。电子信息产业作为区域重要支柱产业，在产业链和创新链对接方面表现出了一些薄弱环节。

尽管电子信息产业链形成了较为完善的结构，但在对接创新链时存在"断档"现象。科技创新研究与新技术推广的耦合度不够，影响了整个产业链的升级和高质量发展。① 例如，尽管苏州拥有庞大的电子信息产业规模，但其创新链中研发与成果转化环节之间缺乏有效的衔接，大量创新成果无法及时实现商业化，制约着电子信息产业核心竞争力的提升。②

其次，电子信息企业在核心技术上依赖外部供应，高端领域的自主研发能力较为薄弱。该区域内的产业链涵盖了从上游设计到下游制造的各个环节，但关键设备和核心技术仍大量依赖进口，特别是在智能工艺规划、智能监视、虚拟制造等核心工业软件领域，③ 缺乏自主的核心竞争力。这种技术依赖制约了苏州企业在国际市场上的竞争力，也使得区域内的创新集群难以发挥更大的效应。

此外，U 形湾电子信息产业链与创新链发展不平衡，存在"两张皮"现象。④ 电子信息产业链和创新链无论是组成还是运转方式均存在较为明显的差异，极容易出现产业链和创新链两者不对称不协调的现象。⑤ 因此不仅大量企业出现了"断档"现象，更存在创新能力和制造能力发展不均衡的现象。

在这种背景下，U 形湾地区急需进一步提升产业链和创新链的融合水平，通过加强产学研合作和政策支持，形成更加紧密的产业协同。这将有助于推动企业自主创新和技术突破，促进区域内产业链的整体提升。

（二）数字化转型与产业融合的局限

集群的数字化转型往往是指推进数字技术作为关键技术支撑，推进传统

---

① 刘胜奇：《关于电子信息产业链竞争力三种模式比较研究》，《电子制作》2016 年第 22 期。

② 宋赛虎、李娜：《数字经济背景下电子信息产业区域创新潜力比较研究》，《黑龙江工业学院学报》（综合版）2022 年第 10 期。

③ 张春梅、郝微：《浅谈 5G 对苏州电子信息产业集群影响及升级路径分析》，《现代商业》2021 年第 6 期。

④ 周祥：《苏州电子信息产业链和创新链精准对接机制研究》，《价值工程》2023 年第 23 期。

⑤ 刘烈宏、陈治亚：《电子信息产业链竞争力评价模型构建及分析——基于 SEM 和 FAHP 方法》，《世界经济与政治论坛》2017 年第 1 期。

企业与现代网络技术进行的数字化融合，加快智能制造，提升智能化水平。[①] 数字化转型的目的，往往是运用先进数字技术优化自身生产工作方式、经营模式与管理模式，从而降低成本，提升要素生产率。[②]

在推进"苏州制造"向"苏州智造"转型的过程中，苏州环太湖 U 形湾的产业集群和创新集群在融合发展中面临诸多挑战，主要体现在数字化转型和产业融合的困难上。

1. 数字化基础薄弱与企业认知不足

数字化基础设施的不足和企业对数字化转型的认知不足，成为制约产业集群和创新集群融合发展的主要障碍。一些中小企业缺乏必要的信息化应用基础，核心数字技术的供给受限，导致数据采集、资源整合和共享协同困难，使企业难以利用先进的数字技术提升自身能力，更难以在产业链和产业链之间实现共享共进，阻碍了产业集群的数字化升级。[③]

同时，部分企业对数字化转型的重视程度不够，认知深度不足。许多企业仅将数字化转型视为对生产设备的升级，忽视了经营理念、管理模式和组织结构的全面革新。[④] 这种片面的理解导致企业缺乏系统性的数字化转型战略规划，投入资源不足，影响了创新集群的技术和理念在产业集群中的推广应用，削弱了两大集群的融合程度。

2. 数字技术人才短缺与协同创新能力不足

数字技术人才的短缺严重制约了数字化转型和产业融合的深度推进。数字化转型需要既懂数字技术又懂产业业务的复合型人才，但环太湖 U 形湾地区数字技术人才储备不足，高校数量相对较少，无法满足企业的需求。同样，中小企业在人才引进、培养和激励机制方面也存在不足，企业家急需提

①　王春英、陈宏民：《数字经济背景下企业数字化转型的问题研究》，《管理现代化》2021 年第 2 期。

②　吴昊、陆尧、马益雯等：《中小型制造业企业数字化转型动力机制探究——以苏州和南京地区为例》，《现代商业》2023 年第 21 期。

③　刘涛、张夏恒：《我国中小企业数字化转型现状、问题及对策》，《贵州社会科学》2021 年第 2 期。

④　田小鹏：《苏州产业数字化转型现状浅析》，《经营管理者》2024 年第 3 期。

升数字化转型能力和管理水平。[①] 人才短缺不仅影响了企业自身的数字化转型进程，还限制了创新集群的技术成果向产业集群转化，制约了两大集群的协同创新能力。

此外，企业间协同创新机制不健全，缺乏有效的合作平台和信任基础。一些企业对数据共享持谨慎态度，担心商业机密泄露，不愿意参与共同的数字化平台。这种缺乏信任和合作的环境，阻碍了创新要素在产业集群内的流动，影响了数字化转型和产业融合的深入开展。

3. 产业发展不平衡与政策支持不足

苏州环太湖 U 形湾的产业集群发展存在不平衡的问题，部分传统行业的企业数字化转型滞后，产业数字化水平参差不齐。虽然有实力雄厚的头部企业，但整体带动作用不强，龙头企业与中小企业之间缺乏紧密联系。[②] 加之上文提到的产业链问题，上下游协同创新能力不足，增加了两大集群融合的难度。这种不平衡的发展格局，限制了创新集群先进技术在整个产业集群中的有效扩散。

同时，政策支持力度不足也影响了产业集群和创新集群的融合推进。目前的政策覆盖面不够广，不少中小企业难以享受到政策红利。在税收优惠、资金补贴、设备购买、人才引进等方面的支持力度对企业的吸引力不强。政策的宣传和引导力度也有待加大，部分企业对相关政策不了解或理解不透彻，未能充分利用政策资源来推进数字化转型和产业融合。这在一定程度上影响了企业参与集群融合发展的积极性和主动性。

（三）人才结构的单一化与集聚效应不强

在苏州环太湖 U 形湾地区产业集群和创新集群的融合发展过程中，人才结构单一化和人才集聚效应不强成为制约两大集群深度融合的重要因素。

---

① 耿维：《"互联网+先进制造业"背景下苏州中小企业数字化转型现状及对策研究》，《企业科技与发展》2022 年第 6 期。
② 李萌：《全国统一大市场背景下苏州民营工业转型发展研究》，《中国国情国力》2024 年第 1 期。

1. 高端人才紧缺，结构单一

随着"苏州制造"向"苏州智造"的转型升级，智能制造、数字产业等领域对高端技能人才和创新型技术人才的需求大幅增加，特别是在 3D 技术、智能化高端装备制造、机械工程设计等方面，对工程师和创新型技术人才的需求显著增长。[①] 然而，高技能人才的数量远远不能满足市场需求。近几年，江苏工人中高技能人才的求人倍率一直在 1.5 以上，高级技工的求人倍率更是达到 2 以上，高技能领军人才总量也相对匮乏，存在明显的"有高原、无高峰"现象，占全省高技能人才的比例仅为万分之二。[②] 高技能人才数量方面的供需矛盾十分突出，已成为结构性就业矛盾的主要问题。

除了数量，高技能人才的年龄与工种分布也存在不合理之处。高技能人才的年龄结构偏大，主要集中在 40 周岁以上，工种主要集中在车工、电工、电焊工等传统行业，一些新兴高科技产业如现代医药、环境保护、生物技术、计算机信息等领域的高技能人才相对紧缺，导致行业人才分布严重失衡。目前，数字化转型需要一批既懂数字技术又懂业务创新的复合型人才。U 形湾地区高技能人才培养模式以高职院校、技工学校为主，存在与企业实际需求脱节的现象，不能做到校企融合，人才培养无法随着时代的发展契合企业需求。

综上，这种高端人才的紧缺和结构单一，限制了创新要素在产业集群和创新集群中的有效流动，阻碍了两大集群的深度融合。

2. 海外高端人才总量不足，国际化程度不高

苏州对海外高端人才的吸引力逐步增强，但总体而言，海外高端人才的总量和质量仍显不足。2019 年 7 月底，苏州办理外国人来华工作许可的外籍人才有 4143 人，其中外籍 A 类高端人才仅有 1615 人，博士学历人才有 478 人，且主要集中在学校或教育机构。[③] 而经过 4 年的发展，截至 2023

① 俞梁英、徐进：《新时代苏州制造 2025 背景下高技能人才状况分析与探索》，《中国科技信息》2019 年第 18 期。

② 李金红、陈弘毅：《今天谁来当工人》，《中国中小企业》2019 年第 3 期。

③ 赵艳玲：《江苏自贸试验区苏州片区优化海外高端人才结构的对策研究》，《上海商业》2021 年第 9 期。

年，在苏州 363 万的人才总量中，已有 10428 人持有效外国人来华工作许可证，其中外籍 A 类高端人才 4344 人，但与上海等城市相比，外籍高端人才的数量与质量结构还存在不小的差距。

要打造国际化开放度与创新度、产业高端化与治理现代化程度达到世界一流的高科技产业园区，环太湖 U 形湾需要在引进和培养海外高端人才方面下更大功夫。海外高端人才总量不足、国际化程度不高，直接导致创新集群的国际竞争力和影响力受到限制，影响了先进技术和理念在产业集群中的推广应用，不利于两大集群的国际化融合。

3. 人才集聚效应不强，创新资源整合不足

研究表明，虽然苏州的创新效率位于全国第一梯队，但其专业化人才集聚水平没有显著提升（见图 2）。①

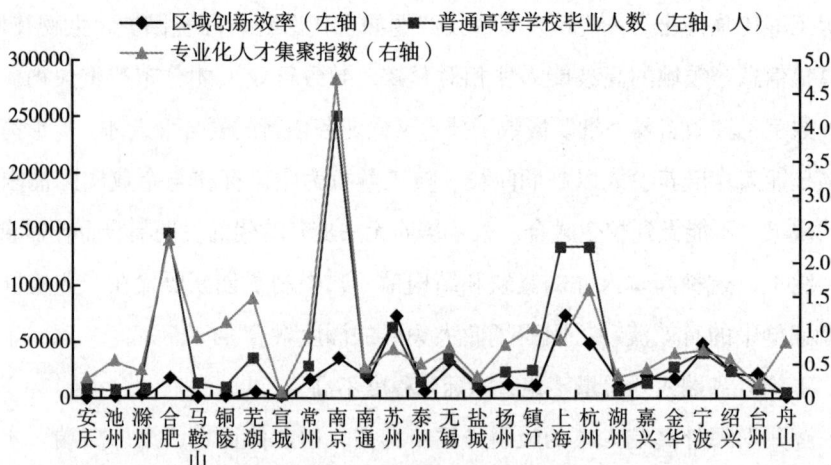

图 2 2013～2020 年人才集聚指数、普通高等学校毕业人数和区域创新效率的平均值

宏观上，根据第七次全国人口普查数据，苏州市每 10 万人中大专及以上学历人口有 22514 人，列全国第 31 位；2022 年苏州在校大学生数量为 29.27 万人，列全国第 28 位，高素质人才队伍整体规模偏小，且本土培育

---

① 赖红波、邹惺辰：《人才集聚，区域创新效率与空间外溢——基于长三角城市群的实证研究》，《理论数学》2023 年第 12 期。

不足，较难弥补产业升级对高素质人才、高技能人才的需求。

而苏州常住人口虽然位居全省首位，但近一半的青年人口来自外省，导致优质教育、医疗、养老等公共服务的供给与需求长期处于紧平衡状态，城市功能尚未与经济地位和人口规模相匹配。这一现状进一步削弱了人才的集聚效应，阻碍了创新资源的有效整合与充分利用。

从相对微观的层面上来说，社会上仍存在重视脑力劳动、轻视体力劳动的传统偏见，年轻人不愿意到技术工人岗位就业，甚至出现"年轻人不愿意进工厂"的现象。[①] 技能型人才的劳动收入性价比不高，职业尊崇感不强，社会认可度不够，难以在全社会形成"学习工匠、尊重工匠、争做工匠"的氛围。这种不利的人才成长环境，影响了人才的集聚效应，不利于产业集群和创新集群的融合发展。

由于专业性人才集聚水平的不足，创新集群无法充分发挥对产业集群的带动作用，限制了两大集群的深度融合，也影响了产业集群的竞争力和可持续发展。

因此，要实现产业集群和创新集群的融合发展，必须提升人才集聚效应，优化人才结构，营造有利于高端人才集聚和成长的良好环境。

（四）市场竞争中的同质化与资源浪费

在环太湖 U 形湾地区产业集群和创新集群融合发展的过程中，同质化现象严重和资源浪费问题突出，影响了区域经济的可持续发展和竞争力提升。

1. 产业集群内部同质化严重

环太湖 U 形湾周边城市在产业集群的发展上存在明显的同质化现象。多个城市发展生物医药产业、电子信息产业等产业，导致在同一市场中形成了过度竞争。这种同质化不仅降低了各个产业集群的独特竞争优势，也使得

---

① 孟庆东：《构建新发展格局背景下高技能人才工作机制创新研究——基于江苏实践的思考》，《中国职业技术教育》2021 年第 3 期。

优质的产业要素稀缺，从而引发城市集群内资源的浪费和重复建设。①

从周边集群聚焦到苏州环太湖 U 形湾地区，U 形湾在集群的发展上也同样存在明显的同质化现象。环太湖湾的多个产业集群往往采取相似的发展模式，缺乏足够的差异化。这种同质化不仅降低了各个产业集群的独特竞争优势，也使得优质的产业要素变得稀缺，导致资源浪费和重复建设。②

尤其是在缺乏具有核心竞争力的"领军型"企业的情况下，产业集群不仅面临外部竞争压力，也面临创新集群相关的市域产教联合体的建设与发展压力（见图3）。

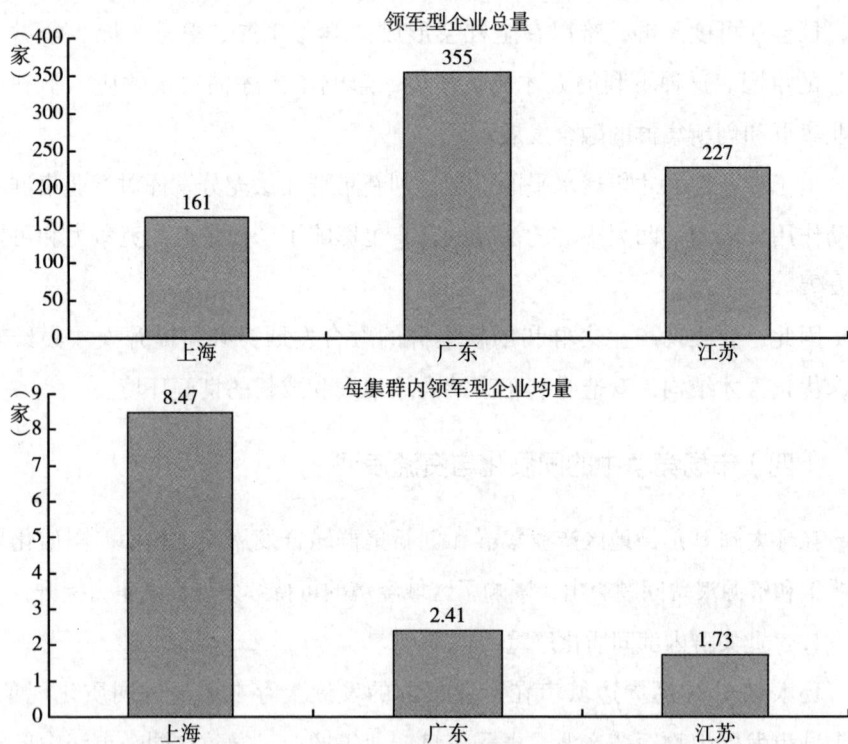

图3 上海、广东、江苏三地集群拥有领军企业情况

① 瞿晓理：《产业集群视角下市域产教联合体的建设逻辑、基础和路径》，《职业技术教育》2024年第25期。
② 刘晨阳、景国文：《创新型产业集群试点政策与地区全要素生产率提升》，《现代经济探讨》2023年第2期。

这种内部外部共存的同质化局面,削弱了苏州在特定产业中的领先地位,还使得整体经济集群的创新活力受到影响。

2. 新型研发机构的资源浪费

尽管 U 形湾已拥有一批新型研发机构,但不少机构在发挥其人才和技术优势方面表现不佳。这些机构普遍存在与科研人才建设脱节的问题,导致创新资源的分散和利用率低下。

许多新型研发机构仅将大量积聚的资源集中在几个产业领域内进行发展,缺乏广泛性与全面性,造成资源配置的浪费。又由于未能充分挖掘其母体创新源头的优势,部分机构在引进和留住高端人才方面普遍表现不佳,无法有效推动区域产业创新发展。[1]

此外,新型研发机构的数量与区域经济发展的快慢、企业发展水平的高低并不一致,盲目建设导致资源过度集中于某些地区,造成重复建设现象。研究表明,功能重合和新兴行业集中度过高是新型研发机构的通病,这使得科技资源共享和协同创新的机制未能形成,进而加剧了资源的浪费和创新效率的低下。

3. 市场竞争中的资源配置低效

市场竞争的同质化使得企业在争夺有限的市场份额时,往往采取低价竞争的方式,这种竞争模式不利于高效利用资源和推动产业集群和创新集群的高质量发展,导致整个区域在创新能力和市场影响力上的弱化。尤其是在数字化转型的过程中,中小企业普遍面临转型动力不足和技术手段应用不够的问题,这直接影响了企业在市场中主动获取更多资源的竞争力。

生产性服务业的发展不足也是导致资源浪费的重要因素。从发达国家的发展规律来看,产业一般存在"双七"现象,即服务业占 GDP 的比例达到70%,而生产性服务业占服务业的比例也为 70%。相较于这一占比,发展服务业,尤其是生产性服务业,显然是成熟市场经济体完善现代产业体系的必

---

① 叶青青、刘治国、刘娟等:《江苏新型研发机构赋能区域产业创新集群路径研究》,《江苏科技信息》2023 年第 20 期。

经之路。^① 苏州的服务业尤其是生产性服务业的发展亟待加强，生产性服务业的缺乏，使得产业链的数字化升级和资源配置效率难以得到有效提升，影响了整个产业集群的综合竞争力。^②

综上可见，苏州环太湖 U 形湾地区的市场竞争同质化与资源浪费现象明显，制约了产业集群和创新集群的深度融合。提高区域内的资源配置效率、推动差异化发展和加强政策支持，有助于提升区域经济的竞争力，实现产业和创新的协同发展。

四　苏州环太湖 U 形湾的集群融合优化路径

（一）产业集群与创新集群共振：从战略需求到融合契机

在全球科技创新与产业转型的宏观背景下，产业集群与创新集群的协同发展成为地方经济持续增长的关键驱动力。以苏州环太湖 U 形湾为例，该区域不仅拥有雄厚的制造业基础，还具备日益完善的创新体系。然而，随着数字经济的迅猛发展和全球竞争的加剧，单靠产业集群的规模优势已难以满足未来产业升级的需求，必须依托创新集群的推动，打破传统产业的瓶颈，实现质的飞跃。

战略需求是促使产业与创新集群融合的核心动力。在国家层面，科技创新的重要性被前所未有地提升。无论是中国"十四五"规划中提出的科技自立自强目标，还是各地针对数字经济发展的政策导向，均反映出对创新能力的迫切需求。环太湖 U 形湾作为苏州的主要经济增长区域，亟须在产业转型和创新驱动之间做出战略抉择。

全球成功案例表明，产业集群与创新集群的融合不是资源的简单叠加，而需要高效的互动机制、产学研协同以及政府的战略指导来实现。例如，美

---

① 宣春霞：《数字经济背景下苏州产业创新集群融合发展策略分析》，《市场周刊》2023 年第 8 期。
② 蒋建强：《苏州打造产业创新集群的挑战与对策研究》，《技术与市场》2022 年第 9 期。

国硅谷凭借市场主导的创新生态系统，德国工业 4.0 则通过产业链的智能化升级，均为苏州集群融合提供了宝贵的经验。

苏州环太湖 U 形湾应当借助产业链与创新链的深度协同，找到两者的共振点，将战略需求转化为融合发展的机遇。具体路径包括构建数字经济与先进制造业的交汇平台，增强创新要素与产业链上下游的互动，优化政府、企业、高校和科研机构之间的合作机制，确保在政策支持、资源共享、技术应用等方面实现创新与产业的良性互动。

这种共振不仅体现为科技成果的产业化，还体现为人才、资本、技术等创新要素的高效流动与配置。通过制定区域战略规划，明确集群融合发展的目标与实施路径，环太湖 U 形湾有望成为国内外创新与产业集群融合的典范。

（二）协同创新的引擎：构建政府、企业与高校的共生机制

在推动产业集群与创新集群融合发展的过程中，协同创新是关键的动力源。政府、企业与高校三者之间的紧密合作，能够有效解决产业创新中的瓶颈问题，实现资源的优化配置，推动区域经济的高质量发展。在这个过程中，三方形成的共生机制既是创新发展的引擎，也是集群融合的重要基础。

首先，政府在这一共生机制中扮演引导者和资源整合者的角色。政府通过政策制定、资金支持以及战略导向，为产业和创新集群提供良好的外部环境。苏州市政府出台的各类科技创新政策，如《苏州市加快科技创新引领未来产业发展的若干措施》，不仅为企业提供资金和政策支持，还搭建了产学研合作平台，促进企业与高校的技术对接和成果转化。这种政策引导不仅可以减轻企业的创新风险，还能通过资源的集中配置，加速创新成果的市场化。

其次，企业作为创新的主体，在这一机制中发挥着主导作用。企业不仅是技术创新的主要实施者，还是产业升级和经济增长的直接推动者。通过与高校的合作，企业能够获取最新的科技动态和技术资源，并将其转化为实际的生产力。在产业集群和创新集群的融合过程中，企业的技术需求和市场反馈为高校的科研方向提供了明确的指引，形成了良性的互动。

最后，高校则是知识与技术的提供者。作为创新资源的重要来源，高校以人才培养、科研成果输出为区域经济的创新发展提供了智力支持。以美国硅谷为例，斯坦福大学与当地企业的紧密合作不仅推动了硅谷创新集群的形成，也为区域经济的发展提供了源源不断的科技和人才支持。苏州作为创新高地，也可以借鉴这一模式，进一步深化高校与企业的协同创新机制，推动科技成果的转化和应用。

总体来看，构建政府、企业与高校的共生机制是实现产业集群与创新集群共振的关键路径。通过协同创新，三方在资源共享、技术创新和市场开拓等方面相互支撑，形成一个良性循环的创新生态系统，为区域经济的持续发展提供了强有力的引擎。

（三）地方优势与全球对接：设计苏州市的在地化创新模式

苏州市在环太湖 U 形湾的区域背景下，拥有独特的地理和经济优势，为其产业集群与创新集群的融合发展提供了良好的基础。如何充分利用这些地方优势，同时有效对接全球创新资源，是苏州产业和创新集群持续高质量发展的关键问题。

苏州市在长三角地区的产业布局中处于核心地位，GDP 位居江苏省首位，且临近上海，具有得天独厚的地理位置。环太湖 U 形湾不仅有利于对接国内各大产业区，还能够迅速融入全球供应链。苏州可以建立环太湖特色区域创新网络，依托昆山、吴江等区域的产业集群，发挥其在制造业、科技研发和高新技术领域的核心地带作用，推动区域内产业链和创新链的联动。

同时，苏州市要充分利用其丰富的国际合作资源。作为一个高度开放的城市，背靠上海的国际资源，苏州在引进外资和外部技术上具有相对优势，这使其能够更加灵活地对接全球科技创新网络。美国硅谷、德国工业4.0 等先进集群的合作经验表明，国际化的合作平台和技术交流渠道，是增强创新能力的有效途径。苏州应在保持核心技术产业领先的基础上，进一步加强与欧美、日韩等创新强国/地区的合作。合作不仅仅是技术引进，还应在合作中打造自主创新能力，形成良性循环，以形成全球化背景下的本地创新优势。

在此基础上，苏州市的在地化创新模式应侧重于打造"本地孵化，全球连接"的机制。具体而言，苏州市可以通过区域创新平台的建设，吸引国内外的技术创新资源在地化发展，建立与国际前沿科技同步的创新中心和研发机构，协助本地企业凭借技术开展合作，逐步形成全球化布局。

此外，苏州市的地方政府需要在这个过程中发挥积极的主导作用，制定各类鼓励企业与国际合作的政策，降低对外技术合作的成本，进一步深度融合本地企业和国际创新网络。在这个过程中，地方政策的灵活性和政府服务的效率将成为苏州市创新集群全球对接的关键支撑。

（四）政策护航与生态构建：打造可持续的产业创新生态圈

构建可持续的产业创新生态圈，需要政府、企业和社会各层面的共同努力，而政策的支持与引导则是其中最为关键的因素。在全球创新集群发展的实践中，政策通常发挥着定向指引和保障的作用。苏州市应借助灵活且富有创新性的政策设计，促进环太湖地区产业集群与创新集群的深度融合，推动整个生态系统的健康发展。

应进一步完善对产业集群和创新集群的政策支持体系，制定长远的战略规划。这意味着，除了已实施的财政补贴、税收优惠等传统政策工具，苏州市还需更加注重制度创新。例如，强化知识产权保护并制定适应科技创新的法规，为创新企业营造一个公平、公正的竞争环境。如此方能激发企业的创新活力，促使科研成果迅速转化与应用。

除了完善的政策支持体系，还可以借助政策激励措施，促进高校、科研院所、企业及其他创新主体的深度合作，形成一个有机互动的产学研创新生态，整合不同资源、信息和技术渠道，提升整体创新效率。这类政策设计不仅应面向大型企业，还应特别关注中小型企业的创新需求，协助它们解决技术、资金等方面的难题，鼓励更多企业参与到创新集群建设中。

与此同时，生态圈的构建还需要政府在构建创新平台和服务体系方面下功夫。利用创新服务平台，整合科研机构、技术孵化器、金融服务机构等多方资源，形成一个支持企业创新与成长的综合服务网络。在这些平台上，企业可以共享信息、技术及市场资源，降低创新研发过程中面临的壁垒。

在政策护航集群融合发展的同时，苏州市还应重视创新及生态的可持续性。创新不仅要追求短期的经济效益，还需考虑长远的环境效益和社会效益。通过发展绿色科技和可持续发展技术，促进制造业的智能化、绿色化转型，实现产业与环境的协调发展，应当是苏州市未来创新生态圈建设的重要目标之一。

环太湖 U 形湾作为苏州市经济发展的核心引擎，正加速产业与创新集群的融合。展望未来，该区域不仅要在国内保持领先，还应在全球范围内发挥示范效应，展示中国创新与产业协同的优势。

可以预见的是，环太湖 U 形湾将在政府引导下，依托本地的生态与文化资源，打造具有地域特色的创新模式。与此同时，环太湖 U 形湾区域的产业创新集群也都将立足全球产业链中独特的战略位置，通过深化政府、企业、高校与各类研究机构的协同合作，形成更加灵活、跨行业的创新联动，保持区域创新的活力。产业集群也将借助创新驱动机制，聚焦人工智能、电子信息、材料科学、绿色能源等关键领域，进一步强化高新技术与先进制造业的创新能力，推动环太湖区域产业的协同发展，并逐步成为全球科技产业创新的标杆。

环太湖 U 形湾的未来发展蓝图不仅服务于本地经济，更将为产业链升级贡献力量。通过构建国际化的创新生态和高效的政策支持，这一地区将继续引领产业集群与创新集群的融合发展，成为世界级创新高地。

B.11
苏州环太湖地区文化和旅游产业发展现状及未来展望

王 斌 黄洞秋 陈 璇 刘召禄*

摘 要: 苏州环太湖地区文化和旅游产业带，以太湖（苏州段）为依托，连接吴江区、吴中区、虎丘区（高新区）、相城区等4个板块。"十四五"以来，该地区加快推进长三角一体化战略和大运河文化带建设，以大力实施苏州市文化产业倍增计划为目标，聚焦数字文化、创意设计、影视娱乐、工艺美术、文化旅游等重点文化领域，加大文化招商力度，加强文化载体建设，大力培育市场主体，强化文化要素支撑，优化文化政策服务，积极推动文化与科技、旅游、工业、农业、商贸等相关领域融合发展，持续丰富新一代信息技术在文旅领域的应用场景，逐步形成了集文化长廊、生态长廊、旅游长廊于一体的环太湖地区文化和旅游产业发展的新格局。

关键词: 环太湖 文化和旅游产业 文化长廊 生态长廊 旅游长廊

　　苏州环太湖地区文化和旅游产业带，以太湖（苏州段）为依托，连接吴江区、吴中区、虎丘区（高新区）、相城区，按照串珠式空间规划和布局

---

* 王斌，苏州市文化广电和旅游局产业发展处二级主任科员，苏州市文化创意产业发展中心原主任，主要研究方向为文化产业体系、文旅融合发展、文化产业政策；黄洞秋，苏州城市学院党委常委、副校长，研究员，主要研究方向为城市治理；陈璇，苏州城市学院太湖研究院（筹）副院长，教授，主要研究方向为江南文化；刘召禄，博士，苏州城市学院太湖研究院（筹）专职研究员，主要研究方向为文化产业理论、比较文化与文化产业。

模式，串联起区域内的文化产业园区、产业基地、文旅企业、文化服务平台、文化教育艺术单位及各类文化设施，形成集文化长廊、生态长廊、旅游长廊于一体的环太湖地区文旅产业发展格局。

一　苏州环太湖地区文化和旅游产业带发展现状

（一）苏州环太湖地区文化和旅游产业带发展的资源状况

1. 吴江区

通过组织开展全区文旅资源普查，吴江区完成 1587 项文旅资源梳理，初步确定 246 项优良级资源，重点挖掘大运河、古镇、江村、丝绸、太湖五大特色 IP。吴江区拥有 1 项人类非物质文化遗产、2 处世界历史文化遗产、3 座中国历史文化名镇、10 个全国重点文物保护单位、2 项国家级非遗代表性项目、1 个国家级文化产业示范基地、3 个江苏省重点文化产业园区、5 个 4A 级以上旅游景区（点）、1 家旅游度假区、3 个省级乡村旅游重点村、11 家省级以上工业旅游区。

2. 吴中区

吴中区位于苏州南部、太湖之滨，独揽五分之二太湖岸线、五分之三太湖水域、五分之四太湖峰峦，以及 1 个国家 5A 级景区、5 个国家 4A 级景区、6 个太湖风景名胜区，获评国家全域旅游示范区。吴中区作为吴文化的重要发祥地，拥有 4 个国家级历史文化名镇、5 个国家级历史文化名村、12 个中国传统村落、7 处国家级文物保护单位，拥有 1 项人类非物质文化遗产、3 项国家级非物质文化遗产、140 余名非遗传承人、数十万名工艺文化从业人员，既是全省乃至全国名镇古村、文物非遗资源最为富集的区域之一，也是"苏作"工艺门类最全、产业集聚度最高的地区之一。

3. 虎丘区（高新区）

环太湖（高新区段）山水资源丰富，拥有 25 公里原生态太湖岸线以及山湖林田草全要素生态基地、太湖国家湿地公园、浒光运河等丰富的山水资源，形成了不可多得的环境优势，享有"真山真水园中城"的美誉。环太湖（高新区段）是吴文化的重要发祥地之一，拥有极富江南韵味与东方美感的人文底蕴，例如以苏绣为代表的苏作传统手艺、以万佛寺为代表的宗教资源等。

4. 相城区

太湖沿岸的相城区望亭镇结合北太湖旅游度假区建设和大运河文化带建设目标，挖掘整理望亭古镇、古址、遗迹资料等文化资源，整合沿岸工业、文化、体育健身等资源，将望亭地方文化融入旅游产业，盘活望亭文旅产业资源。根据空间规划，当地在建设中突出农文旅融合方向，让有限资源发挥出叠加效果。

（二）苏州环太湖地区文化和旅游产业带发展的总体情况

苏州环太湖地区文化和旅游产业带（吴江区、吴中区、高新区、相城区）2023 年规模以上文化企业实现营业收入 1097.9 亿元，同比增长 4.5%，占苏州全市规模以上文化企业营业收入的 32.5%；2023 年规模以上文化企业数量为 470 家，同比增长 16%，占苏州全市规模以上文化企业总数的 32.4%；2023 年规模以上文化企业资产总额为 1714 亿元，同比增长 13.9%，占苏州全市规模以上文化企业资产总额的 31.4%；2023 年规模以上文化企业上缴税金及附加 3.68 亿元，同比下降 13.8%，占苏州全市规模以上文化企业上缴税金及附加的 27.8%；2023 年规模以上文化企业实现利润总额 34.96 亿元，同比下降 3%，占苏州全市规模以上文化企业实现利润总额的 29.8%。

2023 年，苏州环太湖地区文化和旅游产业带拥有苏州市级文化产业示范园区 18 家、省级园区 1 家、国家级园区 1 家，分别占苏州市级、省级、国家级文化产业示范园区的 39%、11%、100%。

2024 年上半年，苏州环太湖地区文化和旅游产业带规模以上文化企业实现营业收入 558.78 亿元，占全市规模以上文化企业实现营业收入的

31.8%；规模以上文化企业数量为 522 家，占全市规模以上文化企业数量的 32%；上半年规模以上文化企业资产总额为 1854.7 亿元，占全市规模以上文化企业资产总额的 33.2%；上半年规模以上文化企业上缴税金及附加 2.11 亿元，占全市规模以上文化企业上缴税金及附加的 30%；上半年规模以上文化企业实现利润总额为 13.8 亿元，占全市规模以上文化企业实现利润总额的 26%。

（三）苏州环太湖地区文化和旅游产业带的产业构成情况

1. 文化旅游产业

充分发挥环太湖地区文化旅游资源优势，依托长三角城市群庞大的消费市场，引进现代大型文化旅游项目，推出文化旅游新线路、新产品、新项目，应用高新技术，大力发展体验式、沉浸式文化旅游新业态。

发展特色文化旅游。深度挖掘苏州古典园林群、古镇群、古村群、古街群等特色文化资源，促进文化遗产保护和旅游产品开发深度融合。拓展古城、古镇、古村、古街周边的美术场馆、演出剧院等资源，增强游客体验感，提高游客过夜率。积极创作适合文化旅游消费的演艺产品，鼓励开发沉浸式旅游演艺、娱乐项目。大力开发特色手工艺伴手礼、创意生活用品，优化老字号品牌形象和营销方式，拓宽乡村特色旅游产品销售渠道。

促进生态休闲旅游。依托苏州国家级和省级森林公园、湿地公园等生态资源优势，在做好生态保护的前提下，推动生态与休闲、娱乐相结合，开发生态游与休闲娱乐活动，大力发展精品民宿、文化研学等特色文化旅游产品。依托太湖、东山、西山、大阳山等优越的自然生态资源，打造苏州乐园森林世界、融创桃源生态文旅度假区、西山废弃矿坑修复综合旅游开发项目等大型生态文化休闲娱乐项目。

开发体验式文化旅游。依托长三角城市群庞大的消费市场，充分利用优越的区位优势和文化资源优势，采用错位竞争发展战略，推出文化旅游新线路新产品新项目，发展数字文旅、体验文旅、创意文旅、时尚文旅。在大型文化旅游项目中通过 AR、VR、AI、5G+4K/8K 超高清、无人机等应用技术，发展全息互动投影、无人机表演、夜间光影秀等服务产品，引入沉浸式旅游项目。

创建"AI+文旅"应用创新区。依托苏州国家级人工智能创新试验区建设，推进"AI+文旅"应用创新区创建工作，环太湖地区文化和旅游产业带加快建设 4 个"AI+文旅"代表性应用场景项目和 40 个"AI+文旅"创新应用项目，提升文化旅游管理与服务信息化水平。依托"一部手机游苏州"智能服务平台，提供环太湖地区官方攻略、导游导览、智慧厕所和停车场、智慧垃圾桶、AI 识景、景区人脸识别入园、酒店刷脸入住等服务，拓展高速公路"无感支付"、智慧酒店、智慧租车、智慧监管、智慧健康等延伸功能。

2. 文化科技产业

推进文化科技深度融合，以关键技术研发应用和精品内容创作为核心，做大做强动漫游戏、影视娱乐、网络文化等数字文化产业，打造具有区域影响力、引领数字文化产业发展的产业集群。

推动内容创意与技术研发，赋能动漫游戏产业。以高新区、相城区为核心区域，鼓励动漫游戏企业加强原创内容生产和核心技术研发。开发具有本土文化特色的动漫游戏产品、互动体验类动漫游戏产品、泛动漫类产品。加强动漫 IP 打造与动漫衍生品综合开发，建设动漫游戏体验场馆，举办重大动漫游戏展会和大型电竞赛事。对国家级重大项目以及获得国家级重大奖项的优秀原创动漫游戏作品给予奖励。引进国内外知名动漫游戏企业，推动动漫游戏产业链持续升级，形成包含原创、策划、宣传、发行、衍生品开发等环节的完整产业体系，大力发展游戏直播、电子竞技、云游戏等新业态。

延伸影视娱乐产业链，激发影视产业活力。以相城区电影频道苏州制作基地、吴江区中国（黎里）纪录片产业基地等影视集聚区为载体，完善影视拍摄、后期制作等影视产业关键产业链，加快向剧本创作、制片、发行及影视服装、道具、器材提供等方向延伸产业链。引导影视企业推出高品质数字影视精品，对获得国际级、国家级重大影视奖项，或取得重大票房、重要播出平台成绩的影视精品给予奖励。依托电影频道苏州制作基地，建设影视产业人才培养基地，培养一批高素质的数字影视产业人才。加大吴江区同里镇、吴中区东山镇拍摄基地建设培育力度，打造文化旅游网红打卡地，吸引国内外影视企业来苏取景拍摄，对有效传播苏州城市形象的影视精品给予奖励。

以互联网信息服务为核心，做大网络文化产业。以苏州影视产业园、苏州阳澄湖数字创意产业园等为主要载体，重点支持原创网剧、网络直播、网络短视频、网络音乐、网络文学、网络演艺、网络教育、网络出版、数字广告等在环太湖地区的创作生产、制作发行。支持苏州市属媒体加快技术改造和跨界合作，推动构建"内容+平台+终端"的新闻内容生产和传播体系。引进全国知名互联网企业网络视听板块、网络视听平台落户环太湖地区，支持企业应用前沿技术，开发线上沉浸式文化体验产品，提升网络文化内容的表现力。鼓励对环太湖地区典籍、艺术品、文物、非遗等传统文化资源进行数字化转化和发行传播。

3. 创意设计产业

壮大创意设计人才规模。积极引进国内外知名艺术与设计类高等教育资源在苏落地，推动建设产教融合的文创产业园，搭建创意设计人才与市场对接的桥梁。依托中国苏州文化创意设计产业交易博览会、苏州国际设计周等平台优势，组织面向国内外的创意设计作品赛事活动，推动引进国内外优秀创意设计人才来环太湖地区创业就业。

加强创意设计产业载体建设。依托太湖旅游度假区和东太湖旅游度假区、吴中区苏豪文化科技创意园等旅游度假区、文创园区、文创街区，以老旧厂房改造的文化产业园区为载体，重点引进创意设计专业服务机构，发展新媒体广告、建筑设计、工业设计、环境设计、视觉设计、媒体创意、生活创意等细分领域。切实完善各类产业园区（基地）的配套服务功能，吸引一批优秀的设计师落户集聚。

鼓励创意设计产业创新发展。引导制造业、建筑装饰行业的一批领军企业将内部创意设计环节外部化，设立独立创意设计机构。鼓励龙头企业采用项目整包的业务模式，做大业务盘子。支持企业持续开发苏州传统文化元素与现代时尚符号深度融合的创意设计产品，鼓励文博场馆利用馆藏资源做大做强文创产业。以国家火炬计划软件特色产业基地、电子信息服务外包基地、集成电路产业基地等为载体，重点发展文化软件设计产业。开展文化创意设计相关的自主核心技术和装备研发，提升创意设计的表现力和创作力。

推动创意设计与相关产业融合发展。支持服装设计、工业设计、广告和视觉设计、时尚和现代手工艺设计、建筑与环境艺术设计、舞台舞美设计、数字内容设计、非物质文化遗产保护与开发设计等创意设计业，向专业化、品牌化、融合化方向发展。着力推动创意设计服务与制造业、商贸业、农业等相关领域融合发展，在吸收现代时尚元素的基础上凸显苏州地域文化特色，提升传统产业的创意设计水平和产品附加值。

4. 演艺娱乐产业

依托环太湖地区文化艺术资源优势，着重发展剧场演艺项目、传统演艺项目、文旅演艺娱乐项目等演艺娱乐业。推动演艺集聚区建设，集中优秀演出剧目、专业演员等演艺资源。大力引进知名演艺集团和演出经纪机构，鼓励国内外知名院团、艺术家来苏演出，打造"百剧之城"剧场演艺城市品牌。

推动演艺集聚区建设，推进打造"百剧之城"城市品牌。支持苏州木渎影视文创产业园、苏州湾文化中心等演艺集聚区建设，举办各类国际性大型演出活动。加快打造"江南小剧场"和"江南小书场"品牌，运用市场化机制，吸引各类社会资本参与演出场馆的更新改造，盘活现有演出场馆资源。结合应用先进智能技术，改进剧本、剧目展示形式，打造一批沉浸式、体验式演艺项目。引导建设在线剧院、数字剧场。

聚焦传统演出市场，创新创作文旅演艺产品。支持培育昆曲、苏剧、评弹、锡剧等传统演出市场，创新性发展和传播传统演艺内容，促进传统舞台艺术线上发展。依托文体旅融合大型项目，推动文化创意赋能传统演艺项目，鼓励在环太湖地区创作生产以苏州传统文化为主题，以苏州传统演艺项目为基础的大型实景演出项目。

深化国有文艺院团改革，全面激发演出活力。加大传统艺人培育力度，将传统演艺人员纳入姑苏宣传文化人才的支持范围。推进院团分配制度改革，以市场为导向，开发演出新产品；加大演出市场营销力度，持续增强国有文艺院团市场化生存能力。

5.特色文化产业

依托环太湖地区工艺美术产业发展基础，融入苏作、苏工、苏州园林等特色文化内涵，重点发展各类雕刻、苏绣、缂丝、宋锦、木作、苏扇等工艺美术产业。

推动工艺美术行业基地化发展。依托苏绣小镇（高新区）、震泽丝创园（吴江区）、苏州工匠园（吴中区）、舟山核雕村（吴中区）等产业集散地，以及消泾中日手作村（相城区）等工艺美术产业集聚区，进行公司化、专业化运营。依托知名艺术家、非遗传承人的影响力，成立苏绣、丝绸、核雕等工艺美术行业的产业联盟，举办国家工艺美术大师讲座、工艺美术精品展会、工艺美术主题节庆等活动。

加快工艺美术行业标准化建设。在制定苏绣、苏式红木家具、苏州丝绸等行业产品标准的基础上，进一步加快苏扇、苏州玉雕等行业的标准制定工作。把工艺产品标准的制定、推广、落实工作和工艺产品品牌的打造、推广、运用结合起来，加快环太湖地区传统手工艺的技艺标准体系向现代消费市场的产品标准体系转化，加强工艺美术行业各细分领域的生产协作和大规模产业体系建设。

促进工艺美术行业品牌化提升。推动工艺美术产品表现手法、工艺载体、创作题材创新，促进传统工艺与新兴技术有机融合。打造"国风系列"、盲盒、手作IP等爆款产品，结合网红经济等新消费模式，实现传统工艺产品的专业化设计、规模化生产和多元化营销。引导工艺行业的手工艺人个人品牌向现代消费市场的产品品牌转化，不断满足现代消费市场的需求。加大与中国国际进口博览局对接力度，依托充分展示苏作工艺的"苏作馆"，将环太湖地区工艺美术品销往海外。

加强工艺美术行业规范化管理。鼓励工艺美术从业人员成立公司或个人工作室，进行公司化、专业化运营，建立和推广"公司+手艺人"模式。依托知名艺术家、非遗传承人的影响力，发挥各类工艺美术行业组织的协调服务功能，建立健全工艺美术行业的相关质量标准和监督管理体系。

6. 文化制造业

加快环太湖地区文化制造业数字化转型、智能化改造，促进高端数字文化装备制造业加快发展，赋予产业新的活力。推动印刷包装、文化用品、影视装备等传统文化制造业提升发展，以文化创意与科技创新赋能升级传统文化制造业。

加快发展高端数字文化装备制造业。支持智能视听、柔性显示、3D打印、无人机等装备及软件的研制和应用。鼓励印刷类龙头企业开展绿色印刷、数字印刷、纳米印刷、按需印刷等技术、装备和材料研发与应用，加大印刷技术在微电子领域的应用研究。推进数字电视终端制造业和数字家庭产业、内容服务业深度融合，推动智能化舞台演艺设备、数字化影院视听系统的集成设计和应用推广，在舞台机械、演艺灯光、演艺音响、演艺特效、观演视效等领域打造自主品牌，提升市场占有率。鼓励企业加强工业互联网、物联网、车联网在智能文化装备生产各环节的应用，提升数字文化装备制造水平，推动高端软件产品和装备自主研发及产业化。

推动传统文化制造业转型升级。重点围绕印刷包装、文具制造、油墨制造、影视装备制造等环太湖地区传统文化制造领域，吸引一批优秀的创意设计类人才落户集聚，鼓励龙头企业专门设置创意设计与文化制造业结合的部门、工作室或者成立创意类子公司，提升文化制造产品的创意设计水平。充分利用现代理念为文化制造业融入创意及高科技元素，开发智能化包装印刷品和创意设计类拼装玩具等创新产品。

（四）苏州环太湖地区文化和旅游产业带重点文化项目情况

按照基础建设类项目总投资额不低于5000万元，内容创作、创意设计、文化科技类项目总投资额不低于 1000 万元的标准，2020~2023 年，苏州环太湖地区文化和旅游产业带共有 81 个项目被列入苏州市重点文化产业项目清单，占苏州全市重点文化产业项目数量的 32%。

2020~2023 年环太湖地区文化和旅游产业带重点文化产业项目总投资额为 1633.4 亿元，占苏州全市重点文化产业项目总投资额的 40.8%。2024 年环太湖地区文化和旅游产业带共有 37 个项目被列入苏州市重点文化产业项目清单，占苏州全市重点文化产业项目数量的 34.3%。2024 年环太湖地区文化和旅游产业带重点文化产业项目总投资额为 566.7 亿元，占苏州全市重点文化产业项目总投资额的 54.3%。

（五）苏州环太湖地区文化和旅游产业带产业载体建设情况

文化产业园区是文化产业高质量发展的重要载体。"十四五"期间，苏州市积极推动文化产业园区建设，规模不断扩大，初步形成文化企业集聚发展的良好态势。截至 2024 年二季度，苏州全市共有 6 个国家级、18 个省级、46 个市级文化产业园区（基地），入园文化企业 4000 多家。其中，环太湖地区文化和旅游产业带现有苏州市级文化产业园区 18 个，占全市市级文化产业园区总数的 39%。

相城区元和塘文化产业园区 2020 年获批，成为苏州市首个国家级文化产业示范园区创建单位，2023 年通过国家级考核验收。园区规划面积为 28.4 平方公里，空间布局为一带（元和塘文旅产业带）、一轴（高铁枢纽文化创新发展轴）、三片区（数字文化片区、创意设计片区、文化科技片区），规划建设 10 个特色产业集聚的载体，即 10 个"园中园"，包括高铁新城电竞产业园、苏州动漫影视产业园（一期、二期）、活力岛影音艺术产业园、苏州阳澄湖数字文化创意产业园、御窑创意设计产业园等，着力发展数字创意、家具设计、影音艺术等生产性服务业和消费类服务业。截至 2023 年，产业园共有文化企业 2173 家，实现营业收入 436 亿元，从业人数超过 2 万人。

苏州高新区以建设国家文化和科技融合示范基地为核心，引导苏州创业园、苏州高新软件园、苏州科技城文化科技产业园等重点园区，聚焦文化科技及其相关产业融合发展领域集成技术开发，培育数字内容制作服务和数字媒体装备产业集群。利用苏绣小镇、浒墅关古镇、狮山广场等重大项目的辐射带动作用，吸引和集聚一批上下游文化科技企业，鼓励开展核心技术的研发与集成创新。

吴中区香山工坊古建文化产业基地和舟山核雕村，则是充分利用列入人类非物质文化遗产代表作名录的"香山帮"技艺和列入国家级非物质文化遗产名录的舟山核雕工匠技艺，建设具有特色的园区。以舟山核雕村为例，现有各类陈列室、工作室506家，截至2021年底，共有在孵实体（工作室）416家，2021年新入驻工作室28家。在孵实体带动就业人数580余人，75%以上是香山街道附近失地农民、返乡大学生，其中舟山本村人口占55%左右。在创业基地的影响和带动下，2021年全村以及周边村落，有核雕相关产业从业人员3200余人，线上线下年销售额4.2亿元左右，占领全国约78%的市场份额。

（六）苏州环太湖地区文化和旅游产业带市场主体发展情况

1. 加大文化企业集聚力

环太湖地区文化和旅游产业带组建成员覆盖各部门、板块、区（市）属国资企业"大文化"专项招商队伍，实施主管部门与招商部门紧密合作的联动机制。可加大文化产业招商引资力度与政策扶持力度，在税收、土地、服务、资金等方面，建立健全强有力的文化企业发展推进机制，实现长三角范围内的招商政策联动。

2. 加大头部企业招引力度

开展重点文化企业定点招商、专项招商和产业链招商，在全国及全球范围内开展重点企业定点招商、敲门招商。采取"一企一策"方式，给予管家式、保姆式服务。通过在苏设立地区总部、研发中心、技术研究院等模式，积极引进头部文化企业和机构，特别是平台型数字文化企业。

3. 加快培育本地龙头企业

鼓励企业做大做强，支持文化企业实施跨行业、跨地区、跨所有制兼并重组，引进战略投资者，开展合伙制、股份制和混合所有制改造，支持中小型文化企业向专精特新方向发展，支持龙头企业进一步延伸产业链、服务链和价值链。鼓励企业在国内外主板、中小板、创业板等各级各类资本市场挂牌上市，支持成长型企业到"新三板"上市交易。

4. 建立文化企业融合服务平台

建立综合性的文化企业服务平台体系，面向广大文化企业提供政策咨询、信息发布、项目合作、融资融智等综合服务。鼓励依托龙头企业，成立文化产业相关行业协会、中介服务组织、产业创新联盟，为文化企业提供一对一发展诊断、融资可行性分析、创新专利申请等个性化服务。

5. 文化企业创新成果喜人

吴江区京东方艺云（苏州）全球首创了以"吴江造"BOE画屏为代表的数字文化装备和交互性强的数字文化内容。吴中区凌云光入选2022年江苏省民营科技企业。相城区上声电子提供国内技术领先的汽车声学产品解决方案，全球市场占有率为12.9%，国内市场占有率第一。苏州高新区姚建萍刺绣与腾讯、宝马、爱马仕等知名品牌跨界合作，并将品牌跨界延伸到影视剧等大众传播领域，与《王者荣耀》合作大力弘扬苏绣文化，实现了品牌传播的新形态拓展。

6. 依托传统制造业的骨干企业类示范基地表现良好

如真彩文具美术用品示范基地、江苏彩华包装集团文化产业创意基地等示范基地，积极服务于传统企业转型升级，重视产品研发，提升产品质量，扩大品牌效应，积极开拓市场，企业规模稳步扩大，效益稳步提升。苏州太湖雪丝绸有限公司创办于2006年，是一家集蚕桑种植、加工，床品设计、生产、销售于一体的特色文化企业。2016年该企业成功在"新三板"挂牌，成为苏州蚕丝被第一股。2021年，该企业总资产达到2.9亿元，主营业务收入3.6亿元，年纳税1077万元，全年技术研发投入1432万元。

表1 苏州环太湖地区文化和旅游产业带部分代表性文化企业

序号	单位名称	所属区域	行业类型
1	苏州市山水丝绸有限公司	吴江区	2. 内容创作生产
2	江苏华佳丝绸股份有限公司	吴江区	2. 内容创作生产
3	苏州太湖雪丝绸股份有限公司	吴江区	2. 内容创作生产
4	苏州慈云蚕丝制品有限公司	吴江区	2. 内容创作生产
5	江苏亿友慧云软件股份有限公司	吴江区	2. 内容创作生产
6	京东方艺云(苏州)科技有限公司	吴江区	2. 内容创作生产
7	苏州诗淇服饰有限公司	吴江区	3. 创意设计服务
8	苏州上久楷丝绸科技文化有限公司	吴江区	4. 文化传播渠道
9	苏州同里国际旅游开发有限公司	吴江区	6. 文化娱乐休闲服务
10	亨通温泉乐园管理(苏州)有限公司	吴江区	6. 文化娱乐休闲服务
11	苏州震泽丝绸之路农业科技发展有限公司	吴江区	6. 文化娱乐休闲服务
12	苏州江天包装科技股份有限公司	吴江区	7. 文化辅助生产和中介服务
13	苏州同里印刷科技股份有限公司	吴江区	7. 文化辅助生产和中介服务
14	苏州美盈森环保科技有限公司	吴江区	7. 文化辅助生产和中介服务
15	中达电子(江苏)有限公司	吴江区	8. 文化装备生产
16	亚旭电子科技(江苏)有限公司	吴江区	8. 文化装备生产
17	苏州雄鹰笔墨新材料有限公司	吴江区	9. 文化消费终端生产
18	高创(苏州)电子有限公司	吴江区	9. 文化消费终端生产
19	苏州舞之动画股份有限公司	吴中区	2. 内容创作生产
20	苏州汇盈贵金属有限公司	吴中区	4. 文化传播渠道
21	苏州微谷文化发展有限公司	吴中区	5. 文化投资运营
22	江苏吴中集团有限公司	吴中区	5. 文化投资运营
23	苏州太湖山水文化旅游发展有限公司	吴中区	5. 文化投资运营
24	苏州市苏园资产经营有限公司	吴中区	6. 文化娱乐休闲服务
25	伟创力电脑(苏州)有限公司	吴中区	9. 文化消费终端生产
26	亚曼浆纸(苏州)有限公司	吴中区	9. 文化消费终端生产
27	苏州市张阳纸业有限公司	吴中区	9. 文化消费终端生产
28	苏州市宝成实业有限公司	吴中区	9. 文化消费终端生产
29	苏州任幸电竞文化传媒有限责任公司	相城区	1. 新闻信息服务
30	苏州市相城数字科技有限公司	相城区	1. 新闻信息服务
31	苏州龙盈软件开发有限公司	相城区	1. 新闻信息服务
32	虚幻竞技(苏州)文化传播有限公司	相城区	2. 内容创作生产
33	苏州红鲸影视文化传播有限公司	相城区	2. 内容创作生产

序号	单位名称	所属区域	行业类型
34	苏州优尼提传媒有限公司	相城区	2. 内容创作生产
35	苏州建设(集团)规划建筑设计院有限责任公司	相城区	3. 创意设计服务
36	苏州市相城和兆资产经营管理有限公司	相城区	5. 文化投资运营
37	苏州市相城生态景区管理有限公司	相城区	6. 文化娱乐休闲服务
38	苏州华夏设计营造有限公司	相城区	7. 文化辅助生产和中介服务
39	苏州茹声电子有限公司	相城区	9. 文化消费终端生产
40	苏州上声电子股份有限公司	相城区	9. 文化消费终端生产
41	苏州宏佰纸业有限公司	相城区	9. 文化消费终端生产
42	中纸在线(苏州)电子商务股份有限公司	相城区	9. 文化消费终端生产
43	山石网科通信技术股份有限公司	高新区	2. 内容创作生产
44	华硕科技(苏州)有限公司	高新区	2. 内容创作生产
45	苏州中材非金属矿工业设计研究院有限公司	高新区	3. 创意设计服务
46	苏州优富纺织品有限公司	高新区	4. 文化传播渠道
47	苏州高新旅游产业集团有限公司	高新区	6. 文化娱乐休闲服务
48	太阳油墨(苏州)有限公司	高新区	7. 文化辅助生产和中介服务
49	苏州创捷传媒展览股份有限公司	高新区	7. 文化辅助生产和中介服务
50	国家知识产权局专利局专利审查协作江苏中心	高新区	7. 文化辅助生产和中介服务
51	乐兰电子(苏州)有限公司	高新区	8. 文化装备生产
52	苏州富士胶片映像机器有限公司	高新区	8. 文化装备生产
53	佳能(苏州)有限公司	高新区	8. 文化装备生产
54	苏州乐轩科技有限公司	高新区	9. 文化消费终端生产

资料来源：苏州市统计局苏州文化产业规模以上文化企业 2023 年相关数据。

二　苏州环太湖地区文化和旅游产业发展的战略目标

(一)发展形势

1. 文化产业发展面临难得的政策机遇

党的二十届三中全会提出，中国式现代化是物质文明和精神文明相协调的现代化，必须增强文化自信，发展社会主义先进文化，弘扬革命文化，传承中华优秀传统文化，加快适应信息技术迅猛发展新形势，培育形成规模宏大的优秀文化人才队伍，激发全民族文化创新创造能力。要完善意识形态工作责任制，优化文化服务和文化产品供给机制，健全网络综合治理体系，构建更有效力的国际传播体系。全会报告提出大力实施文化数字化战略和重大文化产业项目带动战略的工作任务，加快推进现代文化产业体系和市场体系建设。

2. 文化产业呈现创新、融合与集群发展态势

当前，我国文化产业逐步迈入高质量发展阶段。随着产业结构的不断优化，呈现创新发展、融合发展、集群发展的特征和趋势。在创新发展方面，文化产业数字化、网络化、智能化程度不断提高，5G、VR、AI、区块链、人工智能等高新技术在文化产业领域的应用逐步加快，新兴文化业态持续快速发展。在融合发展方面，文化产业和相关产业的融合进一步强化，文化产业对旅游、体育、康养、现代农业、传统制造业等相关产业的带动作用进一步体现。在集群发展方面，文化产业由散、弱、小，逐步向规模化、集约化、专业化方向发展，文化产业园区由基础服务逐步向增值服务、精准服务、生态构建演进。

3. 周边城市文化产业竞争激烈

苏州地处长三角核心地区，上海、杭州、南京等周边城市在文化产业方面发展态势良好，给苏州带来较大的竞争压力。环太湖文化和旅游产业带周边的无锡、湖州、嘉兴等城市均提出了一系列建设太湖科创长廊、文化和旅游产业高地的战略目标。环太湖各城市还没有建立和形成相应的工作协调机制和联动推进机制。

4. 文化消费市场进入需求旺盛期

根据国际经验，人均 GDP 超过 1 万美元时，居民消费将进入精神文化需求旺盛的时期，文化产业也将迎来爆发式增长。近十年来，我国消费支出对 GDP 增长的贡献率不断上升，2020 年达到 54.3%，已连续 6 年成为拉动中国经济增长的第一引擎，表明我国已开始进入消费需求持续增长、消费结构升级加快、消费拉动作用明显的经济发展阶段。

（二）存在问题

1. 文化产业结构不够合理

苏州环太湖地区文化和旅游产业带的印刷包装、文具制造、油墨生产等传统文化制造业发展较好，且不乏产值规模较大、在全国有较大市场份额和较强影响力的龙头文化企业，但这些业态由于发展相对稳定，创新能力不足，增长缓慢。内容创作生产、创意设计、文化科技等新兴文化产业虽然发展较快，但规模普遍较小，缺乏具有国内外影响力的大型龙头文化企业，竞争力亟待提升。

2. 文化产业园区集聚效应偏弱

苏州环太湖地区文化和旅游产业带的文化产业园区虽然数量较多，但普遍存在主导产业不强、集群效应不明显、政策机制有待优化、公共服务有待提升等问题。部分园区主导产业不清晰，符合产业定位的文化企业数量偏少，产业政策效应偏弱，对头部企业吸引力不足。此外，文化旅游、工艺美术、演艺娱乐等领域没有形成完整的产业生态和全产业链协同效应。

3. 特色文化资源产业化程度不够

苏州环太湖地区文化资源丰富，但产业转化程度较低，在深度开发、活化利用方面进步空间较大。例如个别产业园区，虽拥有丰富的苏工、苏作大师与作品资源，但欠缺深度开发与品牌推广，产业经营状况不佳。此外，苏州在"江南文化"品牌打造与影响力提升方面还有所欠缺，目前依托苏州创博会、国际设计周等活动平台，品牌影响力初显，但与同等城市相比，还有较大的提升空间。

4. 高端文化产业人才紧缺

苏州动漫、游戏、影视、电竞等新兴文化产业人才供不应求，特别是专业技术、高级经营管理、创意设计等高端文化产业人才短缺情况严重，急需加强人才引进和培育。例如高新区、相城区等数字文化产业集聚区的快速发展，急需大量高端人才，缺乏高端人才引领导致产业活力不够、后劲不足。

5. 片区间未实现错位竞争

苏州各板块以及环太湖地区各板块之间文化产业同质化竞争激烈，没有充分发挥各板块的比较优势。例如部分地区纷纷建设文化艺术中心、大型主题乐园等文化休闲娱乐项目，项目辐射范围同为整个苏州乃至长三角城市群，内容同质化严重，地理位置相近，消费群体重叠。

（三）苏州环太湖地区文化和旅游产业发展的战略目标

贯彻落实党的二十大和二十届三中全会精神，加快实施长三角一体化战略和建设大运河文化带，瞄准建设国内一流的环太湖地区文化和旅游产业带的目标任务，提升"江南文化"品牌影响力，在数字经济时代，聚焦文化产业核心领域，大力推进文化产业多元融合发展，重点发展数字文化、影视娱乐、创意设计、工艺美术、文化旅游、文化制造等细分行业，大力培育六大文化领域优势产业集群，加快构建"1+N"现代文化产业体系和市场体系，坚定不移地把文化和旅游产业打造成为环太湖地区的标杆产业、支柱产业。

1. 打造实施长三角一体化战略新格局

大力实施长三角一体化战略，强化环太湖苏州市、无锡市、湖州市的组织联动，建立健全环太湖各城市文旅资源共享、文旅规划共商、文旅项目共建、文旅产品共享、文旅品牌共创的工作联动机制。

2. 锻造"江南文化品牌"达到新高度

通过数字技术、创意设计、艺术手法、影视制作等手段，运用市场化方式，传承创新历史文化遗产，活化利用优秀传统技艺，讲好"苏州故事"和"太湖故事"，赋予其新时代内涵。

3. 推动文化科技融合取得新突破

积极推进文化产业与新一代信息技术、元宇宙、5G、XR 等科技产业形成合力，基本形成覆盖重点领域和关键环节的文化和科技融合创新体系，使文化和科技融合成为环太湖地区文化高质量发展的重要引擎。

4. 推进文旅深度融合升至新水平

聚焦文化和旅游产业新业态，优化文旅服务和产品供给，积极部署文旅元宇宙产业链，在环太湖地区打造一批数字化文旅景区和应用场景，推动文旅深度融合及数字化转型。

5. 引领产业跨界融合催生新成果

推动文化创意元素融入制造业的生产全过程，搭建"IP+内容制作+发行运营+衍生品开发设计+线上线下渠道"的完备产业链，培育新模式。

6. 放大产城融合效应塑造新典范

聚焦城市更新、乡村振兴与产业协同，打造环太湖地区集群化的创新创意街区、工坊、村落等场景，营造高品位创新创业与生活场景，形成"文创产业+数字经济+古镇古村保护+民间艺术之都+国际化+旅游"新格局，塑造产业融合新典范。

7. 助推文化供需融合取得新成效

聚焦苏州国际消费中心城市创建，加快文化消费供给侧改革，融合大数据等现代信息技术打造"云+"消费模式，促进消费场景升级，打造具有全球吸引力的环太湖地区文旅消费新天堂。

三 苏州环太湖地区文化和旅游产业发展的对策建议

（一）持续优化营商环境，加大企业引培力度

苏州环太湖地区各板块要主动服务、精准施策、创新产业准入标准，清理制约文化产业人才、资本、技术、数据等要素自由流动的制度障碍，探索建立适应数字经济发展特征的全链条包容审慎协同监管机制。进一步优化政策设计，加大扶持力度，对每个细分行业按照一批专业研究机构、一批市场化专业运营公司、一批产业联合会（联盟）、一批专项产业发展基金、一项发展规划、一批支持政策、一批服务平台（产业园）、一批头部企业、一条产业链条、一个品牌会展活动等标准进行培育。

因地制宜打造一批创新能力强、发展韧劲足、辐射潜力大的文化企业，推动市场主体规模持续扩大、综合实力整体跃升。支持环太湖地区国有文化企业聚焦主责主业，加快资源重组、队伍重建和机制重构，以企业高效有序运转充分释放改革效能、发挥示范效应。开展重点文化企业定点招商、专项招商和产业链招商，吸引更多具有影响力、带动力的头部企业、平台企业和成长性强的创新企业落户。在税收、土地、服务、资金等方面，建立健全强有力的文化企业发展推进机制。鼓励企业做大做强，支持文化企业实施跨行业、跨地区、跨所有制兼并重组，引进战略投资者，开展合伙制、股份制和混合所有制改造，支持龙头企业进一步延伸产业链、服务链和价值链，支持中小型文化企业向专精特新方向发展。鼓励企业在国内外主板、中小板、创业板等各级各类资本市场挂牌上市。加大对中小微企业的关心支持力度，优化产业组织，为企业快速成长、蓬勃发展提供项目合作、融资融智、成果转移等支持。

（二）加大文化招商力度，推进重大项目建设

吴江区要充分发挥太湖生态和文化旅游资源优势，加快引进逸科技总部项目（占地 20 亩），打造集"乡绸创生工场""非遗织造美学馆""设计卫星工作室""乡村秀台"等多种创新业态于一体的"平望·极客公园"。总投资 4610 万元的光域文创园、甜橙树影视、企速宝品牌咨询等 3 个文化项目签约落户东太湖后，要推动建立项目全生命周期管理服务体系，加快项目的开竣工进度和提升项目的投产投用效益。建立健全吴江区文化产业招商中心的运营机制，加快落实恒力苏派黄酒文化中心、银行街-开甲片区家国主题街区等 9 个重点文化产业签约项目（投资总额为 17.46 亿元）的推进工作机制，持续增强文化产业发展后劲。

吴中区要以成立全区文化产业招商服务中心为契机，迅速启动全区资源载体、重点项目整合梳理，全力开展产业招商工作。梳理吴中电竞产业园、苏豪文化科技创意园、蓝园核雕村、太湖文创中心、太湖湾数字科技园、苏州一箭河文化众创产业园等 80 多个有效载体资源，为优质产业项目引进提

供有力保障。发挥重大项目引领示范作用，加快中数集团、苏州途锐户外传媒有限公司、北京橙天三六零剧场管理有限公司等文化产业类优质项目的落地运营，不断提高文化和旅游产业对区域经济发展的贡献度。

高新区要持续加强文旅招商统筹，建立区级文化招商"主力军"、各板块文化招商"排头兵"、各国资文化招商"先锋队"、产业园区"特种兵"、驻外机构"突击队"五级文化招商体系。聚焦文化核心领域，抓紧引进中国网·中国数字演艺产业中心、元宇宙地图服务商 AIRLOOK、民宿行业独角兽斯维登集团总部等一批头部文化科技企业。融创冰雪世界、裸心泊度假村等一批优质文旅项目要加快落地高新区环太湖地区文化和旅游产业带。

相城区要突出望亭镇打造精品旅游线路工作重点，开辟客源市场，与同程集团、国旅集团等知名旅行社开展共建合作，加快发展团队游。推进水利风景区、运河人家、运河粮仓、稻香文化馆、水文化亲子研学基地、吴门望亭数字化提升、精品民宿村、运河农文旅创融合中心、红洋房保护性开发等文旅重点项目，推进真人 CS 基地项目、顺堤河皮划艇等项目尽快落地。

（三）强化人才要素支撑，健全生态体系

在苏州环太湖地区全面打响"人到苏州必有为"工作品牌，制定实施高层次文化人才引进计划，持续优化人才政策，加大文化紧缺人才引进力度，突出加强内容创作、创意设计、文化经营管理、文化科技研发等高端人才的引进，鼓励经济、金融、科技等领域优秀人才以合作、兼职、顾问等方式进入文化产业。深入实施高层次文化人才培养计划，鼓励企业、行业与高校建立人才合作培养机制，培养一批懂文化、会经营、善管理的高层次文化经营管理人才，一批掌握高新技术、善于运用科技手段推动文化产业发展的创新型人才，一批懂得资本运作、善于运用金融资本和社会资本做大文化企业、做响文化品牌的金融类人才。鼓励扶持本地高校开办艺术类专业，利用古城古镇古村载体，吸引文化艺术类院校来苏开办分校或研发机构，吸引艺术家、年轻设计师开办工作室，打造各类型艺术村落。

苏州环太湖地区要积极构建高效产业链条，完善企业跨界融合创新格

局，发展文化消费和文化贸易，进一步激发文化资源创新创造活力。多渠道增加文化金融供给，积极引导金融机构、政府基金和各类融资平台探索开展无形资产抵质押贷款业务，开发"文易贷""文创宝"等专项金融产品，加快建立文化产业核心领域重点企业融资项目清单，持续完善文化企业投融资体系。大力引进、举办面向各类细分行业头部企业的文化类会展品牌活动。鼓励依托龙头企业，成立文化产业相关行业协会、中介服务组织、产业创新联盟，为文化企业提供一对一发展诊断、融资可行性分析、创新专利申请等个性化服务。健全知识产权保护体系，切实维护文化企业及从业人员合法权益。在文化消费上推陈出新，主动迎合消费群体个性化需求，不断加强多元化的产品开发，支持文旅消费新产品、新业态、新模式的发展壮大，不断培育新的文旅消费热点。

B.12
教育科技人才协同推进环太湖地区
乡村振兴的对策及路径研究

高宏赋*

摘　要： 在共同富裕的新时代背景下，环太湖地区的乡村振兴在全国具有重要的标杆意义。环太湖地区自然条件优越，农业发展水平较高，教育科技人才协同推进乡村振兴取得了明显成效，但依然存在协同机制尚未建立、农业从业人员较少、高校未充分发挥职能等不足及问题。需要建立教育科技人才推进环太湖乡村振兴协同机制，政府与学校及企业协同破解乡村振兴人才瓶颈，多元主体协同赋能乡村科技振兴，因地制宜建设环太湖美丽乡村，实施高校、职业学校与环太湖乡村融合发展工程。

关键词： 教育科技人才协同　环太湖地区　乡村振兴　农业发展

苏湖熟，天下足。苏州、无锡、常州、湖州等环太湖地区自古以来是我国重要的鱼米之乡，农业先进、人口集中、经济繁荣，是富庶的江南之地。在共同富裕和发展新质生产力要求下，在长三角地区一体化发展的背景下，如何以教育、科技、人才协同推进乡村全面振兴，是环太湖地区推进农业农村现代化面临的重大课题。

务农重本，国之大纲。没有农业农村的现代化，就没有国家的现代化。习近平总书记指出，"推进中国式现代化，必须坚持不懈夯实农业基础，推

---

* 高宏赋，苏州城市学院教授、文正智库专职研究员，主要研究方向为高等教育、教育经济与管理。

进乡村全面振兴"。《中共中央关于进一步全面深化改革 推进中国式现代化的决定》提出，运用"千万工程"经验，健全推动乡村全面振兴长效机制。教育、科技、人才是中国式现代化的基础性、战略性支撑，也是新时代推进乡村全面振兴的关键要素，是实现农业农村现代化的动力之源。

2005年，习近平同志到湖州安吉调研，首次提出了"绿水青山就是金山银山"的重要思想。党的十八大以来，习近平总书记多次到江苏考察调研，三次参加全国人代会江苏代表团审议，为江苏的发展把脉定向，对环太湖地区的乡村振兴牵挂关注，勉励江苏"走在前、做示范"。2024年3月5日，习近平总书记参加全国人代会江苏代表团审议。在了解到苏州永联村追求共同富裕的新进展后，习近平总书记说："走共同富裕的乡村振兴道路，你们是先行者，要把这个路子蹚出来。"环太湖地区尤其是苏州的乡村振兴要在全国"走在前、做示范"。

高校作为教育、科技、人才的集中交汇点，是教育科技人才一体化发展的重要支撑，也是推动乡村振兴和农业农村现代化的引擎。环太湖地区高校、职业学校、科研机构、农业企业众多，人才汇聚，具备了以教育、科技、人才协同推进农业农村现代化的客观条件。

一 环太湖地区乡村振兴的现状分析

在多数研究中，环太湖地区包括太湖周边的苏州、无锡、常州、湖州、嘉兴等5个地级市。由于嘉兴市并不濒临太湖，本文所研究的环太湖地区主要指濒临太湖的江苏省苏州、无锡、常州3市以及浙江省的湖州市。其中，苏州的吴江区、吴中区、虎丘区（高新区）、相城区，无锡的宜兴市、滨湖区、新吴区，常州市的武进区，湖州的吴兴区、长兴县等8个区、1个县、1个县级市，共10个县域濒临太湖。

环太湖地区属于亚热带季风气候，四季分明，气候温和，雨量充沛，土地肥沃，物产丰富，自然条件优越，农业发展水平较高。有力有效推进乡村全面振兴，加快农业农村现代化，是环太湖地区当前和今后的重要任务。

（一）苏州市及其濒临太湖的县域乡村振兴的现状分析

苏州位于长江三角洲中部，总面积 8657.32 平方公里。全市地势低平，境内河流纵横，湖泊众多，太湖水面绝大部分在苏州境内，河流、湖泊、滩涂面积占全市土地面积的 34.6%。2023 年市区平均气温 18.1℃，降水量 1406.8 毫米。主要种植水稻、麦子、油菜、林果等。水生作物主要有莲藕、芡实、茭白等。著名水产品有长江刀鱼、阳澄湖大闸蟹和太湖白鱼、银鱼、白虾等。特产有鸭血糯、白蒜、柑橘、枇杷、板栗、梅子、桂花、碧螺春茶等。

江苏推进乡村振兴战略实绩考核，苏州连续四年获设区市综合排名第一等次。2023 年，全市实现农林牧渔业总产值 354.8 亿元，按可比价格计算比上年增长 3.0%。全市农作物播种面积 214.1 千公顷，其中粮食播种面积 132.4 千公顷、蔬菜播种面积 67.1 千公顷。全年粮食总产量 95.1 万吨，比上年增长 2.9%。主要农产品中，猪牛羊禽肉产量 2.4 万吨，比上年增长 31.5%；蔬菜产量 203.8 万吨，同比增长 1.0%；水产品产量 14.5 万吨，同比增长 1.4%。年末全市拥有绿色食品、有机农产品和农产品地理标志登记产品分别达 841 个、223 个和 17 个。全市建成全国农村一二三产业融合发展先导区 1 个、中国重要农业文化遗产 4 项、国家农业产业强镇 4 个〔分别是昆山市巴城镇（大闸蟹）、太仓市璜泾镇（蔬菜）、常熟市海虞镇（稻米）、苏州市吴中区东山镇（茶叶）〕。2023 年苏州新增省级特色田园乡村 16 个、市级特色康居乡村 300 个。昆山获评全国农业科技现代化先行县，吴江区入选国家农业绿色发展先行区，吴中区入选国家地理标志产品保护示范区。[1] 2023 年，吴江区实现农林牧渔业总产值 65.60 亿元，增长 3.8%。[2] 相城区实现第一产业增加值 8.72 亿元，比上年增长 5.7%；全年实现农林牧渔

---

[1] 《2023 年苏州市国民经济和社会发展统计公报》，苏州市人民政府，https://www.suzhou.gov.cn/szsrmzf/ndgmjjhshfztjsjfb/202403/24da355e7a19462a8116aa36896738c1.shtml，2024 年 3 月。

[2] 《2023 年苏州市吴江区国民经济和社会发展统计公报》，苏州市人民政府，https://www.suzhou.gov.cn/szsrmzf/ndgmjjhshfztjsjfb/202404/972a06d4c8f043db8c05b2dfb271bc50.shtml，2024 年 4 月。

业总产值 21.39 亿元，按可比价计算比上年增长 3.8%。① 吴中区实现第一产业增加值 17.50 亿元，增长 1.5%；全年实现农林牧渔业总产值 34.33 亿元。②

虎丘区（高新区）实现第一产业增加值 1.34 亿元，增长 5.8%；全年实现农林牧渔业总产值 24037 万元。虎丘区（高新区）全年粮食总产量 11589 吨，比上年增长 23.6%，主要农产品中，蔬菜产量 8064 吨。③ 通安镇连续三年蝉联全市率先基本实现农业农村现代化乡镇考核第一等次，树山村、石帆村获评省级生态宜居美丽示范村，新增市特色康居乡村 4 个、特色精品乡村 2 个。全区村均集体经营性收入超 500 万元。④

（二）无锡市及其濒临太湖的县域乡村振兴的现状分析

无锡地处长江三角洲江湖间走廊部分，东邻苏州，南濒太湖，西接常州，北临长江。全市总面积 4627.47 平方公里，其中陆地面积 3724.98 平方公里、水域面积 902.49 平方公里。无锡市境内以平原为主，星散分布着低山、残丘。南部为水网平原；北部为高沙平原；中部为由低地辟成的水网圩田；西南部地势较高，为宜兴的低山和丘陵地区。无锡地处水乡，全市有村级以上（长度 150 米以上）河道 5635 条，总长度 7328.4 千米；其中市区 2193 条，总长度 3261.5 千米。无锡地表水资源较为丰富，外来水源补给充足。

无锡是著名的"鱼米之乡"，农耕文明历史悠久，农业生产资源丰富，也是乡镇企业的重要发祥地之一。无锡坚持质量兴农、绿色兴农、品牌强农，培育形成优质稻米、精细蔬菜、特色果品、名优茶叶、特种水产、花卉园艺

---

① 《2023 年苏州市相城区国民经济和社会发展统计公报》，苏州市相城区人民政府，http：//www.szxc.gov.cn/szxcrmzf/tjsj/202404/7439eb629fa5477999abdef82f702f0c.shtml，2024 年 4 月。

② 《2023 年吴中区国民经济和社会发展统计公报》，苏州市吴中区人民政府，http：//www.szwz.gov.cn/szwz/gmjjtj/202410/f039512e88e64768b5b5e3e247e6b7fe.shtml，2024 年 10 月。

③ 《2023 年苏州高新区国民经济和社会发展统计公报》，苏州高新区管委会（虎丘区人民政府），http：//www.snd.gov.cn/hqqrmzf/ztjsj/202406/2668b0cedcd54b18966f1af6804e1a4.shtml，2024 年 6 月。

④ 《虎丘区 2023 年国民经济和社会发展计划执行情况与 2024 年国民经济和社会发展计划草案的报告》，苏州高新区管委会（虎丘区人民政府），http：//www.snd.gov.cn/hqqrmzf/shfzgz/202410/5c4202f7f3fa4477b302897fac8ea276.shtml，2024 年 10 月。

等六大特色主导产业。无锡市被江苏省委、省政府确定为整体推进率先基本实现农业农村现代化试点的设区市。在 2020 年首次江苏省乡村振兴实绩考核中，无锡市位列设区市综合排名第一等次，江阴市、宜兴市位列县级综合排名第一等次，锡山区、惠山区位列县级年度重点任务完成排名第一等次。① 自 2018 年以来，无锡市连续 7 年获批创建国家农业产业强镇，共获批创建国家农业产业强镇 7 个，分别是惠山区阳山镇（水蜜桃）、江阴市璜土镇（葡萄）、宜兴市万石镇（水生蔬菜）、锡山区东港镇（红豆杉）、江阴市顾山镇（水蜜桃）、惠山区洛社镇（设施蔬菜）以及锡山区羊尖镇（优质食味稻）。

2023 年，无锡市第一产业实现增加值 136.50 亿元，比上年增长 2.4%；全年粮食总产量 56.41 万吨，比上年增长 1.4%；油料总产量 9432 吨，比上年增长 23.4%；茶叶总产量 4192 吨，比上年增长 1.8%；园林水果总产量 18.54 万吨，比上年增长 1.9%。全年粮食种植面积为 81.87 千公顷，比上年增加 0.74 千公顷；油料种植面积 3.88 千公顷，比上年增加 0.80 千公顷；蔬菜种植面积 38.68 千公顷，比上年增加 0.34 千公顷；果园面积 10.19 千公顷，比上年减少 0.23 千公顷。主要畜产品中，肉类总产量 1.05 万吨，比上年增长 30.8%；禽蛋总产量 1.02 万吨，比上年下降 2.9%；水产品总产量 10.33 万吨，比上年增长 0.9%。②

其中，宜兴市第一产业增加值 56.84 亿元，增长 1.6%；全年粮食总产量 35.99 万吨，比上年增长 0.7%（见表 1）。③

---

① 《无锡市"十四五"农业农村现代化规划》，无锡市农业农村局，https：//mp.weixin.qq.com/s？__biz=MzAwOTU1MDYwMQ==&mid=2651345725&idx=1&sn=24575b3cd62665d3b0ee85d380cab234&chksm=80a11d5bb7d6944d2e6d4dbe085a13ea1e3628b10fe57b957f2f7fba22b93195fa20f6cdcaab&scene=27，2022 年 1 月。
② 《2023 年无锡市国民经济和社会发展统计公报》，无锡市统计局，http：//tj.wuxi.gov.cn/doc/2024/03/05/4191383.shtml，2024 年 3 月。
③ 《2023 年宜兴市国民经济和社会发展统计公报》，宜兴市统计局，https：//www.yixing.gov.cn/doc/2024/03/18/1215254.shtml，2024 年 3 月。

表 1　2023 年宜兴市主要农产品产量及其增速

单位：吨，%

产品名称	产量	增速
粮食	359862	0.7
油料	5202	15.2
其中:油菜籽	4668	18.4
茶叶	3940	1.8
水果	33341	3.4
干果	1596	0.4
猪肉	4960	142.7
禽肉	1862	-5.4
水产品	72221	1.1

资料来源:《2023 年宜兴市国民经济和社会发展统计公报》。

2023 年，滨湖区第一产业增加值 3.93 亿元，比上年增长 2.0%；全年实现农业总产值 6.02 亿元，比上年增长 0.3%。粮食作物总面积 3383 亩，比上年增长 1.5%；粮食总产量 1487 吨，比上年增长 5.9%。[1]

2023 年，新吴区全年农林牧渔业总产值 1.09 亿元，按可比价格计算，比上年增长 4.4%；粮食总产量 6944.71 吨，比上年增长 2.6%；粮食作物播种面积 1.53 万亩。[2]

（三）常州市及其濒临太湖的县域乡村振兴的现状分析

常州地处长三角腹地，区位条件优越。地貌类型属高沙平原，山丘、平圩兼有。境内地势西南略高、东北略低，平原水网地区高差 2 米左右。西南部为天目山余脉，西部为茅山山脉，北部为宁镇山脉尾部，中部和东部为宽广的平原、圩区。常州东濒太湖，北临长江，京杭大运河穿境而过，西太湖、长荡湖镶嵌其间，形成河道纵横、湖泊相连、江河相通的江南水乡特色。

---

[1] 《2023 年滨湖区国民经济和社会发展统计公报》，无锡市滨湖区人民政府，https://www.wxbh.gov.cn/doc/2024/06/18/4357426.shtml，2024 年 6 月。

[2] 《2023 年无锡高新区（新吴区）国民经济和社会发展统计公报》，无锡市高新区管委会（无锡市新吴区人民政府），https://www.wnd.gov.cn/doc/2024/03/29/4274797.shtml，2024 年 3 月。

2023 年，常州市第一产业增加值 178.92 亿元，增长 3.2%；全年实现农林牧渔业总产值 305.5 亿元，按可比价格计算，比上年增长 3.6%。粮食播种面积 96.6 千公顷，同比增长 0.8%。粮食亩产 486.5 公斤，同比增长 0.4%。粮食总产量创五年来新高，达 70.5 万吨，同比增长 1.1%。油料产量 3.2 万吨，同比增长 14.8%。蔬菜及食用菌产量 99.0 万吨，同比增长 1.6%。瓜果类产量 10.8 万吨，同比增长 1.1%。[①]溧阳市和金坛区分别获批创建国家农业现代化示范区、国家现代农业产业园。天目湖、薛埠、指前和雪堰 4 个镇获农业农村部首批认定全国农业产业强镇。

其中，武进区第一产业增加值 42.91 亿元，同比增长 3.5%；全年农林牧渔业增加值 43.69 亿元，按不变价格计算，同比增长 3.8%。全年粮食总产量 5.00 万吨，比上年增长 1.0%。全年新增区级农业龙头企业 11 家，年末拥有市级以上重点农业龙头企业 21 家。12 家省级以上农业龙头企业实现销售额 368 亿元，比上年增长 6.0%。全年全区新增绿色食品 17 种，年末全区"二品"数累计达 109 种，绿色优质农产品比重超过 80%。[②]

（四）湖州市及其濒临太湖的县域乡村振兴的现状分析

湖州地处长三角中心区域，是沪、杭、宁三大城市的共同腹地，区位优势明显，是环太湖地区唯一因湖得名的江南城市，全市面积 5820 平方公里。湖州是国家农产品质量安全市、国家森林城市、全国首个地市级生态文明先行示范区。湖州地处杭嘉湖平原，80%以上的耕地是旱涝保收的高产田，是浙江省和全国的粮食、蚕茧、淡水鱼、毛竹的主要产区和重要生产基地。菱湖镇是全国三大淡水鱼养殖基地之一，安吉县居全国十大"毛竹之乡"之首。湖州市主要土特产品有：双渎雪藕、太湖百合、菱湖白扁豆、练市白菊花、长兴白果、长兴青梅、南浔香大头菜、顾渚紫笋茶、雷甸枇杷、天目笋

---

① 《2023 年常州市国民经济和社会发展统计公报》，常州市统计局，https://tjj.changzhou.gov.cn/html/tjj/2024/OEJQMFCO_ 0305/27901.html，2024 年 3 月。
② 《2023 年常州市武进区国民经济和社会发展统计公报》，常州市武进区人民政府，https://www.wj.gov.cn/html/czwj/2024/BEOQPFBM_ 0315/482147.html，2024 年 3 月。

干、安吉白片、长兴板栗、莫干黄芽、太湖三宝（银鱼、鲚鱼、白虾）。

2023年，湖州市农林牧渔业总产值为278.7亿元，按可比价格计算，比上年增长5.1%，增幅居浙江省第二。其中，农业产值119.1亿元，增长2.9%；林业产值24.2亿元，增长6.9%；牧业产值23.1亿元，增长13.7%；渔业产值95.7亿元，增长5.5%。粮食播种面积122.0万亩，增长0.3%；粮食总产量53.7万吨，增长1.3%。全年猪肉产量3.4万吨，禽蛋产量3.7万吨。淡水产品产量64.8万吨，增长7.1%。[1] 湖州实施跨乡镇土地综合整治，建成集中连片优质耕地9万亩，成为全国低效用地再开发试点城市。

吴兴区第一产业增加值25.2亿元，同比增长4.7%；实现农林牧渔业总产值46.4亿元，同比增长5.0%。[2] 长兴县第一产业绝对值40.73亿元，同比增长5.2%；全年农林牧渔业总产值74.66亿元，按可比价格计算，同比增长5.4%；粮食播种面积42.83万亩，同比增长0.2%，产量18.72万吨，同比增长1.3%；经济作物播种面积29.37万亩，其中油料作物播种面积5.83万亩，总产量9426吨。湖州累计创建国家级特色农业强镇1个、省级特色农业强镇2个、农产品地理标志累计4个、国家农产品地理标志累计2个。[3]

二　教育科技人才协同推进环太湖地区乡村
振兴的成效及问题

教育科技人才是推进乡村振兴不可忽视的重要力量。环太湖地区人口稠

---

[1] 《2023年湖州市国民经济和社会发展统计公报》，湖州市统计局，http：//tjj. huzhou. gov. cn/art/2024/3/19/art_ 1229208256_ 58871905. html，2024年3月。

[2] 《浙江省湖州市吴兴区2023年国民经济和社会发展统计公报》，国研网，http：//sjk14. e-library. com. cn/DRCNet. Mirror. Documents. Web/DocSummary. aspx? DocID = 7404591&leafID = 3406，2024年4月。

[3] 《2023年长兴县国民经济和社会发展统计公报》，长兴县人民政府，http：//www. zjcx. gov. cn/art/2024/3/19/art_ 1229518426_ 3967751. html，2024年3月。

密，经济发达，教育与科技先进，人才聚集，具备了协同推进乡村振兴的基本条件并取得了一定成效，但仍然存在一些不足及需要解决的问题。

（一）环太湖地区的教育科技人才现状

1.苏州市及濒临太湖的县域的教育科技人才现状

2023年，苏州拥有省级以上企业技术中心等科创平台3425家、市级新型研发机构106家，各类人才总量390万人，其中高层次人才42万人。2023年，苏州有各级各类学校894所（不含幼儿园），其中普通高校26所（本科高校9所、专科层次高校17所）；在校学生185.9万人，其中普通高校在校学生29.3万人；毕业生39.0万人，其中普通高校毕业生8.0万人；专任教师12.4万人。[①]另外，苏州已聚齐C9高校在本地办学或研发。

苏州每个县级行政区都建有高校或高校校区，实现了"县县有高校"的目标。其中，濒临太湖的吴江区分布着苏州大学未来校区、苏州信息职业技术学院等2所高校（校区）；吴中区分布着苏州城市学院、苏州科技大学天平校区、苏州科技大学天平学院、苏州市职业大学、苏州工业职业技术学院、苏州卫生职业技术学院木渎校区、苏州农业职业技术学院东山校区等7所高校（校区）及哈尔滨工业大学苏州研究院；虎丘区（高新区）分布着苏州科技大学、苏州工艺美术职业技术学院、苏州经贸职业技术学院、苏州高博职业学院、苏州卫生职业技术学院石湖校区、南京大学苏州校区等6所高校（校区）；相城区分布着苏州大学阳澄湖校区、苏州幼儿师范高等专科学校、苏州农业职业技术学院相城校区等3所高校（校区）以及河海大学苏州研究院。

2.无锡市及濒临太湖的县域的教育科技人才现状

截至2024年6月，无锡市有普通高校14所（本科高校3所、专科层次高校11所）。2023年，无锡市普通高等教育本专科招生5.21万人，在校生

[①]《2023年苏州市国民经济和社会发展统计公报》，苏州市人民政府，https://www.suzhou.gov.cn/szsrmzf/ndgmjjhshfztjsjfb/202403/24da355e7a19462a8116aa36896738c1.shtml，2024年3月。

16.02 万人，毕业生 4.38 万人；研究生教育招生 0.45 万人，在校生 1.33 万人，毕业生 0.33 万人。全市中等职业教育在校生 5.14 万人。[①] 无锡濒临太湖的宜兴市分布着无锡工艺职业技术学院、江南大学宜兴校区、湖北理工学院宜兴工程学院等 3 所高校（校区）；滨湖区分布着江南大学、无锡太湖学院、无锡南洋职业技术学院、东南大学无锡校区、无锡商业职业技术学院九龙校区、南京农业大学无锡渔业学院等 6 所高校（校区）；新吴区分布着无锡科技职业学院、东南大学无锡校区等 2 所高校（校区）。

3. 常州市及濒临太湖的县域的教育科技人才现状

截至 2023 年末，常州市拥有普通高校 11 所（本科高校 3 所、专科层次高校 8 所）、中等职业学校 20 所。常州持续推进 2 个国家首批现代产业学院建设，获评省级产教融合重点基地建设点 3 个。河海大学常州新校区建成投用，南京医科大学常州校区落户"两湖"创新区。[②] 常州市的武进区分布着常州大学、江苏理工学院、常州工业职业技术学院、常州纺织服装职业技术学院、常州工程职业技术学院、常州机电职业技术学院、常州信息职业技术学院、常州幼儿师范高等专科学校等 8 所高校（校区）。

4. 湖州市及濒临太湖的县域的教育科技人才现状

2023 年末，湖州市高等教育毛入学率为 69.1%，全市各类学校拥有专任教师 3.5 万人。2023 年，湖州市可持续发展指数位列全国 11 个创新示范区第一，在浙江省率先实现国家创新型县全覆盖；财政用于科技创新支出 31 亿元，增长 18.1%。[③] 截至 2024 年 6 月，湖州市分布着湖州师范学院、湖州学院等 2 所普通本科高校和湖州职业技术学院、浙江宇翔职业技术学院等 2 所高职学校，还分布着浙江水利水电学院南浔校区、浙江工业大学莫干山校区、浙江科技大学安吉校区、浙江交通职业技术学院长兴校区等 4 个高

---

① 《2023 年无锡市国民经济和社会发展统计公报》，无锡市统计局，http://tj.wuxi.gov.cn/doc/2024/03/05/4191383.shtml，2024 年 3 月。

② 《2023 年常州市国民经济和社会发展统计公报》，常州市统计局，https://tjj.changzhou.gov.cn/html/tjj/2024/OEJQMFCO_0305/27901.html，2024 年 3 月。

③ 《2023 年湖州市国民经济和社会发展统计公报》，湖州市人民政府，http://www.huzhou.gov.cn/art/2024/3/19/art_1229213530_59067515.html，2024 年 3 月。

校校区，以及浙江体育职业技术学院长兴教学点、浙江大学湖州研究院、电子科技大学长三角研究院（湖州）等高校的教学科研机构。濒临太湖的吴兴区分布着湖州师范学院、湖州学院、湖州职业技术学院等3所高校，长兴县分布着浙江交通职业技术学院长兴校区以及浙江体育职业技术学院长兴教学点。

（二）教育科技人才协同推进环太湖地区乡村振兴的成效

环太湖地区是长三角地区的重要组成部分。2018年，长三角一体化发展上升为国家战略。2024年7月25日，《长三角地区一体化发展三年行动计划（2024—2026年）》发布。在长三角地区一体化发展的助推下，苏州、无锡、常州、湖州等环太湖地区，教育科技人才协同推进乡村振兴取得了明显的成效。

1. 教育科技人才协同推进苏州市乡村振兴的成效

苏州在共同富裕的乡村振兴道路上持续"走在前、做示范"。2021年5月，苏州市委办公室、市政府办公室印发《苏州市数字乡村建设实施方案》，实施乡村新基建提升行动、智慧农业赋能行动、乡村数字治理提档行动、信息技术惠民便民行动、城乡数字融合行动，加快推进苏州市数字乡村建设，更好地支撑乡村振兴战略实施，带动了农业农村现代化发展。2023年，苏州出台《高水平建设农业强市行动方案》，继续探索实施高水平率先基本实现农业农村现代化新三年行动，奋力推动农业农村现代化"走在前、做示范"。2023年，苏州市新建和改造提升高标准农田13.6万亩，主要粮食作物耕种收综合机械化率达98.2%，绿色优质农产品比重达到82.3%。[①]

2023年，吴中区全面推进五大乡村振兴片区建设，挖掘9个重点建设区域内的文化资源、生态资源和农业资源，实施片区项目80个。加快洞庭山碧螺春茶文化园二期、东山枇杷文化产业园等项目建设，实施农业园区转

---

① 《2023年苏州市国民经济和社会发展统计公报》，苏州市人民政府，https://www.suzhou.gov.cn/szsrmzf/ndgmjjhshfztjsjfb/202403/24da355e7a19462a8116aa36896738c1.shtml，2024年3月。

型升级项目 18 个。加快推进全域土地综合整治，新改建高标准农田 5300亩，累计建成高标准农田 4.73 万亩。完成 50 个自然村 3300 余户天然气进村入户。① 积极推进临湖绿色水产养殖科创示范中心项目建设，打造新型池塘内循环水产养殖示范基地。大力推广稻麦田杂草综合治理和农作物病虫害绿色防控技术。积极组织开展市级"智慧农村"示范村和智慧农业生产场景创建，实现了"智慧农村"示范村乡镇全覆盖；打造吴中农业信息化综合管理与服务平台（一期）并对接省数字服务平台"智慧大脑"地方频道；积极打造智慧农机装备应用示范基地并通过市级验收。

2023 年，虎丘区（高新区）新建和改造提升高标准农田 1.15 万亩，主要粮食作物耕种收综合机械化率达 97.5%，绿色优质农产品比重达到98.9%，全区拥有绿色食品、有机农产品品牌 17 个。通安镇绿色优质农产品（水稻）基地入选江苏省绿色优质农产品基地（建设期）名单。②

2. 教育科技人才协同推进无锡市乡村振兴的成效

无锡市因地制宜延长产业链、提升价值链，促进农村一二三产业深度融合，加快培育乡村休闲旅游、农产品精深加工、农村电子商务等农业新产业新业态，有效促进产销衔接、带动农民增收。在全省率先出台鼓励引导工商资本投资现代农业的政策文件，创新实施"百企建百园"工程。无锡市加快推动农机装备提档升级、农机服务拓面提质，被农业农村部认定为整建制率先基本实现主要农作物生产全程机械化的设区市。在全省率先建成四级联动、数据共享的"三资"监管信息化平台。

2023 年，宜兴市入选国家现代农业产业园项目立项名单。宜兴市现代农业产业园围绕稻米、河蟹两大产业，聚焦"大生产+精加工+高科技+深融合+强服务"全产业链，打造"蟹苗培育+成蟹养殖+精深加工+品牌营销"

---

① 《2023 年吴中区国民经济和社会发展统计公报》，苏州市吴中区人民政府，http://www.szwz.gov.cn/szwz/gmjjtj/202410/f039512e88e64768b5b5e3e247e6b7fe.shtml，2024 年 10 月。

② 《2023 年苏州高新区国民经济和社会发展统计公报》，苏州高新区管委会（虎丘区人民政府），http://www.snd.gov.cn/hqqrmzf/ztjsj/202406/2668b0cedcd54b18966ff1af6804c1a4.shtml，2024 年 6 月。

的大闸蟹产业链，辐射带动苏南地区乃至长三角地区稻蟹产业发展，打造产业特色鲜明、要素高度聚集、设施装备先进、生产方式绿色、一二三产业融合、辐射带动有力的国家现代农业产业园"宜兴样板"。宜兴已与江苏省农业科学院、江苏省淡水水产研究所、江南大学等科研院所、高校签订产学研合作协议。

3. 教育科技人才协同推进常州市乡村振兴的成效

2023 年，常州市建成高标准农田 4.48 万亩，其中新建高标准农田 2.4 万亩、改造提升 2.08 万亩。创建绿色和有机农产品原料基地 10.8 万亩，建有各类研发机构 21 个，累计获得发明专利 60 件，拥有绿色产品认证 94 个、有机产品认证 129 个、注册商标 723 件。全市累计创建省级示范家庭农场 165 家，拥有县区级以上农业龙头企业 319 家，其中国家级 6 家、省级 49 家、市级 83 家。[①]

2023 年 4 月，武进区获评江苏省第二批数字乡村试点地区，开始了为期两年的试点建设工作。随着《武进区数字乡村建设项目指南》等系列扶持政策的相继出台，武进区深入推进"互联网+"现代农业融合发展，全面推进农业智能化改造、数字化转型，建立高效化、绿色化、智能化、现代化生产经营体系，涌现出常州市沃方智慧农业有限公司、常州市苏常鲜精品水果种植园等一批数字农业示范点。

4. 教育科技人才协同推进湖州市乡村振兴的成效

2023 年，湖州市新建现代农业示范园 12 个，新增市级以上农业龙头企业 18 家、未来农场 16 家。大力发展"八业千亿"乡村产业，引进千万元以上乡村产业项目 218 个，粮食生产实现"七连增"，农林牧渔业增加值增长 5%，乡村振兴考核连续三年全省第一，夺得首批"神农鼎"。深化落实新时代"千万工程"，建成组团式和美乡村 10 个。深化强村富民集成改革，

---

① 《2023 年常州市国民经济和社会发展统计公报》，常州市统计局，https://tjj.changzhou.gov.cn/html/tjj/2024/OEJQMFCO_ 0305/27901. html，2024 年 3 月。

集体经济年经营性收入 80 万元以上的行政村占比达到 90%。①

2023 年，吴兴区按照"六化"规范，积极推进畜禽产业高质量发展，成功创建 1 家国家羊核心育种场、1 个国家级布病无疫小区、2 家湖羊绿色标杆场、1 家省级数字农业工厂、1 家市级未来农场、3 家区级未来农场，畜牧业数字化、绿色化养殖水平进一步提升。②

2023 年，长兴县改造提升高标准农田 1.83 万亩，现有绿色食品基地共 3.6 万亩，新增绿色食品 36 个，省级数字农业工厂试点建设 4 个，建成省级未来农场 1 个、市级未来农场 8 个。累计创建省级现代农业园区 3 个，建成通过验收 2 个；强化"三品一标"建设，新认定绿色食品 36 种，有效期内绿色食品共有 138 种；累计认定省级特色农产品优势区 4 个。③

（三）教育科技人才协同推进环太湖地区乡村振兴存在的问题

教育科技人才协同推进环太湖地区乡村振兴依然面临一系列挑战和短板，存在一些不足和问题。

1. 教育科技人才协同推进环太湖地区乡村振兴的机制尚未完全建立

环太湖地区主要涉及江苏、浙江两省的 4 个地级市、10 个临湖县市区。在乡村振兴过程中存在地区分割、部门各自为政、教育科技人才没有形成合力等问题。

当前，环太湖地区的乡村振兴及农业农村现代化的规划、举措等都由各省、地级市及县市区各自制定与实施，相互之间缺乏必要的统筹与协调，各地级市之间更是如此。在推进乡村振兴的过程中，同一县市区内的农业农村、水务、生态环保、园林绿化、自然资源、文化旅游、城乡建设、科学技

---

① 《2023 年湖州市国民经济和社会发展统计公报》，湖州市人民政府，http：//www. huzhou. gov. cn/art/2024/3/19/art_ 1229213530_ 59067515. html，2024 年 3 月。

② 《浙江省湖州市吴兴区 2023 年国民经济和社会发展统计公报》，国研网，http：//sjk14. e-library. com. cn/DRCNet. Mirror. Documents. Web/DocSummary. aspx? DocID = 7404591&leafID = 3406，2024 年 4 月。

③ 《2023 年长兴县国民经济和社会发展统计公报》，长兴县人民政府，http：//www. zjcx. gov. cn/art/2024/3/19/art_ 1229518426_ 3967751. html，2024 年 3 月。

术、教育、人力资源及社会保障、交通运输、地方金融、市场监管等部门都负有重要职责,但这些部门往往各自为政,彼此之间缺乏充分的合作与协同,难以形成有效合力。各市虽然建有农村工作领导小组及办公室,也发挥了一定的领导和协调作用,出台了"关于加快推进农业农村人才定向委托培养工程的意见"等推动乡村振兴的文件,但作用的发挥并不充分,主要原因是各地级市及县市区并没有建立起多部门协同推进环太湖地区乡村振兴的机制,甚至连教育科技人才协同推进乡村振兴的政策文件也很少发布。

2. 环太湖地区乡村常住人口及农业从业人员较少

乡村振兴,关键在人。乡村人才振兴对于引领农业农村现代化、促进城乡一体化具有重要支撑作用。环太湖地区乡村常住人口不断减少,从事农业农村现代化的各类专门人才明显不足。环太湖地区各地级市及临湖的县市区的人口城镇化率不断提高,明显高于全国、全省的平均水平。2023年末,全国常住人口城镇化率为66.16%;[①] 江苏省常住人口城镇化率为75.0%;[②] 无锡市常住人口城镇化率已经达到83.31%,[③] 其中临太湖的宜兴市、滨湖区、新吴区常住人口城镇化率分别为69.91%、93.15%、89.73%;2023年末,常州市常住人口城镇化率为78.51%,[④] 武进区常住人口城镇化率为72.02%;[⑤] 苏州市常住人口城镇化率为82.48%,其中临太湖的吴江区、吴中区、虎丘区(高新区)、相城区常住人口城镇化率分别为76.20%、77.89%、92.74%、94.53%(见表2)。可见,江苏省环太湖地区的无锡、常州、苏州及临太湖的县市区的常住人口城镇化率均高于全国水平;除宜兴

---

① 《中华人民共和国2023年国民经济和社会发展统计公报》,国家统计局,https://www.stats.gov.cn/sj/zxfb/202402/t20240228_ 1947915.html2024年2月。

② 《2023年江苏省国民经济和社会发展统计公报》,江苏省统计局,http://tj.jiangsu.gov.cn/art/2024/3/5/art_ 87595_ 11165526.html,2024年3月。

③ 《2023年无锡市国民经济和社会发展统计公报》,无锡市统计局,http://tj.wuxi.gov.cn/doc/2024/03/05/4191383.shtml,2024年3月。

④ 《2023年常州市国民经济和社会发展统计公报》,常州市统计局,https://tjj.changzhou.gov.cn/html/tjj/2024/OEJQMFCO_ 0305/27901.html,2024年3月。

⑤ 《2023年常州市武进区国民经济和社会发展统计公报》,常州市武进区人民政府,https://www.wj.gov.cn/html/czwj/2024/BEOQPFBM_ 0315/482147.html,2024年3月。

市、武进区外，环太湖地区的地级市及临太湖的县市区的常住人口城镇化率均高于江苏省水平。此外，尽管环太湖地区乡村比较富裕，但并没有消除贫困人口。截至 2023 年底，常州市共有特困人员 4885 人，[①] 其中农村特困人员 4311 人。[②]

表 2　2022~2023 年苏州市常住人口及城镇化率

单位：万人，%

地区	2022 年		2023 年	
	常住人口	城镇化率	常住人口	城镇化率
全市	1291.06	82.12	1295.80	82.48
姑苏区	93.04	100.00	92.61	100.00
吴中区	140.78	77.43	141.14	77.89
相城区	90.27	94.27	90.73	94.53
虎丘区、高新区	84.39	91.97	85.12	92.74
工业园区	115.04	100.00	116.99	100.00
吴江区	156.66	75.82	157.25	76.20
常熟	169.24	74.04	168.29	74.29
张家港	144.76	74.38	144.02	75.08
昆山	212.52	79.39	214.85	79.71
太仓	84.36	71.03	84.80	71.15

资料来源：苏州市统计局。

2023 年，浙江省常住人口城镇化率为 74.2%，湖州市常住人口城镇化率为 67.5%，其中临太湖的吴兴区、长兴县的常住人口城镇化率分别为 79.4%、65.1%（见表 3）。长兴县的常住人口城镇化率略低于全国水平。

---

① 《2023 年常州市国民经济和社会发展统计公报》，常州市统计局，https：//tjj.changzhou. gov.cn/html/tjj/2024/OEJQMFCO_ 0305/27901.html，2024 年 3 月。

② 《2023 年常州市民政事业发展统计公报》，常州市人民政府，https：//www.changzhou. gov.cn/tmp/xxgk/880172102502661.doc，2024 年 7 月。

表3　2023年浙江省各市及湖州市各县区常住人口及城镇化率

单位：万人，%

地区	常住人口	城镇化率
杭州市	1252.2	84.2
宁波市	969.7	79.9
温州市	976.1	74.7
嘉兴市	558.4	73.2
绍兴市	539.4	73.1
金华市	716.3	70.4
衢州市	229.7	60.6
舟山市	117.3	74.0
台州市	671.2	64.8
丽水市	252.8	64.6
湖州市	343.9	67.5
其中:吴兴区	105.0	79.4
南浔区	55.0	57.6
德清县	55.7	63.5
长兴县	68.2	65.1
安吉县	60.0	61.9

资料来源：浙江政务服务网。

　　环太湖地区也是全国进入人口老龄化时间最早、速度最快、程度最深的地区之一。当前乡村人口的老龄化与高龄化、失能化、空巢化、少子化相伴，乡村中普遍缺少年轻人，农业发展后继乏人，给乡村振兴带来了不利影响。2023年末，苏州市65岁及以上人口为185.49万人，占比为14.31%。2022年，无锡市第一产业就业人数12.94万人、苏州市第一产业就业人数17.96万人、常州市第一产业就业人数24.88万人，三市第一产业就业人数仅占全省第一产业就业总人数626.00万人的8.91%。[①] 环太湖地区人口结构变动带来农村劳动力兼业化和乡村人口老龄化的双重制约，农业农村就业

---

① 《江苏统计年鉴2023》，江苏省统计局，http://tj.jiangsu.gov.cn/2023/indexc.htm，2023年12月。

人数的不足已经影响了乡村振兴的全面推进。

3.环太湖地区高校尚未充分发挥服务乡村振兴的职能

高校是教育科技人才协同推进乡村振兴的重要连接点,在环太湖地区乡村振兴中具有举足轻重的重要地位。但就现实情况而言,环太湖地区的多数高校服务乡村振兴的主动性、积极性、有效性不高,缺乏服务乡村振兴的能力和实质性举措,尚未充分发挥在推进乡村振兴中的应有作用。

截至 2024 年 6 月,环太湖地区的苏州、无锡、常州、湖州等四市共有 55 所高校(不含外地高校设在这里的校区和研究院),其中包括苏州农业职业技术学院 1 所农业类高校、常州纺织服装职业技术学院 1 所与农业产业发展高度相关的高校,以及江南大学食品学院、生物工程学院、环境与生态学院、纺织科学与工程学院,苏州大学纺织与服装工程学院等与乡村振兴高度相关的二级学院。总体而言,环太湖地区高校培养的农业类相关学科专业的专门人才较少,影响深入推进乡村振兴的高素质人才的供给。尽管环太湖地区高校毕业生留在当地就业创业的比例较高,但少有人到乡村就业创业。笔者实地调研发现,即使像苏州太湖雪丝绸股份有限公司这样的行业龙头企业,其位于乡村的生产基地和科技养蚕基地也难以招到数量充足的高校毕业生来就业,在生产高峰季节只能从附近村庄招收年龄较大的农民或农民工来工作。

同时,除少数高校外,环太湖地区的多数高校没有与环太湖地区的乡村或农业企业建立实质性的合作办学关系,高校的多数师生在校期间没有机会在学校组织下走进环太湖地区的乡村,更谈不上服务乡村振兴。多数高校也没有充分发挥自身在科研方面的优势来服务乡村科技振兴。尽管有少数高校做出了一些涉农方面的科技成果,但成果的转化率较低,没有产生推进乡村振兴的显著效益。

三 教育科技人才协同推进环太湖地区乡村振兴的对策及路径

本文在系统深入分析环太湖地区乡村振兴现实状况的基础上,结合浙江、广东等地乡村振兴的成功经验，通过征求专家、政府相关部门实践工作者、学校相关人员、县域企业负责人、相关科研机构负责人、农村负责人和农民等各方面意见建议，提出教育科技人才协同推进环太湖地区乡村振兴的对策及路径。

（一）建立教育科技人才推进环太湖地区乡村振兴协同机制

推进环太湖地区乡村振兴的协同机制既包括政府、学校、相关企业及科研机构、乡镇、村庄之间的协同机制，也包括环太湖地区高校、职业学校与乡村融合发展的共生机制。协同机制的建立和运行需要政府充分发挥主导和协调作用。环太湖地区的 4 个地级市、10 个临湖的县市区，要在国家及省级政府部门的指导下建立全面推进环太湖地区乡村振兴的统筹协调机制，建立环太湖地区乡村振兴工作领导小组及办公室，统筹规划环太湖地区乡村振兴，协调解决推进乡村振兴过程中遇到的困难和问题。同时，在政府主导下，建立教育科技人才推进乡村振兴联席会议制度，搭建各类相关主体之间的合作桥梁，建立环太湖地区乡村振兴共同体。环太湖地区乡村振兴工作领导小组可建立环太湖高校、职业学校和相关科研机构推进乡村振兴目标责任制和必要的考核评价制度，使教育科技人才的发展与乡村振兴的推进有机统一，使学校的办学与乡村振兴的实践有机融合。

（二）政府与学校及企业协同破解乡村振兴人才瓶颈

人才是乡村振兴的关键，推进乡村振兴需要破解人才瓶颈。政府要在住房、交通、教育、医疗、产业发展、就业等方面持续发力，吸引越来越多的年轻人留在乡村、在乡村就业创业。尤其重要的是，政府需要制定实施专项支持政策，引导支持农业龙头企业、加工企业等把企业总部、研发总部、加工园区等布局在县及以下，改变加工在城市、原料在乡村的状况，构建加工在乡镇、基地在村、增收在户的格局，吸引更多高校毕业生到乡村就业。

政府要建立高校、职业学校在乡土人才培养、高素质农民培育、新农人储备等方面的激励机制，支持培育发展现代农民。政府与高校、职业学校紧密合作，依托学校大力培育高素质农民队伍。组建环太湖地区乡村振兴学院，健全农民教育培训体系。实施高素质农民培育计划，重点培养农民合作社带头人、农业技术带头人、农村经纪人等。实施环太湖地区千万农民素质提升工程，分层分类开展全产业链培训，加强训后技术指导和跟踪服务。加强农村劳动力终身职业技能培训。扩大中高等职业学校招收农民学员规模，培养新一代乡村企业家和农村职业经理人。政府与高校、职业学校合作，挖掘培育乡村手工业者、传统艺人，培养"田秀才""土专家"等乡土人才和乡村工匠、文化能人、手工艺人等能工巧匠。① 在教育行政部门指导协调下，建立健全大中小学协同开展劳动教育、厚植乡土情怀的育人机制。政府健全支持政策体系，鼓励高校、职业学校创建农创园等平台，培育农创客。

（三）多元主体协同赋能环太湖地区乡村科技振兴

建立政府、涉农科研机构、农业龙头企业、高校、试点村庄等多元主体融合发展的环太湖地区乡村科技振兴共同体，有效整合科技资源，实施农业科技创新工程，建立健全科研院所、高校、企业等创新主体协同攻关机制，研究突破环太湖地区农业发展核心技术，强化种子赋能、设施赋能、绿色赋能、品牌赋能、数字赋能，推进创新链与产业链有效衔接，在生物育种、智慧农业、设施农业、生态农业、农产品精深加工等领域实现突破，持续提升高效生态农业竞争力。

深入推进政产学研合作，大力推进农业产业技术创新战略联盟等多种形式的科技创新平台建设，组建实体化运作的农业科研机构；吸引国内外高水平大学、一流科研机构、领军企业在环太湖地区设立新型研发机构，聚焦现代农业生物技术、绿色智慧高效农业生产技术、农产品质量与生命健康等方向，实施一批农业重点研发计划项目，推动农业重大科技成果在环太湖地区落地见效，实现"生产+加工+科技"一体化发展。

---

① 《浙江省农业农村现代化"十四五"规划》，浙江省农业农村厅，http：//nynct.zj.gov.cn/art/2021/12/15/art_ 1229142041_ 4843018.html，2021 年 12 月。

（四）借鉴"千万工程"经验，因地制宜建设环太湖美丽乡村

结合环太湖地区的实际，学习借鉴浙江省"千村示范、万村整治"工程经验，运用"千万工程"蕴含的发展理念、工作方法和推进机制，坚持因地制宜、分类施策，从实际出发，强化乡村生态建设，建设环太湖地区美丽乡村。强化校地合作，组建乡村创业创新导师队伍，引导组织高校毕业生参与村庄规划设计、村庄建设、村庄经营等工作，推进现代"美丽农居"建设，打造"新江南人家"，生动呈现具有太湖美、乡愁味、中国风、江南韵的环太湖美丽乡村。

环太湖地区的高校、相关科研机构与政府人力资源部门、城乡建设部门、规划部门合作，优化乡村规划布局。科学预测环太湖地区乡村人口流动、产业发展趋势，合理确定村庄布局和规模，研究编制不同类型乡村的实用性规划，合理确定生态空间、村庄公共空间、产业发展空间、基础设施配套、新建农房区块等布局。教育科技人才协同打造诗意栖居美丽乡村风景线、生态湖岸美丽乡村风景线、天然氧吧美丽乡村风景线、江南水乡美丽乡村风景线。[1]

（五）实施高校、职业学校与环太湖乡村融合发展工程

随着长三角一体化发展的持续深入，可以在政府主导下，实施高校、职业学校与环太湖乡村融合发展工程。学习借鉴广东省"百校联百县兴千村"行动经验，分析总结适用于环太湖地区的先进经验和实践做法，组织化、系统化、项目化推进环太湖地区高校、职业学校与濒临太湖的县市区结对共建。科学确定结对关系，一般由5~6所高校和所在县域的中职学校组团式结对1个濒临太湖的县（市、区），形成"学校结对县（市、区）—二级学院（教学科）结对乡镇—班级结对村庄"的融合发展体系，制定并落实高

---

[1] 《浙江省农业农村现代化"十四五"规划》，浙江省农业农村厅，http：//nynct. zj. gov. cn/art/2021/12/15/art_ 1229142041_ 4843018. html，2021 年 12 月。

校、职业学校与乡村融合发展工程的实施方案，持续推进环太湖地区乡村全面振兴。

　　教育科技人才推进环太湖地区乡村振兴，需要因地制宜、一村一策、力求实效，实现人才培养、科学研究、技术推广、社会服务、文化引领与乡村产业振兴、人才振兴、文化振兴、生态振兴、组织振兴融合共生，开创环太湖地区乡村全面振兴新局面。

文旅发展篇 ⧉

B.13
环太湖地区红色文旅资源开发
利用的现状及提升策略

李宏刚　王雨晴　高爽　周欣玫*

摘　要：　党的二十届三中全会强调，"必须增强文化自信，发展社会主义先进文化，弘扬革命文化，传承中华优秀传统文化"。红色文化承载着深厚的历史记忆与革命精神，是社会主义先进文化的重要内容。把红色文化资源与红色旅游结合起来，不仅能带来良好的经济效益，还能促进人们对红色文化的深刻感悟。环太湖地区是中国抗日战争的重要战场之一，也是中国共产党人的活跃地，拥有众多红色革命文化。近年来环太湖各地区都开始重视对红色文旅资源的整合与发展，借助政策支持、数字技术发展机遇以及政府的积极推进，环太湖各地区红色文旅资源的开发利用都取得一定成效，但在开

* 李宏刚，博士，苏州城市学院马克思主义学院教授，主要研究方向为青年思政教育理论与实践；王雨晴，苏州大学硕士，主要研究方向为青年思政教育理论与实践；高爽，江苏大学硕士，主要研究方向为青年思政教育理论与实践；周欣玫，江苏大学硕士，主要研究方向为青年思政教育理论与实践。

发利用过程中也还存在许多不足之处。通过分析环太湖地区红色文旅资源开发利用的现实挑战和时代机遇，探索环太湖地区红色文旅资源开发利用的推进策略，不断提高环太湖地区红色文旅资源开发利用和保护的实效性，不仅对于促进区域经济发展意义重大，同时也可促进环太湖地区革命精神的传承和弘扬，是红色文化教育与旅游资源开发深度融合的创新呈现。

关键词： 环太湖地区 红色文旅资源 文旅融合

环太湖地区一共有五个城市：苏州、无锡、常州、湖州、嘉兴。在促进环太湖经济带一体化发展过程中，政府对旅游业的发展十分重视，特别是近年来随着红色教育的普及，红色旅游越来越受欢迎，红色文旅资源的有效开发利用成为促进旅游产业发展的一个亮点。其中最为典型的就是环太湖苏州、无锡、常州、湖州四市联合推进"四好农村路"建设，以公路为依托，深入挖掘沿线红色文化，建立有关红色纪念馆、党史学习教育基地等，构建"红色矩阵"，以促进红色文旅资源的开发与利用。环太湖地区红色文化资源丰富，这也为各地区文旅融合发展提供现实可能。对于红色文旅资源的开发，各城市虽有时间早晚的差别，但都取得一定的成效，盘活了红色文化资源，促进了城市文旅资源的开发利用。

一 环太湖地区红色文旅资源开发利用的基本状况

（一）苏州地区红色文旅资源开发利用的现状

苏州位于太湖的东面，在五座城市中，苏州市是占太湖水域面积最大的城市，太湖大约三分之二的面积都在苏州，这就意味着苏州拥有对太湖地区红色文旅资源开发利用的更多机会，具有打造环太湖苏州红色文旅产业品牌的区位优势。另外，苏州是一方具有光荣革命传统的红色热土，拥有众多的红色文化资源，可为促进当地文旅资源融合发展提供现实可能。苏州传统旅游业的发展也为苏州地区红色文旅资源开发利用提供了一定的基础设施支撑。

1. 红色文旅资源概况

苏州地区红色文旅资源类型多样。由中共苏州市委党史工作办公室联合苏州市中共党史学会编纂的《苏州红色文化资源手册》按红色资源类型将苏州红色文化资源分为四编，分别为革命旧址、遗址，纪念设施，具有代表性的资源和重要文物，并收录了其他红色遗址和苏州市爱国主义教育基地名录、党史教育基地名录及红色地名名录。由此可见，苏州红色文化资源类型十分丰富，而对红色文化资源的梳理和保护也有利于促进苏州红色旅游的发展。红色文化资源在相当程度上也是红色旅游资源，有利于促进集红色人文、研学旅行、传统民俗、自然风光等于一体的苏州新兴红色旅游产业的发展。

苏州地区红色文旅资源数量众多。苏州市下辖 6 个区和 4 个县级市，《苏州红色文化资源手册》中共收录革命旧址、遗址 75 处，纪念设施 77 处，具有代表性的资源 51 处，重要文物 45 件（套），其他遗址 44 处，[①] 并总结归纳出众多爱国主义教育基地、党史教育基地及红色地名名录。其中数量最多的还属苏州市区。苏州丰富的红色文化资源为促进红色文旅融合发展提供了现实因素，也为苏州地区红色文旅资源开发利用提供了现实可能，有利于政府更好规划与保护这些红色资源，促进地区红色旅游的发展。

2. 政府重视红色文旅资源开发与保护

苏州市非常重视地方红色资源的利用与保护。首先从政策上看，2024年 1 月 12 日，江苏省十四届人大常委会第七次会议通过了《江苏省红色资源保护利用条例》（以下简称《条例》），《条例》于 2024 年 3 月 1 日起施行。2024 年 4 月 1 日，苏州市召开《江苏省红色资源保护利用条例》贯彻

---

① 中共苏州市委党史工作办公室、苏州市中共党史学会编著《苏州红色文化资源手册》，苏州大学出版社，2024。

实施座谈，对《条例》贯彻实施进行全面解读和部署，认真落实省委、省政府关于红色资源保护利用工作要求。2024 年 6 月 26 日，苏州市人民检察院联合市委宣传部、市文广旅局、市委党史工办，在中共苏州独立支部旧址开展红色资源检察保护利用开放日活动，揭牌红色资源检察保护法治教育基地，制定并启动"红色资源检察保护利用三年行动计划"，努力形成"线索共享、案情共商、问题共治、整改共视"的红色资源保护合力。①

除了在政策上支持以外，苏州市在实践中也积极践行红色文旅资源的利用与保护。吴中区委组织部秉持"党建引领·绿色发展"的理念，紧扣"生态文旅带"主题，按照"串点成线、连线成带、以带促面"的思路，创新打造"环太湖党建带"，以 31 个示范点勾勒吴中环太湖党建红色风景线，积极探索"党建+旅游"发展新模式。2023 年，吴中光福镇冲山村成功入选中组部全国红色美丽村庄建设试点。光福镇瞄准"红色+文旅+研学"，精心设计并有机融合沿太湖风情线、光福镇山水环绕线，让太湖山水间响起"红绿交响曲"。苏州下辖各地区还通过在文化讲堂讲述红色革命故事、建立红色教育基地等形式促进研学旅游的发展。此外，为更好开发利用和保护苏州众多文旅资源，促进资源利用与整合，苏州市也在积极进行环太湖公路建设。环太湖公路苏州段全长 286 公里，是 2022 年度全国"十大最美农村路"。为更好地开展环太湖"四好农村路"全国示范路建设，环太湖党建文化示范路（吴江段）因地制宜构建起党建与生态、文化、产业等资源深度融合的党建景观旅游大道。

3. 红色文旅资源开发利用初见成效

近年来，随着对红色资源的愈加重视，苏州对红色文旅资源的保护利用和创新性融合发展初见成效。

首先，体现在人民群众的参与度上。随着苏州市红色旅游的不断发展，越来越多的青年志愿者参与到与此相关的志愿服务中。2024 年暑假期间，常熟市积极开展暑期红色文旅志愿服务，先后组织动员 50 多名志愿者，并

---

① 《红色资源检察保护法治教育基地揭牌》，《苏州日报》，2024 年 6 月 27 日。

把红色文化宣传贯穿于旅游志愿服务中，向来常熟的游客提供露营打卡、集章打卡、亲子研学、红色课堂讲座等。① 这不仅对青年志愿者本身来说是一个能够很好了解苏州红色文化的机会，而且也能吸引更多游客沉浸式体验红色文化，助推红色旅游不断升温。

其次，体现在对红色文旅资源的保护上。苏州市针对不同类型、不同时期的红色遗迹和纪念地，采取分类分级保护措施。例如对于新四军太湖游击支队纪念馆等具有重要历史价值的场馆，投入大量资金进行修缮维护。定期对建筑结构、陈列设施等进行检查更新，确保其能够原汁原味地展现当年的革命风貌。此外，苏州还运用先进技术来保护红色文旅资源。比如利用数字化技术对红色文物进行信息采集、存储和展示，在红色遗址保护中采用环境监测技术，实时监测温湿度、光照等数据，防止因环境因素造成的遗址损害。

最后，红色文旅资源开发利用带来的综合效益也日趋凸显。其中最为典型的例子当属冲山村。冲山村位于苏州市吴中区光福镇，是著名的"红色村"，这里曾是新四军太湖游击支队的重要抗日游击战发生地。2023年，冲山村入选中组部红色美丽村庄建设试点。冲山村红色文旅产业蓬勃发展，目前已带动60多名村民在该村就业创业，接待参观游客达16万余人次，带动村级年收入增长130万元，实现了产业兴村、群众共富的良好开局。② 此外，红色文旅资源也成为爱国主义教育的生动教材，厚植人民的爱国主义精神。比如，沙家浜红色旅游景区推出"缅怀革命先烈 传承红色精神"清明祭扫活动、庆祝渡江战役胜利暨苏州解放70周年升旗仪式、以"薪火传承沙家浜、峥嵘岁月忆江抗"为主题的纪念新"江抗"成立80周年活动等，为青少年注入红色基因。

（二）无锡地区红色文旅资源开发利用的现状

无锡位于太湖北岸，是太湖流域的重要城市之一。太湖的水域面积约占

---

① 《常熟市：暑期志愿服务为红色旅游注入新活力》，江苏省社会工作协会，https：//mp.weixin.qq.com/s/PZSBL_ e4G78d45gWADdcDw，2024年8月。
② 《太湖山水间响起"红绿交响曲"》，《新华日报》2024年6月7日。

无锡市总面积的 1/3，是无锡的重要水源地和生态环境保护区。同时，太湖的美景也为无锡增添了独特的魅力。无锡是对太湖资源开发较早的城市，其中不仅包括对传统旅游业的开发，也包括对红色文化资源的开发与挖掘。对红色文旅资源的利用与保护不仅促进无锡红色旅游的发展，也提升了无锡城市形象，让人们更加了解无锡这座城市背后的红色历史与红色故事。

1. 红色文旅资源概况

无锡拥有丰富的红色文化遗产资源，内涵深刻、历史悠久。无锡是较早建立中共党组织及开展革命活动的地区之一，也是新四军江南抗日义勇军主战场，留下诸多革命旧址、战场旧址等。2021 年，无锡市档案史志馆与无锡市老区开发促进会联合开展了全市红色资源普查。调查结果显示，全市拥有 133 处革命遗址和纪念设施，按照事件发生地、机构旧址、人物故居、纪念场馆（陵园、碑）等分类，整体保护利用情况较好。[①] 在目前无锡的红色文化遗产遗存中，革命旧址类遗产数量最多，且分布广泛，占总数的48.8%；为纪念重大事件、贡献较大的名人而建造的纪念场所类遗产，约占26.8%；革命名人住所或展开革命活动场所等故居类遗产占 24%，[②] 总体上红色文化资源保护较好。

2. 政府积极促进红色文旅资源的开发利用

相比于苏州，无锡开展红色文化资源的保护与利用较早。当然，这离不开无锡市政府的关心与重视。近年来，无锡先后修复、重建了许巷惨案纪念馆、太华山新四军和苏南抗日根据地纪念馆、无锡抗日青年流亡服务团纪念馆、中共无锡工委机关旧址（培南小学）等设施，地方各级政府也越发重视将革命遗址的保护利用纳入区域发展规划当中。梅村街道对新四军江抗东进纪念馆进行全方位的升级改造，增设光电效果展厅，运用 VR 等现代科技手段实现革命纪念设施的活化利用。无锡多地还将红色旅游、人文旅游和绿

---

① 《点亮 133 处无锡红色地标》，无锡市人民政府，https：//www. wuxi. gov. cn/doc/2021/06/28/3342547. shtml，2021 年 6 月。

② 赖继年、李好奇：《无锡红色文化资源保护与利用研究》，《现代商贸工业》2023 年第21 期。

色旅游有机结合。新吴区开出了红色免费微公交,沿线设有泰伯庙、党建古镇街区、二胡文化产业园、新四军江抗东进纪念馆四个站点;锡山区重点推介乡镇企业博物馆、新四军六师师部纪念馆、红豆(山联)党建馆、王莘纪念馆等红色景点,同步推介荡口古镇、严家桥古村等文化名片;"惠山红色之旅"整合了"一包三改"纪念馆、吴文化公园、洛社尚田小镇等文旅资源,串联起孙冶方故居、薛暮桥故居、匡村中学旧址等红色地标。此外无锡还专门为在校学生开设了名人故事会堂,其中包含流动小剧场和流动故事会两个栏目。流动小剧场于2015年末推出,每年选取一位或多位典型人物,根据其生平和突出事迹撰写剧本,和社会机构合作排练,走进学校为大家表演。这些举措都促进了无锡对红色文旅资源的整合、保护和利用,也体现出无锡市政府对红色资源的重视。

3. 红色文旅资源开发利用成效日益凸显

旅游人口数量显著增长。近年来,随着无锡红色文旅资源的开发与推广,游客数量逐年攀升。无锡革命烈士陵园、无锡博物院等红色旅游景点,吸引了大量游客前来参观学习。根据统计数据,红色旅游在节假日期间的游客接待量显著增加,尤其是在重要纪念日和红色主题活动期间,游客人数更是激增,区域影响力日益扩大。

无锡市在红色文旅资源的开发利用中,注重资源的保护与传承。政府加大了对革命历史遗址和纪念设施的保护力度,制定了详细的保护规划和管理措施。例如,开展对无锡革命烈士陵园和历史博物馆的修缮与维护,确保这些红色文化遗产得到妥善保存。同时,通过开展红色文化教育,增强公众对文旅资源保护重要性的认识,提升社会对红色文化遗产的尊重和保护意识。这一系列举措不仅保护了珍贵的历史文化遗产,也为红色文旅资源的可持续利用提供了保障。

随着红色文旅资源的开发利用,其综合效益逐步显现。红色文化旅游吸引了大量游客,带动了相关产业的发展,如酒店、餐饮和交通等。此外,红色文旅活动的开展还促进了文化交流与传播,提升了无锡的城市形象和文化软实力。更重要的是,红色文化的深入挖掘与宣传增强了市民的文化认同感和归属感，形成了良好的社会氛围，促进了社会的和谐与稳定。综合来看，红色文旅资源开发利用不仅具有经济效益，更为社会文化的繁荣发展贡献了积极力量。

（三）常州地区红色文旅资源开发利用的现状

常州地处长江三角洲的中心地带，东邻上海，西接南京，地理位置优越。常州市与上海市和南京市之间的交通便捷，是连接苏南地区与上海的重要节点城市之一。此外，常州毗邻长江，拥有沿江发展的得天独厚的优势。由于其独特的水路交通条件，历史上常州便是一个繁荣的商业和文化交流中心。常州的区位优势和自身较为丰富的红色资源，有利于促进常州红色文旅的开发和利用。

1. 红色文旅资源概况

常州是一座有着光辉革命历史及传统的江南名城，以"常州三杰"为代表的常州英雄儿女，为国家独立、人民解放英勇献身。常州市红色资源丰富、分布广泛，目前已认定不可移动革命文物资源125处，拥有馆藏革命文物11436件，其中38处不可移动文物和138件馆藏文物列入江苏省革命文物名录。[①] 此外常州还有许多红色教育基地，如新四军江南指挥部旧址、常州烈士陵园、常州三杰纪念馆、溧阳新四军指挥部旧址、瞿秋白故居、王诤将军生平事迹陈列室、澄西烈士陵园、溧阳西山烈士陵园、王诤将军故居、金坛区烈士陵园等。常州也有众多的红色文化旅游胜地，其中比较著名的有新四军江南指挥部纪念馆、常州红馆、瞿秋白故居、张太雷旧居、恽代英纪念馆、华罗庚纪念馆、中共苏皖区一大会址、王诤故居等，这些都是常州重要的文化旅游资源。

2. 多形式多渠道助推红色文旅资源开发利用

常州市红色文旅资源开发利用举措众多。首先是积极探索以"红色+创

---

① 《保护利用红色资源 讲好常州红色故事》，常州市人民政府，https://www.changzhou. gov.cn/ns_ news/980171055195485，2024 年 7 月。

意"形式促进文旅资源的融合，比如通过 3D 幻影成像、微视频、抖音短视频等新媒体手段宣传推广，把乱针绣、常州烙画、金坛刻纸等传统非遗有机植入红色旅游资源中；天宁在红庙移建保护过程中，综合运用声、光、电、数字影像、虚拟技术等高科技手段，在展示理念、手法、方式等方面大胆突破与创新，力求使展示内容全而精、新而奇，讲好红色故事、弘扬红色精神；张太雷纪念馆专门制作了时长 6 分钟的裸眼 3D 幻影成像微话剧，生动再现了在共产国际讲坛第一次响起中国共产党员声音的历史时刻；常州三杰纪念馆深入挖掘"常州三杰"元素，推出创意书签、纪念章、手机壳、充电宝等一批原创文化产品，小中见大，让人爱不释手，把每一个产品背后的"常州三杰"故事传播给大众。这些创新和融入都给参观者带来前所未有的吸引力、震撼力、感染力。此外，常州市还通过"红色+教育"形式促进文旅资源的融合，2018 年，常州三杰纪念馆作为发起者，与常州大学等单位联合成立"常州红色文化宣传教育阵地联盟"，组建"常州三杰"精神宣讲团，赴企事业单位、学校宣讲，送党课，传播"常州三杰"精神，承办主题党日活动，开展现场教学，重温光辉党史。常州通过历史人物和历史故事进校园、进社区，促进红色精神在人民群众中的传播。

3.红色文旅资源开发利用成效逐步显现

随着红色旅游带来的综合效益不断提高，常州市越来越重视红色文旅资源的开发利用，并取得一定成效。一是体现在红色场馆的升级与改造上。近年来，常州三杰纪念馆不断进行升级改造，如在迎接中国共产党成立 100 周年之际，启动了瞿秋白纪念馆、张太雷纪念馆、恽代英纪念馆改造提升工程，保护文保单位风貌，打造全新学习空间，对场馆周边进行全面整治，营造红色文化氛围。这不仅完善了场馆的硬件设施，也增强了红色文化的传播力与影响力。二是把红色文化与其他业态相融合。比如红色文化与工业旅游的结合，常州经开区大运河红色工业旅游线成功入选江苏省"运河百景"。该路线包括戚电公司、大明厂、戚机公司、运河公园、宋剑湖党建生态圈等，在展示工业发展历程的同时，传播红色精神，吸引了众多游客前来参观。三是红色文化教育功能不断强化。常州市积极打造教育实践基地。例如中共苏皖区一大会址是常州市爱国主义教育基地和红色旅游基地，吸引了众多企事业单位团体前来参观、开展活动。金坛积极探索让"红色历史"以展览、城乡惠民演出、志愿服务等形式，走进学校、企业、社区、农村等，用百姓喜闻乐见的方式推动红色教育深入群众、深入基层、深入人心。

（四）湖州地区红色文旅资源开发利用的现状

浙江湖州是环太湖五座城市之一，也是太湖沿岸最低调的城市。其实湖州是因太湖而得名的，苏南的苏锡常地区和浙北的杭嘉湖地区同属吴语区。沪苏湖高铁于 2024 年 12 月 16 日正式开通，这条全长 163.8 公里，设计时速 350 公里的高铁，对于湖州的意义最大。湖州需要增强自己的实力，提升自己在环太湖城市中的影响力。

1. 红色文旅资源概况

湖州不仅是一座有着两千多年历史的文化名城，更是抗日战争时期浙西的重要抗日根据地，涌现了大批勇立潮头、阳刚峻拔的风云人物。湖州红色文旅资源包括革命旧址/遗址、烈士陵园、纪念馆等，其中比较著名的有新四军苏浙军区旧址群、莫干山红色史迹群、湖州革命烈士陵园、孝丰革命烈士陵园、73011 部队军史陈列馆、南浔文园·红军长征追踪馆、安吉余村、钱山漾遗址、郎部抗日纪念馆、长超抗战英雄纪念碑等。这些红色旅游胜地背后蕴含的是革命烈士英勇不屈的革命精神。此外，湖州还有为纪念王伟烈士而建立的王伟纪念碑，每年的 4 月 1 日，来自社会各界的人们都会送来鲜花、战斗机模型、手绘图以及书信等，诉说着人民对英雄的思念与敬意。2021 年 6 月，湖州公布 30 家党史学习教育现场基地、6 条党史研学路线，号召广大党员干部群众走进基地。

2. 多地共促红色文旅资源开发利用

湖州市下辖吴兴、南浔两区和德清、长兴、安吉三县，各地都采取各种不同的方式促进文旅资源的开发。2021 年 3 月，吴兴区统筹辖区范围内各旅游资源，开通了 5 条红色旅游路线，并结合微党课、情景剧、环绕式 AR 等方式让游客更好地去触摸、感受、体验红色文化。为了更好传承红色经典文化，吴兴区精心设计了路线的先后顺序，围绕"红色+古色""红色+绿色""红色+民宿+度假"等方面进行融合创新，统筹景区、美丽乡村、文博馆等现有资源，推进红色文化旅游与生态观光同步发展。该区还加大财政投入力度，结合"微型党课"大赛等方式，挖掘了一批理论素养高、表达能力强、沟通技巧好、群众感情深的"名嘴"导游，让旅游和宣讲深度互动。2020年，南浔区委、区政府与南浔旅投集团重修张新华烈士故居，并以纪念馆的方式向公众开放。纪念馆的建成，为南浔弘扬红色革命精神注入了无限的生机与活力。姚醒吾将军故居则采用先进的声光电等多媒体技术，全方位展现姚醒吾的感人事迹，将姚醒吾故居陈列室打造成重要的红色教育基地。长兴县制定《关于发展壮大长兴红色教育和红色旅游的工作方案》等，以加快红色旅游配套设施改造优化，助推建设新四军红色研学旅行小镇、新建煤山镇工业风情街等项目；同时围绕"红色旅游+"，推进红色旅游与党性教育、研学、文化等相结合，并充分利用电视、网络、微信等媒体，宣传"江南小延安""江南红村"等红色旅游品牌。德清县钟管镇干山村投资138万元对红色记忆馆进行数字化提升，拓宽数字化应用场景，全景式、立体式、延伸式展现钟管人民艰苦卓绝的奋斗史，丰富参观者的感官体验。

3. 红色文旅资源开发利用成效初显

湖州通过组织丰富的红色旅游活动，积极鼓励人民群众参与。例如，在"红色旅游月"期间，湖州推出了包括"红色亲子游"和"红色徒步活动"在内的多样化活动，吸引了大量家庭和青年群体参与。这些活动不仅让参与者深入了解红色历史和文化，还增强了社区居民的文化认同感和归属感。此外，湖州还鼓励学校组织学生参观红色教育基地，如湖州革命历史纪念馆，让年轻一代了解革命精神。

在红色文旅资源开发过程中，湖州注重对红色遗址的保护与修复。以长兴县的"长兴红色旅游区"为例，长兴县不仅对重要的红色遗址进行了修缮和维护，还设立了专门的文化解说员，向游客普及红色历史和文化背景。湖州还开展了"红色文化遗产保护日"等活动，提升公众对红色文化遗产的保护意识，鼓励市民积极参与到文物保护和宣传中来。

红色文旅资源的开发带来了显著的经济、社会和文化效益。例如，湖州的红色旅游吸引了大量游客，为当地的餐饮、酒店和交通等相关产业注入了活力。同时，红色文化的传播增强了市民的历史认知和文化自信，形成了良好的社会氛围。湖州红色文化艺术节不仅丰富了市民的文化生活，也提升了湖州作为红色文化旅游目的地的知名度。

（五）嘉兴地区红色文旅资源开发利用的现状

嘉兴市发展红色旅游业具有独特的优势，主要体现为其具有丰富的红色文化资源、优越的地理位置以及良好的自然景观。首先，嘉兴是中国共产党诞生地，1921年中国共产党第一次全国代表大会在嘉兴南湖的游船上完成了最后的议程，宣告了中国共产党的成立。这一历史事件使得嘉兴南湖成为中国红色旅游的重要目的地。嘉兴南湖革命纪念馆、中共一大会址等红色景点，向人们展示了中国共产党的革命历程和光辉历史，吸引了众多游客前来参观学习，感受红色文化的魅力。其次，嘉兴市地理位置优越，交通便利。嘉兴市地处长三角核心区域，紧邻上海、杭州等大城市，交通便捷，区位优势明显。这为嘉兴市的经济发展和旅游业提供了有力的支撑，使得红色旅游线路更加便捷可达，吸引了大量国内外游客。最后，嘉兴市自然景观优美，生态环境良好。除了丰富的红色文化资源，嘉兴市还拥有优美的自然风光，湖水清澈，碧波荡漾，四周群山环抱，景色宜人。这种优美的自然环境吸引了众多游客前来观光旅游，使得红色旅游与自然景观相结合，提供了更加丰富的旅游体验。

1. 红色文旅资源概况

嘉兴是全国著名的红色旅游目的地，每年都有许多游客来体验嘉兴的红色革命历史。嘉兴拥有深厚的红色文化底蕴，其中比较著名的有中国共产党第一次全国代表大会纪念馆、南湖红船、嘉兴革命历史博物馆、南湖革命纪念馆、王会悟纪念馆、澉浦之战纪念碑、嘉兴革命烈士陵园、新四军海北支队等。2019年5月，受文化和旅游部的委托，嘉兴市先行先试开展红色旅游资源普查，经过一年时间的调查和深入研究，编制了《红色旅游资源分类、调查与评价》方案，形成了《嘉兴市红色旅游资源普查报告》。通过普查，确定全市共有 214 个红色旅游资源单体，其中优良级（三级以上）单体 41 个，占全市所有红色旅游资源单体总数的 19.16%，五级红色旅游资源单体 5 个，分别是红船精神教育基地、南湖红船、南湖景区、南湖革命纪念馆、茅盾故居。[①] 对红色文旅资源的普查，有利于嘉兴市更好开展红色文旅资源的开发利用和保护工作。

2. 结合自身红色资源特征不断创新

嘉兴的红色旅游不仅是南湖或者红船一个点，而是要把整个嘉兴市看成一个大的红色旅游区，在大的红色旅游区内分为以南湖为中心的核心区、以市本级为主的联动区、市域其他部分组成的辐射区。为了更好地发挥红色资源的教育功能，南湖景区推出了"水上党课""南湖初心之旅""南湖清风行"等主题旅游产品，还推出了"红船情 少年心"红色研学、"小菱角 大学问"科普研学、"鸳湖闻棹歌"艺术研学、"我们的节日"民俗研学等研学产品。文化和旅游部产业发展司在嘉兴南湖启动了"百年风华 青春筑梦"主题动漫展播活动，通过当代年轻人感兴趣的动漫作品形式讲述革命历史、传承红色基因，激发广大青年"永远跟党走"的青春热情。2022 年 5 月，嘉兴市文化广电旅游局印发《嘉兴市文化和旅游促进人民群众精神富有试点实施方案》，提出要把嘉兴市打造成红色旅游标杆市。为此，嘉兴大力推进南湖旅游区的改造提升，构建"大南湖"格局。嘉城集团还打造了音乐舞蹈诗《泱泱秀水》、歌剧《红船》等文艺作品，让人民群众在走、看、听、悟的过程中，明理、增信、崇德、力行，让"红船""新时代"深深扎根到人们的精神世界。此外，嘉兴市还组织专家学者就红色文化旅游中涉及的"IP 打造""业态更新""国内国际双循环"等话题进行探讨，为红色旅游的未来发展提供诸多新观点、新思路、新见解。

3. 红色文旅资源开发成效显著

随着红色文旅资源的开发，嘉兴市的旅游人数逐年增加。以南湖为核心的

---

① 《红船故事映初心 红色旅游树标杆》，《中国旅游报》2021 年 5 月 18 日。

红色旅游区，近年来吸引了大量游客前来参观。2011 年，作为献给中国共产党 90 年华诞的厚礼，南湖革命纪念馆新馆建成开馆。第三代南湖革命纪念馆的占地面积整整扩大了十倍，从开馆以来就一直拥有高人气，2023 年的接待人次高达 330 万。① 除了南湖，嘉兴的其他红色景点，如嘉兴市革命历史博物馆和红船精神教育基地，也都迎来了游客量的显著提升。各类红色主题活动的举办，使得嘉兴成为红色旅游的重要目的地，吸引了省内外游客前来体验和学习。

在红色文旅资源的保护方面，嘉兴市采取了多项措施来加强对历史遗址的保护与管理。以南湖革命纪念馆为例，嘉兴市对其进行了系统的修缮和维护，确保其历史文化的真实性和完整性。同时，嘉兴市还建立了文物保护责任制，鼓励公众参与文物保护工作，提升社会对红色文化遗产的关注和保护意识。例如，嘉兴市明确了各类红色遗址的保护措施，并通过社区宣传和教育活动，增强了居民的保护意识。这样的措施不仅保护了珍贵的文化遗产，还为后代传承红色文化打下了基础。

红色文旅资源的开发不仅带动了嘉兴当地其他产业的发展，还推动了乡村振兴。例如嘉兴市开通双休乡村旅游定制公交线路，接驳南湖·1921 红色旅游列车，陆续带动平湖棒球村、海盐金星村等十余个乡村发展旅游业，让旅客近距离体验"千村示范、万村整治"工程建设成果。随着红色旅游的蓬勃发展，嘉兴的乡村面貌焕然一新，基础设施得到改善，公共服务水平不断提升，推动了乡村振兴战略在嘉兴的贯彻落实。

二 环太湖地区红色文旅资源开发利用的现实挑战

环太湖地区红色文旅资源的开发利用面临着如何深入挖掘红色文旅资源的内容、如何创新开发利用的方式和模式的现实挑战，同时还需要克服保护与利用之间的矛盾。

---

① 《浙江宣传｜三代馆的峥嵘岁月》，南湖革命纪念馆，https://www. nanhujng.com/dtjx/wbxx/202407/t20240701_1124743. shtml，2024 年 7 月。

（一）内容和精髓的挖掘有待深化

要实现红色文旅的高质量发展，必须在开发原有资源的基础上创新举措，深入挖掘红色文旅资源的内容和精髓。当前环太湖地区在红色文旅资源内容的开发和内涵的挖掘上还存在一些问题。

1. 红色文旅资源的开发不够全面

红色非物质资源包括大量的革命故事、革命印记，具有鲜活的生命力，具有强大的感染力和震撼力，同样是环太湖地区红色文化的重要象征，是党史学习教育的生动教材，其精神价值产生的社会影响不可估量，同样值得重视。然而当前环太湖地区红色文旅资源的开发和利用主要集中在物质资源上，而对非物质红色文旅资源的挖掘力不足。特别是对于环太湖地区的革命口号，环太湖地区的红色歌曲、舞蹈、戏剧、诗词、影视等革命文艺的开发程度较低，没有充分展示环太湖地区红色文旅资源的全部功能。

2. 革命史实和革命故事的挖掘不够深入

环太湖地区的红色文旅资源家底已经基本摸清，但有些地方的红色文旅资源史料不全、纪念场馆史料缺失、展示内容较为单薄，对红色文旅资源所蕴含的新时代价值挖掘远远不够，总结提炼、内涵拓展较少。尤其是一些红色文旅线路的设计，过于注重景点的串联和游览的便捷性，而忽视了对革命史实、革命故事和革命文物所蕴含的精神价值的深入挖掘和展示。

3. 红色文旅资源的同质化问题凸显

环太湖地区拥有丰富的红色文旅资源，如新四军太湖游击支队纪念馆、吴中区烈士陵园、新四军苏浙军区纪念馆等。但在类型上相对单一，主要为抗日战争时期的革命遗址、纪念馆、教育基地等，这导致游客在参观时可能会感到重复和单调。并且环太湖地区尚未形成具有影响力和特色的红色文旅品牌，这导致游客对环太湖地区的红色文旅资源认知度不高，难以形成品牌效应。

（二）开发利用方式和模式有待创新

随着红色文化旅游的年轻化发展，有效开发与利用红色文旅资源，需要在深入挖掘地方红色文化精髓和特色的基础上，紧密贴合大众旅游时代的崭新需求及文化旅游融合的新兴消费趋向，不断创新红色文旅资源开发利用的方式和模式。然而当前环太湖地区红色文旅资源开发利用的方式和模式与新时代的新要求相比还存在不小差距。

1. 红色文旅资源的整合度不高

2022 年发布的《推动革命老区红色旅游高质量发展有关方案》明确指出，要推进红色资源整合，提升红色旅游服务质量。[①] 环太湖区域自然风光秀美，历史人文资源丰富。当前环太湖地区形成了一些红色旅游线路，但一些红色文旅景点布局还相对分散，相互之间的联系还不够密切，未能将单一的红色旅游景点连线成片。同时，由于环太湖地区在五市范围内，受当下行政区域分割的影响，区域与区域之间的资源难以实现有效整合和优化配置，这造成环太湖地区红色旅游目的地的集聚效应较弱。

2. 开发利用方式的多样性不足

当前数字化和融媒体的迅猛发展给红色文旅发展带来了新的机遇，但红色文旅资源蕴含深厚的历史底蕴与宝贵的文化价值，具有政治性和严谨性特征，这些特质与数字媒介时代所倡导的娱乐性、信息碎片化处理及个性化需求之间存在一定的矛盾。当前，环太湖区域在开发利用红色文旅资源过程中，主要借助语言讲解、纪念馆参观等传统媒介形式。虽涉及新媒体传播，但大多集中于红色旅游景点的推广宣传上，内容以传统的知识讲解和历史介绍为主。这种单向性、静态化的方式缺乏新奇性、互动性和参与感，很难抓住受众的眼球。同时很多红色文旅资源开发仅限于"互联网+""VR／AR""沉浸式体验"等概念的噱头，集内涵、功能、审美于一体的开发利用方式

---

① 《国家发展改革委、文化和旅游部、国家文物局联合印发推动革命老区红色旅游高质量发展有关方案》，中华人民共和国国家发展和改革委员会，https：//www.ndrc. gov. cn/fzggw/jgsj/zys/sjdt/202201/t20220130_1314242. html，2022 年 1 月。

仍需不断探索。因此，如何在保持环太湖地区红色文化资源本质特性的基础上，创新性地利用数字媒介技术，实现红色文化的广泛传播与深度影响，成为当前亟待解决的问题。

3. 开发利用模式的创新性不强

环太湖地区利用丰富的生态资源和独特的区位优势，把红色历史文化和山水自然风光结合了起来，打造了"红色阵地+教育传承+生态旅游"的模式，取得了一定的成效。但红色文化与当地的民风民俗以及文化产业有机融合的力度还不够，尤其是在红色文创产品、红色餐饮、红色住宿等方面仍需要进一步拓展和创新，以不断延长红色文旅产业链和完善红色文旅开发模式。

（三）发展规划举措与保护制度有待完善

红色文化旅游资源的开发利用需要在合理有效的发展规划和建设下进行，当前环太湖地区红色文旅发展规划还需不断完善。

1. 各区域和各部门协调规划与合作有待加强

红色文旅的开展是一种无边界行为，需要各区域和各部门的协调合作，共同助力地区红色文旅品质提升和一体化品牌创建。环太湖五市地域相邻，生态相似，人文相亲，文化相通，都在致力于打造太湖品牌，在推进"四好农村路"建设中已初步形成区域合作。尽管已具有一定的合作基础，但各区域和各部门在红色文旅资源的深度开发、整合利用以及市场推广等方面仍未形成整体规划和全面合作，这就使得在开发利用环太湖地区红色文旅资源的过程中难以发挥其整体优势。

2. 保护力度与开发力度的关系尚需平衡

"太湖美，美就美在太湖水。"良好的生态环境是旅游发展中不可或缺的关键因素，红色文旅资源的开发利用要建立在良好生态环境的基础上。环太湖地区的自然资源丰富多样，也意味着在开发利用红色文旅资源时需要更加注重生态保护。然而环太湖地区部分旅游景区在开发过程中，存在偏向开发而忽视规划的现象，规划意识相对薄弱。尽管开发前已有一系列规划方案被制定出来，但在具体实施过程中未能严格按照科学、统一的规划标准严格执行。这造成规划的权威性和指导性没有得到充分体现，从而影响了环太湖地区红色文旅的可持续发展。虽然环太湖地区的生态环境得到了质的提升，但在未来发展规划中生态保护压力依然很大。

3.红色文旅资源配套设施有待完善

红色文旅资源的开发利用必须协同基础设施建设，以保障对游客的吸引力，从而推动当地红色文旅的可持续繁荣。环太湖地区的基础设施建设已初步完善，包括日益优化的交通网络，饭店、别墅度假村、休闲山庄等接待设施，电力、供水、邮电通信能力等生活设施。然而，环太湖地区的红色文旅配套服务设施仍然不够齐全，尤其是缺乏大型综合旅游购物中心，难以满足游客多元化的休闲需求。此外，针对老年人、儿童、残疾人等特殊群体的服务设施尚未全面覆盖。在旅游高峰期，如节假日、黄金周等，环太湖各景区面临停车场、码头等交通枢纽的严重拥堵问题，凸显出景区基础设施承载能力与接待服务水平还有提升空间。因此，加强基础设施建设，提升接待能力，成为环太湖地区红色文旅发展亟须解决的问题。

三 环太湖地区红色文旅资源开发利用的时代机遇

环太湖地区红色文旅资源的开发利用正迎来国家政策支持和区域协调发展的战略机遇期。同时，随着旅游市场的消费升级和数字化技术的广泛应用，红色文旅资源的保护与传承有了更为高效的手段，也为环太湖地区红色文旅资源开发利用方式的创新提供了无限可能。

（一）环太湖地区本身具有自然和历史上的优越性

环太湖地区地理位置优越，自然资源和历史文化资源丰富，厘清既有发展条件状况，有利于进行整体规划。

1.环太湖地区地理位置得天独厚

环太湖地区跨江苏和浙江两省，东接国际大都市上海，西邻历史文化名城南京，地处"沪宁杭大三角"的中心地带。苏锡常三市沿太湖一字排开，直线距离不足百公里，而湖州则与苏锡常三市隔湖相眺。环太湖公路的建成，更是将这四市的旅游景点串联成线，显著提升了区域交通的便捷性与联通性。此外，沪宁、沪杭、宁杭高速与环太湖公路、申苏浙皖高速及318国道在此密集交织；京沪高铁、京沪铁路、沪宁铁路相互连通；加之城市内部轨道交通网络的日益完善，以及京杭大运河贯穿南北，硕放国际机场联通国内外航线，① 一个集水、陆、空于一体的综合立体交通网络体系已逐步成形，这为环太湖地区红色文化旅游的蓬勃发展提供了庞大的客源支撑与交通保障。

2. 环太湖地区自然资源丰富多样

环太湖地区坐拥全国第三大淡水湖，山水相依，风光秀美，气候宜人，物产富饶，动植物资源丰富，具备高品质的自然生态环境。环太湖地区自然资源的多样性为红色文旅资源的开发利用提供了丰富的背景，使得红色文旅在自然景观的映衬下更具吸引力和感染力。自然景观与红色文化相结合，形成红色旅游线路，一步一景，让游客在欣赏自然美景的同时，也能感受到红色文化的魅力，形成独特的旅游体验。

3. 环太湖地区历史文化底蕴和红色基因深厚

马家浜文化、崧泽文化、良渚文化在环太湖地区留下了璀璨的印记，积累了深厚的文化底蕴。环太湖地区还是吴文化的发源地之一，吴文化在这里孕育、发展并传承至今，以其独特的魅力影响了江南地区的文化传承和社会发展。历史上环太湖地区也曾是抗日战争和解放战争的重要战场，党的许多优秀儿女在这里同敌人展开了艰苦卓绝的斗争，在这片神圣土地上洒下了热血，形成了催人奋进的地方红色文化，留下了大量的红色遗址和纪念地，这些红色资源为开发红色文旅项目提供了坚实的基础。

（二）国家和地方政府支持红色文旅资源开发利用

环太湖地区开发和利用红色文旅资源，发展红色文旅，具有大环境上的

---

① 张丹、蒋丽芹：《基于SWOT分析法的环太湖生态农业旅游开发研究》，《无锡商业职业技术学院学报》2012年第3期。

支撑力。

1.党和国家历来高度重视红色文旅资源的开发利用

红色旅游是培育国民文化素养、提升国民精神境界的重要途径。发展红色文旅，是党和国家的重大决策。党的十八大以来，"以文化人"理念成为党中央文化建设领域的核心理念之一，并衍生出一系列发展战略。同时"十四五"规划纲要也提到"大力发展红色旅游。突出爱国主义和革命传统教育，坚持培育和践行社会主义核心价值观，有效提升红色旅游规范化发展水平"。① 这为环太湖地区有效运用红色资源、传承红色基因提供了明确的方向指引与重要的理论遵循。

2.地方政府制定环太湖地区红色文旅资源开发利用的政策

为深入贯彻落实党中央关于发展红色旅游的重要指示和精神，地方政府部门和相关组织也制定了一系列政策和细化措施，为环太湖地区的文旅发展提供了具体思路和方案。例如，2021年发布的《苏州市太湖生态岛条例》②和《太湖生态岛发展规划（2021—2035年）》，③ 2023年9月发布的《关于推进沿太湖世界级生态文化旅游区建设实施方案》④ 等，都为环太湖地区红色文旅资源的开发利用提供了具体遵循。

3.社会各界广泛关注和参与环太湖地区红色文旅发展

随着旅游产业的逐渐复苏，游客对于红色旅游的认可度和需求度不断提升。综观市场需求结构，特别是党史学习教育开展以来，国家对红色文化的宣传力度越来越大，游客对红色旅游需求也随之提升。游客对红色旅游的需求不限于参观游览，还包括深入了解革命历史、学习革命精神等，呈现多样

---

① 《国务院关于印发"十四五"旅游业发展规划的通知》，中国政府网，https://www.gov.cn/zhengce/zhengceku/2022-01/20/content_5669468.htm，2022年1月。

② 《苏州市太湖生态岛条例》，苏州市人民政府，https://www.suzhou.gov.cn/szsrmzf/gbdfxfg/202107/60e1f4f544a94459a52f785c08e7a3ce.shtml，2021年7月。

③ 《〈太湖生态岛发展规划（2021-2035年）〉发布》，中国科学院，https://www.cas.cn/yx/202109/t20210930_4807898.shtml，2021年9月。

④ 《印发〈关于推进沿太湖世界级生态文化旅游区建设实施方案〉的通知》，江苏省文化和旅游厅，https://wlt.jiangsu.gov.cn/art/2023/9/14/art_699_11015245.html，2023年9月。

化、个性化的特点。特别是红色研学和红色教育游作为一种寓教于乐的思想政治教育活动，是传播红色文化和革命精神的重要途径。以年轻人喜闻乐见的形式传播革命传统和革命精神，如今热度也越来越高。环太湖地区以其丰富的红色文化资源和独特的研学活动形式吸引了大量学生、教师、党员干部、企事业单位员工前来研学，这些活动不仅加深了他们对环太湖地区革命历史的理解，还激发了他们的爱国热情和革命精神。

（三）科技创新赋能红色文旅高质量发展

科技创新为环太湖地区红色文旅资源的开发利用注入了强劲动力。借助数字化和智能化手段，红色文化得以焕发新生，红色文旅也得以转型升级。

1.数字技术赋能红色文旅资源的开发利用

随着5G、大数据、AI/MR/VR、3D影像等数字技术的迅猛发展，数字技术正在改变红色文旅资源开发与利用的空间格局、形态样貌和产业结构，有效助推红色文旅资源"动起来"和"活起来"。在数字技术创新的驱动下，数字化采集与保护、数字化展示与互动、数字化教育与传播、数字化管理与运营等红色文旅资源开发路径正不断发挥作用，为红色文旅发展注入了新的活力。环太湖地区当前也正在抓住数字技术发展的机遇，以更加宽泛的理念构建环太湖地区红色文旅资源的结构空间，提升环太湖地区红色文化的价值内涵，激活环太湖地区红色文旅资源内容和形式的延伸力。

2."红色+"产业推动红色文旅资源的开发利用

随着科技的飞速发展和社会的不断进步，各行各业之间的融合发展已经成为社会发展的一种必然趋势。这不仅推动了传统行业转型升级，还催生了许多新兴业态和模式。红色文旅资源根植于红色文化，正与农业、林业、教育等行业跨界深度融合，在保护传承红色文化、用活党史"教材"以及利用红色旅游驱动乡村振兴等多个维度上协同推进，持续放大"红色+"的辐射效应。以冲山村为例，该地精准定位"红色+文化旅游+教育研学"，巧妙串联新四军太湖游击支队纪念馆、吴中区党建初心教育馆、初心学堂等红色地标，形成了一条红色文化链。同时，这些红色地标与环太湖1号公路沿太湖风情线、光福镇的自然风光交相辉映，共同打造出"冲山—漫山"红色传统教育与江南水乡风情相结合的特色文旅线路。此线路不仅树立了红色文化旅游的新标杆，更以红色文化为引擎，为乡村振兴持续注入动力与活力。

3. 媒体融合推动红色文旅资源的推广宣传

打造红色文旅品牌，离不开媒体融合带来的综合传播效应。通过报纸、电视、广播等传统媒体与网站、短视频、社交媒体等新兴媒体的有机结合，红色文旅资源得以跨越时空限制，实现多渠道、全方位传播。尤其是借助新兴媒体平台的个性化推荐算法和数据分析技术，可以精准定位目标受众，实现定制化、精准化的传播策略。同时，通过文字、图片、视频、音频等多种形式的融合传播，可以更加生动直观地展示红色文旅资源的魅力和价值，增强受众的代入感和体验感。环太湖地区也正在线上平台与线下体验的深度融合、跨媒体合作与资源共享的实践中不断探索，使环太湖地区的红色文旅资源得到更广泛的传播和推广。

四 环太湖地区红色文旅资源开发利用的推进策略

（一）红色文旅资源开发利用的原则

1. 坚持保护传承和发展创新相统一

红色资源见证了我们党百年来的辉煌奋斗历程，是我们宝贵的精神财富和重要教育载体。环太湖地区拥有的丰富红色文旅资源，这些资源具有极高的社会价值和深远的历史意蕴，是值得开发利用的资源宝库。推进环太湖地区红色文旅资源开发必须做好保护传承工作，坚持资源挖掘和保护相统一。要深入研究环太湖地区的革命史，加大资源挖掘力度，为红色资源开发提供史实依据，同时要及时更新现有的新技术和手段，及时修缮革命遗迹，做好红色文化资源的保护和传承工作。

红色文旅资源开发利用的最终目的是更好地实现其自身的价值功能，

结合时代背景赓续好红色血脉，传承好红色基因，实现红色文旅资源自身的创新性发展。因而必须做好红色文旅资源的创新发展工作，结合环太湖地区的实际情况，推动红色文旅资源的形式载体创新，通过打造沉浸式体验、开发红色文创等形式，让红色文旅资源以全新的面貌焕发出新的时代光芒。

2.坚持社会效益与经济效益相统一

红色文旅资源的开发利用既能增强人的精神力量，又能真正将传承红色基因的工作落到实处，提升红色旅游业的综合效益，将资源优势转化为发展优势，实现社会效益和经济效益的统一。环太湖地区的旅游景点大部分位于革命老区和乡村地区，地理位置偏远，经济发展水平较低。发展红色文旅，利用好红色文旅资源，能够为当地群众创造就业创业的机会，更好地推动当地经济发展。

冲山村是将资源优势转化为经济效益，带动地区基础设施建设和经济发展的模范村庄。曾经被认定为集体经济"相对薄弱"的冲山村，在搭上了文旅发展的快车道后，发生了翻天覆地的变化。得益于山清水秀的自然条件，冲山的红色文旅产业发展吸引了众多年轻人创业，这个曾经人烟稀少的村落，摇身一变成了热门"打卡点"。通过发展红色文旅产业，冲山村60多名村民实现就业创业，接待游客超6万人次，村集体年收入增长了130万元，整个村庄焕然一新。①

3.坚持教育性与娱乐性相统一

习近平总书记强调要"坚持不懈用新时代中国特色社会主义思想铸魂育人，实施新时代立德树人工程……充分发挥红色资源育人功能"。② 红色资源是我们党百年来顽强斗争的历史印记和宝贵财富，蕴含丰富的育人资源，是推进落实立德树人根本任务的关键所在。

真正实现以红色立本，而非仅仅将红色元素当作幌子，在开发利用时既

---

① 《太湖山水间响起"红绿交响曲"》，《新华日报》2024年6月7日。
② 《习近平在全国教育大会上强调坚持中国特色社会主义教育发展道路培养德智体美劳全面发展的社会主义建设者和接班人》，《党建》2018年第10期。

做到有意思更做到有意义，是环太湖地区开发利用红色文旅资源的重中之重。各地在开发利用时要坚持寓教于游，坚持教育性和娱乐性相统一，让游客在参观游览时体会革命文化，领略革命精神，在休闲放松之余也获得思想上的熏陶。要以丰厚的红色革命资源为支撑，切实弘扬好爱国主义精神，做好革命传统教育，让革命文物为人们提供精神滋养。各地可通过开发红色研学路线、建立红色教育基地、打造红色党课等形式，推动地区红色文旅资源向爱国主义教育资源和党性教育资源转化，切实打造好红色文旅产业，提升育人效果。

（二）夯实红色文旅资源开发利用的基础

1. 做好红色文旅资源开发利用的整体规划

环太湖地区红色底蕴深厚，呈现跨地区分布的态势，资源分布范围较广，但其蕴含的精神实质是相似的，红色血脉是一脉相承的。开发环太湖地区红色文旅资源时要做好各地的背景调研，坚持因势利导的原则，全面统筹规划，形成环太湖地区的特色开发模式。

要做好统筹规划，处理好保护和发展的关系，做好红色文旅资源的保护修缮和创新性发展工作。2021年，国家文物局印发了《革命文物保护利用"十四五"专项规划》的通知，对文物保护的总体要求和重要任务等做出了相应规定。环太湖各地要始终坚持以国家政策为指导，在地方政府的支持下建立相应体制机制，理顺红色文旅和其他产业的关系，建立"红色+文旅+其他"的新型产业链，将文旅开发和环保、研学等相结合，统筹发展，形成辐射效应，带动其他产业，最终促进红色文旅产业的繁荣发展。针对环太湖地区的资源分布特征，统筹建立相应的红色文物资源数据库，注重资源整合联动，打造红色文旅资源区域联合共同体，建立系统化的跨区域红色文旅资源信息网，系统开发红色文旅资源，打破各区域内部和区域间的壁垒，真正实现红色文旅资源的流通互动，增强红色文旅的吸引力。

2. 深入挖掘环太湖地区的红色文旅资源

要做好红色文旅资源的开发利用工作，首要任务便是充分挖掘红色文旅资源，夯实开发利用的基础。环太湖地区红色底蕴深厚，在战争时期涌现出大批先进革命工作者，且拥有诸多红色革命遗址。代表性人物有常州三杰：瞿秋白、张太雷、恽代英；代表性革命遗址有中国革命红船的启航地——嘉兴南湖、新四军太湖游击支队纪念馆；代表性革命精神有红船精神；等等。除上述所说以外，环太湖地区还有很多红色文旅资源值得我们去挖掘和研究。

在进行环太湖地区的红色文旅资源开发利用时，必须深入查阅相关史实资料与文献，通过采访相关人物，结合党史、国史、地方史等多方面资料，摸清环太湖地区的红色文旅资源家底。一方面可通过二次开发革命遗址，如革命英烈故居、纪念场馆（陵园、碑）、重要机构旧址、重要战斗旧址等，以及挖掘整理并系统保护本地区革命先烈的遗物，巩固扩大红色文旅资源的物质基础。另一方面可通过深度挖掘红色文物、遗址背后的历史事件、红色故事，创作戏剧等相关文学作品，提升对非物质红色文旅资源的利用，梳理其中蕴含的正确价值导向，夯实红色文旅资源开发利用的文化基石。

3. 丰富红色文旅资源的开发主体

当前红色文旅资源开发存在同质化等问题，究其根本在于对红色文旅资源开发利用的程度不够，开发主体较为单一。红色文旅资源开发的主体不应局限于当地政府，还应包括各地的中小学、党校和高校、企业、个人等多元主体。为了更好地开发利用红色文旅资源，要加快推动形成一批当地文化事业单位主导、各种社会力量积极配合的多元开发主体。

一方面，各地中小学、党校和高校要积极配合当地文化事业单位，加强对红色文旅资源的挖掘研究，形成对本区域革命事迹和遗址的相关理论成果，发挥理论支撑作用。以丰富的革命史料为支撑，联合当地文化事业单位联手打造"红色+研学+党史教育"的新型运营模式，开展研学旅行、主题讲座和干部教育培训等，推动学生和事业单位干部共同成长，提升学生的历史文化素养和事业单位人员的专业素养。另一方面，可以借助各种企业的力量，发挥企业的主观能动性和创造性，基于对革命史实的深刻理解和把握，针对市场需求，开发各种趣味文创单品和旅游项目。要善于抓住发展契机，可借鉴《觉醒年代》文创单品设计的成功经验，设计推出拥有环太湖地区特色的红色手办和各种周边文具产品等，呈现好、传播好红色文化。通过打造"红色+科技"的新型运营模式，利用灯光、VR、沉浸式剧场等方式让红色故事"活"起来，借鉴苏州沙家浜景区的"横泾不夜天"文旅夜游项目和井冈山景区夜游的成功经验，因地制宜开发景区夜游项目，更好地满足游客的趣味性和个性化需求，刺激消费水平提升。

（三）扩大红色文旅资源的影响力

1.打造城市红色文化名片

城市红色文化名片是一座城市历史和文化的宝贵财富和红色底蕴的鲜明体现。红色文化存在于城市的每个角落，无论是庄严肃穆的红色革命教育基地还是充满欢声笑语的红色主题公园，都是革命先辈英勇事迹的重要见证，都是教育后代、发扬红色优良作风的重要场域。

环太湖地区包括苏州、无锡、常州、湖州、嘉兴等多个城市，拥有丰富的红色文旅资源，而各个城市的红色文旅资源既有共性，又有其个性化特征。在整合资源打造环太湖地区红色革命旅游胜地的基础上，要根据各地实际打造特色红色文化名片。例如，苏州素来以唯美的"江南文化"而闻名，在进行红色资源开发利用时，可依据苏州的江南特色，以苏州烈士陵园、沙家浜和蒋巷村为资源依托，打造苏州的城市红色文化名片。再如，可以"红船精神"为主题打造嘉兴红色文化名片，让革命"红船"驶向未来、驶向世界。简而言之，要坚持以环太湖地区为开发主体，同时兼顾好各城市的特色，打造好各城市红色文化名片，传承好环太湖地区的红色文化基因。

2.拓宽红色文旅宣传渠道

随着"国潮热"的兴起，包括中共一大会址纪念馆、江西南昌八一起义纪念馆等地在内的诸多红色景点逐渐成为青年一代学习革命历史、领悟革命精神的重要场所。

环太湖地区要抓住"国潮热"的契机，加强与各级新闻媒体的合作，以拍摄红色纪录片、专题宣传片等方式宣传好环太湖地区的红色文旅资源。发挥各种社交平台的宣传教育作用，如抖音、小红书等，发布红色短视频，带领人民群众云打卡革命圣地，点亮红色足迹。为了更好地在青年中实现宣传教育，还可通过开展线上红色知识竞赛、绘画大赛和歌曲挑战赛等方式，吸引青年人的广泛参与。邀请各种学术大家和历史名人，通过网络直播的形式讲好红色故事，运用趣味学习的方式播撒好环太湖地区的红色火种。除此以外，还可以通过举办线下红色定向越野竞赛等趣味性活动加强对学生的红色文化熏陶，向青年学生介绍好红色革命史，宣传好红色革命资源；联合旅游网站和旅游公司合作推出热门红色旅游专线，利用 VR 技术，让游客足不出户就能获得立体式、沉浸式的红色体验，激发游客的实地探访兴趣。

3. 打造红色文旅品牌

品牌设计的好坏，直接影响游客对景区的直观感受和印象。[①] 同理，红色文旅品牌的打造也会影响人们对一个地区或城市的印象和感受。环太湖地区要以当地红色文化资源为基础，打造一个独具太湖地区特色的 IP 品牌，开发一批融教育性、文化性、娱乐性于一体的红色旅游产品，扩大环太湖地区的旅游影响力和知名度。

《觉醒年代》的爆火，带动了无数青年人"打卡"各地革命遗址。以环太湖地区的"常州三杰"和浙江南湖"红船"为例，二者都是具有高辨识度的地方特色文化符号，都与革命年代有着千丝万缕的联系。要抓住《觉醒年代》爆火的时代机遇，及时推出相关手绘地图、手办玩偶、红色学习用品等系列产品，打造具有自身特色的 IP 大品牌，实现红色地标的可视化和地区红色文化的多维宣传。也可通过在一些重大历史事件节点开展红色研学活动、播放红色影视作品、开展红色主题讲座等方式，使红色文化深入人心，扩大环太湖地区文旅品牌在人民群众中的知名度。

---

① 王青：《基于文旅融合景区品牌影响力的思考——以苏州耦园为例》，《现代园艺》2021 年第 4 期。

（四）利用"互联网+"开发红色智慧旅游产业

1.运用网络载体搭建智慧平台

互联网的发展衍生出了各种向公众提供各类资源与内容的智慧化平台，目前已有"智慧书房""云端课堂""学习强国"等用于展示红色教育资源的智能工具。① 环太湖地区可依托数字技术将自身丰富的红色文旅资源转入现代传播语境，通过汇总分类、内容提炼和价值整合，形成一个现代化的数字化云平台，推动红色文旅资源创造性转化。

一方面，环太湖地区可搭建一个红色文旅资源数据库。对环太湖地区物质形态、精神形态和信息形态的红色文旅资源进行全面系统化的数字化采集、存储与呈现。② 整合环太湖地区多个省、市的红色文旅资源，利用数据库实现各地跨区域交流，提高数字信息的使用效率。另一方面，环太湖地区可以通过网络载体搭建一个集信息查询、订票服务和互动体验于一体的智慧旅游平台。通过这个智慧平台，游客不仅可以全面了解红色旅游信息，还能实现在线购票、3D游览。该平台实现游客的智慧化、便捷化旅游，更好地满足游客的个性化、多样化需求，为游客提供更高质量的服务。

2.引入新技术实现红色文旅新体验

沉浸式感官新体验是当下旅游业发展的新思潮和新兴经济的增长点。感官体验作为消费者体验最直接、最基础的形式，在体验经济时代逐渐受到旅游市场的青睐。③ 通过刺激游客的听觉、触觉、嗅觉等不同感官，使游客置身于特定红色情境中，获得模拟在场感，实现与历史红色人物及事物的交互。④

---

① 陈艳红、陈晶晶：《数字人文视域下档案馆红色档案资源开发的时代价值与路径选择》，《档案学研究》2022年第3期。
② 李伯华、谭红日、杨馥端等：《红色旅游资源数字化保护：理论认知与技术路径》，《资源开发与市场》2022年第2期。
③ 张玲玲、郭英之、申军波：《多维感官视阈下乡村旅游体验：价值重构与情境创设》，《农业现代化研究》2022年第4期。
④ 包甜甜、常亦晨：《沉浸传播时代虚拟在场的思考》，《传播与版权》2019年第7期。

环太湖地区的红色文旅发展要善于利用 VR、AR 等沉浸式媒体技术，实现地区红色文化资源的可视化、可触化、可听化等多维感官新体验，推动红色物质文化资源转化为丰富多维的感官要素，提供立体式的红色文旅新体验，激发旅客的情感共鸣和文化归属感、认同感。可借鉴"延安红街"的互动式新体验，举办沉浸式演出和增设科技新体验，让红色文旅"活"起来、"潮"起来，实现游客的多感官新体验。让游客在沉浸式演出中体会红军革命的不易、在科技体验中感受战争的残酷和艰辛，增强对革命历史的认知与感受，从而实现过去与现在的情感传递。

3. 借助数字化手段开发红色文创产品

开发者对红色文化的呈现与旅游者对红色文化的接受这一双向互动是红色文旅的内在逻辑。[①] 在信息化背景下，各种创意性强、人情味浓的文创产品层出不穷，吸引了大量游客。《觉醒年代》以细腻的人物刻画和真实还原的历史情境吸引了众多青年人。北京鲁迅博物馆抓住了这个契机，开发了一批新颖的红色文创产品，如"新青年"手机壳、T 恤衫等，带动了大批青年人回溯历史，既发扬了红色文化，又刺激了文化消费。

环太湖地区的红色文旅资源发展要始终坚持以本地鲜活的红色革命史为支撑，提炼环太湖地区红色资源的精神要素，实现科技与文化的结合，增强红色文旅资源的生命力，开发出更多符合时代发展潮流的红色文创产品。中共一大会址的纪念馆和文创商店里拥有百余款兼具革命性和潮流性的文创单品，既有采用 3D 打印技术制作的"起点"浮雕笔筒、"本党定名为中国共产党"的白铜迷你群雕，又有采用激光雕刻技术制作的"黄铜上漆毛主席藏书票"等。[②] 可借鉴中共一大会址文创团队的经验，利用各种数字化手段赋能文创产品，开发更多具有创意性和科技性的时尚文创单品，真正实现游客、消费者同历史的共鸣和共情。

---

① 尚继武：《连云港渔业文化旅游开发的困境与对策》，《连云港师范高等专科学校学报》2021 年第 3 期。

② 田兴玲：《聚焦红色文创 传承红色文化》，求是网，http：//www.qstheory.cn/culture/2021-03/29/c_ 1127270150.htm，2021 年 3 月。

（五）完善红色文旅资源开发利用的保障条件

1. 构建多渠道的资金保障体系

在开发利用红色文旅资源的过程中，充足的经费保障是一切工作的前提，只有拥有足够的资金才能更好地开展后续研究工作，解决研究过程中的难题。

环太湖地区的经济发展总体尚好，但部分红色革命老区经济基础薄弱，对此，政府必须加强对红色文旅资源开发利用的专项经费扶持，设置专项经费支撑革命遗址的日常保护修缮工作，拨款支持红色文旅产品的开发，推动红色景区的基础设施建设等，推动红色文旅资源开发利用工作有效开展。但是单靠政府的专项资金难以支撑庞大的工作量，政府要积极吸纳民间资本，建立政府和社会资本合作模式。可以借鉴其他革命老区的实践经验，利用 PPP 融资模式或 BOT 融资模式，完善相关的法律政策，让金融机构对其进行合理的信贷预测，以此降低融资成本。[①]

2. 加大红色文旅交通基础设施建设力度

交通便利与否在很大程度上决定了游客的旅游选择，关系着红色文旅发展的未来。要加强交通基础设施建设，确保机场、火车站及汽车站等核心交通枢纽与景区之间的线路畅通无阻，打造车站直达景区的专属公交线路。可学习川西林盘绿道建设项目的成功经验，加强环太湖公路的道路、停车场设施和绿化建设，打造绿色生态廊道，满足自驾、骑行等游客的需求。同时考虑到环太湖公路里程较长，可通过建设休息区，完善周边餐饮、住宿等配套设施，保障游客的多方面需要，为游客提供更全面、更高质量的服务，提高游客的体验感。

此外，可借鉴上海市红色专线的运营经验，开发红色旅游专线公交。打通环太湖地区各省、市间的"红色专线"，实现共同运营，在环太湖地区的

---

① 王静、刘少琪、张秀楠等：《乡村振兴视角下陕南地区生态旅游融资模式研究》，《价值工程》2023 年第 24 期。

主要红色景点实现专线旅游，优化旅游线路。通过布置车站和车身、在车内发放宣传册和播放讲解视频、音频等方式，让游客在坐车途中，静下心来聆听环太湖地区的红色革命史，感受环太湖地区红色革命文化的魅力。

3. 加强人才队伍建设

优秀的人才队伍是挖掘利用好红色文旅资源的重要保障和关键因素。红色文旅产业是一门专业性较强的产业，必须由真正懂行的人参与其中。要重视对革命历史研究人才的培养，促进科研学术成果的转化，建设一支专业素质过硬的人才队伍。

一方面，环太湖的各省、市可通过与高校、科研院所联合培养等方式，培养一批高素质的复合型人才，为红色文旅资源的开发利用提供强大的智囊团支持。积极联合地方高校举办各类学术交流会议、定期开展人员培训，培养一批视野开阔、创新能力强的在职人员。另一方面，要打造一支专业的红色文化讲解队伍。红色革命年代和现代生活存在一定的时空差，游客在参观时难以产生情感共鸣，因而一个好的讲解员至关重要。各地可通过聘请外教等方式，对景区工作人员和当地居民开展教育培训，打造一支政治立场坚定、表达能力强、知识储备丰富的专业讲解队伍。

环太湖城市群体育旅游一体化发展研究

陈玉萍　李　勇*

摘　要： 本文运用文献资料、实地考察等方法，分析环太湖城市群体育旅游一体化发展的内在逻辑，揭示了资源边界深度融合、经济空间广泛拓展及正外部性对区域体育旅游产业的促进作用。研究发现：环太湖地区通过举办国际性体育赛事、开发多样化体育旅游产品，显著提升了区域体育旅游的品牌度和吸引力。然而，当前各城市间赛事资源及旅游项目的分配与利用尚不均衡，需进一步深化区域合作。为此，研究提出：持续优化政策环境、促进体育旅游深度融合、推动资源互融共生、深化区域合作及聚焦品牌建设等发展建议，以加速环太湖城市群体育旅游一体化的高质量发展。

关键词： 环太湖城市群　体育旅游　资源融合

党的二十届三中全会提出，"要促进区域协调发展，推进区域间基础设施互联互通，加快形成优势互补、高质量发展的区域经济布局"。环太湖地区作为长江三角洲的重要组成部分，主要由江苏省南部的苏州、无锡、常州以及浙江省北部的湖州、嘉兴等城市组成。该地区不仅拥有丰富的自然资源与深厚的历史文化底蕴，同时也是我国经济发展最为活跃的地区之一。

近年来，随着长三角区域一体化上升为国家战略，环太湖城市群在经济发展、生态保护等方面取得显著成就。特别是体育旅游业，作为资源节约型与环境友好型的"动力型产业"，其外溢效应大，对上下游产业以及关联产

---

* 陈玉萍，苏州城市学院基础教学部副教授，主要研究方向为体育旅游；李勇，教授，苏州城市学院基础教学部主任，主要研究方向为体育文化。

业带动作用十分明显，获得多项省级乃至国家级荣誉和表彰。例如，苏州成功举办了多项国际性体育赛事，无锡被评为"中国最佳体育旅游目的地"。此外，环太湖地区还涌现了一批知名体育旅游品牌项目，如环太湖国际公路自行车赛、苏州金鸡湖国际半程马拉松等，这些赛事不仅提升了环太湖地区的知名度，也促进了区域内城市交流合作。因此，探索环太湖城市群体育旅游一体化发展，对于落实党的二十届三中全会精神，构建区域协调发展新模式具有重要意义。

一 环太湖城市群体育旅游一体化发展逻辑

体育旅游一体化创新实践不仅是行业发展的标杆，还展现出强大的示范引领作用和区域联动效应。环太湖城市群推进体育旅游一体化，不仅是优化资源配置、提高服务供给效率的关键举措，更是促进区域产业结构向更高层次转型与升级的重要驱动力。鉴于此，对环太湖城市群体育旅游一体化发展的内在逻辑进行多维度、深层次剖析，揭示其发展内在规律与核心要素，有利于为下一步实践提供理论支撑。

（一）资源边界深度融合：构建一体化基石

环太湖城市群体育旅游一体化进程中，资源边界融合为区域合作奠定了坚实的基础。边界跨越的旅游资源，是指跨越两个或更多行政区域界限，却共同构成一个完整而统一旅游体系的资源合集。[①] 其独特的地理分布特性，成为推动体育旅游资源深度整合与协同发展的关键力量。一是相似性资源的集聚效应。环太湖区域由于地理位置的相近性，该区域体育旅游资源往往呈现跨区域集中分布特征。这种边界上的资源融合，为培育区域体育旅游增长极创造了得天独厚的条件。通过整合区域内丰富的山水资源，如淀山湖、澄

---

① 宋秋：《论边界共生旅游资源开发中的合作问题》，《云南民族大学学报》（哲学社会科学版）2005年第1期。

湖、阳澄湖及太湖等水域,可以携手提升和扩大龙舟赛、垂钓、帆船运动等水上体育旅游项目品质与规模,形成强大的集聚效应,进而增强整个区域水上体育旅游资源的吸引力和影响力,使其辐射范围更加广泛。二是互补性资源的共轭效应。自然地理的多样性赋予了不同地区体育旅游资源的差异性。这种互补性资源的边界融合,为实现区域间体育旅游产品错位发展与综合提升提供了可能。整合山地、天然水域等各具特色的体育旅游资源,不仅能够丰富旅游产品线,还能通过"铁人三项"等综合性赛事的举办,实现资源间互补与相互赋能,提升体育旅游产品的复合价值与市场竞争力。三是联系便利性的空间效应。跨区域体育旅游资源联系的便利性和通达性,是构建体育旅游空间合作网络的关键。如太湖及其周边水系的便捷联系,为环太湖城市群体育旅游发展轴的形成提供了有力支撑,能够促进苏州、无锡、湖州等城市间水上体育旅游一体化进程。因此,深化地区间协同治理,优化交通网络,提升区域连通性,对于推动环太湖城市群体育旅游一体化发展具有重要意义。

(二)经济空间广泛拓展:推动区域协同创新

同一市场内的地区在经济发展和现代化进程中紧密相连,一个地区的现代化进程不可能孤立于周边地区的落后状态之外。因此,区域间协调发展成为必然选择。① 一是区域体育旅游的协同发展。鉴于环太湖城市群内部在自然资源、基础设施及区域经济背景上的差异性,体育旅游发展不可避免呈现非均衡态势。苏州等地区凭借得天独厚的优势条件,率先形成体育旅游增长极。遵循旅游经济中空间近邻效应的普遍规律,② 体育旅游的增长极更愿意与周边地区开展深度且广泛的合作。环太湖城市群通过资源共享、项目共建、市场共拓等方式,不仅强化自身竞争力,更带动整个区域体育旅游产业协同发展,形成互利共赢良好局面。因此,构建体育旅游增长极,并以此为

---

① 高洪深:《区域经济学》,中国人民大学出版社,2014。
② 王海英、仲雪婷、陶犁:《协调视角下京津冀地区交通与区域旅游一体化发展研究》,《资源开发与市场》2022 年第 11 期。

引擎带动区域整体发展，是环太湖城市群体育旅游实现一体化发展的关键路径。二是区域体育旅游的联动发展。经济辐射的双向性决定了体育旅游产业发展能够跨越行政区划，实现相邻区域的互利共赢。经济与非经济因素的流动与传播，促进了资源、信息、技术等共享，使得区域间体育旅游产业能够优势互补、共同发展。尽管受益程度和发展速度可能有所不同，但这种联动发展态势促进了经济空间的不断扩展，为环太湖城市群深化项目协作与体育旅游互动提供了契机。通过优化体育旅游资源配置，各区域能够相互赋能，共同推动体育旅游产业繁荣发展。三是区域体育旅游的辐射发展。随着体育旅游经济空间的不断扩展，辐射效应逐渐显现，形成辐射网络，进一步强化了对周边地区体育旅游的带动作用。体育旅游不再局限于单一区域，而是成为推动多区域联动、共谋发展的重要力量，促进信息、资源、人才等要素在区域间的自由流动与优化配置，为共同市场培育提供肥沃土壤与坚实基础。

（三）正外部效应全面释放：激发区域内在发展动力

政府已深刻认识到区域经济一体化对于共享收益、提升整体区域竞争力的关键作用。[①] 在此背景下，环太湖体育旅游一体化进程在政府主导与推动下蓬勃发展，其根本动力源自对实现区域利益最大化正外部性原理的深刻理解和积极实践。正如萨缪尔森所言，社会经济活动中，一个经济主体的行为往往会对其他经济主体产生非市场性的附带影响，即外部性。[②] 在环太湖体育旅游领域，这种外部性以正面效应为主，为区域发展注入了强劲动力。一是整体形象塑造效应的具体例证。环太湖城市群通过举办一系列具有影响力的体育旅游活动，如环太湖国际马拉松、环太湖自行车赛等，以及浙江省户外运动大会和江苏省"亚洲户外节"等自主品牌活动，成功塑造了区域体育旅游整体形象。这些活动不仅吸引了国内外游客的广泛关注，还显著提升

---

① 国家发改委国土开发与地区经济研究所课题组、肖金成、李忠：《京津冀区域发展与合作研究》，《经济研究参考》2015 年第 49 期。
② 黄海燕、张林、李南筑：《大型体育赛事的正外部性及其内在化途径》，《上海体育学院学报》2007 年第 1 期。

了环太湖地区品牌度、美誉度和知名度，进一步推动了体育旅游产业供需结构的优化升级，形成了良性循环。二是区域体育旅游经济集聚效应的实践。体育旅游一体化的正外部性在环太湖地区展现得淋漓尽致。随着一体化发展，环太湖区域对体育旅游人群及投资者的吸引力显著增强。环太湖城市群体育旅游产业因此形成了显著的集聚效应，不仅吸引了大量体育旅游项目落地，还促进了相关产业链条的完善和发展，提升了区域体育旅游产业的竞争力。三是整体软实力提升效应的生动体现。推动环太湖城市群体育旅游一体化，是区域文化和品牌的重要组成部分，能极大提升区域整体软实力。如苏浙两省与上海体育服务业的双向互动与融合，[①] 更是为区域体育旅游发展注入了强劲动力。这种软实力的提升，不仅能激发地方政府实施区域体育旅游一体化的积极性，还能促进区域间协同合作和共同发展。

二　环太湖城市群体育旅游一体化发展现状分析

近年来，随着人民群众生活方式日益丰富多元，体育旅游作为一股新兴力量，在促进区域经济与社会发展中脱颖而出，成为引领健康生活风尚的重要引擎。聚焦环太湖城市群，体育旅游发展差异性与活力并蓄，呈现鲜明的地域特色。近年来，环太湖城市群各城市人均体育消费支出稳步提升，分别为苏州3117元、无锡2667元、常州3116元、湖州2718元、嘉兴2795元。各城市间消费水平的差异反映了区域间经济发展水平的不同，也预示着体育旅游消费市场的巨大潜力。然而，体育旅游市场的成熟度与供给能力不足，成为制约人均消费增长的关键因素。消费者的支付能力直接关联着体育旅游领域的消费支出，而观赏性消费与体验性消费作为该领域的两大支柱，其增长就尤为重要。

在环太湖城市群内，2023年举办的国际性体育赛事有28项、全国性体育

---

① 方春妮、潘磊：《我国体育市场一体化水平及影响因素研究——基于京津冀地区、长三角地区和粤港澳大湾区的实证考察》，《体育科学》2022年第4期。

赛事有 208 项（见表 1），且 2024 年各个城市举办的体育赛事较 2023 年明显增加。此外，环太湖城市群在传统体育赛事上持续发力，在创新体育旅游体验方面也走在前列。运动休闲体验季、漂流、露营等个性化、体验式体育旅游产品备受追捧，每到活动期间，各大景区和体验基地均呈现人潮涌动的盛况，充分彰显了环太湖城市群体育旅游消费市场的巨大潜力。然而，即便如此，现有体育旅游产品仍难以满足日益增长的体育旅游市场需求，特别是观赏性体育比赛和体验性体育旅游产品供不应求，成为制约体育旅游消费支出的重要因素。从区位熵的视角审视，虽然湖州、嘉兴在资源集聚方面表现较为出色，但在国际性赛事引进与举办上相对滞后，形成了鲜明的反差。这种反差恰恰揭示了湖州、嘉兴地区体育旅游消费市场的强劲内需与现有供给之间的不匹配。湖州、嘉兴以其独特的地理位置和深厚的文化底蕴，完全具备成为国际性赛事理想举办地的条件。目前国际赛事资源主要集中在苏州、无锡等城市，赛事分布的不均衡性在一定程度上制约了环太湖城市群体育旅游的整体发展水平。

表 1　2023 年环太湖城市群各城市常规品牌赛事

单位：项

城市	国际性体育赛事	全国性体育赛事
苏州	10	63
无锡	8	58
常州	8	29
湖州	1	36
嘉兴	1	22

从公布的 2023 年国家级和省级体育旅游精品项目来看，环太湖城市群中，江苏共 21 项，浙江共 12 项（见表 2）。从常态化品牌赛事和体育旅游精品项目累计数量看，苏州、无锡、常州赛事资源和体育旅游精品项目较为丰富，湖州、嘉兴相对较弱，这表明区域间赛事资源及旅游项目的丰富程度存在差异，一体化发展尚需深化。进一步结合各城市旅游总收入、人均体育消费综合考量，发现当前赛事资源的分配与利用尚处于较为分散状态，缺乏

区域间有效协同。高消费能力地区未能充分享受到更多的体育旅游休闲机会，区域赛事协同发展水平仍待提升。这种各自为政的状况，不仅限制了体育旅游市场的整体发展，也削弱了区域间的合作潜力。赛事资源的稀缺性直接导致了承办赛事能力的巨大差异。[①] 国际赛事承办经验的缺乏与交流不足，不仅影响赛事的专业性和观赏性，也间接削弱群众对体育旅游体验的满意度。同时，赛事承接能力的短板还制约了体育旅游基础设施建设的全面性，社会资本参与体育旅游基础建设的积极性也因此受挫。此外，旅游产业与体育产业在政策扶持上的交叉性，以及社会资本引入方向的模糊性，也为体育旅游基础建设带来挑战。如旅游指示牌、自行车道、步行道、户外营地等关键设施建设，往往涉及多个责任主体，易产生管理上的交叉与干扰，从而增加环太湖城市群体育旅游一体化的难度。

表 2　环太湖城市群各城市体育旅游精品项目统计（2023 年）

单位：项

城市	国家级体育旅游精品项目	省级体育旅游精品项目
苏州	4	4
无锡	4	2
常州	4	3
湖州	2	4
嘉兴	2	4

三　环太湖城市群体育旅游一体化发展建议

（一）持续优化政策环境，精准赋能体育旅游一体化

环太湖城市群凭借得天独厚的自然资源和区位优势，正逐步将体育旅游打造成为区域经济发展的新引擎。在政策层面，各级政府应出台一系列政策

---

① 兰顺领：《长三角一体化背景下区域体育旅游协同发展的困境与出路》，《山东体育学院学报》2020 年第 10 期。

措施，为环太湖城市群体育旅游一体化发展提供坚实的政策保障。

第一，构建完善的政策支持体系。首先，制定专门的体育旅游发展规划，明确发展目标、重点任务和保障措施，确保体育旅游一体化发展有章可循、有据可依。同时，加强政策的统筹协调，打破行政区划壁垒，促进苏、锡、常、湖、嘉等城市间的政策协同，形成政策合力。还应建立健全政策评估和调整机制，及时跟踪政策执行效果，根据实际情况适时调整优化政策，确保政策的有效性和针对性。

第二，加大财政金融支持力度。财政金融支持是体育旅游一体化发展的重要保障。通过设立体育旅游专项发展基金，重点支持体育旅游基础设施建设、品牌活动打造、重点项目建设和人才引进培养等方面。同时，引导社会资本参与体育旅游项目投资，通过政府和社会资本合作（PPP）、产业投资基金等方式，拓宽融资渠道，降低融资成本。

第三，强化用地保障和规划引领。土地是体育旅游项目落地的重要载体，要加强规划引领，将体育旅游发展规划与城市总体规划、土地利用总体规划、生态环境保护规划等相衔接，确保体育旅游项目与区域经济社会发展相协调。还应加强体育旅游项目用地监管，防止土地闲置和浪费，提高土地利用效率。

第四，科技创新是推动体育旅游一体化发展的重要驱动力，要推动科技创新与体育旅游深度融合。一方面，充分利用大数据、云计算、人工智能等现代信息技术手段，构建体育旅游智慧服务平台，提升体育旅游服务质量和效率。另一方面，推动科技创新成果在体育旅游领域的转化应用，开发具有自主知识产权的体育旅游产品和技术装备，提升体育旅游核心竞争力。此外，还应加强科技创新人才培养和引进工作，为体育旅游一体化发展提供有力人才支撑。

（二）促进体育旅游深度融合，激活区域经济多元化发展

体育旅游作为体育产业与旅游产业融合的新兴产物，其本质在于通过体育活动的引入，为传统旅游业注入新的活力和培育新的增长点。在环太湖城

市群这一特定区域内，体育旅游发展更是与区域经济多元化发展紧密相连。可通过体育旅游项目的开发和推广，带动相关产业链条的延伸和拓展，从而激活区域经济多元化发展。一是强化体育与旅游产业的深度融合。环太湖城市群拥有丰富的自然资源和深厚的文化底蕴，为体育旅游融合发展提供了广阔空间。首先，应深入挖掘区域特色，结合太湖周边的山水资源、历史文化遗迹，开发多样化的体育旅游产品。例如，利用太湖的水域优势，发展皮划艇、帆船、龙舟等水上运动项目；依托周边的山地资源，开展徒步、攀岩、山地自行车等山地运动。同时，结合区域内的历史文化，举办体育赛事、文化节庆活动，如环太湖国际马拉松、太湖文化论坛等，增强体育旅游的吸引力和影响力。二是推动体育旅游产业链的延伸与拓展。体育旅游的深度融合不仅是体育与旅游两个产业的简单相加，更是整个产业链的延伸与拓展。一方面，要大力发展与体育旅游相关的配套产业，如体育器材制造、运动装备销售、运动康复服务等，形成完整的产业链。通过引进和培育一批具有竞争力的体育旅游企业，推动产业集聚和集群发展。另一方面，要推动体育旅游与餐饮、住宿、交通、购物等其他旅游要素的深度融合，提升旅游综合效益。例如，开发体育旅游特色餐饮，打造体育主题酒店，优化旅游交通网络，建设体育旅游购物中心等。

（三）推动资源互融共生，强化体育旅游特色产品体系

资源的互融共生与特色产品体系的强化构建，是激活区域体育旅游活力、促进经济转型升级的关键路径。环太湖地区以其得天独厚的自然风光、深厚的文化底蕴和日益完善的体育设施，为体育旅游融合发展提供了肥沃的土壤。环太湖城市群拥有丰富的体育旅游资源，包括山水湖泊、森林湿地、古镇等多种类型。这些资源在地理位置上紧密相连，形成了独特的资源优势。为实现资源的互融共生，各地政府及旅游部门应积极加强合作，共同规划体育旅游线路，整合旅游资源。如，通过举办环太湖自行车赛、马拉松赛事等，将沿途的自然景观、文化遗址、体育设施等有效串联起来，为游客提供多样化的体育旅游体验。同时，还应注重体育旅游与生态旅游、文化旅游

的深度融合。通过开发徒步穿越、攀岩探险、水上运动等特色项目，将体育旅游与生态保护、文化传承相结合，实现经济效益、社会效益和生态效益的统一。

在资源互融共生的基础上，环太湖城市群要不断强化体育旅游特色产品开发，以满足游客日益增长的多元化需求。一方面，要深入挖掘地方文化，将传统民俗、历史遗迹等元素融入体育旅游产品中，打造具有鲜明地域特色的体验项目。苏州可利用其古典园林和历史文化资源，推出园林定向越野、文化主题徒步等旅游产品；无锡则可依托其太湖山水风光，发展摩托艇、皮划艇等水上运动项目。另一方面，要注重跨产业融合，推动体育、旅游、文化、科技等产业的协同发展。利用现代科技手段提升游客体验，引入 VR 技术让游客在虚拟环境中体验极限运动的刺激，或是通过智能穿戴设备记录游客的运动数据，为游客提供个性化运动建议。此外，环太湖城市群还应注重体育旅游产品的创新与升级。通过引入国际先进的体育旅游理念和技术，提升产品品质和服务水平。同时，加强与高校、科研机构等合作，共同研发具有自主知识产权的体育旅游新产品，推动体育旅游产业创新发展。

（四）深化区域合作，共促体育旅游协同发展

在推动环太湖城市群体育旅游一体化发展的过程中，深化区域合作、共筑体育旅游协同发展是至关重要的一环，旨在打破行政区划的壁垒，促进资源共享、优势互补，形成合力，共同提升环太湖区域体育旅游的整体竞争力和影响力。第一，环太湖城市群内的各城市应构建高效协同的治理体系，包括成立由地方政府、旅游部门、体育机构及行业协会等多方参与的协调机构，负责统筹规划、政策协调、项目推进等工作。通过定期召开联席会议，加强信息共享与沟通，确保各城市在体育旅游发展规划、政策制定、市场推广等方面保持高度一致，形成发展合力。第二，推进资源共享与优化配置。区域协同发展的核心在于资源共享与优化配置。环太湖城市群应充分利用各城市的独特资源，通过联合开发、跨界融合等方式，打造具有区域特色的体育旅游产品体系。例如，可以共同开发环太湖体育旅游精品线路，串联起各

城市的特色景点和体育项目，形成一条集观光、休闲、运动于一体的旅游环线。第三，市场推广是体育旅游一体化发展的关键。环太湖城市群应加大市场推广力度，通过线上线下相结合方式，提高区域体育旅游的知名度和美誉度。各城市可以联合举办体育旅游推介会、旅游交易会等活动，展示各自的体育旅游资源和产品。同时，利用互联网和新媒体平台，举办线上宣传和推广活动，扩大市场覆盖范围。第四，加强基础设施建设，提升服务质量。基础设施建设和服务质量是体育旅游一体化发展的基础。应加大投入力度，完善交通、住宿、餐饮等基础设施，提高游客的出行便利性和舒适度。同时，加强体育旅游从业人员的业务培训和管理，提升服务质量。通过引入先进的管理理念和技术手段，提高体育旅游产品的品质和安全性，为游客提供更加优质、便捷的旅游体验。

（五）聚焦品牌建设，扩大体育旅游品牌影响力

在环太湖城市群体育旅游一体化发展的战略框架下，聚焦品牌建设，扩大体育旅游品牌影响力，是加速区域产业升级、增强国际吸引力的核心策略。环太湖城市群精心打造具有地域特色与国际视野的体育旅游品牌，不仅能够深化体育与旅游产业的融合共生，还能显著提升区域知名度与美誉度，为环太湖地区带来更加广阔的发展空间和持续的经济文化繁荣。

第一，需深入挖掘环太湖地区丰富的自然风光、历史文化与体育资源，如太湖的湖光山色、沿湖古镇的历史韵味、发展水上运动的独特优势等，明确体育旅游品牌的差异化定位。通过整合这些元素，打造既体现地域特色又富有创新活力的体育旅游品牌，如"太湖运动休闲圈""环太湖体育旅游文化节"等，以鲜明的品牌形象吸引国内外游客。

第二，强化品牌宣传，拓宽营销渠道。利用新媒体和传统媒体相结合的多元化宣传策略，加大品牌宣传力度。通过社交媒体、短视频平台、旅游网站等渠道，发布高质量的体育旅游内容，如赛事直播、旅游攻略、体验分享等，增强品牌的曝光度和互动性。同时，加强与国内外知名旅游机构、体育赛事组织的合作，通过联合推广、跨界营销等方式，拓宽品牌市场影响力。

第三，提升服务质量，优化游客体验。品牌影响力的扩大离不开高品质的服务支撑。应加强对体育旅游从业人员的培训，提升其专业素养和服务意识，确保游客在参与体育旅游活动时享受到安全、舒适、便捷的服务。此外，注重环境保护和文化传承，确保体育旅游活动与自然生态、文化遗产和谐共生。

第四，打造精品赛事，提升品牌内涵。精品体育赛事是体育旅游品牌的重要载体。应积极引进和培育具有国际影响力的体育赛事，如水上马拉松、环太湖自行车赛等，通过举办高质量、有特色的体育赛事，提升环太湖地区体育旅游的知名度和美誉度。同时，注重赛事与旅游的深度融合，开发赛事观光游、赛事体验游等旅游产品，让游客在参与体育赛事的同时，也能领略到当地的自然风光和人文风情。

（六）强化平台与数据支撑，加速引领数字化转型

鉴于体育旅游的独特体验性和高消费黏性要求，必须不断优化供给结构，以适应并灵活响应市场需求变化。鉴于此，构建并依托数字技术的供需一体化平台，成为加速环太湖地区体育旅游向数字化转型与升级的关键驱动力。

首先，要加快数字服务平台的构建，通过创造多样化的应用场景，深化供需双方之间的沟通与互动，使体育旅游市场能够敏锐捕捉并精准评估消费者的实际需求与期望，从而引领体育旅游产品与服务的价值体系并进行重构与优化。具体而言，针对环太湖地区得天独厚的户外运动资源，可以着手建立全域户外智慧信息服务平台及汽车自驾运动智能服务平台。这些平台不仅要能够极大丰富数字服务应用场景，还要能通过智能化、个性化服务显著提升游客的体验质量。例如，游客可以通过智慧信息平台获取实时的户外环境信息、推荐运动路线及安全预警服务；而自驾运动智能服务平台则能提供路况导航、车辆调度、紧急救援等一站式解决方案，让自驾旅行更加便捷与安全。

其次，积极对接区域一体化公共服务平台。将体育旅游服务平台深度融

入区域经济一体化框架中，形成资源高效整合与管理的新模式。数字赋能作为连接供需两端的桥梁，能够显著提升资源利用效率，实现供需的精准匹配，从而加速体育旅游一体化进程。构建环太湖城市群体育旅游综合信息服务平台，并加速其与区域公共服务平台的互联互通进程，为中小微体育旅游企业打造创新创业新生态，通过共享资源、优化流程，有效降低企业运营成本，进而提升其市场竞争力。

最后，引领数据协同共享机制的创新。通过标准化的数据管理与交流，打破信息孤岛，促进数据资源的深度融合。围绕体育旅游领域核心数据库，如项目库、赛事库、资源设施库等，积极探索数据共享应用新领域。通过数据的自由流通、共享使用，探索按需或有偿交易模式，优化环太湖城市群体育旅游数据资源配置效率，从而为体育旅游一体化发展注入强劲数字动力。

四 结语

随着长三角区域一体化战略的不断深入，环太湖城市群作为重要的区域增长极，其体育旅游产业的协同发展潜力巨大。通过构建完善的政策支持体系、强化资源整合与共享、深化体育与旅游产业的融合、加强区域合作与品牌推广，环太湖城市群有望实现体育旅游产业的跨越式发展，成为区域乃至全国体育旅游领域的典范。同时，本报告也为其他地区的体育旅游一体化发展提供了可借鉴的经验与启示，有助于推动我国体育旅游产业的整体升级与高质量发展。未来，环太湖城市群应继续秉承创新、协调、绿色、开放、共享的新发展理念，不断探索和实践体育旅游一体化发展的新路径，为区域经济社会发展注入新的活力与动力。

教育篇

B.15
人文经济赋能环太湖职业教育
高质量发展研究

顾伟 谭飞*

摘 要： 环太湖区域是长三角的核心腹地，其高质量协同发展将有力推进长三角一体化。职业教育是与经济社会发展联系最为紧密的教育类型，环太湖区域职业教育发展基础良好，但也存在一系列问题，主要体现为区域职业教育发展不平衡、职业教育服务区域发展能力不足、职业教育对创新驱动发展的贡献度有限等。环太湖区域拥有得天独厚的人文经济优势，人文经济为职业教育高质量发展提供了新路径，具体表现为：立足人文经济优势，提升职业院校的关键办学能力；面向创新驱动需求，提升对产业发展的贡献力；发挥人文价值引领，营造职业教育高质量发展的良好环境。提升环太湖职业教育发展水平，要推进区域统筹发展，构建龙头引领、区域协同的职业教育

---

* 顾伟，苏州市职业大学副教授，主要研究方向为高等职业教育；谭飞，苏州市职业大学党委办公室副主任、副研究员，主要研究方向为教育管理。

发展新格局；发挥人文经济优势，培养更多有匠心、懂技能、会创新的技术技能人才；激发创新内生动力，提升职业教育对区域产业提质升级发展的服务能力；践行以人为本理念，以高水平职业教育支撑服务环太湖区域高质量协同发展。

关键词： 人文经济　职业教育　高质量发展　环太湖地区

一　研究背景

太湖是我国第三大淡水湖，沿岸有苏州、无锡、常州、湖州四个城市，一般意义上说的环太湖区域或环太湖圈，包括苏州、无锡、常州、嘉兴、湖州五大核心城市。自古以来，环太湖区域就是经济富庶之地。宋代，便出现了"苏湖熟，天下足"的说法。近代，环太湖区域是中国工业化的重要发源地。改革开放以来，从"苏南模式"到外向型经济的华丽转身，环太湖区域成为国内经济发展最迅猛的区域之一。环太湖区域亦是长三角发展的核心区之一，2021 年，第三届长三角一体化发展高层论坛发布了"共建环太湖科技创新圈"的战略任务（简称"环太湖科创圈"），聚焦实现"四圈一标杆"的战略目标，即全球性科技创新策源圈、国际化高端产业引领圈、世界级生态湖区和创新湖区先行圈、高品质未来城市群协同发展示范圈，具有国际竞争力和全球影响力的长三角科技创新共同体标杆。① 环太湖科创圈建设将有力推进区域高质量协同及长三角一体化发展。

职业教育是区域经济社会发展的重要支撑，在推动产业创新发展、促进就业创业、实现共同富裕等方面具有独特作用。环太湖区域拥有深厚的文化底蕴、发达的产业经济，是国内人文经济实践的样本区域。立足人文经济优

---

① 刘西忠：《中国式现代化区域协调发展的新路径：世界级生态创新湖区建设》，《江海学刊》2023 年第 2 期。

势，推进区域职业教育高质量发展，既是职业教育自身发展的内在需求，也是区域高质量协同发展的迫切要求。首先，人文经济为环太湖区域职业教育发展提供了新路径。以人文经济提升职业院校的办学能力，强化职业教育对区域发展的服务能力，将大力提升环太湖区域职业教育发展水平。其次，高水平职业教育为环太湖区域发展提供了有力支撑。职业教育供给高技能人才，并持续提升人力资本。同时，作为创新链条中的一环，职业教育在产业创新驱动发展中扮演重要角色。最后，环太湖区域高质量协同发展助力长三角一体化。实现区域高质量协同发展，发挥示范引领作用，助力长三角一体化。

二 环太湖职业教育发展现状

（一）区域职业教育概况

环太湖苏州、无锡、常州、嘉兴、湖州五市共有职业院校 158 所，在校生 63.78 万人，其中中职院校 118 所，在校生 31.26 万人；高职院校 40 所，在校生 32.52 万人。当前，环太湖区域职业教育发展呈现以下特点。一是职业教育基础良好。无论是江苏的苏州、无锡、常州，还是浙江的嘉兴、湖州，都基本构建起了服务城市发展的现代职教体系。例如，苏州累计实施了现代职教体系贯通培养项目超过 800 个；无锡职业院校专业布点超过 200 个，专业对产业覆盖率达 95% 以上；嘉兴、湖州持续完善现代职教体系建设，提升技术技能人才培养层次和适应性。二是产教融合持续推进。产教融合是职业教育的基本办学模式，区域职业院校持续拓展产教融合的深度与广度。例如，苏州吴中经济技术开发区机器人与智能制造产教联合体、无锡市集成电路产教联合体、常州新能源产教联合体都入选了全国首批国家级市域产教联合体。常州推进产教融合试点城市建设经验获国家发改委推广。三是办学成效不断彰显。环太湖区域职业院校的办学水平不断提升，办学成效持续彰显。例如，苏州获得 2022 年国家级教学成果奖 17 项，其中一等奖 2 项；苏州、常州分别有 3 所高职院校入选全国"双高计划"。

（二）主要城市职业教育发展特点

苏州职业教育规模大，发展成效显著。苏州多次被江苏省评定为"职业教育改革发展成效明显地区"，全市共有高职院校 17 所、中职学校 38 所（含技工院校 13 所），高职在校生人数 11 万人、中职在校生人数 10 万人。[①]苏州建设行业产教融合共同体 18 个，组建市级职业教育集团 18 个，形成市级优秀产业（企业）学院建设库，入选联合国教科文组织"学习型城市网络"，职业院校技能竞赛成绩位居江苏最前列。

无锡深入推进产教融合，提升职业教育发展水平。无锡入选全国首批现代学徒制试点城市、苏锡常都市圈职业教育高质量发展样板城市。全市共有高职院校 11 所，在校生人数 10 万人，中职学校 31 所（含技工学校 15 所），在校生人数 7.7 万人。[②]无锡打造物联网等千亿级产教融合联合体，培育建设了 40 个产教融合现代化实训基地；市级挂牌认定"无锡市职业院校实习实训定点企业" 100 余家；在全市遴选校企合作示范组合项目，建设重点项目 40 个，充分发挥示范引领作用。

常州以产教融合型城市建设为契机，推进职业教育高质量发展。常州是全国首批职业教育高地建设城市、国家产教融合试点城市。全市有高职院校 8 所、中职学校 20 所（含 9 所技工学校），职业教育高中后在校生 6.6 万人，初中后在校生 7.38 万人。[③]常州职业教育以高质量发展为主线，聚焦专业建设、队伍建设等关键环节，强化政策保障，探索现代职教体系建设，形成了职业教育高质量发展的"常州现象"。

嘉兴、湖州两市职业教育规模较小，但重点院校发展特色鲜明。嘉兴

[①]《2023 年苏州市教育事业基本情况统计》，苏州市教育局，https：//jyj.suzhou.gov.cn，2024 年 3 月。

[②]《2023 年无锡市教育事业概况》，无锡市教育局，http：//jy.wuxi.gov.cn，2024 年 3 月。

[③]《常州教育概况》，常州市教育局，https：//jyj.changzhou.gov.cn，2024 年 3 月。

有高职院校 2 所、中职学校 15 所，高职在校生 2.9 万人、中职在校生 3.2 万人。① 湖州有高职院校 2 所、中职学校 14 所，高职在校生 2.02 万人、中职在校生 2.98 万人（见表 1）。② 嘉兴全面实施"四通一融"职业教育高质量发展工程，湖州深化产教融合、校企合作，提升技术技能人才培养层次和适应性，共同为城市发展提供有力支撑。嘉兴职业技术学院、湖州职业技术学院是两市职业院校的佼佼者，服务地方发展的特色鲜明，其中嘉兴职业技术学院是浙江省示范性高职院校、浙江省高职高水平专业群 A 类建设单位，学校着力推进以现代学徒制为重点的人才培养模式改革，毕业生留嘉率达 57.51%。同时，企业技术服务成效显著，2023 年，学校技术服务到款1245.66 万元。③

表 1　环太湖主要城市职业教育发展情况

单位：所，万人

城市	中职教育		高职教育		特点及成效
	院校	在校生	院校	在校生	
苏州	38	10	17	11	规模大，江苏省"职业教育改革发展成效明显地区"，联合国教科文组织"学习型城市网络"
无锡	31	7.7	11	10	全国首批现代学徒制试点城市，苏锡常都市圈职业教育高质量发展样板城市
常州	20	7.38	8	6.6	发展水平较高，全国首批职业教育高地建设城市，国家产教融合试点城市
嘉兴	15	3.2	2	2.9	规模较小，"四通一融"职业教育高质量发展
湖州	14	2.98	2	2.02	规模较小，中职教育改革发展示范学校居浙江省前列，职业教育发展考核位居浙江省前列

资料来源：各市教育局官网、各市中等职业教育质量年报（2023 年数据）。

---

① 《2023 年各级各类教育事业基本情况》，嘉兴市教育局，https://jyj.jiaxing.gov.cn，2024 年 4 月。

② 《2023 年湖州市教育事业发展统计公报》，湖州市教育局，https://huedu.huzhou.gov.cn，2024 年 2 月。

③ 《嘉兴职业技术学院高等职业教育质量年度报告（2023）》，嘉兴职业技术学院，https://www.jxvtc.edu.cn/info/1018/128761.htm，2023 年 1 月。

（三）环太湖职业教育一体化发展的实践探索

1. 苏锡常都市圈职业教育样板建设

苏州、无锡、常州三市是环太湖区域的经济发展强市、职业教育大市。2020年，教育部与江苏省人民政府共同出台《关于整体推进苏锡常都市圈职业教育改革创新打造高质量发展样板的实施意见》，随后苏州、无锡、常州制定了落实方案，探索以城市群为载体，推进职业教育改革创新，服务区域先进制造业发展。经过四年多的实践探索，三市较好地完成了主要任务。苏锡常都市圈职教样板建设使苏锡常职业教育走向"集群苏南模式"，是中国特色职业教育发展的"先锋队"，为促进苏州、无锡、常州三地职业教育发展注入了新的动力，同时也为长三角区域乃至全国职业教育发展发挥了示范引领作用。[①] 但受外部条件限制等，苏锡常都市圈职教样板建设还存在不足，主要体现在三个方面。一是统筹协同力度不够。由于统筹力度不够、协调难度较大，三市职业教育协同发展的平台、制度等建设不足，优质职业教育资源未实现共享互补，职业教育合作成果不多，与预定目标存在一定差距。二是体制机制突破不足。苏锡常都市圈职业教育样板建设要重点体现"高质量""一体化"，需要在体制机制上有更大的突破，特别是在产教融合体制机制方面。当前苏锡常职业教育产教融合管理体制和运行机制没有实现根本性突破。三是标志性成果不多。苏锡常都市圈职业教育样板建设目标是要成为全国深化产教融合体制机制改革先行区、现代职业教育体系建设示范区和职业教育区域一体化发展标杆区，需要有一批示范引领性的重大成果，但是当前影响力大的成果较少。

2. 长三角生态绿色一体化发展示范区职业教育一体化建设

环太湖区域是长三角的"核心腹地"，随着长三角一体化发展上升为国

---

① 杨永年、袁建刚：《苏锡常都市圈职教样板建设：价值贡献、现实困境和提升策略》，《职教发展研究》2024年第3期。

家战略，区域职业教育一体化发展进入全面提升阶段。作为长三角一体化发展战略的先手棋和突破口，长三角生态绿色一体化发展示范区（以下简称"示范区"）推进建设五年多来，以"重点建设项目三年行动计划"为抓手，取得了一批创新成果。2020年，示范区执行委员会发布《长三角生态绿色一体化发展示范区职业教育一体化平台建设方案》，探索职业教育区域一体化发展机制。示范区通过跨区域产教融合、校企合作联动，实现教育链、产业链、创新链融合发展，为自身及长三角一体化发展提供技术技能人才支撑。示范区职业教育一体化建设探索了跨省域职业教育协同联盟机制和职业院校会商交流制度，在全国首次实现了跨省域中职招生和跨省域中高职贯通培养，通过一体化学生管理平台，实行学籍统一管理。同时，打造一体化产教融合平台，实现优质职业教育资源共建共享。但也存在局限，一方面，范围仅涉及"3+2""3+3"五年一贯制等中高职贯通培养，年均招生规模为200~300人，对环太湖区域职业教育的辐射面和影响力有限。另一方面，示范区职业教育一体化建设中职业院校参与较多，而企业特别是龙头企业参与较少。

三　环太湖职业教育发展存在的问题及原因分析

（一）区域职业教育发展不平衡，呈现"北强南弱"特点

当前环太湖北部区域苏州、无锡、常州三市职业教育规模大、发展水平较高，而南部区域嘉兴、湖州两市职业教育规模小、发展水平较低。从规模上看，苏州、无锡、常州三市共有职业院校125所，在校生人数约52.68万人，而嘉兴、湖州仅有职业院校33所，在校生人数约11.1万人。从办学水平来看，苏州、无锡、常州三市共有全国"双高计划"高职院校8所，而湖州、嘉兴两市未有职业院校入选。2022年国家级教学成果奖（职业教育）评选，苏州、无锡、常州三市职业院校共获奖25项，而湖州、嘉兴两市仅获奖3项（见表2）。分析原因，一是城市体量

与人口因素。环太湖北部区域城市人口基数大，而南部区域城市人口基数较小。如2023年苏州常住人口为1295.8万人，而湖州常住人口仅为343.9万人。二是经济及产业发展因素。环太湖区域经济发展呈现"北强南弱"特点，南北之间产业规模及发展水平差距较大。三是行政区划的隔离因素。环太湖区域分属江苏、浙江两省，行政区划的隔离导致苏州、无锡、常州三市优质职业教育辐射作用难以有效发挥，区域职业教育高质量协同发展任重道远。

表2　2023年环太湖主要城市经济、人口与职业教育

城市	地区生产总值（万亿元）	规上工业总产值（万亿元）	常住人口（万人）	院校总量（所）	全国双高院校（所）	国家级教学成果奖（项）
苏州	2.47	4.4	1295.8	55	3	10
无锡	1.55	2.5	749.5	42	2	6
常州	1.01	1.8	537.5	28	2	9
嘉兴	0.71	1.46	558.4	17	0	2
湖州	0.4	0.7	343.9	16	0	1

（二）尚未发挥人文经济优势，服务区域发展的能力有待提升

人文经济是环太湖区域职业院校办学的最亮底色，也是推进区域职业教育高质量发展的强劲动力。丰富的人文资源，赋能技术人才培养，造就更多有匠心、懂技能、会创新的高技能人才。雄厚的产业基础为区域职业教育高端化提升、高水平发展提供良好土壤。但是，环太湖职业院校在人才培养、企业服务、助力共同富裕等方面都存在不足。例如，目前职业院校技能人才年供给量不到70万人，与环太湖五市260万人左右的高技能人才需求存在较大差距；再如，环太湖区域县域及镇域经济发达，城乡差距小，具备率先实现共同富裕的优势，然而职业教育在促进农村发展、赋能共同富裕中显示

度不高,作用有限。分析原因,一方面是改革创新不够,体制机制障碍仍待破除。环太湖区域是我国创新思维最活跃的地区之一,无论是近代发源于湖州的"湖商",还是改革开放苏州诞生的"三大法宝"、无锡的"四千四万"精神,创新进取是其最鲜明的特质。对比区域经济与产业发展,职业教育创新发展不足,特别是在产教融合体制机制上存在一定障碍。另一方面是办学定位雷同,资源转换路径存在依赖。区域内职业院校多以综合性院校为发展定位,办学模式雷同,缺乏多元化转化路径,导致无法将人文经济资源转化为优质的教学资源、有力的企业服务,职业教育对区域经济社会高质量发展支撑力不足。

(三)面向环太湖科创圈建设,对创新驱动发展的贡献度有限

环太湖科创圈建设是区域实施创新驱动发展的重要选择,是环太湖区域高质量协同发展及推进长三角一体化发展的有效抓手。环太湖科创圈建设聚焦高水平科技自立自强,助力传统产业转型升级、战略性新兴产业跨越式发展和未来产业抢占先机,其中成果转化与技术应用是重要一环。职业教育可以发挥实践优势,交接好科技成果转化的"接力棒",提升科技成果转化和产业化水平。但面对产业链提质升级、区域创新发展的迫切需求,职业教育服务能力明显不足。例如,2023年,苏州、常州、无锡、嘉兴、湖州五市职业院校横向技术服务到款总额分别为9144.29万元、12488.59万元、20119.45万元、1020.78万元、434.25万元(见表3),整体金额较少。同时,在各类创新联合体中也很难看到职业院校身影,主要原因有两点。一是高层次技术技能人才供给少。当前区域内缺乏职业本科院校,本科及以上高层次、复合型技能人才供给有限,无法满足区域产业链提质升级需求。二是职业院校应用科研能力弱。受师资水平、科研平台、体制机制等限制,环太湖区域除苏州、无锡、常州三市个别高职院校以外,绝大部分职业院校应用科研能力弱,在区域创新驱动发展中难以彰显作为。

表3　2023 年环太湖主要城市职业教育技术服务情况

单位：万元

城市	横向技术服务 到款额	横向技术服务产生 的经济效益	技术产权交易 收入	牵头或参与创新 联合体情况
苏州	9144.29	192839.74	684.68	无牵头、个别院校参与
无锡	12488.59	76885.91	1992.40	无牵头、个别院校参与
常州	20119.45	218074.00	935.01	无牵头、个别院校参与
嘉兴	1020.78	2253.00	46.5	无
湖州	434.25	3080.00	0	无

四　人文经济赋能环太湖职业教育高质量发展路径

（一）人文经济内涵及功能

2023 年 3 月，习近平总书记在全国两会参加江苏代表团审议时提出，"文化很发达的地方，经济照样走在前面。可以研究一下这里面的人文经济学"。[①] 2023 年 7 月，习近平总书记在江苏苏州考察时指出，"苏州在传统与现代的结合上做得很好，不仅有历史文化的传承，而且有高科技创新和高质量发展，代表未来的发展方向"。[②] 可以说，人文底蕴与经济发展是一种双向生成、双向保障的关系，经济发展会孕育人文，人文积淀也会涵养经济。[③]

人文经济的核心是以人为本。人文经济强调将人的需求、福祉和发展置于优先位置。无论是文化发展还是经济发展，归根结底是要体现以人为中心的发展，经济手段为人本身的发展提供了途径。人文经济以社会效益与经济

---

① 杜尚泽、潘俊强：《总书记关注的这个题目，有中国的未来》，《人民日报》2023 年 7 月 10 日。

② 《在推进中国式现代化中走在前做示范 谱写"强富美高"新江苏现代化建设新篇章》，新华社，http://www.scio.gov.cn/ttbd/xjp，2023 年 7 月。

③ 陈忠：《人文经济学与中国式现代化苏州样本》，《江苏社会科学》2023 年第 5 期。

效益并重为原则，是我国推进物质文明与精神文明相协调的中国式现代化的必由之路，也是人类文明新形态的鲜活实践。人文经济的运行机理是人的全面发展与经济健康繁荣的相互支撑、相互促进、共同推进。经济文化化、文化经济化双向转型贯通成为主要机制。① 经济是社会发展的基石，是文化繁荣的资源依托，而以人为本的文化是推动社会进步的灵魂。经济发展为人文提供了物质基础，推动人文或者文化的发展，包括文化内容、形式等。而文化则赋予经济深厚的人文价值，为经济发展注入强劲动力。人文经济是新质生产力发展的动力源泉。人文经济推动新质生产力主体构建、营商环境优化、新质生产力高端内容生成。可通过文化创新、科技创新、企业家创新、文化创意、教育创新、制度创新等路径赋能新质生产力发展，助力战略性新兴产业和未来产业发展壮大。

（二）以人文经济赋能环太湖职业教育高质量发展的实现路径

1. 立足人文经济优势，提升环太湖职业院校的关键办学能力

环太湖区域的人文底蕴和经济优势，是区域内职业院校实现高水平办学的重要基础和不竭动力。一是基于深厚人文底蕴，提升职业院校技术技能人才培养质量。充分挖掘人文资源，通过打造职业院校独具特色的地域文化育人品牌，拓展人才素养宽度，培养造就更多有匠心、懂技能、会创新的高技能人才。将吴越精湛工匠技艺和当代企业家创新拼搏精神转化为鲜活的教学素材，大力培养学生工匠精神、劳动精神，不断增强学生创新开拓意识，提升技能人才培养质量。二是发挥经济发展优势，提升产教融合、校企合作水平。2023 年，环太湖苏州、无锡、常州、嘉兴、湖州五市的 GDP 达到 6.2 万亿元，占长三角地区 GDP 比重超过 20%，是国内先进制造业集聚区。同时，环太湖区域也是我国经济开发区和产业园区最密集的地区之一，可依托经济开发区和产业园区，发挥制造业优势，通过市域产教联合体、区域行业产教

---

① 任平、李扬、战焀磊、王俊：《人文经济学：高质量发展的人文密码（笔谈）》，《探索与争鸣》2023 年第 9 期。

融合共同体、产业学院等载体，大力提升职业院校产教融合、校企合作水平。

2. 面向创新驱动需求，提升职业教育对区域产业发展贡献力

人文经济蕴含了创新开拓的内在基因，同时提供了理性包容的人文经济伦理支撑，有助于激发经济主体的创新潜力。[①] 当前在环太湖科创圈建设及区域创新驱动发展背景下，应发挥人文经济创新驱动作用，促进职业教育高质量发展。一是创新专业建设，为产业发展供给高素质技术技能人才。聚焦电子信息、装备制造、先进材料、物联网、新能源、高端纺织等主导产业，构建以工为主的专业集群矩阵，确保专业在主导产业中覆盖率达 100%。以超常规方式在战略性新兴产业和未来产业领域进行专业布点。构建适应学生发展的高水平课程体系，强化学生创新思维培养，提升可持续发展能力。二是提升服务能级，在产业创新发展中发挥独特作用。区域内职业院校要明确应用科研的定位，将解决企业在生产实践一线所面临的技术和工艺难题作为应用科研的主要目标。积极对接科研院所，发挥"中试车间"独特作用，加速新成果、新技术应用。与企业、行业协会等共同投入资金、场地、人员等，建设工程技术研发中心、先进技术产业研究院等应用科研平台，校企携手解决生产中的技术难点。

3. 发挥人文价值引领，营造职业教育高质量发展的良好环境

人文经济的核心是以人为本，在人文价值引领下，人们将更加注重人的可持续发展，关注人的全面发展，这也为职业教育发展创造良好环境，进一步巩固职业教育从"谋业"向"人本"的功能定位转向。首先，在人文价值赋能下，更好构建现代职教体系。加强中职、高职专科、职业本科等贯通一体化培养，实现职业教育纵向贯通。同时，推动职普协调发展、相互融通，让不同禀赋和需要的学生能够多次选择、多样化成才。建立健全多形式衔接、多通道成长、可持续发展的梯度职业教育和培训体系，实现职前教育

---

① 张佑林：《人文经济赋能新质生产力：内在逻辑与实践路径》，《苏州大学学报》（哲学社会科学版）2024 年第 5 期。

与职后教育协同，持续提升技能水平，实现人的可持续发展。其次，在人文价值影响下，全社会更加关心、关注职业教育发展。环太湖区域具有开放包容的文化特征，创新开拓的精神品质，更易接纳新事物、新观点、新理念。尊重个体、以人为本的价值理念的广泛传播与大力影响，有助于扭转社会对职业教育的错误看法，消除职普分流所带来的教育焦虑。最后，在人文价值指引下，形成职业教育制度文化环境。通过制度创新改善政府职业教育管理职能，供给更多促进职业教育发展的政策，提升企业参与职业教育办学积极性等，推进职业教育高质量发展。

五 环太湖区域职业教育高质量发展的对策建议

（一）推进区域统筹发展，构建龙头引领、区域协同的职业教育发展新格局

职业教育是与经济社会发展联系最为紧密的教育类型。当前长三角一体化发展、环太湖区域高质量协同发展加速推进，迫切需要在人文经济赋能下，全面提升区域职业教育发展水平。

一是做好顶层设计，构建职业教育协同发展机制。建立江苏、浙江职业教育省级协同会商制度，在教育管理部门指导下，苏州、无锡、常州、嘉兴、湖州五市共同制定环太湖区域职业教育发展规划，设置近期、中期和远期发展目标，明确工作任务和重点。将区域职业教育发展规划纳入长三角一体化发展战略及环太湖科创圈建设，突出专业设置与产业结构全面对接、职业教育与区域规划有机结合。二是加强制度创新，形成由点及面的推进路径。环太湖区域跨两个省级行政区域，通过制度创新先行先试，然后进行复制推广是有效的发展路径。一方面可以借鉴示范区职业教育一体化建设经验，推动跨省域招生、中高职贯通培养、建立区域产教融合及就业信息网络平台等。另一方面可以依据区域产业发展需求，创新产教融合运行机制、科教融汇管理体制等。三是强化龙头引领，打造苏州职业教育发展高地。苏州是环太湖区域职业教育规模最大、综合实力最强的城市。要聚力推进苏州职

业教育高端化发展，在现有"高原"基础之上筑起"高峰"。以本科层次职业技术大学为核心，以全国"双高计划"、江苏省"双优计划"院校等为骨干，全力构筑苏州职业教育"高峰"。围绕高端产业和产业高端，比如新一代信息技术、人工智能、低空经济等高端产业，以及先进制造等产业高端领域，统筹"产学研用创"资源，推动其深度融合和高效联动。

（二）发挥人文经济优势，培养更多有匠心、懂技能、会创新的技术技能人才

供给更多高素质的技术技能人才是环太湖区域职业教育高质量发展的根本立足点。区域内职业院校要提升人文经济资源转化水平，同时，进一步挖掘人文价值，利用产业优势，提升人才培养质量，为环太湖区域发展提供强有力技能保障。

一是强化资源转化，提升学校教育教学能力。基于地域文化课程开发、校企研学项目设计、人文经济实践基地及校园文化建设等，将环太湖区域丰富的人文经济资源转化为优质教育教学内容，打造人文气息浓厚的校园文化。聚焦人文素养、创新能力，构建适应学生可持续发展的课程体系，充分运用智能技术及产科教平台集群，放大人文经济教学内容效能。以活动为载体，充分发挥校园文化"以文化人、以文育人"功能。二是挖掘价值内涵，增强学生人文及创新素养。深入挖掘江南文化、吴文化中人本、诚信、创新的价值内核，把人文课程及实践基地建设与思政教育、职业规划等结合，强化对学生的人文关怀，提升学生人文素养。将人文经济中创新、卓越的精神追求，作为职业院校专业教育的价值引领，融入技能学习与训练的全过程，使学生通过不断的技术尝试和技能改良对产品进行精心打造，逐渐形成耐心专注、一丝不苟、精益求精的工匠精神。[1] 三是依托产业优势，提升技能人才培养质量。环太湖区域是长三角及全国的产业发展高地，这是实现区域职业教育高质量发展的底气和优势。利用好产业优势，关键是要更好发挥企业

---

① 陈琪：《高职教育培育工匠精神的路径探析》，《中国高校科技》2018年第5期。

主体作用，核心是大力提升产教融合运行质效，抓手是在创新开拓中突破体制障碍和机制束缚，促成职业教育与区域产业、科教创新一体化发展。区域内职业院校要提升人才培养质量，在促进学生技术技能精深化的同时，增强人文素养和激发创新精神，提升可持续发展能力，进而更好服务产业。

（三）激发创新内生动力，提升职业教育对区域产业提质升级发展的服务能力

产业提质升级是当前环太湖区域高质量协同发展的现实需要，其关键是在高水平科技支撑下，实现产业创新驱动发展。人文经济将有效激发职业教育内生动力，推进新质生产力涌现和助力区域创新驱动发展。

一是创新科教融汇的新模式。基于产教融合探索科教融合新模式。校企携手解决企业在生产实践一线所面临的技术和工艺难题等，大力提升企业横向服务能级和水平。将科研与技术服务融入技能人才培养全过程，支持学生参与科研团队的企业技术服务，在实践中全面培养学生创新精神和创新能力。二是建设企业服务的大平台。面向行业企业重大需求，校企共建工程技术研发中心、先进技术产业研究院等高能级平台，服务企业创新驱动发展。以"实体化、协同化、创新化"为目标，提升市域产教联合体的运行水平。激发利益相关者积极性和促进多重目标融合，建设混合所有制产业学院。[①] 在省、市两级政府统筹下，聚焦区域重点产业，探索建设区域行业产教融合共同体。将职业院校纳入市级及区域创新联合体建设。三是打造应用科研的强团队。一方面以人文经济资源，包括历史文化、传统技艺、企业家精神等厚植职业院校教师的人文素养和创新精神，构建教师进企业、基地等实践常态化机制，建设人文素养好、专业能力强的教师队伍。另一方面柔性引进企业工程师、首席技师等高技能人才，多元化聘请行业领军人才、大师名匠等高层次人才，在提升教师"双师双能"水平

---

① 高艳、宫斐、李华玲：《混合所有制产业学院建设困境与路径——一种基于新制度主义的分析范式》，《职业技术教育》2021年第30期。

的同时，形成专兼结合、结构合理的科研团队。四是促进技术在应用中展现大作为。职业院校要发挥实践优势，助力打通科研开发、技术创新、成果转化的链条，赋能区域内企业技术创新和产品升级。中小制造企业是环太湖区域产业创新发展的重要主体，职业院校要聚焦中小制造企业技术创新需求，"政行企校"携手建设共性技术服务平台，助力企业成长为专精特新"小巨人"企业。

（四）践行以人为本理念，以高水平职业教育支撑服务区域高质量协同发展

聚焦人文经济的核心价值，践行以人为本的办学理念，是提升区域职业教育发展水平的有效路径。职业教育要更好服务人的全面发展，提升区域人口素质和人力资本。同时，在推进共同富裕方面发挥独特作用，进而有力支撑环太湖区域高质量协同发展。

一是加快构建现代职教体系，有效服务人的全面发展。在以人为本理念指引下，社会将更加关注人的全面发展，为加快构建现代职业教育体系创造了良好环境。环太湖区域人文经济底蕴深厚，职业教育发展基础良好。要持续提升职业院校核心能力，不断彰显类型教育的特色优势，加强与普通教育的融通，满足区域内学生多样化的优质教育选择。同时，注重与继续教育的融合，实现职前教育与职后教育衔接，形成贯穿于人的一生的教育体系。二是提供精准有效服务供给，提升人口素质和人力资本。人口素质和人力资本是实现区域高质量、可持续发展的关键因素。当前环太湖区域五大城市，常住人口中65岁及以上人口占比均超过14%，进入了中度老龄化阶段（按照国际标准，65岁及以上人口占比超过14%为中度老龄化社会）。① 在人文价值赋能下，职业教育将不断拓展面向人的技能学习场域，链接政府、企业、院校等多元主体，提供精准、泛在和多元的技术技能培训，提升个体的就业创业技能，进而实现从"人口红利"向"人才红利"转变。三是发挥职业

---

① 吴玉韶：《应对人口老龄化重在制度建设》，《经济日报》2021年9月8日。

教育独特作用,有力推进区域共同富裕。环太湖区域是我国城乡差距最小的区域之一,推进并率先实现共同富裕有基础,更有优势。职业教育兼具民生、经济、政治、教育等多维度的综合集成特质,在促进创业就业、扩大中等收入群体规模、增加农民收入方面具备扎实推进共同富裕的先天优势。[①]在人文价值影响下,职业院校聚焦推进共同富裕的核心环节,缩小重点领域的城乡差距,促进乡村人才建设、服务乡村产业振兴、助力乡村社区治理等,为环太湖区域率先实现共同富裕,打造共同富裕样板贡献力量。

[①] 李小元、江涛:《问题、原则与对策:职业教育推动共同富裕的三重思考》,《中国职业技术教育》2024年第12期。

区域一体化发展篇

B.16

长三角一体化视域下环太湖城市
协同创新发展分析与展望

彭萌萌*

摘　要： 环太湖地区地缘临近上海，处于长三角的核心腹地，在推动区域一体化和高质量发展中具有得天独厚的优势与举足轻重的地位，推动环太湖城市协同创新是长三角一体化发展向纵深推进的重要战略。2024年以来，环太湖城市不断在产业发展联动、科技创新协同、基础设施互联、生态环境共护、文化旅游互融等领域加强协同创新，加快推进区域一体化发展。随着长三角一体化发展向纵深推进，环太湖城市在政策环境、市场环境和都市圈建设等维度都迎来新的发展机遇，同时，在构建完善的区域协调机制、形成统一互补的发展模式、整合区域优势资源仍面临挑战。苏州推动环太湖城市协同创新还需做好以下举措，如促进协调机制构建，整合区域优势资源；促进科创要素联动，共建科技创新高地；推动公共服务共享，携手推动治理创

---

* 彭萌萌，苏州市社会科学院高级讲师，主要研究方向为区域经济与地方治理。

新；加快交通设施互联，畅通资源要素流通；加强生态治理协作，提高可持续发展竞争力。

关键词： 长三角一体化　环太湖　可持续发展

党的二十届三中全会指出，"构建优势互补的区域经济布局和国土空间体系""推动京津冀、长三角、粤港澳大湾区等地区更好发挥高质量发展动力源作用"。环太湖地区作为长三角城市群的重要区域，是上海大都市圈的"生态绿心"、长三角的"经济中心"、江南地区的"文化核心"。环太湖五市GDP已从2012年的2.8万亿元增长至2023年的约6.2万亿元，城市人口密度和GDP远超全国平均值。随着长三角一体化发展向纵深推进，环太湖战略的升维不仅彰显了环太湖城市之间的协同创新格局，也为长三角更好发挥先行探路、示范引领作用提供了重要战略空间。环太湖城市要进一步凝聚共识，探求联动创新发展机制，实现环太湖城市群发展的同频共振，共同打造生态、创新、宜居的世界级美丽湖区。

一　环太湖城市协同发展的现实基础与战略意义

（一）现实基础

环太湖地区地理位置优越，经济发达，拥有丰富的生态文旅资源，是国家多重区域战略的叠加区，在承接产业、人才、技术、资本等资源要素转移转化上拥有独特的优势，具备成为一个高品质、高效率、高联通、强互动的世界级湖区城市群和长三角一体化样板地区的条件与潜力。

1. 良好的区位优势

环太湖城市圈包括了苏州、无锡、常州、嘉兴、湖州五大核心城市，位于长三角经济圈的腹地，是长三角区域最为重要的经济、产业、生态和社会发展区域之一，作为典型的鱼米之乡，享有"太湖熟，天下足"的美誉。处于三省一市的交会处，东面紧邻长三角城市群的核心城市上海，北面紧邻以南京为核心的长江经济带，南面则与杭州湾城市群相连，既地处长三角这三大城市群的核心城市经济圈的节点处，又位于沪宁、沪杭、宁杭长三角地区三大发展轴带的中心，东北跨江沿沪宁产业创新带，东南跨 G60 科创走廊，西南跨宁杭生态经济带，具有得天独厚的地理位置。长江经济带、"一带一路"倡议、长三角一体化发展战略、G60 科创走廊等国家规划在环太湖地区叠加，并且环太湖五市邻近上海，能更加便利地接受上海辐射和产业溢出效应。

2. 扎实的经济基础

2023 年，长三角地区三省一市经济总量为 305044.46 亿元，约占全国的 24.2%，是我国经济发展的强劲活跃增长极之一。在长三角的次城市群中，环太湖城市协同发展具有显著的经济基础，已然成为一个不可忽视的战略空间。经济实力雄厚，随着常州 2023 年经济总量突破万亿元，长三角 9 座万亿城市中，环太湖五市就占据 3 座，即苏州、无锡和常州。从经济总量来看，环太湖地区五市 GDP 从 2012 年的 2.8 万亿元增长到 2023 年的 6.2 万亿，占长三角地区 41 市经济总量的 20.1%，超过 1/5，苏州、无锡、常州经济总量分别位列长三角地区第二、第六和第九位，城市人口密度和 GDP 远超全国平均值。

3. 完备的产业体系

环太湖地区拥有较为完善的产业链和产业集群，能够为高科技产业提供良好的配套支持。苏州形成了电子信息、高端装备、先进材料 3 个万亿级产业集群。无锡拥有深厚的集成电路产业基础和完整的产业链布局，已成为全国集成电路产业的重要一极。常州智能制造装备产业集群、新能源产业集群、新型碳材料集群 3 个产业集群入选"民营经济驱动产业集群高质量发展研究暨 2023 中国百强产业集群"，动力电池产量位居世界第二。嘉兴光伏新能源产业集群已经形成从中游电池片、组件，到下游光伏应用产品与系统集成，以及配套环节的智能光储一体化产业体系，2023 年智能光伏产业规上工业总产值为 1129.9 亿元，排名全省第一。湖州探索出以"绿色智造"为特色的新型工业化发展之路，更是培育形成数字产业、高端装备、新材料等 3 个千亿级产业集群。创新平台集聚，首批"江苏省实验室"已有两家落户环太湖地区，如姑苏实验室和太湖实验室，通过高水平共建国家级实验室，区域内产学研资源将极大地共建共享，必将极大地助推且深化已着手实施的太湖湾科技创新圈建设。[①]

4. 丰富的生态文旅资源

太湖流域是长三角生态优势最为富集的地区，太湖作为我国第三大淡水湖，是长三角地区重要的生态支撑。区域内水网密布，水域面积最大，水面率高。环太湖区域水面率为 16.2%，河网密度为 3.8%，太湖入湖河流共 22 条。其中，苏州拥有 1636.7km^2 的水域面积，水面率达 70%；无锡拥有 666.4km^2 的水域面积，水面率达 28.5%；常州拥有 35km^2 的水域面积，水面率达 1.5%。太湖湖岸线长，形态曲折，岸线资源丰富，常州岸线长度 5km 以上，无锡岸线长度 70km 以上，苏州岸线长度 285km 以上，湖州岸线长度 60km 以上。

环太湖区域是江南文化无可争议的核心，文化遗址众多，文旅资源丰富，拥有 2 处世界遗产（苏州古典园林与大运河）、1 处世界水利灌溉文化遗产（太湖溇港）、1 处全球重要农业文化遗产（湖州桑基鱼塘）、6 座国家历史文化名城（苏州、无锡、常州、湖州、常熟、宜兴）、23 个中国历史文化名镇、11 个中国历史文化名村，是名副其实的江南文化发源地与核心区。自然资源景观方面，国家 5A 级景区、国家级太湖风景名胜区、国家森林公园、国家地质公园遍布其中。环太湖地区已成为长三角乃至全国的旅游热门地之一，旅游需求增长旺盛。

（二）战略意义

1. 长三角一体化发展的客观要求

环太湖城市协同创新是长三角一体化发展向纵深推进的重要战略。长三

---

① 段进军：《扛起重大使命 携手共建环太湖世界级创新湖区》，《群众》2020 年第 14 期。

角一体化的重大使命之一就是破除行政区域障碍,通过区域一体化发展为全国统一大市场的构建探索新路、提供示范,以城市群整体能级的提升引领我国参与全球合作和竞争,打造我国发展强劲活跃增长极。2024年,长三角一体化战略已经走过五个年头,一体化的协同创新更加活跃,一体化的产业协作越发紧密,一体化的生态环境共保联治,一体化的交通网络互联互通。上海自贸片区、临港新片区、虹桥国际开放枢纽建设三大战略落地,标志着长三角在跨区域制度创新方面取得重大成果。随着长三角一体化发展向纵深推进,亟须探寻更广阔的发展空间,环太湖地区作为联动发展区,有着近水楼台先得月的先发优势,理应在率先复制示范区成果、推进区域一体化发展上展现担当。推动环太湖圈经济产业、生态、社会综合发展既是长三角一体化战略的突破口,也是区域经济发展及其体制机制转轨变革的客观要求,还是长江经济带发展的重点,意义十分重大。

2. 环太湖城市群高质量发展的内在需求

从世界现代化发展历史来看,几乎所有大国的崛起都伴随城市群的崛起。目前,世界上公认的五个城市群,北美五大湖城市群、美国波士顿城市群、欧洲西北部城市群、英国中南部城市群、日本东海道城市群,都以区域一体化战略的实施形成产业链、供应链、人才链、创新链、资本链的集聚效应。从国内来看,主要形成以上海为中心的长江三角洲城市群,以香港、广州、深圳为核心的粤港澳大湾区,以北京为中心的京津冀城市群。现代城市竞争的核心是城市为其自身发展在区域内进行资源优化配置与统筹规划的能力。环太湖区域具有内部优势互补性强、产业梯度明显和开发潜力巨大的独特优势,但也存在产业无序低效竞争和产业同构等问题,这不仅造成区域产业资源的内耗和浪费,而且严重制约环太湖城市群高质量一体化发展的实现。在全球竞争趋向区域竞争的时代背景下,高端要素的吸引力、集聚力已成为一个城市或区域能否在竞争中脱颖而出、占据主动的关键因素。因此,环太湖城市在协同发展中更应注重发展的整体性、系统性和协调性,进一步加强区域统筹能力,在发展中破解"摊小饼"、碎片化发展等痼疾,通过资源、要素的合理配置和有效整合促进区域内部由竞争走向竞合,增强协同发展的聚合力和整体的竞争力，绘就环太湖城市圈发展"大蓝图"。

3.环太湖各城市发展的自发诉求

"长三角一体化推动更高水平合作的同时，也意味着更充分的竞争，特别是随着要素流动持续加快，竞争的激烈程度也与日俱增。然而，受限于单个城市的项目承载能力、资源吸附能力、谈判协商能力等天然不足，继续依靠'单打独斗'，已经很难在日趋激烈的区域竞争中继续保持优势"。[①] 面对资源要素约束不断趋紧等一系列因素的倒逼，有效避免低水平重复和恶性、无序竞争，促进区域协同创新的共识正在加速形成。苏州"十四五"规划中强调，要"协同推进长三角一体化发展，支持吴江建设长三角绿色智能制造产业示范区""加快共建环太湖世界级湖区，推动环太湖地区统筹规划建设，加快在产业创新协作、生态环境共保、文化旅游合作等领域取得实效"。无锡"十四五"规划纲要将太湖湾科技创新带作为"头号工程"，提出要加强与环太湖城市联动。2024年无锡市政府工作报告更是强调，扎实推进环太湖科创圈建设，持续放大技术溢出效应。常州将"两湖创新区"作为融入长三角一体化战略的重要抓手，打造"长三角最美湖湾城""生态创新区"。嘉兴提出深入实施全面融入长三角一体化发展战略，打造区域轨道交通枢纽，推进环太湖城际项目谋划建设。湖州提出深度参与全省大湾区和大都市区建设，紧密协作环太湖经济圈，将南太湖新区打造成为长三角一体化的高端智造集聚区、绿色发展样板区、深度合作先行区。

二 环太湖城市群协同发展现状分析

（一）产业发展联动，产业集群融合发展加快推进

通过共建产业园区、协同创新平台，环太湖五市在促进产业升级、增强区域竞争力等方面取得了初步成效，并形成了城市产业链和价值链的配套，

---

① 徐振波：《嘉兴推进市域一体化发展的思考》，《政策瞭望》2020年第6期。

有效推动了城市的产业集聚和赋能升级。一是推动产业协同发展。环太湖五市基于自身资源禀赋和产业优势不断深化产业合作，苏州与无锡加强在集成电路产业链上的互补合作，常州与无锡在新能源汽车产业链上深度融合，湖州与嘉兴在绿色金融与生态农业上资源共享。二是共建合作开发区。2023年7月全国首个跨省域高新区——长三角生态绿色一体化发展示范区跨省域高新技术产业开发区成立，重点发展数字产业、智能制造、绿色新材料三大战略性新兴产业和总部经济、绿色科创服务两大特色产业，涵盖青浦、吴江、嘉善3个片区。为进一步推动合作开发区建设，2024年9月，苏州吴江区出台实施《长三角生态绿色一体化发展示范区跨省域高新技术产业开发区（吴江园区）建设2024年重点任务分工方案》，促进跨区域产业联动和科技创新协同发展。

（二）科技创新协同，科技创新策源地效益不断显现

江苏省"十四五"规划纲要提出，要在沿太湖地区"强化科技创新策源功能，建设世界级生态湖区、创新湖区"。科技部2020年12月发布的《长三角科技创新共同体建设发展规划》，明确提出支持环太湖科技创新带发展。苏州提出全面推动"环太湖科创圈""吴淞江科创带"建设，作为未来创新最重要的空间协同推进。2024年，苏州出台《关于深化科技体制改革促进新质生产力发展的若干意见》，作为引领环太湖地区科技创新发展的重要举措，提出"全面深化科技体制改革，坚持科技与产业、产业与资本深度对接，教育科技人才一体推进，着力推动创新链产业链资金链人才链深度融合，加快培育发展新质生产力"。2023年10月以来，苏州与无锡协同发展环太湖智能车联网走廊，通过联合提升科技创新策源能力，推进智能网联产业深度融合发展，优化环太湖智能车联网走廊创新布局和协同创新生态，着力打造具有竞争力和影响力的长三角智能网联科技创新标杆。

（三）基础设施互联，便民利民全面提升幸福感

环太湖地区的交通设施正日趋完善，一是加快城际铁路互联互通。2024

年以来，环太湖城市加快推进苏锡常城际铁路（常州—无锡—苏州）、如通苏湖城际铁路（如东—南通—苏州—湖州）、水乡旅游线城际铁路（上海—苏州—湖州—嘉兴—桐乡—海宁—杭州）等重点城际铁路项目建设，沪苏湖铁路 2024 年 12 月开通。环太湖地区依托高铁和城际交通建设，正在形成一个 1.5 小时轨道交通圈。二是共建环太湖公路。现有环太湖公路线路里程416.2 公里，其中苏州 286 公里、无锡 71 公里、常州 7.6 公里、湖州 51.6 公里。环太湖地区通过便捷智慧安全的交通基础设施，构建农路管养"一网一平台"，促进"农路+旅游""农路+产业""农路+文化""农路+体育"等发展模式在沿线乡村遍地开花，有效激活了文旅产业，不断提升沿线居民幸福感。

（四）生态环境共护，生态红利得以持续共享

在长三角一体化大背景下，环太湖五市将生态优先、绿色发展贯穿于城市发展全过程，协同推进太湖湾（圈）的绿色发展与生态保护。一是加快推进漕湖—鹅真荡生态绿色一体化示范区建设。2024 年 6 月，苏州设立相城（漕湖）司法生态修复基地暨启动替代性生态环境修复项目，以"恢复性司法实践+社会化综合治理"理念推动漕湖生态环境整治，联合常熟、无锡新吴和锡山法院开展跨域司法协作，共同助力双湖示范区建设。二是加强太湖流域生物多样性保护协同。在环太湖"昆蒙框架"（苏州、无锡、常州、湖州 4 个城市生态环境部门共同发起）实施联盟成立一周年之际，2024年 5 月环太湖"昆蒙框架"实施章程发布，以联动协作机制探索生物多样性保护和可持续利用相关标准。三是构建联合治太合作机制。2023 年 8 月，无锡市与苏州市、常州市、湖州市正式签订了《环太湖四城市河湖长制协作机制》，2024 年以来，苏州协同环太湖城市推动太湖流域跨区域河湖保护联防联控、共治共享，助力打造世界级生态湖区。

（五）文化旅游互融，优势资源不断取得放大效应

一是推动古镇联合申遗。2024 江南水乡古镇申报世界文化遗产工作推

进会暨苏州古镇旅游联盟成立大会由苏州牵头，持续推进沪、苏、浙15个古镇共同发起的"江南水乡古镇"联合申遗项目，将于2025年正式向联合国教科文组织提出申报，携手打造中国江南水乡古镇生态文化旅游圈。二是联合举办体育赛事。2024年10月9～13日，由无锡、苏州、湖州、启东、江宁联合举办的2024第十二届环太湖国际公路自行车赛暨长三角穿越赛开幕，纵横江浙的多日赛串联起太湖乃至泛太湖地区20多个城市，推动环太湖运动友好型城市建设。

三　环太湖城市协同创新形势展望

（一）面临的机遇挑战

1.发展面临的机遇

从政策环境看，2023年11月30日，在长三角一体化发展上升为国家战略五周年之际，习近平总书记在上海主持召开深入推进长三角一体化发展座谈会，提出"四个统筹"的明确要求，为推动长三角一体化发展取得新的重要突破提供了方法指引、明确了实践路径。2024年7月底，《长三角一体化发展三年行动计划（2024-2026年）》发布，明确9个方面165项重点工作，提出加快推进科技创新跨区域协同、世界级产业集群、生态环境共保联保、一体化发展体制机制等领域的协同创新。党的二十届三中全会决议强调，"推动长三角等地区更好发挥高质量发展动力源作用""完善区域一体化发展机制，构建跨行政区合作发展新机制"。各种政策利好，都为环太湖城市协同发展提供了坚实的制度保障。

从市场环境看，一是协同创新生态不断优化。根据上海市科学学研究所、江苏省科技情报研究所、浙江省科技信息研究院、安徽省科技情报研究所共同发布的《长三角区域协同创新指数2024》，2018年以来，长三角区域协同创新指数年均增幅达9.26%，2022～2024年，长三角区域技术合同成交额增长率达332.2%，长三角协同创新引领示范作用不断加强，科技创新共同体建设迈向新阶段。二是区域营商环境不断优化。2019年长三角"一网通办"正式上线以来，依托全国一体化政务服务平台公共支撑能力，长三角不断深化数据共享应用，推动区域业务协同，包括公积金、诉讼、医保等148事项都已在长三角地区实现网上通办。

从都市圈建设看，一是上海大都市圈建设带来发展机遇。环太湖五市都处于上海大都市圈范畴，能有效加强与上海的创新资源、高端要素对接，尤其是"上海2035"战略的提出，为环太湖城市提升城市能级、优化城市功能和增强城市核心竞争力带来新契机。二是基础设施互联互通加快推进。2024年6月，长三角超级环线高铁G8388次列车开通运营，途经三省一市，把长三角串成一个环。越来越便捷的通勤条件，带来了省与省、市与市之间的密切联系，也将进一步促进市场要素流动。三是民生领域互动频繁。环太湖地区地缘相近、人文相亲，在文旅共融、体育赛事共建、太湖共保共治等领域有密切的合作与互动交流，为区域协同创新奠定了良好的基础。

2. 发展面临的挑战

目前，环太湖城市内部的协同创新，以省内区域协同发展的战略合作为主，在环太湖城市竞合关系中，竞争性大于合作性。2019年7月，杭州与湖州、嘉兴、绍兴三座城市分别签署战略合作协议，嘉兴和湖州列入"杭州都市圈"范畴。2019年12月，《长江三角洲区域一体化发展规划纲要》发布，其中提及加快都市一体化发展，提出构建"苏锡常都市圈"，苏锡常三市自成一体，未提及"环太湖都市圈"。2020年，苏锡常一体化发展合作峰会召开，三地党政领导首次签署《苏锡常一体化发展合作备忘录》。环太湖各市政府合作的广度、深度和力度弱于区域经济社会发展的内在要求，对于环太湖一体化的关注弱于对长三角一体化的关注，全方位融入仍然任重道远。

一是没有打破行政区划分割的藩篱，难以形成整体竞争力。环太湖五座城市分属江苏、浙江两省，这种在一个大经济圈中又紧密相连的次级城市群分属不同省份的情况从全国来看并不多见。省级行政区划的刚性约束，使得发展目标导向与发展策略具有先天的差异性，使得城市群难以形成整体的竞争力。二是没有形成一套完善的区域协调机制，难以整合地区优势资源。区域间产业政策的制定、经济资源的区域流动与优化配置、区域环境的共保共治都需要合作与协调，由于行政区划的不同隶属关系，环太湖五市的经济区与行政区基本吻合，至今没有形成一套运转流畅的区域协调机制。同时，环太湖区域联动发展尚未上升为省级重要发展战略，缺少省级层面的力量推动和政策支持，难以有效整合地区优势资源。三是没有形成统一互补的发展模式，难以促进经济一体化。尤其是苏锡常三市都是传统制造业强市，地区间产业专业化协同分工水平不高，分工特色不明显，苏州以电子信息、高端装备、生物制药、先进材料四大主导产业规模优势，构建"1030"产业体系；无锡形成了物联网、集成电路、生物医药、软件与信息技术服务四大地标产业，着力打造"465"现代产业体系；光伏和新能源产业，已经成为常州经济的重要支柱。同质化布局可能导致低水平重复和产能过剩，影响整体产业竞争力和效率。四是没有形成一个辐射强的中心城市，难以形成内部集聚力。在环太湖五市中既没有省会城市，也没有计划单列市，缺乏一个具有强向心力的经济中心。环太湖五市中，虽然苏州GDP突破2万亿元，无锡和常州突破1万亿元，经济体量都不容小觑，但其下辖各县市区发展均衡，中心城区并没有具备强大的中心度。另外，距离上海太近，也使这一区域失去形成中心城市引领的外在动力。

（二）形势展望

环太湖区域既是长三角区域协同发展的战略腹地，又是国家多重战略的叠加区。环太湖科创圈与长三角发展轴带、现代化都市圈的物理链接与战略契合，在三省一市高质量一体化发展进程中有着链接作用。环太湖区域理应成为长三角区域协同发展的中试区域、长三角生态绿色一体化发展示范区的放大版。作为长三角重要发展轴带的围合区域，上海大都市圈、南京大都市圈、杭州大都市圈和合肥大都市圈的接合区域，环太湖地区应以打造世界级创新湖区的目标来高位谋划发展，通过现代产业体系与创新体系的一体化建设，提升创新湖区的自主创新能力、集成创新能力，成为长三角乃至全国新的经济增长极，面对未来发展建设长三角一体化中科技创新、产业转型升级、生态和谐"三位一体"的核心综合区。

1. 明晰环太湖世界级创新湖区的战略指向

环太湖城市应从国家战略的高度，从更大的视野角度来谋划区域的战略与空间，借鉴学习国际、国内已经成熟的地区协同机制，通过创新资源的整合、创新要素的循环、创新链条的打造来推动环太湖地区的整体协同发展，在长三角层面强化核心竞争力，参与国际竞争。

2. 明晰环太湖创新圈的协作领域

梳理环太湖城市功能网络。首先是交通网络，在既有区域交通轴线的基础上，强化环湖之间各类交通的联系。其次是加强沿湖城市的生态协同治理。最后是重塑城市之间产业链、供应链结构和产业分工体系，加强产业间的联动互补以及科技创新协同攻关能力，推动新质生产力高质量发展。

3. 明晰环太湖创新圈的协同路径

规划协同，提炼环太湖城市共同的总体目标，共同描绘出一个环太湖科创圈的总体愿景，细化交通、生态、产业、文化等分目标的支撑体系，并侧重近5年的行动计划。机制协同，探索建立都市圈常态化协商协调机制和联动发展机制，破解行政区域分割带来的城市间壁垒。立法协同，通过立法来促进环太湖区域的协同发展。文化协同，挖掘和整合生态文旅资源，进一步放大江南文化品牌效应。

4. 明确环太湖创新圈的苏州担当

2024年7月31日，国务院印发《深入实施以人为本的新型城镇化战略五年行动计划》指出，"建立健全省级统筹、中心城市牵头、周边城市协同的都市圈同城化推进机制"。苏州作为环太湖的创新引领示范区排头兵，应明确自己的地位和担当，推动三省一市层面把环太湖世界级创新湖区作为重点任务，更大力度加以推进，探索建立健全省级层面统筹、苏州牵头协调、周边城市协同的世界级创新湖区推进机制，强化苏州中心城市的引领作用，加快推动环太湖城市在政策、产业、科技、交通、公共服务等领域的联动发展。

四　苏州推动环太湖城市协同创新的对策建议

（一）促进协调机制构建，整合区域优势资源

环太湖城市群从规模、密度发展向协同、拓展方向提升，从区域城市群向世界城市群提升，必然要求不同主体和发展单元间开展更加紧密的合作、协同甚至共治，这就需要以联动创新发展机制的构建推动环太湖城市在空间布局、产业调优、动能集聚、样板创新、成果合作等方面加强联动发展。一是搭建常态化联合协商机制。探索建立环太湖城市主要领导座谈会、环太湖地区合作与发展联席会、区域合作办公室三级运作、统分结合的组织架构，实行实体化运作，为环太湖区域城市间开展协调交流提供新的沟通联络平台。二是创新联动发展机制，尤其是在绿色低碳发展联合机制、供需链条精准匹配机制、经济业态动态更新机制等方面进行制度化探索，推动城际深度交流合作。三是构建利益共享分配机制。依托毗邻地区推动区域板块融合互动，统筹环太湖地区经济发达城市和欠发达城市共同发展，"健全区际利益补偿机制，推动建立跨行政区合作的收益共享成本共担机制"。①

（二）促进科创要素联动，共建科技创新高地

以创新集群为载体，打造"核心引领、轴带支撑、全域协同"的多层次"中心—外围"区域创新结构，促进环太湖区域整体创新体系构建，让创新要素在环太湖城市间自由流动，创新活动"产出"形成"几何效应"。一是打造创新网络化空间格局。依托江苏产业科技创新中心、浙江互联网创新中心等区域创新节点，在环太湖区域建设合理有序的创新节点区域与节点城市，进一步形成节点辐射、轴带支撑的创新网络扇面，推进创新成果的产业承载转化。二是积极搭建创新平台和创新载体。发挥苏州制造业体系完整

---

① 周毅仁：《进一步完善实施区域协调发展战略机制》，《中国经济时报》2024 年 8 月 14 日。

和经济实力雄厚优势，积极争取同环太湖各城市的央企、行业标杆企业、高校以及科研院所组建创新联合体，加快高能级创新机构建设，推动科技基础研究和市场导向的应用型研究，推进关键核心技术攻关，以数字赋能提升资源整合和信息共享能力。三是创新人才流动和评价机制。推动环太湖区域高校间、校地间合作，促进育才资源共用。加强环太湖区域科技人才共享平台建设，拓宽科技人才共享公共服务渠道。同时，探索建立环太湖区域一体化的人才评价机制、人才认定标准以及个税减免优惠制度，推动高级专业技术人才和高技能人才的资格、职称互认，为区域人才合理流动创造条件。

（三）推动公共服务共享，携手推动治理创新

人民群众获得感是环太湖城市协同创新发展成果的最好检验。苏州要不断加强与环太湖各城市的联动发展，聚焦民生共享，不断扩大公共服务资源供给，全力打造环太湖地区幸福美好生活新家园。一是共同推动医疗卫生服务共享，研究高端优质医疗资源的深度对接。争取上海知名医疗机构在环太湖城市内设立分院，推进高端医疗资源的区域配置。建立医疗卫生协作机制，定期邀请上海专家坐诊和交流，建立协作病区，开展远程会诊。二是统筹推进环太湖城市间政务服务"一网通办"。苏州应不断优化营商环境，携手与环太湖城市间跨区域通办政务合作，创新推出环太湖城市政务服务"一网通办"互通共融模式。三是推动文旅资源共融，苏州作为牵头单位，要进一步推动"江南水乡古镇"联合申遗工作，携手打造产品丰富、优势互补、各具特色、引领国内、享誉国际的中国江南水乡古镇生态文化旅游圈，创新推出环太湖城市旅游年卡，实现旅游观光、文化体验等功能同城待遇。

（四）加快交通设施互联，畅通资源要素流通

交通基础设施的互联互通是实现区域一体化发展的重要基础和前提，要把枢纽能级提升作为促进环太湖区域一体化发展的重要抓手，实现区域内各市的多向快速辐射，提升地区外向度，加快资源要素流通效率。一是加强统

筹规划管理。统筹考虑环太湖地区内各市的区域交通设施布局以及与周边中心城市重大枢纽的衔接，在规划建设过程中保证标准和时序的一致，尤其是打通省际、市际的断头路，促进断面的一致性，取消交界处限高限宽。二是完善一体化交通服务。以高速铁路为导向，畅通环太湖城市 1 小时经济圈，加快推动沪苏湖高铁、通苏嘉甬高铁等重点轨道交通建设，打造环太湖城际轨道交通圈，可联合向上争取，积极通过与铁路企业谈判、财政补贴等方式，降低城际通勤成本，推广"月票制"。三是做强做大枢纽经济。充分利用环太湖区域丰富的科教资源、文旅资源和区域创新能力，优化集合高铁、机场、港口、高速公路和城际快速通道的交通网络体系，聚焦交通枢纽偏好型产业，发展港口经济、高铁经济和空港经济，为培育新质生产力、推动经济高质量发展增势赋能。

（五）加强生态治理协作，提高可持续发展竞争力

环太湖地区高质量发展，离不开绿色生态圈的建设。打造区域经济发展中的绿色生态圈，是发展新质生产力的重中之重。一是强化制度保障，共筑"美丽太湖"生态底色。苏州应推动环太湖城市探索构建跨域统一的生态体系、跨域一体的生态环境制度体系，建立低碳的绿色创新的产业体系和环境管理体系，为守护太湖万顷碧波、旖旎的江南美景提供坚实的制度保障。二是协同推进太湖生态保护、治理和修复。深入贯彻长三角一体化发展战略，打破行政壁垒，整合多方资源力量，深化联合河长制，坚持共治共享，持续加强跨界水体联保共治。落实跨区域危险废物联防联控，联合打击固体废物非法跨界转移、倾倒等违法犯罪活动。三是积极引入 ESG 理念，完善 ESG 顶层设计，聚焦低碳能源、节能降碳、绿色基建、环境保护、绿色服务、循环利用等领域，推动产业绿色低碳转型，占据产业绿色发展的核心生态位。

Abstract

Since the 18th National Congress of the Communist Party of China, General Secretary Xi Jinping has attached great importance to the protection and governance of the Taihu Lake Basin, and has made important instructions and directives on the governance of the Taihu Lake multiple times, pointing out the actual path, proposing higher requirements, and providing fundamental guidance for the governance of the Taihu Lake. During the 2023 National People's Congress and Chinese People's Political Consultative Conference, General Secretary Xi Jinping also made important remarks on "humanistic economics", profoundly revealing the correspondence and mutual promotion between culture and economy, technology and humanities, inheritance and innovation in the process of high-quality development, providing value guidance for promoting the new practice of Chinese style modernization. The research on ecology, culture, urban development path, industrial layout, education and talent cultivation around the Taihu Lake, which is based on the important theory of "humanistic economics", is an important part of the development around the Taihu Lake.

The *Report on the Development of Humanistic and Economy around the Taihu Lake* *(2025)* is an important work and a landmark achievement of the Taihu Lake Research Institute (preparatory) of Suzhou City University since its establishment. In the context of the integration of the Yangtze River Delta, the *Report on Development of Humanistic and Economy around the Taihu Lake* *(2025)* not only summarizes the development of provinces and cities around the Taihu Lake, extracts the experience of urban development around the Taihu Lake in the context of human and economic development, but also analyzes the shortcomings in the development process and the risks and challenges that may be faced in the future, so as to provide decision-making reference for high-quality human and economic development around the Taihu Lake.

The whole book is divided into seven parts. The General Reports discuss the role of humanistic economy in the construction of the Taihu Lake Rim City and the creation of the scientific and technological innovation circle, as well as the problems encountered and future development prospects from the perspective of how "humanistic economics" enables the construction of the Taihu Lake Rim Innovation Circle and the development of humanistic economy in the Taihu Lake Rim Urban Agglomeration. The Ecological Governance Topics systematically discuss the current situation, problems and future development path of ecological governance around the Taihu Lake basin from the perspective of "Carbon Peak and Neutrality Target", comprehensive water environment governance and the realization of ecological product value, the evolution of the Taihu Lake governance and modern protection, digital technology empowerment and ecological collaborative legislation. The Cultural Protection, Inheritance and Utilization Topics analyze the challenges and realization paths of cultural protection, inheritance and utilization in the Taihu Lake basin from the perspective of historical and cultural resources and industrialization characteristics. The Science and Technology Innovation and Industry Topics consider the layout of science and technology innovation and cultural industry development around the Taihu Lake, especially in Suzhou, and the methods and countermeasures of education, science and technology talents to enable rural revitalization on the path of Chinese path to modernization from the perspective of research on the integration and development of industrial clusters and innovation clusters in the U-shaped Bay around the Taihu Lake in Suzhou, the current situation and future prospects of the development of cultural and tourism industries around the Taihu Lake in Suzhou, and the perspective of education and technology talents to promote rural revitalization around the Taihu Lake. The Cultural and Tourism Development Topics analyze the resource endowment and path selection of the integrated development of cultural and tourism in cities around the Taihu Lake from the perspectives of red cultural and tourism resources and integrated development of sports tourism. In the Education Topic, the current situation and countermeasures of humanistic economy enabling high-quality development of vocational education around the Taihu Lake are discussed, starting with the development of vocational education that the country has attached great importance to in recent years. The Regional Integration Development Topic is based on the integrated development of the Yangtze River Delta, thinking about the future prospects of coordinated innovation and development of cities around the Taihu Lake basin.

Overall, the research on the humanistic economics development around Taihu Lake demonstrates characteristics of interdisciplinarity and multi-perspectivity. As the first blue book in the Taihu Lake basin, this book takes "humanistic economics" as the entry point, detailed historical materials and data, a strategic vision and a way of thinking for problem analysis as the starting point of research, adopts interdisciplinary research methods, integrates economics, ecology, history, sociology, literature, law, education and other disciplines, conducts a comprehensive analysis of the humanistic economics enabling high-quality development in the Taihu Lake area, explores how to protect and promote local cultural characteristics while economic development, and build a development model that combines humanities and economy.

Keywords: around the Taihu Lake; Humanistic Economics; Ecological Management; Integration of Culture and Tourism; Collaborative Development

Contents

Ⅰ General Reports

Abstract: The Innovation Circle Surrounding the Taihu Lake, nestled in the heart of the world-class urban agglomeration of the Yangtze River Delta (YRD), represents a contiguous innovation hub rooted in the geographical space of the Taihu Lake basin. It also serves as the "green heart" of the Shanghai Metropolitan Area, encircled by the Suzhou-Wuxi-Changzhou Metropolitan Area, the Nanjing Metropolitan Area, and the Hangzhou Metropolitan Area, enjoying superior locations for both industrial and technological innovation. As the core region of Jiangnan cultural space, the Innovation Circle Surrounding Taihu Lake boasts rich cultural heritage, developed economic productivity, and robust innovation vitality, all of which are distinctive manifestations of "humanistic economics". To advance new practices in Chinese-style modernization, liberate and develop social productivity at a higher level, stimulate societal vitality, and strengthen the strategic guidance of innovation-driven development, it is imperative to harness the values of "humanistic economics" to drive the high-quality development, high-level innovation, and efficient governance of the Innovation Circle Surrounding Taihu

Lake. This involves actively planning an integrated reform pilot zone for education, science, technology, and talent systems and mechanisms, as well as a cooperative zone for green and low-carbon development around the Taihu Lake. By fully establishing key sites and frontier highlands for developing new-quality productivity, and constructing institutional mechanisms that support comprehensive innovation, we aim to comprehensively elevate the levels of industrial innovation, technological innovation, and overall innovation in the YRD region. Furthermore, we seek to stimulate the vibrant energy of an innovative culture, continuously painting vivid scenarios of modernization where "beauty in harmony" in the Innovation Circle Surrounding the Taihu Lake, and exerting a systematic demonstration and leading role.

Keywords: Humanistic Economics; Innovation Circle Surrounding the Taihu Lake; Innovation-driven Development; New-quality Productivity

B.2 Report on the Humanistic Economic Development of the Taihu Lake Urban Agglomeration (2025)

Liu Shilin, Wang Xiaojing and Guo Jiatai / 027

Abstract: Known for its economic prosperity and cultural and educational flourishing, the Taihu Lake urban agglomeration has unique resources for the development of a humanistic economy and has formed a series of exemplary experiences and innovative paths in culture, industry, ecological civilization, and modern governance. The main issues faced by the Taihu Lake urban agglomeration in the development of a humanistic economy include insufficient theoretical research and planning, unremarkable policy and governance effectiveness, and insufficient reform of systems and mechanisms, which have affected the sustainable development and regional integration process of the Taihu Lake urban agglomeration to varying degrees. Under the background of the integrated development of the Yangtze River Delta, as the region continues to make efforts in policy and institutional innovation, infrastructure interconnection, modern industrial system construction, ecological and environmental protection, public service integration, and the creation of a Jiangnan cultural brand, it will bring more dividends and advantages to the humanistic economic development of the Taihu Lake urban agglomeration. To promote the development of a humanistic economy in the Taihu Lake urban agglomeration, it is necessary to further strengthen the theoretical research and policy supply of humanistic economics, improve the quality of strategic planning, increase the intensity of system and mechanism reforms, focus on creating Jiangnan cultural identifiers, and explore new paths for development of the humanistic economy.

Keywords: Urban Agglomeration; Humanistic Economy; Policy and Institutional Innovation; Jiangnan Cultural Brand

II Ecological Governance Topics

B. 3 Analysis and Prospect of Suzhou's Participation and Leadership in the Coordinated Ecological Governance around the Taihu Lake under the Carbon Peak and Neutrality Target

Pan Wenqi / 055

Abstract: A pattern of collaborative ecological governance around Taihu Lake is gradually taking shape. Pollution control capabilities are continuously improving. The efficiency of financial investments in ecological governance is significantly increasing. The institutional environment is progressively becoming more robust. In the face of multi-dimensional requirements for the ecological governance of the Taihu Lake region, Suzhou needs to focus on meeting the modernization requirement of harmonious coexistence between humans and nature, clarifying the construction path for all industries towards achieving the carbon peak and neutrality target, and seizing the significant opportunities presented by successful participation and leadership in regional ecological collaborative governance in the Suzhou section of the Taihu Basin. It must actively address various challenges, including the single-source funding for ecological governance, ambiguous ownership of ecological resources, pollution spillovers under fragmented management, and excessively high costs of ecological quantification. This article, aiming to clarify the mechanism for sharing primary responsibilities, coordinate regional and departmental collaboration mechanisms, expand sources of governance funding, and improve mechanisms for talent cultivation and introduction, proposes overall ideas and policy recommendations for Suzhou's participation and leadership in the ecological collaborative governance of the Taihu Lake region.

Keywords: around the Taihu Lake; Ecological Collaborative Governance; Carbon Market

B . 4 Countermeasures and Suggestions for Comprehensive Treatment of Water Environment and Eco-product Value Realization of the Taihu Lake

Shen Mingxing, *Shen Yuan*, *Liu Xiaomeng and Su Chengfei* / 076

Abstract: This report analyzes the status and effect of comprehensive treatment of the Taihu Lake as well as eco-products value realization in cities around the Taihu Lake and shows the innovative practices. The strategic demand, restriction factors and development trend of comprehensive treatment and eco-product value realization of the Taihu Lake are further expounded. For countermeasures on comprehensive treatment and continuous improvement of water environment in the Taihu Basin, the standard system of pollutant phosphorus control, the matrix treatment scheme of source control and pollution truncation in different areas, and the joint mechanism of water intake with pollutants command are proposed. In aspects of eco-product value realization in cities around the Taihu Lake, it is suggested to establish the accounting and assessment system of GEP zoning and grading, to innovate the effective realization path of quasi-public eco-product value, and to reshape the valid realization concept of public eco-product value. As far as coordinating comprehensive treatment with eco-product value realization of the Taihu Lake, suggestions are highlighted such as creating a synergistic mechanism between comprehensive treatment effectiveness and industrial development opportunities, generating green transformation financial products coupled with ecological treatment and industrial development, establishing and improving the vertical and horizontal ecological compensation mechanism. On the new journey, we put forward new models, new paths, and new mechanisms to deepen the construction of ecological civilization, and jointly paint a beautiful picture of the Taihu Lake in ecological China.

Keywords: around the Taihu Lake; Comprehensive Treatment; Eco-product Value Realization; Two Mountains Concept.

B.5 Study on the Evolution of the Taihu Lake Governance and Modern Protection Countermeasures   *Ding Caixia* / 097

Abstract: This report mainly studies from three aspects: First, it systematically sorts out the historical evolution of Taihu Lake governance. The difficulty of Taihu Lake treatment is water environment management. Looking back on the governance process, Taihu Lake governance has the characteristics of shifting from emergency governance to comprehensive remediation, from terminal governance to source control, from administrative means to actively playing the role of market economy means in pollution control. The second is to look forward to the management of Taihu Lake. The new challenges faced by the governance of Taihu Lake and the coordinated progress of high-level governance are reflected in three points: the insufficient institutional mechanism to support the overall governance and systematic governance concept of the Taihu Lake Basin; the structural, root and trend pressure of Taihu Lake governance has not been fundamentally alleviated; the capital pressure and the shortage of professional and technical personnel are too The basic constraints of lake management. Third, combined with the problems existing in governance, put forward countermeasures and suggestions for the modernization of Taihu Lake governance. Establish an authoritative, efficient and coordinated comprehensive watershed management system; give priority to protection, and vigorously develop green agriculture and green low-carbon industries in the Huanhu Basin; strengthen diversified governance and improve relevant laws and standards.

Keywords: the Taihu Lake Governance; the Taihu Lake Basin; Modern Protection

B.6 Digital Technology Enabling Ecological Governance of the Taihu Basin: Current Situation, Problems and Countermeasures

Zhao Jingjing / 112

Abstract: Digital technology empowers the ecological governance of the Taihu basin and strengthens the construction of digital ecological civilization, which is crucial to enhancing the effectiveness of the ecological governance of the Taihu Lake and promoting the high-quality development of the Taihu Basin. Digital technology-enabled ecological governance of the Taihu Basin mainly suffers from insufficient policy and financial support, lack of key technologies, standards and tools, insufficient synergy and practical applicability to be improved. In order to give full play to the enabling role of digital technology in the ecological governance of the Taihu Basin, this paper puts forward the following countermeasures: improve the policy and financial support for digital technology-enabled ecological governance of the Taihu Basin; strengthen the construction of digital twinning platform of the Taihu Basin, and solidify the support of technology, standards and tools; cultivate the concept of digital governance and enhance the capacity of digital governance; and construct a digital synergistic governance mechanism of the Taihu Basin; expanding the application innovation of digital technology empowering ecological governance in the Taihu Basin.

Keywords: Digital Technology; Ecological Governance; the Taihu Basin

B.7   Current situation, Problems and Countermeasures of Ecological
Protection Legislation in Taihu Basin   *Yu Ping*, *Chen Qian* / 130

Abstract: Ecological protection in the Taihu Basin plays an important role in
the national top-level design and central legislation. The current laws and
regulations have general or specific provisions on water resources protection, water
pollution prevention and ecological restoration in the Taihu Basin. From the
current situation of legislation, the ecological protection legislation in the Taihu
Basin still has many problems, such as imperfect legal system, unformed
institutional system and lack of ecological protection interest coordination
mechanism. In the face of new challenges and new opportunities, the ecological
protection legislation of the Taihu Basin should actively respond to the
requirements of the new era and interest demands, establish a new spatial concept,
grasp the development opportunity of regional collaborative legislation and the era
of smart governance, and improve the ecological protection legislation of the Taihu
Basin. Therefore, it is necessary to establish a legal system of vertical coordination
and horizontal coordination, build a dual system of " prevention-regulation-
control" and "restoration-conservation-promotion", and shape a normative system
of the overall interest balance with institutionalization of interest expression, interest
coordination and conflict resolution. As a key area for the governance of the Taihu
Lake Basin, Suzhou has a unique geographical location, economic status and
ecological positioning, but the quality of ecological protection legislation in the
Taihu Lake Basin in Suzhou still needs to be improved. It is necessary to further
carry out ecological restoration with water ecological health as the core, promote
the integration and high-quality development of the Yangtze River Delta with
multiple constraints as consideration, and promote regional collaborative legislation
driven by the overall interests of the basin.

Keywords: the Taihu Basin; Ecological Protection; Watershed Legislation;
Treatment of the Taihu Lake

III Cultural Protection, Inheritance and Utilization Topics

B.8 The Protection and Inheritance of Historical and Cultural Resources in the Taihu Lake Region

Rui Guoqiang, *Liu Zhengtao* / 156

Abstract: In recent years, cities around the Taihu Lake have carried out a lot of work and achieved some results in the protection and inheritance of the historical heritage of the Taihu Lake culture. However, there are also problems such as obvious regional competition, lack of collaborative management mechanism, insufficient supply of cultural brands, urgent need to refine typical IP, low level of integration and development, need to explore the development of humanities and economy, poor performance of cultural carrier functions, and need to enhance cultural influence. In view of these problems, on the basis of learning from the successful experience of the world famous lake areas, this paper puts forward five suggestions: gathering advantages to explain the cultural value of the Taihu Lake; highlight the points and create the cultural characteristics of the Taihu Lake; digital empowerment, building the Taihu Lake digital culture; coordinated development, building the Taihu Lake modern civilization; Perfect the mechanism and write a new chapter of the Taihu Lake culture.

Keywords: around the Taihu Lake; Historical and Cultural Resources; Digital Empowerment

B.9 Study on the Characteristics of Industrial Culture around the Taihu Lake

Chen Xiaoqing, *Sun Na*, *Pang Yao and Guo Liuyan* / 176

Abstract: This report takes the Suzhou section around the Taihu Lake as the main research object, and conducts research from three aspects. Firstly, this report systematically combed the development process of industrial culture around the Taihu Lake, and reviewed the three stages of industrial culture development around the Taihu Lake. Secondly, the development characteristics of industrial culture around the Taihu Lake represented by Suzhou were summarized. An in-depth analysis of the industrial cultural characteristics of Suzhou was conducted from several aspects, including industrial heritage, industrial museums, industrial tourism, and urban industrial business cards. Finally, combined with the development practice and essential conditions of Suzhou, this report put forward some countermeasures and suggestions for building the industrial culture development highland around the Taihu Lake.

Keywords: around the Taihu Lake; Industrial Culture; Industrial Heritage; Industrial Tourism

Ⅳ   Science and Technology Innovation and Industry Topics

B.10   Research on the Integrated Development of Industrial and Innovation Clusters around Suzhou Ring Taihu U-shaped Bay

Hu Xiaowu, Zhang Wen / 193

Abstract: Technological innovation-driven industrial development has become a crucial paradigm for economic growth in today's world. China has made significant strides in the field of technological innovation, continuously promoting the high-quality development of its industrial, agricultural, and service sectors. Under the guidance of the new quality productivity strategy, accelerating the planning and layout based on the coordinated, integrated, and driving forces among the government, research institutions, and industry between technological innovation and industrial development is an important implementation path for promoting the integration of research and production. As an important industrial and manufacturing center in China and globally, Suzhou needs to expedite the implementation of a technology innovation-driven industrial advancement strategy. By deepening the integration of the Suzhou Ring Taihu U-shaped Bay industrial cluster and innovation cluster, linking Suzhou's industrial manufacturing advantages with diverse and rich innovative resources, Suzhou seeks a breakthrough path in the era of Industry 4.0. The goal is to build Suzhou into a world-class technological innovation center, modern manufacturing hub, and global smart industrial city, thereby promoting Suzhou's development as a model city for China's modern industrial manufacturing and setting a benchmark for China's modernization. The strategic planning for the deep integration of Suzhou Ring Taihu U-shaped Bay's industrial and innovation clusters requires integrated thinking, systematic research, and distributed implementation. Based on Suzhou's local conditions, specific strategies and pathways for deep and organic cluster integration are formulated to provide localized and convenient innovative impetus for Suzhou's industrial development.

Keywords: Suzhou Ring Taihu U-shaped Bay; Industrial Cluster; Innovation Cluster; Integrated Development; Technological Innovation

B.11 The Current Situation and Future Prospects of the Development of Culture and Tourism Industry around the Taihu Lake in Suzhou

Wang Bin, Huang Jianqiu, Chen Xuan and Liu Zhaolu / 219

Abstract: Suzhou's cultural and tourism industries around the Taihu Lake area are centered on the Taihu Lake (Suzhou's shoreline) and connects four districts including Wujiang, Wuzhong, Huqiu, and Xiangcheng districts. In recent years, this area has developed a range of services and products related to the cultural sector with the primary goal of growing the cultural industry in Suzhou. These specific pioneering markets include digital culture, creative design, film and entertainment, arts and crafts, cultural tourism. Some specific cultural enablers include enhancing support for the introduction of cultural businesses, increased construction of cultural carriers, strong encouragement and incubation of commercial entities in the cultural market, enhancing the coverage of cultural elements in various fields, making cultural policy services easier to understand, actively promote the integration of cultural factors with other fields such as science and technology, tourism, industry, agriculture, trade, etc.. The development of these culture-related services continues to enrich the application scenarios of new-generation information technology in the field of culture and tourism. This series of development has progressively shaped a new scenario for the development of cultural and tourism industries around the Taihu Lake area, with a cultural corridor, an ecological corridor, and a tourism corridor as a trinity.

Keywords: around the Taihu Lake; Cultural and Tourism Industries; Cultural Corridor; Ecological Corridor; Tourism Corridor

B.12 Research on Countermeasures and Paths for Education, Science and Technology, Talents to Promote Rural Revitalization around the Taihu Lake   *Gao Hongfu* / 240

Abstract: In the context of the new era of common prosperity, rural revitalization in the area around the Taihu Lake has important benchmark significance throughout the country. The area around the Taihu Lake has superior natural conditions, a high level of agricultural development, and remarkable achievements have been made in collaborative promotion of rural revitalization by education, science and technology, and talents. However, there are still deficiencies and problems such as the lack of a collaborative mechanism, the small number of agricultural practitioners, and the inadequate functioning of colleges and universities. It is necessary to establish a collaborative mechanism of education, science and technology, and talents to promote rural revitalization in the area around the Taihu Lake, the government, schools and enterprises to jointly solve the bottleneck of rural revitalization talents, multiple subjects to collaboratively empower rural science and technology revitalization, build beautiful villages around the Taihu Lake according to local conditions, and implement the integrated development project of colleges and universities, vocational schools and villages around the Taihu Lake.

Keywords: Collaboration of Education, Science, Technology and Talents; around the Taihu Lake; Rural Revitalization; Agricultural Development

V Cultural and Tourism Development Topics

B.13 Research on the Current Situation and Improvement Strategies for the Development and Utilization of Red Cultural Tourism Resources in the Taihu Lake Region

Li Honggang, Wang Yuqing, Gao Shuang and Zhou Xinmei / 262

Abstract: The Third Plenary Session of the 20th National Congress of the Communist Party of China emphasizes the need to "enhance cultural confidence, develop advanced socialist culture, promote revolutionary culture, and inherit excellent traditional Chinese culture". "Red Culture" carries profound historical memories and revolutionary spirit, serving as an essential component of advanced socialist culture. Combining red cultural resources with red tourism not only brings significant economic benefits but also deepens people's understanding of red culture. The Taihu Lake region was one of the important battlefields during the Anti-Japanese War and an active area for the Communist Party of China, possessing a wealth of red revolutionary culture. In recent years, various regions around the Taihu Lake have begun to prioritize the integration and development of red cultural tourism resources. Leveraging policy support, advancements in digital technology, and proactive government initiatives, the development and utilization of red cultural tourism resources in the Taihu Lake region have made certain achievements. However, there are still many shortcomings in the development process. By analyzing the current challenges and opportunities for the development and utilization of red cultural tourism resources in the Taihu Lake region, this study explores strategies for advancing such development. This is not only significant for promoting regional economic development, but also promotes the inheritance and promotion of the revolutionary spirit in the region around the Taihu Lake. It is an innovative presentation of the deep integration of red culture education and tourism resources development.

Keywords: the Taihu Lake Region; Red Cultural Tourism Resources; Integration of Culture and Tourism

B. 14 Research on the Integrated Development of Sports Tourism in the Urban Agglomeration around the Taihu Lake

Chen Yuping, *Li Yong* / 293

Abstract: This paper analyzes the internal logic of the integrated development of sports and tourism in the urban agglomeration around the Taihu Lake by using the methods of literature review and field investigation, and reveals the promotion of deep integration of resource boundaries, extensive expansion of economic space, and "positive externalities" on the regional sports tourism industry. The research finds that the Taihu Lake region has significantly improved the brand and attraction of regional sports tourism by holding international sports events and developing diversified sports tourism products. However, the allocation and utilization of sports resources and tourism projects among cities are currently unbalanced, and further regional cooperation is needed. The study put forward the following development suggestions to accelerate the high-quality development of sports tourism integration in the Taihu Lake city cluster: continue to optimize the policy environment, promote the deep integration of sports and tourism, promote the mutual integration and symbiosis of resources, deepen regional cooperation and focus on brand building.

Keywords: Urban Agglomeration around the Taihu Lake; Sports Tourism; Resource Integration

VI   Education Topic

B.15   Research on the High-quality Development of Vocational

Education around the Taihu Lake Enabled by

Humanistic Economy   *Gu Wei, Tan Fei* / 306

Abstract: The region around the Taihu Lake is the "core hinterland" of the Yangtze River Delta, and its high-quality collaborative development will effectively promote the integration of the Yangtze River Delta. Vocational education is the type of education most closely linked with economic and social development. The development of vocational education in the region around the Taihu Lake has a good foundation, but there are also a series of problems, mainly reflected in the unbalanced development of regional vocational education, the weak ability of vocational education to serve regional development, and the limited contribution to innovation driven development. The region around the Taihu Lake has unique advantages in human economy, which provides a new path for the high-quality development of vocational education. The specific performance is: based on the advantages of human economy, improve the key school running ability of vocational colleges. Facing the innovation driven demand, enhance the contribution to industrial development. Give play to the guidance of humanistic values and create a good environment for the high-quality development of vocational education. To improve the development level of vocational education around Taihu Lake, it is necessary to promote the overall development of the region and build a new pattern of vocational education development with leading role and regional coordination. Give full play to the advantages of humanistic economy and cultivate more technical and skilled talents with ingenuity, skills and innovation. Stimulate the endogenous driving force of innovation and improve the service ability of vocational education for the upgrading and development of regional industries. At the same time, we should practice the people-oriented concept and support the high-quality coordinated development of the Taihu Lake region with high-level vocational education.

Keywords: Humanistic Economy; Vocational Education; High-quality Development; around the Taihu Lake

Ⅶ Regional Integration Development Topic

B.16 Analysis and Prospect of Collaborative Innovation Development
of Cities around the Taihu Lake from the Perspective
of the Yangtze River Delta Integration

Peng Mengmeng / 323

Abstract: The region around Taihu Lake is geographically close to Shanghai and located in the core hinterland of the Yangtze River Delta. It has unique advantages and plays an important role in promoting regional integration and high-quality development. Promoting the collaborative innovation of cities around Taihu Lake is an important strategic space for the in-depth development of the Yangtze River Delta integration Cooperation in science and technology innovation, infrastructure interconnection, ecological environment, cultural tourism and other fields to strengthen collaborative innovation, accelerate the development of regional integration with the deepening of the integration of the Yangtze River Delta, cities around the Taihu Lake have ushered in new development opportunities in the dimensions of policy environment, market environment and metropolitan area construction. At the same time, how to build a sound regional coordination mechanism to form a unified and complementary development model and integrate regional advantageous resources, Suzhou needs to take the following measures to promote the collaborative innovation of cities around Taihu Lake, promote the construction of coordination mechanisms, and integrate regional advantageous resources; Promote the linkage of scientific and technological innovation factors and build a highland of scientific and technological innovation; Promote the sharing of public services and work together to promote governance innovation; Speed up the interconnection of transportation facilities and smooth the flow of resources; Strengthen cooperation in ecological governance and enhance competitiveness in sustainable development.

Keywords: the Yangtze River Delta Integration; around the Taihu Lake; Sustainable Development

社会科学文献出版社

皮 书

智库成果出版与传播平台

❖ 皮书定义 ❖

皮书是对中国与世界发展状况和热点问题进行年度监测，以专业的角度、专家的视野和实证研究方法，针对某一领域或区域现状与发展态势展开分析和预测，具备前沿性、原创性、实证性、连续性、时效性等特点的公开出版物，由一系列权威研究报告组成。

❖ 皮书作者 ❖

皮书系列报告作者以国内外一流研究机构、知名高校等重点智库的研究人员为主，多为相关领域一流专家学者，他们的观点代表了当下学界对中国与世界的现实和未来最高水平的解读与分析。

❖ 皮书荣誉 ❖

皮书作为中国社会科学院基础理论研究与应用对策研究融合发展的代表性成果，不仅是哲学社会科学工作者服务中国特色社会主义现代化建设的重要成果，更是助力中国特色新型智库建设、构建中国特色哲学社会科学"三大体系"的重要平台。皮书系列先后被列入"十二五""十三五""十四五"时期国家重点出版物出版专项规划项目；自2013年起，重点皮书被列入中国社会科学院国家哲学社会科学创新工程项目。

皮书网

（网址：www.pishu.cn）

发布皮书研创资讯，传播皮书精彩内容
引领皮书出版潮流，打造皮书服务平台

栏目设置

◆ **关于皮书**

何谓皮书、皮书分类、皮书大事记、
皮书荣誉、皮书出版第一人、皮书编辑部

◆ **最新资讯**

通知公告、新闻动态、媒体聚焦、
网站专题、视频直播、下载专区

◆ **皮书研创**

皮书规范、皮书出版、
皮书研究、研创团队

◆ **皮书评奖评价**

指标体系、皮书评价、皮书评奖

所获荣誉

◆ 2008 年、2011 年、2014 年，皮书网均
在全国新闻出版业网站荣誉评选中获得
"最具商业价值网站"称号；

◆ 2012 年，获得"出版业网站百强"称号。

网库合一

2014 年，皮书网与皮书数据库端口合
一，实现资源共享，搭建智库成果融合创
新平台。

皮书网

"皮书说"
微信公众号

权威报告·连续出版·独家资源

皮书数据库
ANNUAL REPORT(YEARBOOK)
DATABASE

分析解读当下中国发展变迁的高端智库平台

所获荣誉

- 2022年，入选技术赋能"新闻+"推荐案例
- 2020年，入选全国新闻出版深度融合发展创新案例
- 2019年，入选国家新闻出版署数字出版精品遴选推荐计划
- 2016年，入选"十三五"国家重点电子出版物出版规划骨干工程
- 2013年，荣获"中国出版政府奖·网络出版物奖"提名奖

皮书数据库　　"社科数托邦"
微信公众号

成为用户

登录网址www.pishu.com.cn访问皮书数据库网站或下载皮书数据库APP，通过手机号码验证或邮箱验证即可成为皮书数据库用户。

用户福利

- 已注册用户购书后可免费获赠100元皮书数据库充值卡。刮开充值卡涂层获取充值密码，登录并进入"会员中心"—"在线充值"—"充值卡充值"，充值成功即可购买和查看数据库内容。
- 用户福利最终解释权归社会科学文献出版社所有。

数据库服务热线：010-59367265
数据库服务QQ：2475522410
数据库服务邮箱：database@ssap.cn
图书销售热线：010-59367070/7028
图书服务QQ：1265056568
图书服务邮箱：duzhe@ssap.cn

社会科学文献出版社 皮书系列
SOCIAL SCIENCES ACADEMIC PRESS (CHINA)
卡号：15943124955
密码：

S 基本子库
SUB DATABASE

中国社会发展数据库（下设 12 个专题子库）

紧扣人口、政治、外交、法律、教育、医疗卫生、资源环境等 12 个社会发展领域的前沿和热点，全面整合专业著作、智库报告、学术资讯、调研数据等类型资源，帮助用户追踪中国社会发展动态、研究社会发展战略与政策、了解社会热点问题、分析社会发展趋势。

中国经济发展数据库（下设 12 专题子库）

内容涵盖宏观经济、产业经济、工业经济、农业经济、财政金融、房地产经济、城市经济、商业贸易等 12 个重点经济领域，为把握经济运行态势、洞察经济发展规律、研判经济发展趋势、进行经济调控决策提供参考和依据。

中国行业发展数据库（下设 17 个专题子库）

以中国国民经济行业分类为依据，覆盖金融业、旅游业、交通运输业、能源矿产业、制造业等 100 多个行业，跟踪分析国民经济相关行业市场运行状况和政策导向，汇集行业发展前沿资讯，为投资、从业及各种经济决策提供理论支撑和实践指导。

中国区域发展数据库（下设 4 个专题子库）

对中国特定区域内的经济、社会、文化等领域现状与发展情况进行深度分析和预测，涉及省级行政区、城市群、城市、农村等不同维度，研究层级至县及县以下行政区，为学者研究地方经济社会宏观态势、经验模式、发展案例提供支撑，为地方政府决策提供参考。

中国文化传媒数据库（下设 18 个专题子库）

内容覆盖文化产业、新闻传播、电影娱乐、文学艺术、群众文化、图书情报等 18 个重点研究领域，聚焦文化传媒领域发展前沿、热点话题、行业实践，服务用户的教学科研、文化投资、企业规划等需要。

世界经济与国际关系数据库（下设 6 个专题子库）

整合世界经济、国际政治、世界文化与科技、全球性问题、国际组织与国际法、区域研究 6 大领域研究成果，对世界经济形势、国际形势进行连续性深度分析，对年度热点问题进行专题解读，为研判全球发展趋势提供事实和数据支持。

法律声明

"皮书系列"（含蓝皮书、绿皮书、黄皮书）之品牌由社会科学文献出版社最早使用并持续至今，现已被中国图书行业所熟知。"皮书系列"的相关商标已在国家商标管理部门商标局注册，包括但不限于LOGO（▧）、皮书、Pishu、经济蓝皮书、社会蓝皮书等。"皮书系列"图书的注册商标专用权及封面设计、版式设计的著作权均为社会科学文献出版社所有。未经社会科学文献出版社书面授权许可，任何使用与"皮书系列"图书注册商标、封面设计、版式设计相同或者近似的文字、图形或其组合的行为均系侵权行为。

经作者授权，本书的专有出版权及信息网络传播权等为社会科学文献出版社享有。未经社会科学文献出版社书面授权许可，任何就本书内容的复制、发行或以数字形式进行网络传播的行为均系侵权行为。

社会科学文献出版社将通过法律途径追究上述侵权行为的法律责任，维护自身合法权益。

欢迎社会各界人士对侵犯社会科学文献出版社上述权利的侵权行为进行举报。电话：010-59367121，电子邮箱：fawubu@ssap.cn。

社会科学文献出版社